As escolas históricas

Coleção
HISTÓRIA & HISTORIOGRAFIA

Coordenação
Eliana de Freitas Dutra

**Guy Bourdé e Hervé Martin
em colaboração com Pascal Balmand**

As escolas históricas

Tradução Fernando Scheibe

autêntica

Copyright © 1983 e 1997 Éditions du Seuil
Copyright © 2018 Autêntica Editora

Todos os direitos reservados pela Autêntica Editora. Nenhuma parte desta publicação poderá ser reproduzida, seja por meios mecânicos, eletrônicos, seja via cópia xerográfica, sem a autorização prévia da Editora.

COORDENADORA DA COLEÇÃO HISTÓRIA E HISTORIOGRAFIA
Eliana de Freitas Dutra

EDITORA RESPONSÁVEL
Rejane Dias

EDITORA ASSISTENTE
Cecília Martins

REVISÃO DA TRADUÇÃO
Vera Chacham

REVISÃO
Lívia Martins

PROJETO GRÁFICO
Diogo Droschi

CAPA
Alberto Bittencourt (Sobre imagem de Voronin76/ Shutterstock)

DIAGRAMAÇÃO
Larissa Carvalho Mazzoni

Dados Internacionais de Catalogação na Publicação (CIP)
(Câmara Brasileira do Livro, SP, Brasil)

Bourdé, Guy
   As escolas históricas / Guy Bourdé e Hervé Martin em colaboração com Pascal Balmand ; tradução Fernando Scheibe. -- 1. ed. -- Belo Horizonte : Autêntica Editora, 2018. -- (Coleção História e Historiografia)

   Título original: Les écoles historiques
   Bibliografia.
   ISBN 978-85-513-0377-1

   1. História - Filosofia 2. História - Pesquisa 3. Historiografia I. Martin, Hervé. II. Balmand, Pascal. III. Título. IV. Série.

18-12852   CDD-901

Índices para catálogo sistemático:
1. Historiografia : História 901

Belo Horizonte
Rua Carlos Turner, 420
Silveira . 31140-520
Belo Horizonte . MG
Tel.: (55 31) 3465 4500

www.grupoautentica.com.br

Rio de Janeiro
Rua Debret, 23, sala 401
Centro . 20030-080
Rio de Janeiro . RJ
Tel.: (55 21) 3179 1975

São Paulo
Av. Paulista, 2.073,
Conjunto Nacional, Horsa I
23º andar . Conj. 2310-2312 .
Cerqueira César . 01311-940
São Paulo . SP
Tel.: (55 11) 3034 4468

Sumário

Prólogo, por *Hervé Martin* 7

1. Perspectivas sobre a historiografia antiga, por *Hervé Martin* 11
2. A história cristã da Alta Idade Média (séculos V-X) 41
3. Os cronistas dos séculos XI-XV 59
4. Historiadores e geógrafos da Renascença, por *Hervé Martin* 81
5. As filosofias da história, por *Guy Bourdé* 91
6. A história erudita de Mabillon a Fustel de Coulanges, por *Hervé Martin* 115
7. Michelet e a apreensão "total" do passado, por *Hervé Martin* 143
8. A escola metódica, por *Guy Bourdé* 165
9. A escola dos *Annales*, por *Guy Bourdé* 199
10. A história nova, herdeira da escola dos *Annales*, por *Hervé Martin*, com a colaboração de *Guy Bourdé* 227
11. O marxismo e a história, por *Guy Bourdé* 251
12. O estruturalismo e a história, por *Hervé Martin* 285
13. A dúvida sobre a história, por *Hervé Martin* 315
14. A renovação da história política, por *Pascal Balmand* 337

Conclusão, por *Hervé Martin* 361

Bibliografia 365

PRÓLOGO

Na França, a história ocupa uma posição estratégica na encruzilhada das ciências humanas e oferece a imagem de uma disciplina que chegou à maturidade, apoiada numa sólida tradição. De maneira geral, a corporação dos historiadores privilegia uma prática empírica e recusa, com certo desdém, a reflexão teórica. Ora, basta ler o livro de Marc Ferro, *Comment on raconte l'histoire aux enfants à travers le monde entier*, para se dar conta de que em qualquer lugar do mundo, na África do Sul, no Irã, na União Soviética, nos Estados Unidos, no Japão, em outros países, a ciência histórica serve de base a um discurso ideológico, mais ou menos consciente. Daí a necessidade imperiosa, para o historiador, de se interrogar sobre as condições, os meios e os limites de seus conhecimentos. Aliás, de alguns anos para cá, vários profissionais da história se dedicam à dúvida sistemática, caindo às vezes no hipercriticismo, como demonstram os ensaios, de resto muito diferentes, de Paul Veyne (*Como se escreve a história* – 1971) e de Jean Chesneaux (*Devemos fazer tábula rasa do passado?* – 1976).

As questões de método, em história, podem ser consideradas sob diversos ângulos. É possível escolher uma abordagem filosófica e colocar problemas fundamentais do tipo: Qual é o objeto da história? É possível alcançar a verdade neste domínio? Como se percebe o fluir do tempo? Que ligação existe entre o passado e o presente? A aventura humana tem uma finalidade? Pode-se preferir uma abordagem verdadeiramente epistemológica e examinar as relações entre a história e as ciências vizinhas: a geografia, a demografia, a economia, a sociologia, a etnologia, a linguística, a psicanálise, etc. Podemos nos limitar a aprimorar "a ferramenta de trabalho" e inventariar as técnicas auxiliares da história como a arqueologia, a epigrafia, a paleografia, a cartografia, a estatística e, hoje em dia, a informática. Pode-se considerar o papel social da história e avaliar o ensino da disciplina na universidade e na escola, sua difusão através de livros e revistas, no cinema, no rádio e na televisão. Todos esses modos de observação são legítimos e merecem análises aprofundadas.

No presente volume, adotamos uma perspectiva acima de tudo historiográfica, ou seja, o exame dos diferentes *discursos do método histórico* e dos diferentes *modos de escrita da história*, da Alta Idade Média até os tempos atuais. Embora se tenha escrito, não faz muito tempo, que "o método histórico não sofreu nenhuma mudança desde Heródoto e Tucídides", parece-nos, ao contrário, que a prática da história e o discurso que a sustenta evoluíram consideravelmente, sofrendo diversas metamorfoses, de Gregório de Tours à história nova. Não fosse assim, este livro não faria sentido! Mas devemos reconhecer, em defesa de Paul Veyne, o autor da mencionada frase, que os grandes mestres da história erudita do século XIX – Fustel de Coulanges em primeiro lugar –, recolocaram na ordem do dia alguns dos princípios expostos por Tucídides nas primeiras páginas da *História da Guerra do Peloponeso*. O historiador, diz ele, deve se aplicar à busca da verdade e, para tanto, examinar os documentos mais fiáveis, mais próximos dos fatos relatados, confrontar os testemunhos divergentes, desconfiar dos erros veiculados pela opinião comum... Todos esses preceitos permanecem válidos e, sob esse aspecto, ler e reler Tucídides permanece um imperativo para os historiadores atuais. Mas é difícil conceber que alguém que tenha minimamente frequentado as lições de Fustel de Coulanges ou de Langlois e Seignobos se aventuraria ainda hoje, como adorava fazer o historiador grego, a reescrever os discursos dos protagonistas de sua narrativa atribuindo-lhes as palavras que deviam logicamente pronunciar... Quem se arriscaria a reduzir a expedição de Alcebíades à Sicília a um simples jogo de antilogias e ao confronto de duas ambições contrárias (conquistar/não ser sujeitado), omitindo deliberadamente a narração de uma parte das operações militares? Quem proclamaria que a história é a mãe da sabedoria por sempre trazer à luz os mesmos acontecimentos, seguindo a lei do devir humano? Ninguém, é claro, pois os procedimentos da história realmente se transformaram desde sua primeira enunciação ao pé da Acrópole.

PRÓLOGO

O exame da produção histórica (principalmente francesa) desde a Alta Idade Média revela a nossos olhos mais rupturas que continuidades. Entre as cesuras que nos pareceram mais marcantes, citemos o século XII, a segunda metade do século XV, os anos 1660-1680, 1876-1898, 1930 e provavelmente também 1970-1975. Nessa última fase de renovação, a antropologia histórica se postulou como "substituto dilatado" da história, e vimos crescer paralelamente as fileiras da *escola da suspeita*, que submete a uma crítica corrosiva tanto os procedimentos da história científica quanto as regras tácitas que regem o *establishment* universitário. Atribuímos particular importância a essas duas correntes contemporâneas.

Este estudo se expõe a uma censura: permanece centrado demais na produção francesa e participa assim de certa miopia, apenas temperada por algumas páginas consagradas a filosofias da história estrangeiras (Hegel, Toynbee, Spengler) e por algumas linhas reservadas às críticas vindas do exterior ao imperialismo da atual escola histórica francesa. Digamos, em nossa defesa, que não temos nenhuma pretensão enciclopédica e que buscamos, acima de tudo, colocar alguns problemas maiores da historiografia através dos casos que nos pareceram mais significativos, evitando simplesmente repetir o livro de J. Erhard e G. Palmade, *L'Histoire*, e o dicionário *La Nouvelle Histoire*, dirigido por Jacques Le Goff (1978). Quisemos colocar um livro de fácil acesso à disposição de um público de estudantes, e também de todos aqueles que se interessam pela problemática das ciências humanas em geral e, mais particularmente, pelas trocas interdisciplinares. Se estes poucos capítulos permitirem a essas pessoas situar melhor a história atual em relação a suas predecessoras e corrigir certas visões obsoletas que ainda podem ter a respeito dela, terão cumprido plenamente sua missão.

Rennes, janeiro de 1983

P.S.: Para compor este prólogo, retomei parcialmente um primeiro texto de Guy Bourdé escrito em setembro de 1981, menos de um ano antes de seu falecimento. Peço ao leitor que veja nesta nota liminar, escrita alternadamente por cada um de nós dois, o símbolo da profunda amizade que nos unia e o vestígio de uma troca que a morte interrompeu.

H. M.

Perspectivas sobre a historiografia antiga

Ninguém espera do presente livro que ele resolva a famosa questão do nascimento do gênero histórico no mundo grego! Deve-se ver nele uma prática intimamente ligada ao despertar da democracia? Uma forma da tomada de consciência por parte do homem de sua condição de animal político? Uma manifestação intelectual e escritural da distância tomada em relação ao caos aparente dos acontecimentos? Não se trataria antes, de modo mais banal, do surgimento de um "novo gênero literário" progressivamente emancipado da epopeia? Já no século VI a.C., o poeta Paniassis, tio de Heródoto, consagrava suas *Jônicas* a narrar a fundação das cidades nas costas da Ásia Menor. O caso de Hecateu de Mileto é ainda mais significativo: ele participa ativamente da revolta da Jônia no fim daquele mesmo século VI, redige lendas sobre as origens das cidades e é autor de uma descrição da terra ou *Periegese*. Consegue, portanto, conciliar talentos de geógrafo com uma inserção ativa na história que estava se fazendo, e ainda com uma preocupação de narrar os grandes fatos, que será partilhada pelos logógrafos do século V. Tucídides, o fundador da história crítica, para não dizer de toda a história clássica, não atribuirá a estes muito mais confiança do que aos poetas, censurando tanto uns quanto os outros por buscarem mais encantar os ouvidos do que servir à verdade. Segundo Tucídides, eles "reúnem fatos impossíveis de verificar rigorosamente e chegam quase sempre a um relato inacreditável e maravilhoso".

Vamos inicialmente nos deixar embalar pelas narrativas de Heródoto, o patrono da etno-história, antes de seguir a austera e límpida lição de Tucídides: "O leitor deve acreditar que minhas informações provêm das fontes mais confiáveis e apresentam, tendo em vista sua antiguidade, uma evidência suficiente". Princípios retomados, três séculos depois, por Políbio, considerado o pai da ciência política, e fielmente seguidos pelos autores romanos, de Tito Lívio a Amiano Marcelino. Esses historiadores romanos e gregos, recorda-nos Arnaldo Momigliano, não constituíam um grupo social distinto. Ao contrário dos poetas e dramaturgos, cuja produção conservava certo caráter religioso, não eram considerados como "os depositários de um tipo de conhecimento definido". Eram recrutados essencialmente entre os homens de idade madura, "aposentados" da vida política ou exilados, desejosos de superar as perspectivas locais e de permitir a um amplo público meditar sobre as grandes transformações políticas e militares. Contrariamente à imagem fornecida pela tradição humanista, ávida de fazer deles os fiadores dos valores eternos, atribuíam a si mesmos como primeira tarefa narrar o passado próximo e descrever o mundo onde viviam. Imagens da transformação, suas obras são também espelhos da diversidade dos povos e dos costumes.

Heródoto, ou como pensar o outro

O autor das *Histórias* (termo que deve ser entendido aqui no sentido de relatos e de investigações) se revela uma figura enigmática: trata-se de um etnógrafo *avant la lettre* ou de um historiador? Terá ele respeitado a regra primordial do ofício de historiador: dizer a verdade? Há um ou dois Heródotos? Um, o autor dos quatro primeiros livros, seria um "etnógrafo" movido unicamente pela curiosidade. Segundo Henri Van Effenterre, este teria se transformado em historiador. O segundo Heródoto – o narrador das Guerras Médicas (Livros V a IX) – se caracterizaria por uma composição mais firme e uma triagem mais severa entre os fatos, sem contudo dar mostras de um espírito crítico muito aguçado. Encontram-se respostas bastante convincentes para essas interrogações no livro de François Hartog, *O espelho de Heródoto* (1980).

Heródoto nasceu por volta de 480 a.C. em Halicarnasso, na Ásia Menor, numa cidade dominada pelos persas, onde gregos e cários conviviam. Problemas na cidade natal o levaram a partir para Samos. Foi o começo de suas viagens: Oriente Médio, litoral do Mar Negro, Grécia, sul da Itália e também Atenas. Sua vida, inscrita entre dois conflitos, as Guerras Médicas e a Guerra do Peloponeso, teve fim em 420, em Túrio ou em Atenas. Deve-se sublinhar dois traços do personagem. Primeiro: ele é originário da Jônia, o berço da ciência grega no século VI, que viu nascer a matemática, a filosofia e a geografia com Tales, Anaximandro e Hecateu de Mileto. Segundo: trata-se de um exilado, um não cidadão, o que lhe confere certa distância em relação àqueles que estavam mergulhados no fogo da ação. Redigindo as *Histórias* ou *Investigações*, ele persegue um objetivo muito claro: "Apresentando ao público suas pesquisas, Heródoto de Halicarnasso quer preservar do esquecimento aquilo que os homens fizeram, celebrar as grandes e maravilhosas ações dos gregos e dos bárbaros e, em particular, expor os motivos que os levaram a guerrear entre si". Com essa dupla finalidade, lutar contra o esquecimento e distribuir a glória, compôs nove livros, os cinco últimos relatando as Guerras Médicas, os quatro primeiros tratando dos gregos e dos bárbaros na medida em que ambos se viram concernidos pela potência persa. Como Heródoto é "essencialmente digressivo" (Hartog), sua narrativa é cheia de descrições e variações etnográficas sobre os usos e os costumes.

A maneira de proceder de Heródoto é sedutora porque emana de um espírito que tem curiosidade por tudo. Que se interroga, por exemplo, sobre as cheias do Nilo. Por que estas ocorrem no verão e não no inverno? Habituados ao fenômeno, os egípcios não são capazes de explicá-lo. Ele tenta então responder, utilizando-se da ciência jônica e invocando os movimentos aparentes do sol. Quando este está no zênite de um lugar, acredita Heródoto, a chuva é impossível. Quando atinge a Líbia, no inverno, o Nilo se encontra, portanto, em seu nível mais baixo. Desse rio, cuja cheia é vital para o Egito, Heródoto quer reconstituir o curso. Dessa vez, apoia-se num raciocínio por analogia, baseando-se no traçado do Istros (Danúbio). Atribui ao Nilo, através da Líbia, um curso idêntico ao do Istros através da Europa, já que suas fozes ficam de frente uma para a outra.

Sabe-tudo genial, Heródoto antecipa as ciências por vir. Pressente a geografia através do seu senso de observação das paisagens. "O solo do Egito", aponta com fineza, "é uma terra escura, gretada e quebradiça, como se fosse formada pelo lodo que o Nilo trouxe da Etiópia e acumulou ali por meio de seus transbordamentos; ao passo que a terra da Líbia é mais vermelha e arenosa e a da Arábia e da Síria mais argilosa e pedregosa". Não contente em descrever, quer medir o espaço, como um agrimensor. Do mar a Heliópolis, estima, há 1.500 estádios (de 177,6 m cada), ou seja, mais ou menos a mesma distância existente entre Atenas e Pisa, perto de Olímpia. Podemos perceber nele uma obsessão pelas cifras, maneira elementar de conceitualizar a realidade. As distâncias, as dimensões dos monumentos, etc., tudo interessa. Antecipa a zoologia ao descrever o crocodilo ou o hipopótamo, e a etnografia ao pintar os usos dos citas, dos egípcios e de outros povos que viviam nos arredores do mundo grego. "Os sacerdotes (do Egito) depilam o corpo inteiro a cada três dias, a fim de que não se engendre nem piolho nem qualquer outro parasita em homens que servem aos deuses. Vestem apenas uma túnica de linho e tamancos de papiro. Não podem ter outras roupas nem outros calçados [...]. Gozam, em compensação, de grandes regalias. Não gastam nem consomem nada dos seus próprios bens. Cada um tem sua porção das carnes sagradas, que recebem já cozidas; e recebem ainda a cada dia uma grande quantidade de carne de boi e de ganso". As práticas rituais, as exigências indumentárias, o estatuto econômico, nada escapa à sua sagacidade. Poderíamos citar páginas pitorescas sobre o ritual do embalsamamento, sobre as festas celebradas em honra do falo de Dioniso e sobre as alegres peregrinações ao templo de Ártemis em Bubástis. O olhar de Heródoto é às vezes divertido, sempre compreensivo. Tem o senso da relatividade dos costumes, máxima de base da etnografia: "Todos estão convencidos de que seus próprios costumes são de longe os melhores", observa como precursor de Montaigne.

Se nos detemos mais particularmente no historiador, percebemos que tem plena consciência da diversidade de suas fontes de informação: "Contei até aqui o que vi, o que soube por mim mesmo, ou o que aprendi através de minhas pesquisas. Vou agora falar dessa região a partir do que os egípcios me disseram; acrescentarei também a meu relato algo do que vi por mim mesmo". Frequenta assiduamente os lugares de memória: o templo de Mênfis, e depois Heliópolis e Tebas, para ver se os discursos dos habitantes dessas duas cidades "concordam com os dos sacerdotes de Mênfis". Também recolhe fragmentos de ciência escrita: "Os sacerdotes (de Mênfis) também leram para mim em seus anais os nomes de trezentos e trinta outros reis que reinaram depois dele (Min, o primeiro rei do Egito, fundador de Mênfis)". Tendo que recorrer a intérpretes, Heródoto só pôde levar a cabo uma investigação limitada. Vivendo num mundo de "cultura escrita restrita" (Hartog), não acreditava, aliás, "nem na necessidade nem na superioridade do escrito". Poderíamos assinalar outros limites de sua informação, principalmente sua visão bastante sumária do campo político, ocupada quase exclusivamente pela figura do tirano, movido pelo desejo, vítima da desmedida, que transgride constantemente todas as regras sociais e morais. Nunca satisfeito, o tirano deseja sempre mais. Voltaremos a encontrar esse princípio explicativo em Tucídides.

Como François Hartog demonstrou de maneira notável, o "problema" essencial de Heródoto, semelhante àquele que todo etnólogo ou historiador encontra, consiste em pensar o outro, o longínquo, o diferente. Descrevendo os citas, por exemplo, ele "constrói uma figura do nômade que torna pensável sua alteridade". Passa de uma alteridade opaca a uma alteridade portadora de sentido. Para chegar a isso, põe para trabalhar uma retórica cujos procedimentos podem ser reduzidos a certo número de figuras elementares brilhantemente analisadas pelo autor de *O espelho de Heródoto*.

Tudo parte, portanto, da constatação de que *a* (o mundo grego) é diferente de *b* (o mundo não grego). Qual será a atitude do narrador? Simplesmente reduzir o outro ao mesmo, traduzir *b* nos termos de *a*? Assinalemos inicialmente dois comportamentos de Heródoto sobre os quais Hartog insiste pouco. O primeiro consiste em considerar que *b* é maravilhoso, prodigioso, totalmente diferente de *a*, radicalmente irredutível ao mundo conhecido. Em *b* os monumentos atingem proporções extraordinárias; certos produtos preciosos são recolhidos em circunstâncias espantosas, como o ládano (resina aromática), extraído da barba dos bodes! A segunda atitude consiste em considerar *b* o ancestral de *a*. O Egito foi o berço de muitas crenças. "Quase todos os nomes de deuses (entre os quais o de Dioniso) vieram do Egito para a Grécia". Podemos ver nisso uma certa maneira de reconhecer que, em certos domínios, *b* é superior a *a*. Em matéria de calendários, por exemplo, os egípcios são considerados "mais hábeis que os gregos".

Mas a operação principal de Heródoto consiste mesmo em tentar traduzir *b* nos termos de *a*. Ela pode assumir diversas formas. 1) Primeiramente, a de uma oposição termo a termo, num esquema de inversão completa. A famosa descrição dos costumes dos egípcios (*Histórias*, Livro II, 35-37) constitui o melhor exemplo disso. "Entre eles, são as mulheres que vão ao mercado e fazem o comércio no varejo; os homens ficam em casa e tecem". O conjunto do texto se reduz a um esquema binário, desdobrado numa série de imagens contrastadas: alto-baixo, dentro-fora, peludo-depilado, etc. Maneira simples e eficaz de superar a opacidade do mundo do outro. Como nem todos os fatos cabem num tratamento tão sumário, Heródoto elabora esquemas de inversão mais sutis, como quando se trata das amazonas, virgens guerreiras e ferozes, antíteses ambulantes das mulheres gregas casadas. Os citas não se comportam para com elas como gregos, preferindo lhes fazer filhos a lhes fazer guerra? 2) Comparações e analogias constituem também, para o autor das *Histórias*, meios de "reduzir o outro ao mesmo". Ele nos dirá, por exemplo, que a corrida dos mensageiros do rei da Pérsia, que passam a mensagem de um ao outro, se assemelha à corrida dos carregadores de tochas em honra de Hefesto. Ou desenvolverá um paralelo entre a geografia da Cítia e a da Ática. 3) Ele pratica muito pouco a tradução, salvo quando se trata de nomes próprios. *Xerxes*, esclarece, significa *o guerreiro*. Quanto ao termo líbio *Battos*, não significa *o Gago*, como um grego poderia pensar, mas *o Rei*. 4) Descrever e inventariar constituem uma última maneira de colonizar o dessemelhante, encontrando nele elementos conhecidos só que submetidos a arranjos insólitos. O narrador cola seu léxico sobre uma realidade diferente; suas palavras colonizam as coisas do outro campo.

Se nos atemos às estruturas do texto, percebemos que há apenas um e não dois Heródotos. A oposição entre *eles* e *nós* percorre o conjunto da obra, tanto nas viagens quanto na narrativa das guerras. A maneira de relatar os fatos e os atos maravilhosos tampouco se altera. Quer se trate de ações ou de costumes, o princípio de triagem permanece o mesmo: Heródoto escolhe "o mais digno de ser relatado". Tucídides foi injusto vendo nele um mero contador de fábulas, um "mentiroso" preocupado apenas com o prazer de seus leitores. Como se quisesse se defender de antemão dessa objeção, Heródoto tomou o cuidado de recordar seus leitores que ninguém era obrigado a acreditar em seus relatos: "Meu dever é divulgar o que se diz, mas eu mesmo não sou obrigado a acreditar! E isso vale para toda minha história".

Não sendo ainda prisioneiro das categorias do conhecimento histórico, Heródoto constitui, de fato, um insubstituível espelho em que o historiador pode contemplar a incerteza de seu estatuto. Ele enuncia o real ou apenas ficções verossímeis como gostava de dizer Michel de Certeau? No "espelho de Heródoto" também se refletem os bárbaros, numa imagem invertida dos gregos. O mundo conhecido e o passado próximo se encontram ali encerrados num "espaço grego do saber" (Hartog).

Tucídides: a definição conjunta de um método e de uma escrita

Qualificando ele próprio sua obra de uma "aquisição para sempre", Tucídides teria pressentido o estatuto extraordinário que esta alcançaria nos séculos então por vir? A *História da Guerra do Peloponeso* ainda suscita hoje em dia um temor reverencial e continua a passar pelo modelo absoluto do método histórico. Um artigo de Nicole Loraux,[1] veio oportunamente nos recordar que o escritor ateniense não concebia a história como nós. Não se tratava ainda de um gênero separado, de um produto escolar sujeito a condições precisas de elaboração. Como a tragédia e a retórica, a história fazia parte dos gêneros cívicos, das instituições discursivas reconhecidas na cidade. Ela não tendia a ser uma "expressão transparente da verdade dos fatos". Não se deve portanto tomar Tucídides por um honorável membro da corporação dos historiadores e censurar suas omissões ou abreviações. É preciso admitir que nele tudo se curva a uma lógica da narrativa de guerra e a um racionalismo implacável. Em consequência, lê-lo nos informa tanto sobre a escrita da história no século V a.C. quanto sobre os trágicos acontecimentos de que foram vítimas os contemporâneos de Péricles.

Tucídides nasceu por volta de 460 a.C. numa família aparentada a Címon e Milcíades, detentora de minas de ouro na Trácia. Eleito estratego em 424, não conseguiu evitar a queda de Anfípolis, o que lhe valeu ser condenado ao exílio. Viveu na Trácia até 404, não sem viajar pela Sicília e pelo sul da Itália. Apesar de sua amargura,

[1] Loraux (1980, p. 55-81).

permaneceu fiel à democracia ateniense até sua morte, por volta de 395. Consagrou-se, portanto, à redação da *História da Guerra do Peloponeso*, guerra que opôs, de 431 a 404 a.C., Atenas e seus aliados do Egeu a Esparta e a Confederação do Peloponeso. A narrativa, dividida em oito livros, tendo o último sido redigido às pressas, termina com a expedição de Alcebíades à Sicília (415-413 a.C.). A continuação do conflito foi relatada por Xenofonte nas *Helênicas*.

Foi na introdução de sua obra, qualificada de *Arqueologia* por tratar das origens da Grécia, que Tucídides expôs seu método de historiador em linhas famosas (ver o texto *História da Guerra do Peloponeso*, Livro I, XX-XXIII, fornecido ao final do capítulo). Na origem de sua maneira de proceder, encontra-se o questionamento do que costuma ser admitido. A história começa com a suspeita: "É difícil dar crédito aos documentos em seu conjunto [...]. Os homens aceitam sem exame [...]". Para se tornar historiador, é preciso se distanciar da opinião comum, fonte de tantos erros sobre o passado e sobre o presente. Portanto, não se deve acolher a primeira informação que aparece. Tampouco se deixar vitimar pela ilusão engendrada pelo fato de ter participado dos acontecimentos. Afinal, "os homens engajados numa guerra julgam sempre a guerra que fazem a mais importante" (XXI).

Essa arte de duvidar reaparece na crítica das fontes. Recusando os poetas que "exageram os acontecimentos", Tucídides vai mais longe que Heródoto, embora este já fosse reticente em relação às narrativas épicas. Mas não deixa de utilizá-los para deles extrair costumes – sobre a pirataria, por exemplo – ou para deduzir o número de homens enviados contra Troia. Só que o plano do maravilhoso mítico e o plano da realidade histórica passam a ser nitidamente distintos. Desprezando os logógrafos, como já vimos, Tucídides retém apenas "as fontes mais confiáveis", ou seja, mais próximas dos fatos relatados. Isso no que diz respeito ao passado distante! No que tange aos acontecimentos contemporâneos, evita qualquer opinião *a priori* e retém apenas o que viu ou estabeleceu confrontando testemunhos tendenciosos ou infiéis. Também não deixa de recorrer aos documentos oficiais: o texto da paz de Nícias (422 a.C.), gravado no mármore, corresponde quase palavra por palavra ao de Tucídides.

Estabelecer os fatos e inseri-los em cadeias causais constitui a etapa decisiva da operação histórica. Algumas expressões apontam claramente para isso: "Considerando-se os fatos"; "ver claro nos fatos passados"; "confirmados pelos fatos". Os mestres do século XIX dizem outra coisa? Esses fatos reconstituídos com tanto cuidado, é preciso ponderá-los, avaliar sua importância, daí o paralelo entre as Guerras Médicas e a Guerra do Peloponeso (XXIII). Resta o essencial: estabelecer as causas dos acontecimentos. Em linhas decisivas, o estratego exilado distingue as razões imediatas do conflito (o confronto entre os corcírios, aliados de Atenas, e os coríntios, aliados de Esparta) de sua causa profunda: o temor dos lacedemônios diante do progresso do imperialismo ateniense. Por trás dos motivos enunciados pelos atores dos acontecimentos, por trás do encadeamento superficial dos fatos, ele se interroga sobre os mecanismos ocultos do movimento histórico.

Tucídides enuncia também, de passagem, as regras de uma escrita histórica. Trata-se de uma verdade em construção, de uma narrativa edificada a partir de um certo grau de informação, que comporta sempre uma parte de não estabelecido: "Era esse, de acordo com minhas pesquisas" (XX); "ninguém se enganaria julgando os fatos mais ou menos como os relatei" (XXI). Banindo todo o maravilhoso, o escritor ateniense apregoa uma escrita simples, desprovida de qualquer artifício literário, apropriada ao objetivo almejado: "Ver claro nos fatos passados". Nem por isso proíbe a si mesmo reconstruir "os discursos proferidos por cada um dos beligerantes" em nome da lógica do verossímil. Sua narração contém, assim, trinta e nove discursos atribuídos a Péricles, Alcebíades, Nícias e outros. Não podendo "relatar com exatidão as palavras que foram pronunciadas", ele expõe o "pensamento completo" que continham, sua substância. É claro que essa arte nos parece um bocado suspeita, e logo imaginamos que esses discursos foram reelaborados com uma boa dose de parcialidade.[2] Contudo, Jacqueline de Romilly inocenta Tucídides completamente dessa acusação e expõe as razões dessa liberdade tomada em relação à matéria-prima da história. Esses belos trechos de eloquência, tão correntes na vida política ateniense, constituíam um meio extremamente eficaz de fornecer em algumas linhas as características de um personagem e de uma política. E serviam também para estabelecer um sistema de relações lógicas entre os personagens, colocando discursos

[2] Romilly (1967).

em paralelo ou em oposição. A prática das antilogias ou confrontações de raciocínios era corrente entre os sofistas. Tucídides cede a esse costume quando, por exemplo, confere a palavra sucessivamente a um siracusano e a um ateniense, que expõem teses rigorosamente contrárias. Cabe, em seguida, o julgamento ao leitor.

Esse texto fundador do gênero histórico nos permite, com a ajuda de Jacqueline de Romilly,[3] esclarecer as três etapas do procedimento do historiador ateniense: a) um trabalho crítico sobre as fontes e sobre o estabelecimento dos fatos; b) uma atividade lógica de construção dos sistemas de provas; c) finalmente, uma atividade de organização constituidora de conjuntos coerentes em que cada fato e cada discurso participa de um mesmo sistema. Mas a missão do historiador não termina por aí: ele deve, ainda, ser útil a seus semelhantes e alimentar as meditações destes. Ambição justificada na medida em que os fatos que relata se sujeitam à lei do eterno retorno que determina o curso das coisas humanas. Semelhante convicção, que já foi qualificada de determinismo racionalista, está ligada a uma concepção cíclica do tempo, acompanhada pela crença na perenidade da natureza humana. Em consequência, os mesmos processos psicológicos devem necessariamente acarretar o retorno dos mesmos acontecimentos.

Depois dessa bela lição de método, resta-nos apreciar seu resultado: a mais do que célebre *História da Guerra do Peloponeso*. Nela se manifestam, de fato, as qualidades fundamentais do historiador, a começar pela extensão de uma informação aberta a uma primeira forma de arqueologia, quando o autor descreve as antigas sepulturas de Delos, ou quando se interroga sobre os vestígios que Esparta poderia deixar. Quando cita documentos, parece fazê-lo com exatidão. Isso pode ser verificado em alguns casos. Sua versão do tratado feito entre os atenienses, os argivos, os mantineus e os eleus, em 420-419 a.C., corresponde, salvo ínfimas variações, ao texto encontrado numa estela da Acrópole. Quanto à sua imparcialidade, é difícil negá-la, já que sempre dá voz aos diferentes campos em conflito. Demonstra, contudo, certa mágoa em relação à democracia ateniense, e não dissimula sua simpatia por homens de Estado moderados como Péricles ou Nícias. Há quem diga que

---

[3] Romilly (1967, p. 272).

ele carregou as tintas ao descrever o imperialismo ateniense. Em seu relato, o ataque lançado contra os mélios, em 416, surge como uma mera e odiosa agressão do forte contra o fraco, mas inscrições recentemente descobertas parecem atestar que os mélios faziam parte do Império e teriam sido punidos por rebelião! O que não se pode negar é a capacidade de evocação de Tucídides, mestre na arte do retrato, perito em narrativas de batalhas e em análises de psicologia coletiva (quer se trate do moral dos atenienses depois do desastre da Sicília ou da ruína geral dos valores atribuível à guerra).

Essa narração perfeitamente controlada, enriquecida por uma análise aguda das causas e consequências (imediatas e longínquas) dos acontecimentos, se revela ainda organizada como uma espécie de sistema fechado. A lógica que opera aí foi exposta por Jacqueline Romilly em *Histoire et Raison chez Thucydide*. Sob a aparência de uma simples narrativa linear, se esconde na verdade um "discurso" eminentemente coerente e pessoal, em que os episódios remetem todos uns aos outros e se encontram carregados de uma significação interna ao sistema. Quando narra o cerco de Siracusa, por exemplo, Tucídides não se perde no relato das oito vitórias de Atenas. Contenta-se em resumir tudo à luta de duas intenções contrárias: atacar Siracusa ↔ não ser atacada. Longe de se extraviar na confusão dos acontecimentos, ele constrói um pequeno drama. Regra geral, busca escapar da desordem dos fatos brutos para reter apenas os elementos ligados entre si. Seu estilo confere a essas relações um caráter de rigor quase matemático. As conclusões correspondem aos projetos. Cada ideia, cada fato assume um caráter definido ao longo de toda narrativa em que, não sem repetições, as mesmas palavras recobrem as mesmas noções. Nessa obra "cheia de ecos, de evocações, de correspondências" podemos discernir uma coesão de estilo que reforça a relação entre os fatos. Embora siga geralmente a ordem cronológica, o autor constrói em realidade uma demonstração em que os fatos ocupam a posição de argumentos num raciocínio. Tudo parece ser necessário, às custas de uma simplificação excessiva. Na *Arqueologia*, toda luz se concentra na gênese do império ateniense, em detrimento da Confederação Espartana. O conjunto da obra está sujeito a um "racionalismo organizador" extremamente eficaz na arte de decantar os acontecimentos brutos e conectá-los em cadeias coerentes.

Um livro anterior de Jacqueline Romilly, *Thucydide et l'impérialisme athénien*, já tinha demonstrado qual era a filosofia e a moral intrínseca à *História da Guerra do Peloponeso*. O imperialismo ateniense é apresentado nela como uma força abstrata que determina o curso da história, independentemente das condições de seu surgimento. A cidade de Atenas, em seu conjunto, é animada por uma vontade pura e una; é apresentada em bloco como imperialista, sem distinção de tendências. Essa ambição coletiva se exerce pelo sistema da talassocracia, cujos fundamentos e domínio de expansão o historiador não esclarece. Trata-se de uma pura vontade de potência marítima, que encontra seu fim em si mesma, sem que sejam levados em conta nem o problema do aprovisionamento de trigo nem as necessidades da classe pobre. Em suma, essa vontade de conquista é uma força abstrata que se alimenta de si mesma. É uma paixão que busca a "glória". Os atenienses se entregam a ela unicamente por motivos psicológicos: gosto pela ação, necessidade de autoridade, busca pela fama. Ao mesmo tempo, encontram nela uma espécie de coroação de sua liberdade de cidadãos.

Embora seja possível isolar aspectos sucessivos do imperialismo ateniense (Péricles ou o poder conciliado com a medida; Cléon e Alcebíades, ou os desencadeamentos da *hybris*, o abandono às ambições ilimitadas), ele apresenta uma unidade fundamental expressa por essa simples fórmula: "Os atenienses desejavam mais". Em consequência, seu comportamento obedece a uma lógica implacável: manifestar sua força para se fazer temer; fazer disso o mecanismo normal das relações humanas; esmagar os fracos. Essa visão do mundo procede da experiência do historiador ou do ensinamento dos sofistas? O fato é que revela um profundo pessimismo. Todo poder, toda dominação sofre a tentação da desmedida. Ao dar o passo mais largo do que as pernas, corre para sua perdição. A *hybris* (a desmedida) atrai a *Nemesis* (o destino, a fatalidade).

Rica em ensinamentos filosóficos, organizada como uma rede coerente de signos, a obra de Tucídides não tem nada de um simples documento sobre o conflito entre as duas maiores potências do mundo grego. É preciso ver nela, na verdade, um monumento-tela erguido diante da realidade, para a edificação das gerações por vir. Esse "túmulo escritural" erigido à glória de Atenas incita o leitor a se lembrar e lhe atribui tarefas no presente. Nesse sentido, a função da obra inteira é comparável à da célebre oração fúnebre pronunciada em

431 a.C. por Péricles, e reescrita por Tucídides, em honra às primeiras vítimas do conflito: "Numa palavra, afirmo, nossa cidade em seu conjunto é a escola da Grécia... Esta é a cidade que, com razão, esses homens não quiseram perder e pela qual morreram corajosamente no combate; pela sua defesa nossos descendentes consentirão em tudo sofrer" (Livro II, 41).

Políbio ou a reconstrução lógica do passado

Políbio é muitas vezes considerado uma espécie de *alter ego* de Tucídides. Menos brilhante no estilo, ele se revela ainda mais sistemático na interpretação do passado. A lógica implacável aplicada por ele nos servirá de fio condutor: "Considero pueril não apenas tudo o que se afasta de um princípio lógico, como também o que está fora do possível". Quando não é possível uma análise racional do passado, é preciso ao menos propor uma leitura verossímil dele.

A. Uma obra na transição do mundo grego para o mundo romano, devida a um exilado e a um viajante (208?-126 a.C.)

Nascido em Megalópolis, na Arcádia, numa família aristocrática, Políbio recebeu uma formação polivalente, em política, estratégia e retórica. Soldado, combateu com os romanos contra Antíoco III, o rei selêucida que entrara na Grécia a chamado dos etolianos em 190-188 a.C. Mais tarde, agiu com cautela durante a revolta de Perseu contra os romanos (170-169). Mas nem por isso deixou de ser deportado para Roma, onde permaneceu por dezessete anos! Lá se tornou o protegido e o amigo de Cipião Emiliano e frequentou Catão. Observando as instituições romanas, amadureceu o projeto de compor *Histórias*. Aproveitou o exílio para visitar a Gália do Sul e a Espanha. Em 150, voltou finalmente para sua Grécia natal, o que não o impediu de acompanhar Cipião sob os muros de Cartago em 146. Quando os aqueus se revoltaram de novo contra Roma, arranjou uma solução de compromisso. Não se sabe muito a respeito do fim de sua vida: viajou para o Egito, assistiu ao Cerco de Numância, em 133, e morreu provavelmente em 126.

Ao lado de obras secundárias e perdidas, como um tratado de tática, Políbio nos deixou quarenta livros de *Histórias*. A primeira parte, redigida em Roma e remanejada posteriormente, relata a conquista do mundo pelos romanos de 220 a 168 a.C., e portanto as Guerras Púnicas. A segunda narra as perturbações ocorridas no mundo greco-romano de 220 a 168, até a destruição de Cartago. Trata-se de uma narrativa cronológica que fala primeiro do Ocidente e depois do Oriente, e em que os fatos ocupam um espaço proporcional à sua importância. O verdadeiro objeto dessas *Histórias* é a conquista romana e a análise da constituição que a tornou possível. Políbio quis expor "a economia geral e global dos acontecimentos", as histórias particulares vindo se fundir na história universal pela virtude dos grandes conflitos – como a Primeira Guerra Púnica – e da expansão romana.

B. Método crítico e apetite de conhecer

Políbio quer evitar os defeitos de seus predecessores, sobretudo Calístenes e Timeu. Censura-lhes a narração mal costurada, seus relatos ingênuos, seus apriorismos, seus discursos infiéis tanto à letra quanto ao espírito do que realmente fora dito e seus erros geográficos. A seus olhos, o historiador deve associar senso crítico e informação ampla, nos domínios político, militar e geográfico.

Seu método crítico nada tem de especialmente original. Para ele, nada substitui o testemunho direto. Como Aristóteles, considera a visão mais fidedigna que a audição. Tendo assistido a diversos grandes acontecimentos, contava efetivamente com uma vasta experiência em política e diplomacia. Na falta de ter testemunhado tal ou qual fato, recorre a informantes e confronta seus testemunhos. Em Roma, entre 167 e 150 a.C., teve oportunidade de encontrar exilados, viajantes e atores eminentes da conquista (como Lélius, próximo de Cipião), ou da vida política (como Catão). Pôde também consultar os anais da República Romana, que depois se tornariam os *Annales maximi*, e ainda teve acesso a livros vindos dos campos opostos.

Aos diferentes testemunhos de que dispõe, Políbio coloca questões de bom senso: seu autor assistiu aos acontecimentos? Teve uma experiência política e militar? Demonstrando um inegável senso crítico, recusa-se a aceitar meros boatos. Seu gosto pelos documentos originais é impressionante. Nesse aspecto, supera seus predecessores, inclusive Tucídides. Cita tratados, decretos e cartas recopiados por ele nos "arquivos oficiais" romanos, o *Tabularium*. Também gosta de cifras. Quando se trata de avaliar as forças de Aníbal, prefere se apoiar numa inscrição a dar crédito às estimativas de diferentes testemunhas. Falta-lhe informação sobre tal ou qual assunto? Expõe então o que lhe parece mais verossímil. Submetendo dessa maneira a história à lógica, permanece em concordância com o que é natural, com a experiência comum. Sempre em nome da verossimilhança e levando esse princípio ao extremo, chega até a "partir dos fatos estabelecidos para inferir fatos desconhecidos", como afirma Paul Pédech em *O método histórico de Políbio* (1964).

O "desejo de saber" de Políbio se manifesta sobretudo no domínio da geografia. Ele foi se aprofundando cada vez mais nesta, utilizando-a inicialmente enquanto historiador preocupado em conhecer os lugares onde os acontecimentos se passam, antes de praticá-la por si mesma. Adora descrever as regiões que percorreu: a Grécia, Bizâncio, a Itália (inclusive a Sicília), a Espanha, a Gália, a África do Norte e o Egito. Se o *primeiro Políbio* se comporta como soldado e turista, apreciando as curiosidades e as vantagens estratégicas de uma localidade, o *segundo Políbio* cultiva a geografia por si mesma. Observa que a Sicília tem uma forma triangular, introduz em sua obra notas descritivas sobre a Itália, sobre a Cisalpina, sobre o Reno (III, 47, 2-4). Aplica-se até mesmo a um estudo oceanográfico do Ponto Euxino (o Mar Negro – IV, 39-42): qual o porquê do seu assoreamento? E das correntes de seus canais? O assoreamento, diz ele, é inevitável devido à quantidade dos aportes fluviais. Quanto às correntes, elas procedem do escoamento do excedente de um mar alimentado pelos rios. Políbio não se contenta em descrever, raciocina. Interroga-se até sobre a forma e os limites do mundo, assim como sobre a possível existência de um continente austral.

C. Uma lógica implacável e seus limites

A busca das *causas* dos acontecimentos constitui a tarefa primordial dos historiadores. Narrar não basta. É preciso explicar, sem se esquivar, e só *in extremis* recorrer à *fortuna*. O procedimento de Políbio dá continuidade ao de Tucídides e de Aristóteles. Tucídides distinguira as causas declaradas (aparentes), as razões verdadeiras e as leis "eternas" da história. A seus olhos, os indivíduos agiam por delegação das forças históricas.

Para Aristóteles, "conhecer é conhecer as causas". Ele distingue a causa material (o metal permite a estátua; tais meios tornam uma guerra possível); a causa formal (o conceito e seus gêneros; exemplo em Tucídides: o imperialismo e suas consequências); a causa motriz (o pai é causa do filho; o impulso inicial que deslancha os acontecimentos, a cadeia das responsabilidades, sua cronologia exata); a causa final (a saúde é *causa* do passeio; um período histórico é visto como a realização de um plano). Na *Política*, Aristóteles desenvolveu assim uma teoria das revoluções, remetendo-as a três ordens de causas: morais (por exemplo, as aspirações das classes inferiores); finais (mudar a sociedade); imediatas (os primeiros distúrbios, muitas vezes ínfimos, que engendram grandes efeitos).

O pensamento de Políbio fica muito claro num texto que trata das causas da Segunda Guerra Púnica.[4] Ali ele distingue o começo, o pretexto e a verdadeira causa.

– A causa, *aitia*, são os desígnios, os raciocínios e os sentimentos que levam à decisão e ao projeto. Em suma, as operações mentais que precedem a ação. Essa teoria intelectualista subordina a vontade ao entendimento. Resta ao historiador verificar se os resultados corresponderam aos projetos iniciais.

– O pretexto, *prophasis*, é a razão invocada. Exemplo: Alexandre quer punir os ataques dos persas à Grécia; os romanos procuram uma razão para atacar Cartago. Toda política deve se justificar, diante do adversário e da opinião pública interna. O historiador deve rasgar o véu das aparências.

– O começo, *arché*, são os "primeiros atos de coisas já decididas" (exemplo: a tomada de Sagunto inicia a Segunda Guerra Púnica).

Essa "análise lógica" dos acontecimentos se aplica especialmente às guerras e à diplomacia.

As causas invocadas por Políbio são sempre de ordem intelectual (concepções, planos, raciocínios, etc.)

Esse intelectualismo histórico atribui necessariamente um grande espaço aos "discursos efetivamente proferidos" pelos atores: neles se

[4] Pédech (1964, p. 78-79).

manifesta o indivíduo pensante; neles são expressos os projetos que determinam a passagem aos atos. O discurso é ação em potência (para Pédech, ele "equivale à ação"). É um elo essencial na trama dos fatos. Políbio afirma se ater às palavras realmente pronunciadas, evitar os estereótipos. Na verdade, imprimiu em muitos discursos a marca de suas próprias concepções. Uma vez citado o discurso, é preciso "descobrir a causa pela qual palavras ou atos culminam finalmente no fracasso ou no sucesso".

Sempre em nome desse intelectualismo histórico, um grande espaço é atribuído à ação dos grandes personagens. Em Políbio, o indivíduo pensante está no primeiro plano da causalidade histórica. Príncipes e chefes de Estado determinam o jogo político. Forjam planos e os colocam em prática sob a forma de leis, de guerras, etc. Tudo depende de seu espírito (*nous*), de sua capacidade de cálculo e de previsão. Aqui a razão (o *logos*) triunfa. Os elementos afetivos e passionais não têm vez. A força física dos indivíduos quase não conta.

Políbio distingue dois tipos de personagens históricos:
– os racionais, que obtêm resultados conformes a seus planos;
– os irracionais, os apaixonados, que fracassam.

Os heróis são, portanto, os frios, os positivos, os calculistas; como Amílcar Barca, esperto, audacioso, que age *kata logon* (segundo a razão); como Aníbal, "a própria lógica da história em ação".[5] Antes de ir para a Itália, Aníbal se informa sobre os Alpes, sobre o Pó, os recursos da região, o estado de espírito da população. Cipião, gênio calculista, é da mesma estirpe: um massacre para aterrorizar, um gesto de clemência para arrebanhar os corações... Quanto aos perdedores da história, eles devem culpar a si mesmos pelas faltas que cometeram contra a razão, pelos seus arrebatamentos (Exemplo: Filipe da Macedônia, o irascível, o impulsivo).

Essa psicologia pode parecer excessivamente clássica e convencional. O pensamento precede a ação. Tudo se resume ao conflito entre a razão e a desrazão. Quem se abandona às forças obscuras (*thumos*) inevitavelmente fracassa. Isso posto, é preciso reconhecer que o vocabulário psicológico de Políbio é extremamente amplo: Pédech recenseou nele 210 termos que designam sentimentos ou operações mentais.

---

[5] Pédech (1964, p. 217).

"A análise lógica" do passado, próximo ou longínquo, exige também a elaboração de vastas sínteses. Políbio adora passar em revista as relações de força existentes em determinada época; às vezes, por meio de grandes composições oratórias. Elas servem para apresentar as políticas possíveis em certo momento, para expor os termos de uma alternativa. Ele também pratica o método comparativo, traçando paralelos entre a falange macedônica e a legião romana, a constituição espartana e a romana (cujo equilíbrio permitiu a conquista do mundo).

Essa visão racionalista da causalidade histórica tem seus *limites*. Ela cai por terra diante da experiência concreta do desmoronamento das monarquias e dos impérios (Cartago, Antíoco III, etc.). É preciso, portanto, dar seu lugar à Fortuna e ao Acaso, a tudo aquilo que pode frustrar as previsões e dar aos acontecimentos um curso imprevisto.

A Fortuna (*tuché*) tem diferentes rostos em Políbio, desde o acontecimento de primeira grandeza até o mais ínfimo acidente (climático, por exemplo). Por um lado, trata-se de um poder regulador, não muito diferente da Providência de Bossuet. Por outro, a Fortuna é simplesmente o Acaso, aquilo a que se apela para tapar os buracos da explicação no que concerne aos fatos mínimos.

Políbio cai às vezes no finalismo, atribuindo um plano à Fortuna "para levar a cabo os acontecimentos do mundo". Chega a felicitá-la por ter reunido "todas as partes conhecidas da terra sob um único império e uma única dominação" (romana). Bossuet não dirá outra coisa.

A Fortuna preside ao desenrolar da história, determina sua "economia", distribui recompensas e castigos. Mas essa potência superior, que muito se assemelha a uma divindade, não chega a suprimir as causas humanas, por mais que se superponha a elas.

D. Um filósofo da história e um precursor da sociologia política

O objeto essencial de Políbio, em seu célebre Livro VI, reside no estudo dos regimes políticos, a fim de situar o sistema romano entre os outros, e também porque a *politeia* de um Estado tem uma função essencial para engendrar os acontecimentos. Uma constituição é "a causa mais ampla de tudo o que acontece a um Estado", como ele nos diz.

A classificação ternária dos sistemas políticos estabelecida por Políbio comporta formas puras e formas degradadas:

— *Formas puras*: realeza/aristocracia/democracia.
— *Formas degradadas*: monarquia/oligarquia/oclocracia (ou governo da multidão).

Essas categorias vêm diretamente de Aristóteles.

Os regimes políticos estão sujeitos a um ciclo. De início, num mundo caótico, os homens se reúnem em bandos, sob um chefe. Então se instaura uma autoridade consentida, a realeza, que degenera em tirania. Esta suscita uma reação aristocrática, que logo se degenera em oligarquia, que por sua vez é derrubada pela democracia (o poder de todos, fundado na moral e nas leis). Esse estado de coisas não pode durar: ao termo de duas gerações se instaura um regime do populacho e volta-se ao despotismo primitivo. As revoluções sucessivas procedem sobretudo de causas psicológicas e morais, já que a conduta dos dirigentes inevitavelmente se degenera.

O regime ideal que, em princípio, deveria escapar ao ciclo, é um misto, uma combinação dos três princípios (realeza, aristocracia, democracia). Solução imaginada por Licurgo em Esparta e realizada pelos romanos. Solução conforme as exigências do equilíbrio e do meio-termo. Em Esparta, portanto, o povo contrabalançava os reis; e os gerontes — 28 "senadores" de mais de 60 anos eleitos vitaliciamente por meio de aplausos — ajudavam os reis a contrabalançar o povo. Essa constituição permitiu a concórdia interna, mas não refreou o apetite de dominação externa. Daí o fracasso. Os romanos superaram o exemplo espartano. Instauraram um regime monárquico através dos cônsules, aristocrático através do Senado, e democrático através do papel conferido ao povo. Essas instituições, por sua vez, desenvolveram as virtudes do povo (busca da glória; integridade mantida pelo temor religioso). Nesse elogio à constituição romana, Políbio retoma as teses do Círculo dos Cipiões.

O modelo de Políbio permite o conhecimento do porvir, já que a evolução de um regime é considerada previsível com toda segurança. Há leis em funcionamento, que seguem uma mecânica inexorável. Nesse sentido, Políbio é ainda mais determinista que Tucídides. Porém, mais do que esse determinismo, devemos reter o uso feito por ele do método comparatista, que prenuncia a sociologia política contemporânea. É o caso da comparação que estabelece entre Esparta e Roma (que, ao contrário de Esparta, soube mobilizar os meios necessários à conquista) e entre Roma e Cartago (cujo regime considera desequilibrado pela preponderância assumida pelo povo). A probidade romana se opõe à venalidade cartaginesa. O temor aos deuses é maior em Roma do que na cidade púnica.

Cada regime é um organismo vivo sujeito a um "modelo biológico": nasce, cresce, atinge sua fase de equilíbrio, depois definha e desmorona. Mesmo em Roma, a cupidez, a intriga e a indisciplina tendem para a oclocracia. Essa visão se concilia de um jeito ou de outro com a teoria dos ciclos que subjaz ao pensamento de Políbio.

Devemos destacar finalmente que esse grande autor teve uma posteridade bifronte: de um lado, a história racionalista, em que o pensamento precede a ação, em que os indivíduos são os mestres do jogo; de outro, os grandes painéis universais, as grandes sínteses frágeis, *à la* Toynbee e *à la* Spengler. Mas a grandeza de Políbio talvez se deva sobretudo a seu insaciável apetite de saber. A curiosidade do explorador que viaja pelas costas do Marrocos só é igualada pela do erudito, cheio de desprezo pelos compiladores. "A informação pelos livros" constitui a seus olhos apenas o primeiro estágio do conhecimento histórico. De fato, bastaria ter "visto as obras dos pintores antigos" para se acreditar "um bom pintor e mestre dessa arte"?

À procura da "verdadeira natureza" da historiografia romana

Sob esse título ambicioso reuniremos algumas considerações gerais (amplamente inspiradas no livro de Arnaldo Momigliano, *Problèmes d'historiographie ancienne et moderne*) sobre os historiadores romanos, sem dar especial destaque nem a Tito Lívio, nem a Tácito, nem a qualquer outro autor clássico.

As relações dos historiadores com o poder, bastante frouxas no mundo grego, tornaram-se bem mais tensas em Roma, onde quem quer que incomodasse corria o risco do exílio ou de algo pior. Foi sobretudo o regime imperial que vigiou de perto os historiadores e lhes impôs uma espécie de linha oficial. Tibério chegou a ordenar que fossem queimadas as obras do senador Cremutius Cordus, que foi obrigado ao suicídio. Daí as precauções tomadas por um Flávio Josefo, que pede ao imperador para autenticar seus livros sobre a Guerra Judaica, ou por um Sozomeno, que submete sua obra a Teodósio II, deixando-o livre para "acrescentar ou cortar o que quiser". Contudo, essas sujeições ao poder não nos autorizam a falar da existência de historiadores oficiais. Só as descrições das campanhas militares merecem essa etiqueta.

Na Antiguidade, assim como na Idade Média ou hoje em dia, só que de acordo com modalidades diferentes, o historiador participava de um ambiente político e cultural. Os autores buscavam satisfazer certa forma de "demanda social". A biografia, ilustrada especialmente pela *Vida dos doze Césares*, de Suetônio, constituía um gênero particularmente apreciado. Os oradores extraíam abundantes exemplos das vidas dos homens ilustres e dos relatos dos grandes feitos da coletividade. Um claro indício do interesse despertado pelo gênero histórico: algumas obras eram lidas em público, às vezes pelo próprio autor (Timageno no século I d.C., Amiano Marcelino no IV), às vezes por outra pessoa, como uma espécie de homenagem. Outra forma de consagração: as bibliotecas continham obras históricas e os ricos também podiam adquiri-las. O comum dos mortais podia recorrer a resumos das grandes obras e ter acesso, por exemplo, a Heródoto por intermédio de Pompeu Trogo (século I a.C.).

Tomado em seu nível mais profundo, o empreendimento historiográfico se revela uma tentativa de pensar conjuntamente o tempo e o espaço, em sua interdependência mútua. Uma obra manifesta isso de maneira muito clara: as *Res Gestae*, escritas pelo próprio imperador Augusto para celebrar o glorioso destino reservado a Roma pelos deuses: dominar, pacificar e organizar o mundo. Essas narrativas, destinadas a serem gravadas em placas de bronze colocadas diante do mausoléu de Augusto, descrevem um espaço completo e controlado, uma espécie de estado final da conquista do mundo.[6] O texto foi finalizado em 13 d.C. a partir de versões anteriores. Trata-se de uma forma elementar de história, próxima dos *elogia* dispensados aos triunfadores, celebrando as funções exercidas, os gastos assumidos e as conquistas feitas por Augusto. A esses rudimentos de história se associam fragmentos de geografia sob a forma de uma nomenclatura elementar de cinquenta e cinco nomes próprios: catorze províncias, vinte e quatro povos, entre os quais os *britanni* e os *cimbri*, quatro rios,

---

[6] Cf. Nicolet (1988).

uma única montanha (os Alpes), três mares, seis cidades. Bagagem leve, mas ideologicamente significativa, essa geografia sumária afirma o controle da terra habitada, cujos limites são situados na Etiópia e na Jutlândia; revela também as pretensões ecumênicas dos romanos, igualmente manifestas na arquitetura e na iconografia. De maneira exemplar e quase simbólica, as *Res Gestae* nos fazem assistir à construção de um saber histórico-geográfico, construção tornada possível por toda uma série de fatores. Pela própria conquista romana: comerciantes e militares abriram novas passagens, puderam ter a medida do mundo e fazer dele uma descrição detalhada. Pelo controle administrativo do espaço, sob a forma de recenseamentos e contagens com objetivo fiscal. Enfim, pela vontade do imperador: no ano 14 de nossa era, ele manda compor um *Breviário* do Império para fins administrativos, financeiros e militares. Dominar, inventariar e explorar formam uma tríade indissociável. Segundo Vitrúvio, a própria geografia destinava Roma a governar o universo: "É verdadeiramente no meio do espaço do mundo inteiro, e na região mediana, que o povo romano tem suas fronteiras [...]. Desse modo, a providência deu ao Estado romano uma situação excelente e temperada, destinando-o ao império do mundo".[7] Esse belo exemplo de ufanismo nos permite compreender a aptidão dos historiadores a ver longe, na escala das nações, dos impérios, ou do universo inteiro, como Pompeu Trogo. A unificação do ecúmeno pela conquista romana e a ideia estoica da unidade da humanidade contribuíram ambas para isso.

    Contrariamente a um preconceito tenaz, os historiadores antigos não eram essencialmente nem depositários nem garantes da tradição. Comportavam-se sobretudo como observadores atentos das grandes transformações políticas e militares ocorridas em sua época. Arnaldo Momigliano demonstra isso de maneira convincente. Os grandes historiadores, de fato, escrevem sobre o passado próximo, como Salústio (86-35 a.C.) relatando a Guerra de Jugurta e a Conjuração de Catilina, ou Tácito (55-120 d.C.) consagrando suas *Histórias* e seus *Anais* aos imperadores do século I. O caso de Tito Lívio não deve nos iludir a esse respeito. Patrício, partidário de Augusto, e vendo na história uma

---

[7] Vitrúvio escreveu essas linhas por volta de 24-20 a.C. Citado por Nicolet (1988). (N.R.)

distração dos "espetáculos funestos" das guerras civis, ele empreendeu narrar a história de Roma *ab urbe condita*, ou seja, desde sua fundação. Dos cento e quarenta e dois livros que compôs entre 27 a.C. e 17 d.C., restaram apenas trinta, dez dos quais sobre as origens e vinte sobre a conquista romana de 218 a 167 a.C. Sua narrativa se prolongava na verdade até o período de Augusto, e comportava, portanto, uma seção contemporânea. Não devemos nos deixar enganar sobre a verdadeira natureza de sua obra, nem por seu respeito aos mitos de origem (a chegada de Enéas, Remo e Rômulo), nem por seu gosto pelos costumes antigos. Celebrando os heróis (os Horácios, Horácio Cocles), o que ele queria era fornecer a seus contemporâneos exemplos de coragem, de respeito aos deuses e de devotamento ao Estado, a serviço da regeneração moral empreendida por Augusto.

A prioridade atribuída ao passado próximo volta a se encontrar em Amiano Marcelino (por volta de 330-400 da nossa era). Ele consagra treze livros a narrar os anos 96-352, mas reserva dezoito ao período 352-378, ou seja, o "seu". "Contemporaneístas" ou mesmo "imediatistas", os historiadores romanos o são por razões muito simples: não é preciso relatar acima de tudo aquilo que se viu e escutou? Não se deve poder confrontar os relatos de diversas testemunhas? Não é mais legítimo expor fatos cuja importância se pode avaliar: guerras, revoluções, transformações institucionais e morais? A observação e a narração da mudança ocupavam, portanto, uma posição central no discurso dos historiadores. "Sua missão era registrar as modificações profundas e relativamente rápidas que afetavam o corpo político" (Arnaldo Momigliano).

Dois tipos de mudanças são privilegiados: as guerras, naturalmente, mas também as revoluções políticas e as inovações constitucionais. Em compensação, não é dada maior atenção às evoluções lentas dos costumes e do direito. Tácito parece ser uma exceção a essa regra. Numa página notável dos *Anais* (Livro III, 55-57), ele se interroga sobre as razões pelas quais o luxo da mesa, excessivamente ostentado de 31 a.C. a 68 d.C., declina pouco a pouco a partir de então. E nos fornece toda uma gama de razões: políticas (o evergetismo se tornou suspeito); psicológicas (o temor inspirado pelas leis suntuárias); sociológicas (os homens novos, vindos dos municípios e das províncias, permanecem fiéis a seus hábitos austeros); e, finalmente, morais (o exemplo dado por Vespasiano, restaurador das tradições, entre 69 e 79 d.C.). Ao final dessa sagaz investigação sobre um objeto moral aos seus olhos, etnográfico aos nossos – as maneiras à mesa –, Tácito se contenta com uma referência puramente formal à visão cíclica da história: "Talvez haja para todas as coisas uma espécie de ciclo e, assim como as estações, os costumes tenham suas vicissitudes". Parece haver uma espécie de "defasagem" entre as concepções filosóficas apregoadas e o exame preciso dos fatos, onde se encontra a verdadeira explicação.

A herança historiográfica da Antiguidade

A tradição historiográfica, tal como pode ser apreciada no fim do período romano, se reduz a alguns princípios essenciais. A história nada mais é que a narração de fatos verdadeiros e controláveis. "Seguindo a ordem dos diversos acontecimentos, na medida em que pude procurar a verdade", nos diz Amiano Marcelino, "contei: os fatos que minha idade permitiu testemunhar ou de que pude me informar interrogando minuciosamente seus participantes".[8] Quanto a Sozomeno, na introdução de sua *História eclesiástica*, ele justifica a utilização de textos heréticos pela busca da verdade: "Já que é necessário contar a verdade, parece-me necessário examinar esses escritos na medida em que eu for capaz disso".

A distinção entre mito e história está solidamente estabelecida: Eusébio de Cesareia e São Jerônimo estimam, por exemplo, que, para o período anterior a Abraão, "não encontramos verdadeiramente nenhuma história, nem grega nem bárbara, nem, para falar de modo geral, pagã". Daí a escolha do primeiro por retraçar "a sequência dos tempos" de Abraão e Ninus até sua época. Também já não se confunde mais a biografia, que busca descrever as pessoas, com a história, destinada a narrar as ações.

Os autores da Baixa Antiguidade gostam de evocar seus predecessores, como Amiano Marcelino faz com Tácito. O que garante a continuidade dos modelos historiográficos. As obras de referência são conservadas nas grandes bibliotecas e reproduzidas pelos copistas (por exemplo em Constantinopla, no século IV). Não contentes em

---

[8] Citado por Sabbah (1978).

retomar os grandes exemplos, os historiadores do Baixo Império têm um grande senso de observação. Soldados, embaixadores ou oradores, viajam muito ao interior de um mundo cada vez mais ameaçado pelos bárbaros, "pretexto" ideal para considerações geográficas e etnográficas.

Amiano Marcelino pode ser visto como o autor mais representativo dessa época. De origem grega, serviu nos tempos de Constâncio II e acompanhou Juliano na campanha contra os partas. Seus *Rerum gestarum libri XXXI*, que vão do advento de Marco Coceio Nerva à morte de Flávio Júlio Valente (96-378 de nossa era), se inscrevem na continuidade da obra de Tácito. Seus princípios são parecidos com os de seus predecessores.[9] Como a exposição da verdade lhe parece um ideal inacessível, pouca referência faz a ela. Atêm-se quase sempre à veracidade. Busca enunciar uma verossimilhança capaz de persuadir; quer inspirar a *fides*, a confiança. Nele, a noção de verdade objetiva nada tem de um dado primeiro: ela se constrói no quadro de um esforço para depurar a noção de verdade retórica feita para persuadir, "com vistas a aplicá-la ao conhecimento do passado". Oriunda da retórica, a história deve visar à honestidade, à integridade (nada omitindo) e ao comedimento (evitando qualquer exagero).

Para estabelecer a verdade ou a veracidade dos fatos, o historiador lança mão das provas fornecidas por observações pessoais e por dados recolhidos junto aos atores dos acontecimentos. Embora considere a visão mais confiável que a audição, coloca-as de certo modo no mesmo plano, na medida em que, no final das contas, tudo repousa sobre a autoridade do historiador, fonte de uma relação de confiança com o leitor.

As informações de Amiano Marcelino eram de primeira mão? Alguns sustentaram que ele se contentou em pilhar seus precursores; outros, que coletou inúmeros dados brutos. Guy Sabbah demonstra que ele realmente recorria com frequência a fontes de primeira mão: traduções gregas de inscrições de hieróglifos, monumentos figurativos, documentos oficiais consultados no *Tabularium* (quadros de itinerários, listas prefeitorais), e até arquivos familiares e privados. Em suma, recorreu a documentos originais com maior frequência do que

---

[9] Cf. Sabbah (1978).

se imaginava, mas não mais do que seus contemporâneos. Eusébio de Cesareia também utilizava textos de leis, cartas de imperadores e bispos, atas de concílios, etc. Devemos, contudo, mencionar uma particularidade de Amiano: oficial que se tornou historiador, pôde recolher as recordações de seus pares; também utilizou os relatórios concisos que a burocracia do Baixo Império mandava elaborar sobre as operações militares.

Em sua narração, Amiano Marcelino retém apenas os fatos dignos de memória; descarta os detalhes humildes e ignóbeis e se concentra nos acontecimentos carregados de consequências. Assim se elabora a grande história que se quer *scientia plena*. Em geral, respeita a ordem cronológica, mas sabe renunciar a ela quando a simultaneidade dos acontecimentos em lugares afastados pode semear a confusão. Nesse caso, corre o risco de se sujeitar às exigências de uma "progressão dramática".

Mais representativo que original, alimentado por uma tradição que remonta a Políbio, visceralmente apegado à ordem romana, que adora opor à anarquia bárbara, Amiano Marcelino renuncia a proclamar a utilidade da história. Ela deve se limitar a ser uma *cognitio plena* (um conhecimento completo), já que não pode ser uma *magistra vitae* (uma mestra da vida). Coloca-se como um puro historiador, num mundo onde os generais são muitas vezes bárbaros aculturados, os políticos cínicos sem escrúpulos, e onde os costumes estão tão degradados que não é mais possível acreditar na virtude exemplar de um gênero sujeito aos assaltos repetidos, e logo vitoriosos, da história cristã. Seria falacioso imaginar que se passou insensivelmente, por uma espécie de deslizamento progressivo, das fórmulas antigas às concepções medievais. Na verdade, uma profunda renovação das perspectivas ocorreu no século IV. Depois da vitória de Constantino em 312, afirma Momigliano, a Igreja "se ergueu vitoriosamente para reafirmar com uma autoridade acentuada o modelo evidente da intervenção divina na história, a eliminação impiedosa dos desvios". A história providencial, alimentada de certezas, buscou suplantar a simples narração das transformações devidas aos homens, cara aos autores pagãos.

Documentos

Tucídides, *História da Guerra do Peloponeso*, Livro I

XX. Era esse, de acordo com minhas pesquisas, o antigo estado da Grécia. Pois é difícil dar crédito aos documentos em seu conjunto. Os homens aceitam sem exame os relatos dos fatos passados; mesmo aqueles que se referem à sua própria terra. Assim, a maioria dos atenienses imagina que Hiparco estava no poder quando foi morto por Harmódio e Aristogitão; não sabem que era Hípias, o filho mais velho de Pisístrato, que governava; Hiparco e Téssalo eram seus irmãos mais novos. Mas no dia marcado para o assassinato, e no momento de agir, Harmódio e Aristogitão suspeitaram que alguns de seus cúmplices tinham avisado Hípias; e por isso não o atacaram, já que o supunham prevenido; porém, não querendo ser detidos sem ter feito nada, mataram Hiparco que estava organizando a procissão das Panateneias perto do santuário de Leucórion.

Sobre diversas outras questões contemporâneas, falo evidentemente daquelas que o tempo não fez esquecer, o resto da Grécia não tem ideias exatas: imagina-se, por exemplo, que os reis de Esparta dispõem de dois e não de um só sufrágio; que têm à sua disposição um corpo de tropas formado pela tribo de Pitana; o que nunca aconteceu; vê-se com que negligência a maior parte das pessoas procura a verdade e como aceitam as primeiras informações que aparecem.

XXI. De acordo com os indícios que apresentei, ninguém se enganaria julgando os fatos mais ou menos como os relatei. Não daremos crédito aos poetas, que exageram os acontecimentos, nem aos logógrafos que, mais para encantar os ouvidos do que para servir à verdade, reúnem fatos impossíveis de verificar rigorosamente e acabam chegando a uma narrativa inacreditável e maravilhosa. Deve-se pensar que minhas informações provêm das fontes mais confiáveis e apresentam, posta sua antiguidade, uma fidedignidade suficiente.

Os homens engajados numa guerra julgam sempre a guerra que fazem a mais importante; já quando depõem as armas, sua admiração vai para as façanhas de outrora; não obstante, bem considerados os fatos, essa guerra surgirá como a maior de todas.

XXII. Quanto aos discursos proferidos por cada um dos beligerantes, seja antes de entrar na guerra, seja quando esta já tinha começado, eu não tinha como citar com exatidão as palavras que foram pronunciadas, tanto as que eu mesmo ouvi quanto as que me foram transmitidas por diversas fontes. Como me pareceu que os oradores deviam falar para dizer o que era mais pertinente, tendo em conta as circunstâncias, esforcei-me por restituir o mais exatamente possível o pensamento completo das palavras exatamente pronunciadas.

Quanto aos acontecimentos da guerra, achei melhor não os relatar de acordo com o que qualquer um me dizia, nem de acordo com minha mera opinião, só escrevi aquilo de que fui testemunha ou sabia por informações tão exatas quanto possível. Essa pesquisa foi laboriosa porque aqueles que assistiram aos acontecimentos não os relatavam da mesma maneira e falavam segundo os interesses de seus partidos ou de acordo com suas recordações cambiantes. A ausência do maravilhoso em minhas narrativas as tornará talvez menos agradáveis de se ouvir. Bastará para mim que aqueles que querem ver claro nos fatos passados e, por conseguinte, também nos fatos análogos que ocorrerão no futuro graças à lei das coisas humanas, julguem minha história útil. É uma obra de proveito sólido e duradouro mais do que uma peça enfeitada composta para uma satisfação efêmera.

XXIII. O acontecimento mais importante dos tempos passados foi a guerra contra os medas; porém, ela teve uma solução rápida em dois combates no mar e dois combates na terra. Já a guerra presente teve uma duração considerável; e ao longo dela sucederam desgraças à Grécia numa proporção até então desconhecida. Nunca tantas cidades foram tomadas e destruídas, umas pelos bárbaros, outras pelos próprios gregos em luta uns contra os outros; algumas foram tomadas e mudaram de habitantes, nunca tanta gente foi exilada, tantos assassinatos cometidos, uns causados pela guerra, outros pelas revoluções. Desgraças que eram relatadas, mas raramente confirmadas pelos fatos, tornaram-se críveis: tremores que devastaram a maior parte da terra e os mais violentos já vistos; eclipses solares mais numerosos do que os que tinham sido registrados até então; secas terríveis seguidas de fome e, sobretudo, essa terrível peste que atingiu e fez perecer uma parte dos gregos. Todos esses males, ao mesmo tempo que a guerra, se abateram sobre a Grécia.

Ela começou quando atenienses e peloponésios romperam a trégua de trinta anos que tinham estabelecido desde a tomada de Eubeia. Comecei expondo as causas dessa ruptura e os conflitos de interesses que levaram a ela para que todos possam saber de onde veio tamanha guerra. A verdadeira causa, mas não declarada, foi, em minha opinião, que os atenienses estavam se tornando poderosos demais, o que inspirou temor aos lacedemônios e os levou a recorrer à guerra.

(Ed. J. Voilquin, Paris, Garnier, 1948, p. 15-17)

Políbio: A teoria das causas

III. 6 Alguns dos historiadores de Aníbal, querendo nos expor por que causas (τὰς αἰτίας) essa guerra estourou entre Roma e Cartago, indicam como a primeira, o cerco de Sagunto pelos cartaginenses; 2. Como a segunda, a transposição, violando o tratado, do rio a que os autóctones chamam de Ebro; 3. Quanto a mim, diria que esses foram os começos (τὰς ἀρχάς) da guerra, mas não posso admitir de maneira alguma que tenham sido as causas; 4. Longe disso! Senão, dirão também que a travessia de Alexandre para a Ásia foi a causa da guerra contra a Pérsia e o desembarque de Antíoco em Demétrias a causa da guerra com os romanos; nem uma coisa nem outra é verossímil ou verdadeira; 5. Quem acreditaria, de fato, que foram essas as causas das medidas e dos preparativos feitos antes por Alexandre, e até por Filipe quando ainda vivo, com vistas à guerra contra a Pérsia, assim como os dos etólios, antes da chegada de Antíoco, visando à guerra contra Roma? 6. Essas ideias são típicas daqueles que não compreenderam a diferença e a distância existente entre o começo (ἀρχή), a causa (αἰτία) e o pretexto (πρόφασις), e que os dois últimos são os primeiros termos de toda a série, e o começo, o último; 7. Chamo começo de um fato qualquer as primeiras ações tomadas no sentido de executar coisas já decididas; e chamo causas os antecedentes em matéria de juízos e reflexões, quero dizer as ideias, os sentimentos e o raciocínios que se referem a elas e as operações que fazem com que se chegue a uma decisão e a um projeto; 8. O que digo ficará evidente através dos seguintes exemplos; 9. Quais foram as verdadeiras causas da guerra contra a Pérsia e de onde ela nasceu? Qualquer um tem a faculdade de compreender: 10. A primeira foi a retirada dos gregos com Xenofonte desde as satrapias do interior, retirada ao longo da qual, durante a travessia de toda a Ásia, embora hostil, nenhum bárbaro ousou enfrentá-los; 11. A segunda foi a invasão da Ásia pelo rei de Esparta Agesilaus, invasão que, sem ter encontrado nenhuma resistência séria a seus esforços, ele teve de abandonar por causa da crise na Grécia; 12. A partir desses fatos, Filipe refletiu e se convenceu da moleza e da fraqueza dos persas, de sua própria força militar e da força da Macedônia; pensou também na grandeza e na beleza do que estava em jogo em semelhante guerra; 13. E na popularidade que ganharia entre os gregos; e foi assim que alegou como *pretexto* que lhe urgia vingar as injúrias infligidas aos gregos pelos persas; teve o desejo e concebeu o projeto de fazer a guerra e preparou tudo para isso; 14. Assim, é preciso considerar os primeiros dados (a constatação da fragilidade da Ásia) como as causas da guerra contra a Pérsia, a vingança como pretexto e a travessia de Alexandre para a Ásia como o começo.

7. Quanto à guerra entre Antíoco e os romanos, é evidente que se deve atribuir sua *causa* à cólera dos etólios; 2. Estes, acreditando terem sofrido diversas humilhações da parte dos romanos ao final da guerra contra Filipe, como expus mais acima, não apenas apelaram a Antíoco como resolveram tudo fazer e tudo suportar sob o efeito da cólera que se apoderou deles nessas circunstâncias; 3. É preciso considerar como o *pretexto* a liberação da Grécia, que eles proclamavam, absurda e falsamente, percorrendo as cidades com Antíoco, e como o *começo* o desembarque de Antíoco em Demétrias.

(Extraído de PÉDECH, 1964, p. 78-79)

2

A história cristã da Alta Idade Média (séculos V-X)

A riqueza da produção historiográfica na Alta Idade Média é muitas vezes subestimada, já que certos autores preferem reter desse período apenas o abastardamento dos modelos antigos. Tentaremos dar a ver essa relativa abundância consagrando "quadros" sucessivos a historiadores mais ou menos conhecidos (Gregório de Tours, Paulo, o Diácono e Flodoardo de Reims). Mas devemos antes proceder a uma breve apresentação da visão de história sob a qual a Idade Média viveu.

A filosofia da história de Santo Agostinho (354-430 d.C.), base da história cristã

O bispo de Hipona compôs os vinte e dois livros da *Cidade de Deus,* entre 413 e 426 da nossa era, para responder a uma censura frequentemente formulada: a de que o cristianismo teria causado a ruína do Império, consumada com a invasão de Roma pelo chefe visigodo Alarico em 410. Na referida circunstância, os corpos dos mártires cristãos se mostraram incapazes de proteger eficazmente a *Urbs*. "Na época em que fazíamos sacrifícios a nossos deuses, Roma florescia", não hesitavam em proclamar os pagãos. Pior, arguiam que os princípios evangélicos, especialmente o do perdão, tinham amolecido a resistência do Estado. Para responder a esses ataques, Agostinho procedeu em dois tempos. Nos livros I a X, replica aos detratores do cristianismo conduzindo uma investigação sobre as pretensas vantagens da religião romana tradicional. O culto dos deuses não parece ter garantido a felicidade terrestre dos romanos, já que sua capital queimou duas vezes, primeiro por obra dos gauleses e a seguir por culpa de Nero. Já cidades cristãs como Alexandria, Constantinopla e Cartago são perfeitamente prósperas. Nos livros XI a XXII, Agostinho expõe a luta em curso entre a fé e a incredulidade, entre a cidade terrestre – que parece se confundir para ele com o Estado romano pagão – e a cidade de Deus, assimilável à Igreja. Essas duas cidades têm princípios antagônicos: "amor a si até o desprezo de Deus" e "amor a Deus até o desprezo de si"; paixão de dominar e aspiração a servir ao próximo; idolatria e veneração do verdadeiro Deus. Consequentemente, a luta entre os bons e os maus constitui a trama da história. Notemos, porém, que as duas cidades se interpenetram aqui embaixo, aguardando sua separação definitiva no momento do Juízo Final. Um comentador recente, Dominique Poirel, afirma que as duas cidades não são simétricas. "A cidade de Deus existe numa situação dupla de 'já aí' e de "ainda não' [...]. Enquanto a cidade terrestre só existe aqui embaixo", fechada sobre si mesma, confinada ao mundo presente, desprovida de abertura para a eternidade.

Agostinho parece dever muito a São Paulo, que dividia os homens entre justos e injustos, e a Ambrósio de Milão, que opunha *Civitas Dei* e *regnum peccati* (reino do pecado). A cidade de Deus, vale sublinhar, não tem nem fronteiras nem muralhas; está aberta a todos os que reconhecem o verdadeiro Deus. Aguardando o momento de se tornar a comunhão dos eleitos no fim dos tempos, ela age na história sob a forma da Igreja militante, que peregrina por esta terra e luta na expectativa do triunfo. Os dois níveis, celeste e terrestre, interpenetram-se constantemente.

A oposição entre o reino de luz e o reino das trevas tem algo de maniqueísta, embora seja um pouco atenuada pela admiração de Agostinho por algumas virtudes romanas. "Se Deus quis a grandeza de Roma, foi graças ao amor desta pela glória e pela liberdade, e à sua energia". E não hesita em recomendar aos cristãos que calquem seu amor pela "pátria de cima" no patriotismo dos romanos. Retenhamos, sobretudo, que o bispo de Hipona contribuiu para fazer prevalecer, mais que qualquer outro autor cristão da Baixa Antiguidade, a ideia de que a história era regida por Deus. Algumas fórmulas contundentes demonstram isso: "é o Deus soberano que regula o destino dos Impérios"; "é o verdadeiro Deus que concede os reinos terrestres a quem bem entende, por razões justas, mas misteriosas"; "é também a Providência que determina a duração tão variável das guerras".

A influência do autor da *Cidade de Deus* foi enorme. Conservaram-se, aliás, mais de quinhentos manuscritos de sua obra-mestra, que constituiu a base teórica da cristandade medieval. No fim do século VI, o papa Gregório, o Grande (590-604), pilar do pensamento medieval, nada mais fez senão difundir um "agostinismo elementar e vulgarizado", segundo Henri-Irénée Marrou. Será sustentado que, para Agostinho, Deus rege a história assim como à natureza. Mexe suas cordinhas e pode intervir nela a qualquer momento, para punir ou recompensar; mas também lhe acontece de tolerar que os maus triunfem temporariamente e que os justos sofram aqui embaixo. Por meio dos acontecimentos históricos e dos acidentes climáticos, Deus envia aos homens mensagens a decifrar. Ele pode interferir quando quiser, através de milagres e prodígios, nos ciclos naturais e no curso da história. Onipotente, onisciente, vela por todos e por cada um, e pode, se assim deseja, pôr um termo à aventura humana. Obcecado por essa perspectiva, Gregório, o Grande espreita ansiosamente os sinais do fim dos tempos, estimando que a máquina do mundo está por um fio. Só mesmo preces fervorosas poderão deter a ira do Todo-Poderoso, clichê retomado por inúmeros sucessores.

O advento de um novo espaço historiográfico: Gregório de Tours (538-594 d.C.)

A. Uma figura de proa da Igreja merovíngia

Nascido em Clermont, na Auvérnia, em 539, numa ilustre família senatorial galo-romana, Gregório foi iniciado nas letras e na vida espiritual por seu tio Nizier, bispo de Lyon, que o ordenou. Em 573, aos 35 anos, tornou-se bispo de Tours, com o aval do rei Sigeberto. A partir dessa data, e até 594, participou ativamente da vida política e religiosa de seu tempo: adversário do rei Chilperico I (561-584), apoiou a causa de Gontrão, rei da Borgonha (561-592); velou pelo respeito à disciplina eclesiástica em sua diocese e incentivou o culto ao túmulo de São Martin († 397), o apóstolo dos gauleses, sepultado em Tours. Luce Pietri vê nele o arquétipo do bispo merovíngio: *defensor civitatis*, numa posição muito cobiçada pelos reis francos; *plebis pater*, encarregado de velar pelo "bem dos pobres" e de gerir as obras de assistência; *pastor in urbe gregis*, cioso de multiplicar os lugares de culto e manter viva a esperança das massas em tempos difíceis.

Esse ator eminente dos acontecimentos deixou também uma obra considerável, que podemos resumir assim: dez livros de histórias, sete de milagres, um sobre a vida dos Pais da Igreja, um comentário dos Salmos e um livro sobre os ofícios eclesiásticos. Os *Dez livros de histórias*, que costumam ser chamados de *História dos francos*, foram iniciados em 575 ou em 576, a partir de uma perspectiva universal tomada de empréstimo a Paulo Orósio. O Livro I vai de Adão e Eva até a morte de São Martin em 397, data capital. O Livro II expõe a origem e as conquistas dos francos, até a morte de Clóvis em 511, cobrindo portanto um período de cento e doze anos. O Livro III cobre apenas trinta e sete anos, indo até a morte de Teodeberto, e o Livro IV relata apenas vinte e sete anos, até a morte de Sigeberto em 575. Ou seja, quanto mais se avança, mais a narrativa se torna densa. A partir de 575, Gregório segue o desenrolar dos acontecimentos até 591, data em que interrompe sua narração. Compôs ainda *Quatro livros consagrados aos milagres de São Martin*, reescrita ampliada da *Vida* desse santo composta por Sulpício Severo; um breve texto sobre os *Milagres de São Juliano* (em memória de sua passagem por Brioude) e um *Livro à glória dos confessores*. A hagiografia e a história são indissociáveis, já que Gregório não hesita em dar lugar aos milagres na *História dos francos*.

B. As fontes e seu tratamento

Em função da prioridade atribuída ao *visto* sobre o *lido* e sobre o *ouvido*, Gregório de Tours gosta de se colocar como testemunha da história, portanto como fonte viva. Ele entra em cena, nós o ouvimos falar a um soberano, vemo-lo resistir à arrogância dos nobres, etc. As *Histórias* são antes de tudo as memórias de um observador privilegiado, que se viu envolvido nos conflitos entre os filhos de Clotário I (511-561) e parece ter testemunhado terríveis calamidades, como a misteriosa epidemia que atingiu a Auvérnia em 570-571. Quando se apoia em fontes escritas, Gregório as cita cuidadosamente e pondera os diversos testemunhos. Ele marca bem a cesura entre a Crônica de Eusébio de Cesareia e sua continuação por São Jerônimo. Dá mostras do mesmo respeito pelo escrito quando cita Eusébio e Prudêncio, quando reproduz as cláusulas do Pacto de Andelot (587), de que foi um dos fiadores, ou quando transcreve inscrições de púlpitos e túmulos. Às vezes retoma anais de sua época em toda sua aridez: "Childerico travou combates em Orleans. Quanto a Odoacro, veio com saxões para Angers" (Livro II, capítulo 18). Em razão de suas origens, Gregório privilegia as crônicas clermontenses, a vida de São Juliano de Brioude (uma das cinco *Vitae* que se integram à *História dos francos*) e as obras de Sidônio Apolinário († 487 ou 489) e de Ávito de Vienne († 518). Respeito pelo escrito não significa necessariamente espírito crítico. Este, em Gregório, se manifesta de maneira intermitente, por exemplo quando observa que Sulpício Alexandre, cuja obra se perdeu, atribui somente duques aos francos e não um rei.

Quando se baseia em testemunhos orais, o bispo de Tours recorre às formulas de atestação clássicas do tipo: *eu ouvi dizer; alguns me disseram; testemunhas dignas de fé me contaram*; etc. Sua fonte privilegiada de informações é o meio eclesiástico: clérigos, bispos (Ávito de Clermont, Félix de Nantes, Yrieix de Limoges), abades ou abadessas, como a de Sainte-Croix de Poitiers. Mas também consultava laicos de alta classe, como Florentino, o prefeito do palácio de Childeberto II; conheceu quatro reis, entre os quais Chilperico I e Childeberto II, e o mesmo número de rainhas, entre as quais Clotilde. Além disso, alguns de seus amigos puderam informá-lo sobre a vida na corte. Ouve-se também, na *História dos francos*, a voz, mais ou menos retocada, do povo miúdo: camponeses aterrorizados pelos preságios ("eles diziam: 'tem três ou quatro sóis no céu!'"), ou beneficiários de milagres, soldados castigados por terem pilhado um santuário, etc. Percebe-se o rumor que se espalha, em Tours e em Clermont, quando a região sofre uma invasão de gafanhotos em 573. Não contente em fazer eco à *fama publica*, ou em coletar passivamente testemunhos, Gregório se dá ao trabalho de arrancar informações a alguns de seus interlocutores; e aproveita, por exemplo, da passagem de dois embaixadores francos para ficar a par da fé dos cristãos da Espanha.

C. Que crédito podemos dar ao autor da História dos francos?

Gregório nem sempre leva sua investigação muito longe, como acontece no que diz respeito a uma sublevação ocorrida em Limoges em 579. A lista de suas ignorâncias é impressionante: conhece muito mal os países orientais, soletra sem muita exatidão a sucessão dos imperadores bizantinos, espalha boatos imundos sobre os ostrogodos, culpados do crime de arianismo, vê nos vândalos tão somente ferozes perseguidores da Igreja. Mal informado sobre os lombardos, contenta-se com lendas sobre os burgúndios e os turíngios. Herdeiro da aristocracia galo-romana, desconfia dos próprios francos e compreende mal seus costumes, já que chega a acusar de rapacidade um conde que se limitou a aplicar a tarifa do *wergeld*. A ignorância sendo a mãe dos preconceitos, Gregório cobre os arianos de epítetos infamantes e não poupa os judeus, relatando friamente a destruição da sinagoga de Clermont pelos cristãos a título de represália.

No domínio político, o prelado não dissimula suas preferências. Perfeitamente leal a Sigeberto, Brunilda, Clotário II e companhia, acusa seus inimigos Chilperico e Fredegundo de todos os crimes imagináveis. Como poderia perdoar a Chilperico ter invadido a região de Tours? Com toda boa-fé, defende obstinadamente a causa de sua igreja, de sua diocese e da Igreja em seu conjunto. O que importam os crimes de Clotário I, já que ele respeitou e honrou os bispos e mandou recobrir de bronze a basílica de Saint-Martin de Tours? Gregório demonstra parcialidade por razões interesseiras e por solidariedade cultural, quando não familiar, com a aristocracia galo-romana. Às vezes controla seus arrebatamentos, noutras dá livre curso a suas paixões acusando Chilperico I (539-584) de ser "o Nero e o Herodes" contemporâneo e de ter "devastado e incendiado inúmeras regiões". Na realidade, não o perdoa por ter ridicularizado os bispos vaidosos e devassos e por ter refreado as transferências de riquezas para a Igreja!

O talento do escritor contribui para dissimular as fraquezas do historiador. Narrativas palpitantes, diálogos fictícios mas verossímeis, sinais premonitórios, como o famoso gládio da cólera divina pendurado acima do palácio real, castigos atrozes, milagres fulgurantes, retratos de cidades, como o de Dijon, altaneiras silhuetas de igrejas e de monastérios erguidos sobre ruínas romanas constituem os elementos mais marcantes de um texto fascinante.

D.

Podemos, sem exagero, estimar que a *História dos francos* manifesta o advento de um novo espaço historiográfico. De agora em diante, a crônica e a hagiografia mal se diferenciam, já que o mesmo autor pode passar tranquilamente e sem transição de um registro ao outro. O simples relato de uma pilhagem realizada na Auvérnia pelos exércitos de Teodorico I (511-534), filho de Clóvis, termina com um castigo celeste, devido à intervenção de São Juliano de Brioude. Sintomaticamente, Gregório remete, para maiores detalhes, ao livro dos milagres do santo.

No palco da história, novos atores suplantaram os imperadores, os funcionários e os soldados do Baixo Império: aristocratas cruéis e cínicos, amantes dos jogos e dos ornamentos, soberanos opressores ou generosos, como São Gontrão durante a peste de 588, bispos onipresentes e onipotentes, que fazem uso de armas simbólicas para curvar os grandes e obrigá-los ao respeito dos direitos da Igreja (ver o texto fornecido ao final do capítulo), e, finalmente, santos dotados de todos os atributos dos mágicos, capazes de curar os doentes, ressuscitar os mortos, governar os elementos e penetrar os segredos do futuro. Nesse universo, os prodígios são tão corriqueiros que seria inútil tentar traçar uma fronteira qualquer entre a fé cristã e as "superstições". O bispo de Tours nos diz, aliás, que as relíquias e os amuletos só são eficazes para os que têm fé. Deus se tornou o ator principal da história. Direta ou indiretamente, através de seus intermediários na terra, ele manipula ao mesmo tempo as forças naturais e os agentes históricos.

Paulo, o Diácono, historiador nacional dos lombardos

O caso de Paulo, o Diácono[10] não é único – poderíamos aproximá-lo de Isidoro de Sevilha (c. 560-636), autor de uma *História dos godos* e de Beda, o Venerável (673-735), que escreveu uma *História eclesiástica da nação inglesa*, sem falar de Gregório de Tours –, mas é provavelmente o mais representativo do anseio de relatar os grandes feitos realizados pelos povos bárbaros que partilharam os despojos do Império Romano. Paulo Warnefried (c. 720-799), que adotará o epíteto *o Diácono* posteriormente, nasceu numa nobre família lombarda descendente de um companheiro de armas de Alboíno, o conquistador da Itália. Depois de passar alguns anos na corte de

---

[10] Paulo, o Diácono é citado também como Paul Warnefred ou Warnefried. (N.R.)

Cividale de Friuli, o jovem completou sua educação na corte de Pavia. Em seguida, residiu na mesma cidade como funcionário da chancelaria e preceptor dos filhos do rei Desidério, antes de entrar para a abadia beneditina do Monte Cassino. Consentiu em deixar seu monastério por quatro anos, entre 782 e 786, para iluminar com seu saber a corte de Carlos Magno e a escola palatina de Aix-la-Chapelle. De volta ao Monte Cassino em 787, consagrou os últimos anos de sua vida a compor uma vida de São Gregório, o Grande e a *História dos lombardos*, que vai dos anos 500 até 744, data da morte do rei Liutprando. Evidentemente, hauriu informações em boa fonte, na *Origo gentis Longobardorum*, na crônica de Segundo de Trento e nos anais de Benevento e de Espoleto, sem esquecer de Gregório de Tours, Gregório, o Grande, Jordanes e outros. Soube inserir nesse *patchwork* elementos de tradição oral, talvez coletados na corte de Pavia, para ilustrar um momento-chave da narrativa, um traço psicológico próprio a tal ou qual soberano, ou diversas particularidades jurídicas e sociais. Parece difícil, segundo François Bougard, separar nesses relatos o que provém das sagas nacionais e o que foi deliberadamente forjado para fins de exemplo.

O monge erudito colore sua narração com diversos retratos de soberanos: Alboíno, o herói; Agilolfo, o convertido; Rotário, o rei justo e legislador; referências numa linhagem que culmina nas figuras ideais de Grimualdo I e Liutprando. Observador perspicaz e narrador talentoso, Paulo, o Diácono nos deixou uma evocação impressionante da peste de 565, arquétipo da narrativa de uma epidemia:

> Houve na época de Narses uma peste extremamente grave, sobretudo na província de Ligúria. Marcas apareciam bruscamente nas casas, nas portas, nas louças ou nas roupas, e quanto mais se tentava apagá-las mais elas se tornavam chamativas. Um ano depois, as pessoas começaram a ter gânglios na virilha, do tamanho de nozes ou de tâmaras: logo se seguia uma febre altíssima, insuportável, que levava à morte em cerca de três dias. Quem atravessava essa provação tinha, contudo, a chance de sobreviver. Por toda a parte reinavam o luto e as lágrimas. Como corria o rumor de que a fuga permitia escapar ao massacre, as casas se esvaziavam de seus habitantes, ficando guardadas apenas por cãezinhos

inofensivos; nos pastos, apenas o gado, sem nenhum pastor. Dos vilarejos e das praças fortes, cheios na véspera de uma densa multidão, todos fugiam, e no dia seguinte reinava por toda parte um espesso silêncio.[11]

O flagelo foi evidentemente precedido por sinais anunciadores: "Marcas apareciam bruscamente nas casas, nas portas, nas louças ou nas roupas". Esse caso não é único: em outras passagens, um rastro de fogo ou uma mancha vermelha no céu podem anunciar a descida dos lombardos para a Itália ou uma guerra civil entre os francos. Espreitando os presságios com ansiedade, Paulo, o Diácono partilha com Gregório de Tours a convicção de que forças misteriosas emanam dos túmulos dos santos para vir atingir os ladrões e os profanadores. Ele também adora os *mirabilia*, os relatos maravilhosos, e visivelmente se compraz em narrar um sonho do rei Gontrão da Borgonha (561-592), ao qual uma serpente revelou a localização de um tesouro escondido num morro.

A celebridade de Paul Warnefried se deve sobretudo a sua narrativa do êxodo e das vitórias de seu povo. Se lhe damos crédito, foi o general bizantino Narses, rechaçado pelos romanos, que incitou os lombardos, instalados em Panônia desde o início do século VI, a descer para a Itália em 568, enviando-lhes amostras das riquezas da península para melhor persuadi-los. Na verdade, segundo os historiadores atuais, os lombardos teriam feito um trato com o imperador Justiniano por volta de 540 e teriam vindo combater ao lado de Narses na Itália em 552, descobrindo ao mesmo tempo sua força militar e a opulência da região. Alguns anos depois, quando tiveram dificuldades com os bizantinos e se sentiram pressionados pelos avares, seu chefe Alboíno decidiu ousadamente ir para a Itália. Cedeu a Panônia aos avares, mas resguardando a possibilidade de voltar se fosse o caso. Paulo, o Diácono se esquece de dizer que essa cláusula de retorno tinha em princípio uma validade de duzentos anos! A grande jornada dos lombardos, ajudados por certo número de saxões, começou em abril de 568. Eles "deixaram então a Panônia e, com mulheres, filhos e tudo que podiam carregar, marcharam para a Itália a fim de se apossar dela".

---

[11] Paul Diacre (1994, p. 38-39).

Uma vez transposto o *limes* do Friul, Alboíno teria subido um alto morro para dali contemplar suas futuras conquistas, a perder de vista. Depois de ter conquistado o Vêneto, tomou Milão em 569 e Pavia em 572. Nas décadas seguintes, a invasão lombarda engendrou uma anarquia total, já que os quadros romanos que governavam a região morreram ou fugiram para as fortalezas do litoral. É só no início do século VII que se observa um início de estabilização, concretizada pelo estabelecimento da corte em Pavia em 626.

O choque sangrento de dois mundos, os herdeiros imediatos do Império Romano e os cavaleiros seminômades vindos do centro da Europa, acabou dando, aos olhos de Paulo, o Diácono, numa síntese bem-sucedida, encarnada pelo rei Liutprando (713-744), modelo de bárbaro cristianizado, agente pacificador, devotado aliado da Santa Sé, grande construtor de igrejas, semiletrado capaz de rivalizar com os filósofos, soberano legislador e pai generoso de seu povo. Através do retrato de Liutprando talvez se revele o sentido da vida e da obra de Paulo, o Diácono: orgulhoso do passado de seu povo, mas cristão antes de ser lombardo, ele está preparado para aceitar a dominação de Carlos Magno, o guia da cristandade ocidental. Ficamos tentados a aproximar sua obra da *História dos godos* de Isidoro de Sevilha, que manifestava, um século antes, a aliança dos visigodos com a Igreja e a aceitação por esta da "paz visigótica".

Um erudito no século X: Flodoardo de Reims (893/94-966 d.C.)

Flodoardo, a quem Michel Sot acaba de consagrar uma importante tese, teve uma existência bastante agitada. Nascido em Épernay em 893 ou 894, formou-se na escola catedral de Reims antes de começar a servir ao arcebispo Hervé. Nomeado pároco de Cormicy, sofreu a perseguição de Herbert de Vermandois, que queria o arcebispado para seu filho Hugues. Afastado de sua paróquia, Flodoardo se consolou de seus dissabores escrevendo os *Triunfos de Cristo e de seus santos na Palestina, em Antioquia e na Itália*. Depois de ser reabilitado, cai novamente em desgraça, chegando a ser preso por alguns meses. A partir de 946, o arcebispo Artaud lhe confia os arquivos de Reims, deixando-o em situação ideal para se lançar numa *História da Igreja de*

Reims,[12] das origens a 948, e para escrever *Anais* relatando a história da França do Norte, da Lotaríngia e da Germânia a partir de 919.

Aqui, estudaremos apenas a *História da Igreja de Reims*, primeiro "antiga e moderna", até 883, depois "contemporânea", de 883 a 948. Essa obra foi diretamente inspirada pelo *Liber Pontificalis*, sequência de notas consagradas aos sucessivos papas, de acordo com um plano padrão: origem do pontífice, acessão, aquisições de bens, edificações, ação pastoral, santidade. Transposto para um quadro diocesano, o *Liber Pontificalis* se torna os *Gesta Episcoporum* (os grandes feitos dos bispos), cujo conteúdo é mais ou menos similar. Pode-se estimar que, apesar de sua amplitude, a *História da Igreja de Reims* deriva do padrão dos *Gesta Episcoporum* na medida em que é construída a partir do catálogo dos bispos. Contudo, Flodoardo soube levar esse gênero modesto ao patamar da grande história eclesiástica. Vamos nos deter principalmente em suas fontes e na sua maneira de explorá-las.

A. História "antiga e moderna"

Para narrar os tempos antigos, Flodoardo utiliza uma dezena de autores, de Tito Lívio a Lucano. Quando se trata dos primeiros bispos, recorre a documentos hagiográficos. Para falar de Remígio,[13] apoia-se na *Vida* um tanto quanto fictícia composta no século IX por Incmaro, acrescentando ainda alguns milagres de sua lavra.

Para os tempos merovíngios e carolíngios, nosso cônego se comporta como arquivista, assinala as atas (*monumenta, instrumenta*) conservadas e não hesita em expor suas descobertas (*reperitur, invenitur,* "acha(m)-se"). É então que se percebe que havia um historiador escondido por trás do hagiógrafo aparentemente ingênuo. Ele chega a se dar ao trabalho de constituir um verdadeiro dossiê de arquivos sobre o bispo Egídio (573-590): às citações de Gregório de Tours concernentes a este, acrescenta um alvará de imunidade e contratos de compra de escravos e de terras. Sobre os sucessores, os dossiês contêm algumas peças suplementares, especialmente testamentos e os cânones dos concílios,

---

[12] A *Historia ecclesiæ Remensis,* escrita originalmente em latim por Flodoardo de Reims, foi traduzida para o francês (*Histoire de l'Église de Reims*) pela primeira vez em 1580. (N.R.)

[13] São Remígio de Reims viveu entre 437-533 d.C. (N.R.)

destinados a orientar o clero e os fiéis. Um limiar é transposto quando se trata dos bispos carolíngios, com a aparição das cartas dos papas e das atas dos sínodos provinciais, sem falar de peças procedentes das autoridades civis. A gama documental aumenta nas páginas consagradas ao arcebispo Ebbon (813-835) e mais ainda nas dedicadas ao ilustre Incmaro (845-882),[14] verdadeiro pilar da Igreja franca e fervoroso defensor da unidade do Império Carolíngio. Flodoardo cita, por exemplo, uma ata detalhada do Sínodo de Soissons (853), sessão após sessão: utiliza as cartas recebidas por Incmaro e estabelece um importante catálogo de sua correspondência, organizado em função dos cargos e da posição social dos destinatários. Quando os materiais são abundantes, o cronista se contenta em recensear os documentos, como se fosse atraído por uma espécie de grau zero da história.

B. História "contemporânea"

Michel Sot distingue dois períodos e dois tipos de escrita, antes e depois de 900. Para narrar o episcopado de Foulques (883-900), Flodoardo se apoia essencialmente na correspondência desse prelado, analisada de maneira bastante aprofundada. Sem deixar de respeitar os textos, o historiador seleciona, esclarece e, por vezes, desenvolve. Conta também o que viu e ouviu, especialmente os transportes de relíquias e as consagrações de edifícios, acontecimentos considerados dos mais importantes. Mas adota o tom da hagiografia para narrar a vida de São Gibrien, vindo da Irlanda.

Dado o laconismo das fontes sobre os anos 900-922, o cônego se mostra dos mais concisos. Concentra-se no que viu e ouviu e molda seu herói, o arcebispo Hervé, numa forma bem comum: devoto de São Remígio, grande construtor, edificador de um principado poderoso. Começa a seguir, entre 925 e 946, um longo período de crise por conta da rivalidade entre os dois concorrentes ao arcebispado. Dessa vez, Flodoardo deixa claras suas preferências e se comporta como testemunha engajada. É a terceira face que ostenta nessa história contemporânea, depois da de arquivista escrupuloso e da de simples receptáculo dos fatos "vistos e ouvidos".

---

[14] Em latim, Hincmarus Rhemensis; em francês, Hincmar. (N.R.)

Como não sublinhar o contraste entre a seriedade e a probidade um pouco insossas de Flodoardo e as facilidades que concedia a si mesmo um de seus contemporâneos e conterrâneos, o ilustre Richer, autor de uma *História da França*[15] que cobre os anos 888-895? Filho de um soldado bem posicionado na corte do rei Luís IV de Além-Mar, Richer se tornou monge em Saint-Rémi de Reims numa data desconhecida e escreveu a referida obra durante o episcopado de Gerbert, entre 991 e 998. Desejando dar continuidade aos *Annales d'Hincmar*, que só iam até 882, levou sua narrativa até 995, acrescentando ainda algumas notas breves sobre os anos 995-998. Dois dos quatro livros que escreveu referem-se ao período 954-995, de que foi testemunha. Celebrou, em páginas muito citadas e comentadas, os méritos do pedagogo Gerbert d'Aurillac, quando este dirigia as escolas de Reims, entre 972 e 980. Devia, aliás, ao seu mestre o gosto pelos mestres latinos, especialmente Salústio, seu modelo.

Apaixonado pela medicina e desejando ampliar seus conhecimentos nesse ramo do saber, Richer se decidiu a ir para Chartres em 991. Deixou-nos uma narrativa cativante dessa viagem cheia de perigos, durante a qual seu companheiro, um cavaleiro de Chartres, teve de tapar os buracos da ponte de Meaux com seu escudo e algumas tábuas para permitir a passagem dos cavalos! Imbuído de ciência hipocrática e gostando de exibi-la, o monge insiste com frequência nas doenças de seus heróis. Seu método de trabalho foi severamente julgado por Robert Latouche. Para o período anterior a 969, contentou-se em diluir os *Annales de Flodoard*, acrescentando a esses algumas recordações de seu pai, de sua vida de estudante, e algumas tradições lendárias. A fim de dar corpo a sua narrativa, esboçou retratos e compôs discursos fictícios. Impreciso quando se trata de lugares, não hesitou em apresentar cifras fantasiosas. No que tange ao período 969-995, tomou notas breves que, segundo Latouche, também diluiu. Como em Salústio, os retratos, os discursos, as batalhas e as traições se sucedem. A famosa intervenção do arcebispo Adalberão de Laon

---

[15] RICHER DE REIMS. *Histoire de France* (888-995). Ed. Robert Latouche. Paris: Les Belles Lettres, 1930. 2. v. Editada pela primeira vez por George-Henri Pertz em latim, em 1833. Pertz descobriu na Bibliothèque d'État de Bamberg os *Quatre livres d'histoire* (991-998) de Richer de Reims, conhecidos sob o nome de *Historiae*. (N.R.)

em favor de Hugo Capeto, em maio de 987, diante da Assembleia dos Grandes do Reino reunida em Senlis, também estaria mais para um exercício de estilo do que para um fato verídico. Essa bela peça de eloquência, que, segundo Pierre Riché, talvez tenha contado com a colaboração do próprio Gerbert, constitui o ápice de uma obra em que a retórica desempenha um papel tão importante (ou mais) quanto a história, em que o culto da forma se sobrepõe à preocupação com a exatidão.

C. Uma história que demonstra e que toma partido

Voltemos a Flodoardo para observar que, nos seus inventários árduos ou em suas ficções enfeitadas, ele persegue ao menos três objetivos. Busca, em primeiro lugar, legitimar a vastidão e a riqueza do patrimônio da Igreja de Reims. Mostra-se, assim, muito meticuloso na enumeração dos bens adquiridos ou recebidos pelos diversos prelados. Considera normal que Remígio recorra a uma forma de violência sagrada para sujeitar camponeses recalcitrantes, que não tinham hesitado em incendiar reservas de trigo. O santo homem faz os homens ficarem com papos e as mulheres com hérnias! É verdade que em outra circunstância ele corre ao socorro dos "seus" camponeses punindo um de seus opressores. Aterrorizar e proteger para estabelecer definitivamente seu domínio: a receita é clássica.

Flodoardo também se mostra ansioso por organizar um espaço sagrado estruturado. Para cada época, menciona os lugares consagrados pela presença dos diversos santos. Esses lugares são hierarquizados e simbolicamente ligados entre si especialmente através das trocas de relíquias. No coração desse espaço sagrado diocesano, impõe-se um conjunto bipolar: constituído pela cidade e pelo burgo Saint-Rémi de Reims. O historiador intervém para pôr ordem no que a história justapôs, e para estabelecer conexões entre lugares dispersos através de uma rede significante. Também não perde nenhuma oportunidade, e aqui chegamos a seu terceiro objetivo, o de exaltar a Igreja de Reims. Sublinha sua íntima relação com Roma, uma vez que o papa instituiu a metrópole e a primazia de Reims. Saúda com palavras calorosas a gestão exemplar de Incmaro, pastor escrupuloso e atento. Insiste ainda mais nas relações entre a Sé de Reims e o poder real, inauguradas pelo batismo de Clóvis em 496. O céu manifestou sua aprovação encarregando uma pomba de trazer a Santa Ampola.[16] A lenda e o fato histórico do batismo pesam a favor da pretensão dos arcebispos de Reims a sagrar os reis.

Tudo bem pesado, Flodoardo não inventou grande coisa, mas, como operário consciencioso da história, teve o mérito de utilizar arquivos bastante variados, às vezes de maneira um tanto árida. Apesar de suas inclinações de notário, não hesitou em passar da história à hagiografia, atestando mais uma vez a interdependência entre os dois gêneros. Soube também inscrever sua narração num quadro espacial legitimador. As igrejas mais antigas servem, por definição, de argumento a favor das origens apostólicas de Reims. Esse texto apologético e tendencioso, que converge para a gloriosa época de Incmaro, é muito representativo da história da Alta Idade Média. Tem muito de uma celebração litúrgica, já que se trata de "fazer memória" dos santos fundadores inscritos no tempo e no espaço da cidade. Nessa celebração, "o tempo é abolido no ato de escrever" (Michel Sot).

---

[16] A Santa Ampola era um frasco contendo um óleo sagrado que, segundo a lenda, teria servido para ungir o rei Clóvis em seu batismo. (N.R.)

Documentos

Gregório de Tours, *História dos francos*: o castigo de Rocoleno, enviado de Chilperico I, em 575

IV. Nessa época, Rocoleno, que tinha sido enviado por Chilperico, chegou a Tours, cheio de jactância, acampou do outro lado do rio Loire e nos mandou mensageiros dizendo que devíamos fazer São Gontrão, acusado da morte de Teodeberto, sair da basílica. Se não o fizéssemos, daria ordem de incendiar e queimar a cidade e todos seus subúrbios. Ouvindo isso, nós lhe enviamos uma delegação para dizer que nunca havíamos feito no passado aquilo que estava pedindo e que não podíamos permitir agora que a basílica santa fosse violada; que se o fizéssemos, aquilo não traria nada de bom tampouco ao rei que o ordenara; e que ele devia temer a santidade do prelado cujos membros paralisados tinham se movido na véspera graças a um milagre. Sem nada temer de tudo isso, esse homem que estava residindo numa casa da igreja do outro lado do Loire, demoliu a dita casa que estava fixada com pregos. Os homens de Mans que tinham vindo com ele carregaram então até mesmo esses pregos em sacos, devastaram as plantações de trigo e arruinaram tudo. Mas enquanto comete esses malfeitos, Rocoleno é atingido por Deus e, acometido pela doença régia (icterícia), fica da cor do açafrão; envia então ordens severas: "Se não expulsarem hoje mesmo o duque Gontrão da basílica, arrasarei com toda a vegetação existente ao redor da cidade, de maneira que se poderá passar a charrua sobre toda a região". Enquanto isso, chegou o santo dia da Epifania, e ele começou a ficar cada vez mais torturado. Aquiescendo então a um conselho dos seus, atravessou o rio e veio até a cidade. Então, enquanto os membros do coro que tinham saído da igreja se apressavam em direção à santa basílica, ele, atrás da cruz precedida por estandartes, avançou montado a cavalo. Mas quando penetrou na santa basílica, a fúria do homem que ameaçava se aplacou imediatamente e, quando retornou para a igreja (catedral), não pôde ingerir nenhum alimento durante o dia. Muito enfraquecido em consequência disso, partiu para Poitiers. Eram então os santos dias da quaresma, durante a qual comeu com frequência pequenos coelhos. Ora, ele, que já tinha redigido para as calendas de março as ordens pelas quais perseguia e condenava os habitantes de Poitiers, morreu na véspera (dessa data) e assim se acalmaram sua soberba e seu orgulho.

(Ed. Robert Latouche, Les Belles Lettres, 1963, p. 250-251)

Paulo, o Diácono, *História dos lombardos*: a conquista da Itália em 568 d.C.

Alboíno deixou a Panônia e foi para a Itália com os lombardos.

Alboíno cedeu então seus territórios, ou seja, a Panônia, a seus amigos os hunos, com a condição de que, se os lombardos tivessem de voltar um dia, recuperariam suas terras. Os lombardos deixaram então a Panônia e, com mulheres, filhos e tudo o que podiam carregar, marcharam para a Itália a fim de se apossar dela. Tinham habitado por quarenta e dois anos na Panônia e saíram de lá em abril, na primeira indicção, no dia seguinte à Páscoa cuja festa caiu naquele ano, segundo os cálculos, no dia das calendas de abril, quinhentos e sessenta e oito anos já tendo transcorrido desde a encarnação do Senhor.

Chegado às fronteiras da Itália, Alboíno subiu o Monte do Rei: os bisões selvagens.

Uma vez chegado com todo seu exército e a massa de sua gente aos confins da Itália, o rei Alboíno subiu um monte que dominava a região, de onde pôde contemplar o lado italiano, a perder de vista. É por isso, dizem, que esse cimo foi desde então chamado de Monte do Rei. Conta-se que ali vivem bisões, o que não tem nada de surpreendente já que essa montanha se estende até a Panônia, onde esses animais são numerosos. Um velho totalmente digno de confiança me disse que ali foi vista a pele de um bisão morto, tão grande que, segundo ele, quinze homens podiam se deitar lado a lado sobre ele.

Alboíno entrou no território dos vênetos e fez de seu sobrinho Gisulf duque de Cividale.

De lá, Alboíno entrou sem encontrar obstáculo no Vêneto – a primeira província da Itália –, penetrou no território da cidade, ou antes da praça forte de Cividale, e então se pôs a refletir sobre a quem seria preferível confiar aquela primeira província conquistada. Toda a extensão italiana em direção ao sul, ou melhor, ao sudeste, é de fato cercada pelo Mar Tirreno e pelo Adriático, enquanto a oeste e ao norte a cadeia dos Alpes forma uma tamanha barreira que só se pode entrar ali por estreitos desfiladeiros ou pelo cimo das montanhas; do lado oriental, em compensação, vizinho à Panônia, abre-se um acesso mais largo e perfeitamente plano. Como eu dizia, portanto, tendo procurado mentalmente quem colocar no comando daquele setor, Alboíno se decidiu, dizem, por seu sobrinho Gisulf, homem de valor em todas as situações e que lhe servia de marechal – na língua deles *marpahis* – posto então no comando da cidade de Cividale e do conjunto da região. Gisulf, contudo, avisou que só se encarregaria do governo da cidade e da população com a condição de que lhe atribuíssem as *farae* (ou seja, as "gerações" ou "linhagens" de lombardos) de sua escolha. O que foi feito, e o rei consentiu, portanto, que ele escolhesse e recebesse as mais nobres casas para viver com ele. E assim obteve finalmente a dignidade ducal. Exigiu também ao rei tropas de éguas da melhor raça, exigência que o príncipe satisfez ainda em sua liberalidade.

(Ed. François Bougard, Brepols, 1994, p. 41-42)

3

Os cronistas dos séculos XI-XV

O termo "cronista" traz hoje conotações ora negativas, servindo para sublinhar certa falta de consistência intelectual e a incapacidade de expor o encadeamento das causas e dos efeitos, ora positivas, sugerindo o fascínio exercido pelas belas tapeçarias estendidas diante de nossos olhos pelos historiadores da Idade Média. Naquela época, contudo, a noção de crônica era bastante mal definida na medida em que o mesmo vocábulo podia designar tanto uma narrativa do dia a dia quanto um grande afresco abrangendo vários séculos. Jean Froissart não ajudou muito a esclarecer esse debate ao se declarar adepto da crônica historiada. Gostaríamos que as páginas a seguir contribuíssem para trazer à luz as leis desse gênero.

A variedade da produção histórica na época feudal

A.

O nascimento de uma "consciência ativa" da história caracterizou a Idade Média central, especialmente o século XII, como sublinhou Marie-Dominique Chenu em *La Théologie au XIIe siècle*. Trata-se de um fato de mentalidade, que vai além dos limites do gênero histórico e concerne à teologia, à filosofia e a outros ramos do saber. Esse novo senso da história vai de par com um novo senso da natureza, percebida como um cosmos ordenado, e do papel do homem em seu seio. O *homo faber*, cuja ação se inscreve no tempo, tem por tarefa prolongar e completar a obra criadora de Deus. O século XII viu nascer uma antropologia digna desse nome, entendida como um discurso sobre o homem e sobre seu lugar aqui embaixo. No século anterior, muitos pensadores ainda acreditavam que o homem tinha sido criado por Deus para substituir no céu os anjos caídos, o que reduzia a aventura humana na Terra a algo insignificante. Mas a partir de então passa-se a dar mais atenção às ações do homem no tempo. O abade francês Suger, o bispo alemão Otto de Freising e o monge anglo-normando Orderic Vital atestam isso com uma longa fila de testemunhas de sua época. O caso dos escandinavos, que entraram na "era da escrita" no século XII pelos bons cuidados da Igreja, é ainda mais revelador. Com grande rapidez, tomaram gosto pela história em todas as suas formas, e parecem ter chegado à literatura por meio das vidas de santos e das crônicas. Na Dinamarca e na Noruega, as primeiras *Vitae* e as primeiras crônicas foram compostas, para fins de edificação, por clérigos formados em Paris, como Saxão gramático, autor das *Gesta Danorum* (fim do século XII). Na Islândia, o primeiro autor conhecido, Sæmundr Sigfússon († 1133), que também passou por Paris, começou por redigir uma história e uma genealogia dos reis da Noruega. A seguir, veio Ari Thorgilsson, o sábio (1067/68-1148), que narrou no *Livro dos islandeses* a colonização da Groelândia, ocorrida no fim do século X. Por volta de 1170, foram redigidas as vidas de Olaf Tryggvason e de Olaf Haraldsson, reis da Noruega. Nessa data, tudo estava preparado para a eclosão das sagas, algumas das quais merecem a denominação de obras históricas.

B.

Os progressos de uma certa "erudição de base" foram observados e considerados decisivos por Bernard Guenée numa obra capital, *Histoire et Culture historique dans l'Occident medieval*. O especialista em questões de Estado durante a Idade Média admira a seriedade dos monges historiadores, guardiães atentos dos arquivos de seus monastérios, aficionados por cronologia. Observou, entre o fim do século XI e os anos 1150, uma primeira primavera da erudição, favorecida, entre outras razões, pelas Cruzadas e por grandes fraturas históricas, como a conquista da Inglaterra pelos normandos em 1066 e os inícios da Reconquista na Península Ibérica. Pode-se notar também que todo monastério, nessa época, conhece uma atividade historiográfica mais ou menos constante, ainda que seja apenas para defender seus interesses "materiais e morais". As notas históricas guardadas nos cartulários atestam isso. Dominique Logan-Prat analisou "A gesta das origens na historiografia cluniacense dos séculos XI-XII" (*Revue Bénédictine*,

CII, 1992/1-2, p. 135-191) para chegar à conclusão de que a história dos inícios de Cluny (910 e seguintes) só foi escrita a partir de 1030, ou seja, bem tardiamente. Os guias da congregação sentiram então a necessidade de pôr ordem na memória da instituição e de exaltar a imagem de um monastério ideal, ancorado na legitimidade apostólica.

Quaisquer que tenham sido as segundas intenções dos autores, podemos concordar com Bernard Guenée quando afirma que uma concepção simples e clara da história se impôs já no século XII. Pode-se defini-la como "uma narrativa simples e clara" fundada na cronologia, por oposição à fábula "que entretece ficções", e como um relato organizado. Hugues de Saint-Victor († 1141) atribuiu um programa muito preciso ao conhecimento histórico: "as pessoas por meio das quais os acontecimentos ocorrem, os lugares onde eles ocorrem e os tempos em que ocorrem". Muitos autores, mais por inconsciência do que por megalomania, pretendem abarcar toda a história da humanidade, das origens até o momento em que escrevem. Relativamente modesto, o monge borgonhês Raoul Glaber faz suas *Histórias*, terminadas em 1048, começarem com Carlos Magno. Manifesta uma preocupação extrema com os atores, com esses "grandes homens que, desde o ano 900 do Verbo Encarnado, [...] ilustraram-se no mundo romano como servidores da fé católica". Embora florescente, o gênero histórico sofre por não ser ensinado nas escolas e não ter um suporte próprio fora das cortes e dos monastérios. Ele não dispõe de uma real autonomia em relação à teologia ou ao direito.

C.

Nunca se sublinhará o suficiente a extrema variedade dos gêneros históricos na época feudal. História não deixa de ser *A crônica de Saint-Maixent*[17] (751-1140), compilada por volta de 1126 e completada em 1141, mosaico de fontes diversas, que só se torna interessante a partir do século XI, quando narra os acontecimentos ocorridos em Poitou e nas regiões vizinhas. Eis, a título de exemplo, o que o autor reteve do ano 1101: Páscoa cai no dia 11 das calendas de maio (21 de abril); o fogo do Sábado de Aleluia se faz esperar até a Páscoa; o duque Guilherme e os

---

[17] A crônica de Saint-Maixent é uma coletânea de textos redigidos em latim entre 751 e 1140. Para a tradução francesa: *La Chronique de Saint-Maixent (751-1140)*, ed. e trad. J. Verdon, Paris, 1979. (N.R.)

outros príncipes marcham sobre Jerusalém; 19 de abril, o frio queima as vinhas e outras plantas; Balduíno vence Jafa; o duque Guilherme e os outros príncipes são vencidos por Solimão; estrelas caem do céu; ocorre uma sucessão no arcebispado de Bordeaux... Cronologia em estado puro, fatos moídos fininho, inconsistência total. História ainda, a *Crônica de Guines e de Ardres*, redigida no início do século XIII pelo pároco Lambert de Ardres, perto de Boulogne, testemunho insubstituível sobre a errância dos bandos de "jovens" cavaleiros a espera de feudos e sobre a cultura do conde Balduíno, o Letrado (1169-1205). História, em grau supremo, as *Grandes crônicas de França*, compostas pelos beneditinos de Saint-Denis, às portas de Paris. A pedido de Luís IX, o monge Primat empreendeu a redação dessas crônicas nos anos 1260, para esclarecer a genealogia dos reis da França. Integrou na sua obra as *Gesta* de Guilherme, o Bretão que, por sua vez, tinha se apoiado no monge Rigord, próximo de Filipe Augusto. Terminada em 1275, a obra de Primat foi oferecida a Filipe III, o Ousado (ver, ao final do capítulo, um trecho das *Grandes crônicas*). História também, no sentido pleno do termo, uma saga como a de Santo Olavo, devida a Snorri Sturluson (1178-1241), um aristocrata islandês culto, que a escreveu depois de 1220, apoiando-se numa *Vida* anterior do rei da Noruega, completada por informações recolhidas *in loco*. Trata-se da mais marcante das dezesseis sagas consagradas por Sturluson aos soberanos noruegueses. Ela relata as aventuras de Olaf Haraldsson (995-1030),[18] intrépido *viking* batizado em Rouen, que volta à sua terra para lutar contra os potentados locais, fazer-se reconhecer rei e implantar definitivamente o cristianismo. A narrativa se sujeita aos cânones do gênero heroico e tem por finalidade essencial transformar a existência agitada de um "bruto colérico" numa vida de santo exemplar. Notaremos, contudo, que o retrato do rei Olaf (ver texto ao final do capítulo) é menos elogioso que o de Guilherme, o Conquistador por Guillaume de Poitiers, considerado um cronista.[19] Além disso, a saga compreende um diagnóstico preciso sobre a penetração do cristianismo na Noruega e sobre a resistência do paganismo no início do século XI: "por toda parte, nas regiões litorâneas, as pessoas eram batizadas, mas as leis cristãs eram desconhecidas da maioria, enquanto nos altos vales e nas regiões

---

[18] Olavo II Haraldsson, também conhecido como Olavo, o Santo (em nórdico antigo Ólafr Haraldsson). (N.R.)

[19] Guillaume de Poitiers (1952).

montanhosas o paganismo era geral". Poucas crônicas e *Vitae* ocidentais anunciam de maneira tão clara as atuais Histórias do cristianismo.

O impossível retrato-padrão do cronista dos séculos XI-XV

A. Clérigo ou laico?

Os clérigos dominaram por muito tempo, primeiro os monges beneditinos já evocados, depois o clero secular, de que fazia parte Guillaume de Poitiers (c. 1020-1087/1101), também já citado. Depois de ter estudado as artes liberais em Poitiers e levado uma vida de cavaleiro, ele entrou nas ordens e se tornou o capelão de Guilherme, o Conquistador. Segundo Raymond Foreville, concluiu em 1074 a *História* do ilustre duque, em que se fez "o eco direto da corte anglo-normanda e do clero letrado e reformador que cercava e assistia o príncipe normando". No espaço germânico, pode-se mencionar Adão de Bremen,[20] autor de *Atos dos bispos da igreja de Hamburgo* (c. 1075) e, no século seguinte, Helmold de Bosau, autor de uma *Chronica Slavorum*. Se o segundo descreveu a grande migração dos colonos germânicos para o leste, o primeiro pode ser considerado um ancestral dos etno-historiadores. Eis como descreve as "superstições suecas":

Esse povo tem um templo muito ilustre, chamado Ubsola (Uppsala), não longe da cidade de Sictona (Birka). Nesse templo, inteiramente decorado de ouro, o povo venera as estátuas de três deuses; o mais poderoso dos três, Thor, tem seu trono no meio da sala. Ao seu lado ficam Wotan e Frikko. Eis o que representam esses deuses: Thor, dizem eles, reside no céu; comanda o trovão e os raios, o vento e a chuva, o bom tempo e os bens da terra. O segundo, Wotan ou a fúria, comanda a guerra e dá aos homens a coragem para enfrentar os inimigos. O terceiro é Frikko, que concede aos humanos a paz e a volúpia. Eles fabricam seu simulacro com um enorme falo. Esculpem Wotan todo armado, como os nossos fazem com Marte; Thor é representado com um cetro, parece que para imitar Júpiter.[21]

---

[20] Adão de Bremen ou, em francês, Adam de Brême, foi um cronista e geógrafo alemão do século XI. (N.R.)

[21] Adão de Brême (1917, t. IV, 257 *et s.*).

Os religiosos mendicantes, em geral, manifestavam maior gosto pelas narrativas exemplares, eficazes adjuvantes de sua predicação, do que pela história simples e verdadeira. Mas essa regra sofreu notáveis exceções, como comprovam os nomes de Ranulf Higden (c. 1280-1364), que distinguiu muito claramente sete atores maiores, do rei ao monge, e do inquisidor Bernard Gui (c. 1261-1331),[22] autor de uma *Crônica dos reis de França* em que os erros cronológicos vão diminuindo à medida que o tempo avança. A partir de 1223, a cronologia do célebre dominicano é exata.

Os historiadores laicos se tornam numerosos a partir da Baixa Idade Média. Nos séculos anteriores, encontram-se alguns casos, entre os quais os de dois senhores champanheses, Geoffroi de Villehardouin e Jean de Joinville. O primeiro, nascido por volta de 1150, feito marechal de Champagne em 1185, foi encarregado de negociar com os venezianos a passagem dos cruzados para o Oriente em 1204. Esteve portanto diretamente implicado no famoso desvio da Quarta Cruzada e na retumbante conquista de Constantinopla, que lhe permitiu se tornar "marechal de todo império de România". Seu testemunho, muito detalhado, é mais seco do que o de Robert de Clari, um modesto senhor da região de Péronne, completamente deslumbrado com as riquezas de Bizâncio. Quanto a Joinville (c. 1224-1317), o fiel companheiro de São Luís, ele esperou o fim de sua longa existência para ditar suas *Memórias*. Embora relate essencialmente suas lembranças, não deixou de haurir informações numa vida do rei composta por Guillaume de Nangis. Jacques Le Goff vê nele uma testemunha idônea, cujos silêncios por vezes nos informam sobre os defeitos do soberano, de que os autores eclesiásticos evitavam falar. No século XV, os laicos se tornaram majoritários entre os cronistas borgonheses e bretões. Os militares historiógrafos dominam a cena, como Georges Chastellain (1405-1475), Olivier de la Marche (c. 1425-1502) e Alain Bouchart, autor das *Grandes Chroniques de Bretagne* (1514).

---

[22] Bernard Gui (seu verdadeiro nome é Bernard Guidoni, em latim Bernardus Guidonis) nasceu em 1261 na antiga paróquia de Royère, atualmente um vilarejo da comuna de La Roche-L'Abeille, em Limousin. O dominicano tornou-se célebre por seu papel de inquisidor em Languedoc. Segundo Auguste Molinier [*Les Sources de l'histoire de France: des origines aux guerres d'Italie (1494)*, v. 3, n. 1, 1903, p. 184-187], a *Chronique des rois de France* foi redigida pela primeira vez em 1312 em latim. (N.R.)

B. Homem de corte ou homem de gabinete?

Na primeira categoria colocamos os herdeiros dos clérigos da corte e os jograis da alta época feudal, panegiristas oficiais dos grandes feitos dos barões e dos santos. A história, para se afirmar, teve de se separar da epopeia. À longa linhagem dos historiadores cortesãos, sem sentido pejorativo, pertenceram Guillaume de Poitiers, Lambert d'Ardres e o bardo escandinavo Snorri Sturluson, já mencionados, mas também Jean le Trouvère, autor da *Histoire de Guillaume le Maréchal* (depois de 1220) e o ilustre Jean Froissart (1337-1410), clérigo, cronista profissional, hábil em passar de uma corte a outra, não sem coletar o máximo de informações junto aos atores da Guerra dos Cem Anos.

O *boom* dos serviços administrativos, acarretado pelo fortalecimento progressivo dos Estados a partir do século XII, faz surgir o *historiador de gabinete*, particularmente bem situado para consultar os documentos originais (decretos, tratados, cartas e mandados, etc.). Pertencem a essa categoria o notário Galbert de Bruges, que narrou a história do conde de Flandres Charles le Bon († 1127), o secretário de Charles IV, Jean de Montreuil (1354-1418), o chanceler da República de Florença, Leonardo Bruni, autor de uma *História do povo florentino* (1439), e o cônego cracóvio Jan Długosz (fim do século XV). As chancelarias começam a disputar com os monastérios o papel de lugares de memória.

Entre os historiadores da corte e de gabinete, é preciso atribuir um lugar à parte para a equipe constituída e animada pelo rei Afonso X de Leão e Castela (1252-1284) que, no entanto, não pode ser considerado o verdadeiro autor da *General Estoria* e da *Estoria de España*. Como para as traduções ou os tratados jurídicos, o soberano deu o impulso, definiu as perspectivas e operou as escolhas, mas se fez ajudar na realização. Afonso X, diz-nos a *General Estoria*, fazia um livro não o escrevendo com sua mão, mas indicando a maneira de fazê-lo. Pouco se sabe sobre os cronistas afonsinos, à exceção do frei franciscano Juan Gil de Zamora. Seus métodos de trabalho são conformes aos hábitos da época. A *Estoria de España*, publicada por Menéndez Pidal sob o título *Primera Crónica General*, baseia-se numa trama tomada de empréstimo ao *De Rebus Hispaniae*, do bispo Rodrigo de Toledo, numa arte consumada da diluição e na pilhagem de diversos autores antigos, entre os quais Isidoro de Sevilha. Até a epopeia é utilizada para narrar as façanhas de El Cid. Apesar de suas fraquezas, a *Crónica* constituiu uma referência essencial. Antes dela, existiam apenas breves anais escritos em castelhano. Depois dela, instaurou-se o costume de redigir as crônicas em língua vernácula.

C. Repórter ou historiador?

O lado "grande reportagem" é muito acentuado em Villehardouin e em Froissart. O primeiro redigiu a *Conquête de Constantinople,* apoiando-se em notas pessoais precisas e detalhadas. Reproduz alguns documentos literalmente, como o pacto franco-veneziano de 1201. Sua cronologia é exata, seus itinerários calculados rigorosamente em dias de viagem. A narração permanece sempre bastante seca, mesmo quando relata a predicação inflamada de Foulques de Neuilly. Essa sóbria narrativa esconde na verdade uma defesa *pro domo* (ou seja, dos próprios interesses dele), levando a crer que foi uma série de acasos que culminou no desvio da Quarta Cruzada.

Froissart figura como príncipe dos repórteres por ter frequentado as cortes da Inglaterra, da Bretanha e da Gasconha, e por ter viajado muito, pela Itália, Brabante, Bearne (1388-1389) e outros lugares. Por toda parte, coletou testemunhos, procedeu a entrevistas detalhadas e recolheu confidências. É digno de nota o método que utilizou com Espan du Lion: fazia-o falar enquanto cavalgavam de Pamiers a Orthez; à noite, na estalagem, deitava suas palavras por escrito. E é graças a isso que escutamos "vozes que nos falam do passado", entre as quais aquelas, inesquecíveis, de dois grandes viajantes, Bascot de Mauléon e Aymerigot Marchès. Sob o encantamento, o leitor sequer nota que Froissart remanejou os fatos e acumulou erros crassos, chegando a fazer fortalezas serem guardadas por seus prisioneiros, quando não por homens já mortos!

Outros autores fazem mais jus ao título de historiador. Como o polonês Jan Długosz, que empreendeu uma pesquisa séria nos arquivos do capítulo e da chancelaria da Cracóvia, e nos de vários conventos, para escrever sua *História da Polônia* entre 1455 e 1480. Como o cônego bretão Pierre Le Baud, a quem cartas de Ana da Bretanha abriram os arquivos dos bispados e dos monastérios de Dol até a ponta Saint-Matthieu.

E ainda como o humanista Robert Gaguin, autor de um *Compendium de Francorum origine et gestis* (1495) em que exalta a monarquia dos Valois e proclama a superioridade cultural da França sobre a Itália, em harmonia com as concepções de um restrito círculo de religiosos, universitários e militares bem posicionados na corte de Carlos VIII.

As fraquezas do gênero histórico

A.

Os limites da informação são patentes. A maior parte dos autores utiliza um pequeno número de livros, sempre os mesmos. Bernard Guenée recenseou vinte livros maiores, constantemente citados, quinze dos quais anteriores ao século VIII e cinco propriamente medievais. Uma miséria! O monge normando Orderic Vital (1075-depois de 1141), que utilizou mais de quarenta livros, se sobressai imensamente. Ainda mais do que pela pobreza de sua bibliografia, devida à reprodução e à circulação muito lentas dos manuscritos, os autores medievais nos desconcertam por sua arte de pilhar seus antecessores sem o menor escrúpulo e sem aviso prévio. Para compor os livros II, III e IV de sua *Historiale*, o dominicano Vincent de Beauvais, próximo de Luís IX, simplesmente recopiou o cisterciense Hélinand de Froidmond, inclusive as citações!

A coleta dos testemunhos orais, fácil no que diz respeito a uma faixa de trinta anos passados, nunca ia além de setenta ou oitenta anos. Os informantes mais velhos de Alain Bouchart, por volta de 1500, eram bretões que tinham conhecido Joana d'Arc. Orderic Vital consultou os velhos cavaleiros normandos que tinham se recolhido no monastério de Saint-Évroult.

Outra fraqueza berrante: ninguém sabe, com a notável exceção do notário romano Cola di Rienzo no século XIV, nem decifrar as inscrições nem interpretar os monumentos e as moedas. Os documentos antigos são lidos com dificuldade, truncados e resumidos; os arquivos são raros e bagunçados. A concepção de autenticidade está milhas distante da nossa: para eles, é autêntico o que é aprovado e garantido por uma autoridade. Ou seja, um documento falso que dispusesse de garantias sólidas podia muito bem adquirir o estatuto de verdadeiro. O humanista Enea Silvio Piccolomini, futuro Papa Pio II, foi um dos primeiros a se preocupar com a qualidade dos testemunhos enquanto tais. É preciso, ele escreve em 1453, levar em conta "quem é o autor, que vida levou, qual é sua religião e seu valor pessoal. É preciso também considerar com que outros relatos o dele concorda, de quais difere", e examinar se esse testemunho é plausível, verossímil.

B.

O controle do tempo e da simples cronologia deixa muito a desejar. Embora ambos se apoiem na Bíblia, Isidoro de Sevilha e Beda, o Venerável não concordam quanto à data da criação de Adão e Eva, situada por um em 5228 antes de Jesus Cristo e pelo outro em 3952. Mas durante o século XI ocorreu um progresso importante: a adoção da referência comum do ano de nascimento de Cristo como ano zero. Em consequência, uma contabilidade cumulativa dos anos se superpôs, sem aboli-lo, ao sistema antigo, em que bastava mencionar a indicção e o ano do reinado de tal ou qual soberano. Abramos, por exemplo, uma das obras de Raoul Glaber, que escreve em 1048: "o ano 1002 da Encarnação do Verbo é o primeiro ano do reinado de Henrique, rei dos saxões, e o ano mil do Senhor foi o décimo terceiro do reinado de Robert, rei dos francos". Ambas as datações são exatas. O que não impede as crônicas de continuarem crivadas de erros. Ainda no século XIV é corriqueiro encontrar discrepâncias de vários anos a propósito dos papas e soberanos da Alta Idade Média.

C.

A concepção corrente do espaço continua sendo muito grosseira. Representa-se a terra não como uma esfera, mas como um disco chato ou como um mundo quadrado (*orbis quadratus*) cercado de água. Os mapas-múndi mais correntes comportam um "T" inscrito num "O". O "T", cuja perna figura o Mediterrâneo, separa a Ásia, a Europa e a África; o "O" representa o oceano circular. Até o século XIII, os mapas permanecem prisioneiros da teologia (Jerusalém é situada no centro do mundo, o Paraíso terrestre fica no Oriente) e atulhados de mitologia. Progressos são realizados no século seguinte, bem visíveis nas cartas marítimas italianas e no Atlas catalão de Carlos V. O contorno das costas se torna mais preciso, a localização das cidades ganha em exatidão, a nomenclatura se desenvolve muito. Mas demora até que os cronistas incorporem esse despertar da geografia. Um manual de história geral como o *Brevis Tractatus*, de Étienne de Conty († 1413), fornece um quadro da cristandade latina por volta de 1400. Os recursos dos diversos países são sumariamente enumerados, cidades como Barcelona ou Cracóvia têm direito a notícias fundadas nos "dizeres de vários nobres e também de mercadores". Nessa época, as *Memórias* (*Ricordanze*) dos mercadores italianos dão mostras de uma representação mais precisa do espaço, medido em dias de viagem, e de uma avaliação mais exata do tempo. As duas categorias mentais se fortalecem reciprocamente, mas se trata de uma conquista bastante tardia.

D.

As cifras propostas pela maior parte dos cronistas de antes do século XIV permanecem completamente fantasiosas e só têm valor retórico ou simbólico. Os números perfeitos (como as vinte e oito cidades atribuídas à Bretanha romana) andam junto com avaliações superlativas. Tomemos o exemplo da conquista da Inglaterra pelos normandos. Guillaume de Poitiers (fim do século XI) atribui generosamente 50.000 cavaleiros a Guilherme, o Conquistador. O autor da *Crônica de Saint-Maixent* (c. 1126) já não lhe concede mais do que 14.000, e Ferdinand Lot, no início do século XX, estimou que o vencedor de Hastings (1066) estava cercado por 7.000 combatentes, não mais do que isso. De quantos navios ele precisou para transpor o Canal da Mancha com seu corpo expedicionário? Se Wace e Orderic Vital estão em total desacordo (696 navios para o primeiro, 3.000 para o segundo), nesse caso, a estimativa de Guillaume de Poitiers (1.000 embarcações) é considerada plausível por Raymonde Foreville. Mas tais exemplos são raros demais para que possamos confiar nas avaliações dos cronistas medievais. A recente defesa feita por Jean Flori da relativa "coerência entre os dados numéricos fornecidos" por esses autores e de sua relativa prudência não convence muito (*A Idade Média*, 1993/3-4, p. 399-422). Nossa desconfiança deve se exercer inclusive sobre dois "mercadores-escritores" de Florença, Giovanni Villani (c. 1280-1348) e Buonaccorso Pitti (1354-1430), que costumam ser considerados os primeiros adeptos da história "numerada". Na verdade, eles se deleitam com cifras, de preferência estratosféricas, *ad majorem urbis gloriam* ["para a maior glória da cidade"]. Segundo Jean

Favier, podemos confiar em Villani no que diz respeito ao preço da pimenta-do-reino, mas não sobre o número de escrivães ou cavaleiros.

E.

Os historiadores medievais demonstram uma preocupação muito pequena em buscar as causas dos acontecimentos e estabelecer uma concatenação rigorosa dos fatos. Longe de terem a inclinação de um Políbio ou de um Tácito pela "análise lógica" do passado, os cronistas preferem remeter a Deus, que "faz as mutações dos reinos e dos principados", como nos recorda Pierre Le Baud como bom discípulo de Santo Agostinho. Mas é preciso ter cautela com essas declarações de modéstia. Quando Villehardouin sustenta que Deus, em 1204, castigou Bizâncio por suas traições anteriores, lava habilmente de suas responsabilidades aqueles que tramaram o desvio da cruzada. Devemos observar também que alguns historiadores não se escondem atrás de subterfúgios e de explicações que servem para tudo. Um Guibert de Nogent e um Regino de Prüm querem "explicar as ações humanas e as causas dos acontecimentos". Como sublinhou Bernard Guenée, as explicações podem se situar em dois níveis: invocar as causas primeiras, de ordem teológica ou moral, não impede que se levem em conta as causas segundas ou naturais. O naufrágio do Barco Branco (1120) procede de um castigo divino, mas resulta também da presença de um escolho no Canal da Mancha. O desmoronamento do Mont-Granier, em 1248, foi um castigo aos saboianos por seus pecados, mas ocorreu por causa de um tremor de terra mais ao norte. No fim da Idade Média, as explicações de tipo providencial e as análises em duas etapas perdem terreno, o que podemos observar em Philippe de Commynes. Vemos renascer uma concepção "à antiga" da causalidade histórica quando Robert Gaguin estima, em 1478, que é preciso, para satisfazer a história, conhecer "os fatos, as datas, os projetos e os resultados".

Antes de a explicação histórica voltar à ordem do dia, reinou a narração em estado puro. Um texto espontâneo e cintilante, uma sucessão de fatos mal ligados entre si, acontecimentos surgidos do nada ou quase, desprovidos de verdadeiros antecedentes. Nenhum historiador se fundou mais do que Froissart no prestígio do "aconteceu", caro a Roland Barthes. A narrativa que ele nos deixou da *jacquerie*, a insurreição popular de 1358, em grande parte tomada de empréstimo a Jean le Bel, é exemplar sob esse aspecto. Observemos contudo, para não sermos injustos, que o relato da revolta dos camponeses ingleses em 1381 traz um exame da causa principal do movimento: as duras condições impostas aos servos de Kent, Essex e Sussex. Froissart nos faz ouvir as recriminações dos vilães (*mantinham-nos numa servidão excessiva*), suas reivindicações econômicas (*já que trabalhavam para seus senhores queriam ter seu pagamento*) e nos dá a conhecer sua principal aspiração: não mais serem considerados animais, serem reconhecidos como homens, como filhos de Deus, assim como seus senhores.

F. As imprecisões da escrita

Alguns cronistas, pouco preocupados em se manter o mais perto possível da verdade simples e nua, servem-se de um estilo enfático, sobrecarregado de comparações e atulhado de metáforas, como Suger na *Vida de Luís IV, o Gordo*, composta entre 1138 e 1145. O abade de Saint-Denis, "amigo de infância" e conselheiro do soberano capetiano, é um contador nato, dotado de um grande senso do pitoresco, mas está longe de ter a obsessão da cronologia e raramente se dá ao trabalho de indicar em que ano os fatos ocorrem. Emprega um estilo confuso, empolado, "barroco" *avant la lettre*. Compara, por exemplo, Hugues du Puiset, o adversário implacável de Luís VI, a "um cachorro preso por muito tempo que, uma vez solto, entrega-se irrefreadamente à fúria contida [...] e, soltando-se de sua coleira, morde e rasga tudo". Setenta e cinco anos antes, Guillaume de Poitiers, falando de Guilherme, o Conquistador, empregara sucessivamente o tom do predicador ("Jamais se poderá dizer que ele tenha empreendido alguma guerra que não fosse conforme à justiça") e o do orador antigo, atribuindo a seu herói um belo discurso no campo de batalha de Hastings. Note-se, contudo, que as dissertações prolixas e as narrações confusas são compensadas por "tomadas ao vivo". Suger, por exemplo, retraçou com toda precisão as diferentes etapas da queda da fortaleza de Puiset, do pátio ao torreão, o último refúgio.

G. Versões oficiais e escolhas tendenciosas

Como os historiadores poderiam escapar à adulação dos príncipes que os sustentam? Segundo R. Foreville, Guillaume de Poitiers compôs uma obra de cortesão e uma espécie de tese, para magnificar o Conquistador e comprovar que este tinha razão em sua querela com Harold, apresentado como um desprezível usurpador. O capelão do duque da Normandia expõe uma versão oficial da conquista, que encontramos, resumida, na *Tapeçaria de Bayeux*, terminada antes de 1082. Pode-se, aliás, observar concordâncias impressionantes entre o texto do historiador e a legenda da célebre "história em quadrinhos". Além disso, Guillaume de Poitiers faz do vencedor de Hastings um príncipe cristão exemplar: adepto da guerra justa, defensor dos fracos, adversário da heresia, generoso com as comunidades monásticas, conquistador clemente e respeitoso dos direitos e dos bens do povo vencido. Não há margem a dúvidas: o historiador nos faz ouvir a voz de seu senhor.

Poucos príncipes sustentaram ou encorajaram tantos historiógrafos quando os duques da Borgonha, para gabar seus méritos, celebrar suas façanhas e legitimar suas aquisições territoriais. Olivier de la Marche (c. 1425-1502) admirava muito Georges Chastelain (1405-1475), representando-o "ocupado em cuidadoso labor e estudo", recolhendo "diversos relatos, opiniões, pareceres e rememorações [...] oriundos de todas as partes". Cinco séculos depois, Jean Dufournet não partilha esse entusiasmo. Considera, de fato, que Chastellain praticou uma apologia constante de Filipe, o Bom, que fez prevalecer o moral e o religioso ao político e os juízos de valor à narração. Pródigo em hipérboles, ocorre-lhe mesmo assim mostrar-se um pouco desencantado com as grandezas de sua época. Não satisfeito em utilizar versões semioficiais de certos acontecimentos, recorre por vezes a procedimentos narrativos estereotipados. Para relatar os cercos de praças fortes, por exemplo, costuma usar um modelo narrativo recheado de fórmulas feitas.

O caso de Philippe de Commynes é muito peculiar. Nascido em 1447 numa família de oficiais dos duques de Borgonha, entrou em 1464 ao serviço do futuro Carlos, o Temerário, de quem se tornou o camareiro. Depois de tê-lo servido diligentemente por oito anos, aliou-se, em 1472, a Luís XI, que o cumulou de honras. Após a morte do rei, em 1484, apoiou o partido dos Estados Gerais contra a regente Anne de Beaujeu, o que lhe valeu alguns meses de prisão. Foi reabilitado por Carlos VIII e se viu encarregado de algumas missões diplomáticas. Foi a partir de 1488-1490 que começou a escrever suas *Memórias*, concebidas simplesmente como materiais preparatórios a uma obra em latim projetada pelo arcebispo de Vienne, Angelo Cato.

Segundo Jean Dufournet, a traição de 1472 determina toda a obra. Obcecado por sua deslealdade, Commynes quer persuadir seus leitores de que a traição constitui "um fato universal" e que mesmo os príncipes aparentemente mais fiéis não podem escapar à suspeita. Também busca provar que teve razão em abandonar Carlos, o Temerário, mau soldado, chefe cruel, "príncipe do fracasso", por Luís XI, de quem pinta um retrato favorável, sublinhando sua sagacidade intelectual.

Insubstituíveis crônicas

A.

Certos autores têm a capacidade de nos colocar em contato direto com o vivido e de nos apresentar "fatias de vida" de uma cor e de uma nitidez incomparáveis. O monge normando Orderic Vital († depois de 1141) nos deixou um retrato inesquecível de Hugues d'Avranches, conde de Chester († 1101): "Ele não era apenas rico, mas pródigo. Não levava com ele apenas sua mesnada (*familia*), mas sempre seu exército. Não estava nem aí para suas finanças nem para as doações que fazia. Ele mesmo devastava sua terra a cada dia e dava mais valor aos passarinheiros e caçadores do que aos lavradores e homens de prece". Glutão inveterado, ficou obeso a ponto de mal conseguir se deslocar. Dado aos prazeres carnais, engendrou uma multidão de rebentos. No século seguinte, Joinville, dotado de uma memória visual espantosa, descreveu como etnógrafo os costumes dos beduínos, apresentados em sua radical alteridade de nômades: "Vivem do leite de seus animais e compram dos homens ricos, na região plana, o pasto dos prados onde apascentam seus rebanhos". No tempo das crises, Froissart, precursor da história oral, nos faz escutar a mensagem do padre pobre John Ball, um dos líderes mais ouvidos da revolta inglesa de 1381. Embora muito apegado à ordem aristocrática, o cronista concedeu algumas linhas às teses igualitárias do "padre louco" de Kent: "Boa gente, as coisas não podem ir bem na Inglaterra e não irão enquanto os bens não forem comuns e ainda houver vilães e nobres [...]. E, se viemos todos do mesmo pai e da mesma mãe, Adão e Eva, como podem dizer ou mostrar que são melhores senhores do que nós, se não porque nos fazem lavrar e colher aquilo que gastam?". Esse admirável protesto contra as injustiças do sistema feudal surge de um texto hostil com a força de um discurso fundador.

B.

Os cronistas têm o senso das forças profundas em marcha na história. Podemos perdoá-los por se enganarem quanto às datas, aos lugares e aos indivíduos na medida em que salvaguardam o essencial: as aspirações primeiras, o dinamismo criador e os antagonismos fundamentais das sociedades. Helmond de Bosau celebrou com vibração o avanço dos colonos alemães entre o Elba e o Oder. Snorri Sturluson forneceu da cristianização da Noruega uma versão coerente, caracterizada pela passagem da obrigação legal à coerção física. O fato de um especialista como Régis Boyer só querer reter os aspectos pacíficos e legais dessa conversão não tira nada da força do texto. Olavo, diz o bardo, "continuou, no entanto, da mesma maneira, convertendo todo o povo à verdadeira fé e infligindo grandes castigos àqueles que não queriam ceder à sua palavra". Guillaume de Poitiers e Orderic Vital perceberam perfeitamente a atração exercida em 1066 pela Normandia sobre uma cavalaria francesa sequiosa de proezas e de feudos. E o atrativo de descrever para nós o afluxo de bretões, poitevins, borgonheses e outros cisalpinos desejosos de participar da guerra além-mar! Três séculos e meio depois, Thomas Basin não se enganou ao ver nos bravos da Normandia, súditos naturais de um rei natural (Carlos VII), os verdadeiros depositários do sentimento nacional francês. Sua aspiração primordial de botar os ingleses para fora da França contrasta com os cálculos mesquinhos dos senhores, desejosos de restabelecer, o quanto antes, sua dominação sobre os trabalhadores rurais.

C.

Os textos dos séculos XIV e XV traçam diante de nossos olhos um cenário deslumbrante, uma esplêndida tapeçaria, que os autores do século XIX, a começar por Barante, tomaram pela realidade dessa época. Os cronistas borgonheses contemporâneos de Filipe, o Bom e de Carlos, o Temerário eram especialistas nesse tipo de evocações. Em seus textos sucedem-se as justas, os torneios, os banquetes, as festas e as entradas principescas de simbolismo hermético. Olivier de la Marche consagra a metade de seu relato, de 250 páginas, do reinado do Temerário ao casamento do duque com Margarida de Iorque. Gasta 60 páginas para narrar o famoso banquete do faisão ocorrido em Lille em 1454.

Fala na verdade como ex-despenseiro, *maître d'hôtel* e mestre de cerimônias do grão-duque do Ocidente. Tendo como anseio primordial *embalsamar a lembrança das belas, nobres e solenes coisas*, comporta-se como um fazedor de imagens e compõe uma iluminura verbal cheia de floreios. Traz assim sua contribuição para a defesa dos valores tradicionais, em completo declínio nessa época. Pode-se dizer o mesmo de Froissart, que escrevia um século antes. Muito ligado às camadas dominantes, usava o vocabulário delas e nos restitui, assim, muito bem seu sistema de valores aristocráticos. Nessa sociedade, o juízo dos outros e a apreciação que alguém tinha de si mesmo eram o que havia de mais importante. Alguém podia ter consciência de seu próprio valor (*se faire fort de quelque chose* – "saber-se capaz de algo") ou uma autoestima exagerada (*se glorifier, s'outrecuider* – "se achar, ser presunçoso"), fruto de um orgulho suscetível de degenerar num luxo ostentatório (*le bobant* – "o luxento"). Caso em que seria bom aprender a *se humilhar*, ou seja, saber aceitar livremente uma disciplina e tratar seus inferiores com respeito. *Volens nolens* (querendo ou não), Froissart revela a influência da *polícia* cristã dos sentimentos e das paixões sobre uma sociedade dada à jactância, à arrogância e ao mais dispendioso luxo.

Commynes ou o "momento maquiavélico" da historiografia francesa

Como conclusão a esta breve síntese, gostaríamos de sublinhar o aporte de Philippe de Commynes, cujo estilo se despe de qualquer artifício, em intenso contraste com a escrita empolada de um Chastelain, e cuja narrativa se organiza em torno de sua experiência pessoal. Oficial laico, dedicado a fornecer um relato limitado e preciso dos acontecimentos, Commynes rompe com as ambições desmesuradas dos clérigos, adeptos dos grandes afrescos universais. Cioso de explicar, convencido de que o segredo da história reside na psicologia dos atores principais e nas negociações realizadas nos bastidores, renuncia ao grande espetáculo histórico pontuado pelas estrondosas intervenções da Providência. Lançando sobre os grandes deste mundo e suas maquinações um olhar desencantado, chegou a esboçar uma tipologia dos príncipes, dividindo-os em quatro categorias: os seres cheios de *maldade* e de *crueldade*, como Afonso de Nápoles e Ricardo III da Inglaterra; os *bestiais*, politicamente incapazes, como

Francisco II da Bretanha e Eduardo IV da Inglaterra; os *desprovidos de inteligência e de virtude*, a exemplo de Carlos da Borgonha e Frederico III da Alemanha, e, finalmente, os *sábios*, como Lourenço de Médici, Francisco I Sforza e Matias Corvino, seres excepcionais num meio onde reinavam a incompetência, o egoísmo, a mentira e a crueldade.

    O mapa político da Europa se parece, para Commynes, com um tabuleiro sobre o qual os diferentes Estados se neutralizam mutuamente. O fenômeno é patente na Itália, onde o memorialista esteve por duas vezes, em 1478 e em 1494-1495. Já em 1478, ele observa com muita lucidez que "Deus deu a cada um seu contrário para manter o equilíbrio no mundo". Aos aragões se opõem os angevinos; aos venezianos, os florentinos; aos florentinos, os sienenses; aos sienenses, os pisanos. Resulta daí, para a península, um equilíbrio instável. Seus habitantes, "zelosos e avaros mais que outros", têm talentos inatos para a intriga. Divididos em facções rivais, sempre prontos a mudar de campo, adoram as negociações secretas e não hesitam em praticar o jogo duplo. Precursor de Maquiavel, Commynes parece ter se deleitado desfiando essa "opaca meada de intrigas sutis e manobras retorcidas" (J. Dufournet).

Documentos

As grandes crônicas da França

– 1226 – *Como São Luís foi coroado na cidade de Rains* (Reims)

Um mês após o trespasse do rei Luís, seu filho, São Luís, que não tinha ainda nem 12 anos completos, foi levado a Rains; e mandou-se o bispo de Soissons para o infante coroar, porque não havia então nenhum arcebispo em Rains. O bispo de Soissons foi até Rains com uma grande companhia de prelados e clérigos e untou e sagrou o infante, e lhe pôs a coroa na cabeça; e disse as preces e as palavras que convém dizer para tal dignidade.

Uma vez coroado, o infante voltou a Paris, onde foi recebido com enorme alegria pelo povo e pelas gentes da região. A rainha Branca, sua mãe, zelou para que fosse muito bem doutrinado e ensinado, pois sua guarda era dela por razão de tutela e contrato; e reuniu para aconselhá-lo os homens mais prudentes e sábios que se podiam encontrar, que resplendiam de doutrina e de lealdade pelas necessidades de o reino governar, tanto clérigos quanto laicos. Foi feito no primeiro domingo do advento de Nosso Senhor.

– 1227 – *Do desacordo que houve entre os barões e o rei da França*

No ano seguinte, por conselho de Pierre Mauclerc, duque da Bretanha, e Hue, conde da Marche, desacordo se deu entre o rei e os barões da França. E sustentavam os barões contra o rei que a rainha Branca, sua mãe, não devia governar tão grande coisa quanto o reino da França, e que não cabia a mulher tal coisa fazer. E o rei sustentava contra seus barões que ele era forte o bastante para seu reino governar com a ajuda das boas gentes que eram de seu conselho. Por isso murmuraram os barões, e se puseram à espreita de como poderiam se apossar do rei, e mantê-lo sob a guarda e sob a senhoria deles.

Um dia, como o rei cavalgasse pela região de Orleans, foi-lhe anunciado que os barões tinham mandado espiá-lo para prendê-lo. Então evitou voltar a Paris e cavalgou tanto que foi dar em Montlhéry. E dali não quis mais partir por desconfiança dos barões; então pediu à rainha, sua mãe, que lhe enviasse socorro e ajuda o quanto antes. Quando a rainha ouviu essas notícias, mandou chamar todos os homens mais poderosos de Paris e lhes rogou que ajudassem seu jovem rei: e eles responderam que estavam prontos para fazê-lo, e que seria bom alertar também as comunas da França, para que eles fossem tanta boa gente que pudessem tirar o rei de perigo. A rainha enviou imediatamente suas cartas para todo o país e mandou que viessem em ajuda aos de Paris para livrar seu filho de seus inimigos. E se reuniram de todas as partes em Paris os cavaleiros dos arredores da região e as outras boas gentes.
(Ed. Paulin Paris, 1853, t. IV, p. 230-231, p. 233-234)

A Saga de Santo Olavo de Snorri Sturluson

Capítulo LVIII (Olavo rei)

O rei tinha o costume de se levantar cedo, vestir-se, lavar as mãos, ir à igreja ouvir as matinas e então às reuniões para conciliar as gentes ou dizer o que bom lhe parecia. Convocava poderosos e fracos e todos aqueles que tinham sabedoria. Com frequência pedia que recitassem para ele as leis que Hákon Adalsteinsfóstri tinha instituído no Thrándheimr. Aprimorava as leis, sob o conselho dos homens mais sábios, acrescentando ou cortando ali onde isso lhe parecia mais conveniente. Quanto ao direito cristão, institui-o sob as diretivas do bispo Grimkel e dos outros clérigos e pôs todo seu ardor em extirpar os antigos costumes pagãos em que acreditava ver sacrilégio. Depois fez com que os *boendr* aprovassem essas leis que o rei instituía. Eis o que diz Sigvatr:

52. Tu que elevas o corcel das ondas,
Tens o poder de instituir o direito do país
Aquele que durará
Entre o rebanho de todos os homens

O rei Olavo era um homem de bons costumes, moderado, pouco loquaz, generoso e ávido de bens. Estavam então com o rei o bardo Sigvatr, como já dissemos, e outros islandeses. O rei Olavo se informou minuciosamente sobre a maneira como o cristianismo era observado na Islândia. Estimou que faltava muito para que estivesse bem, pois lhe disseram que ali era permitido pelas leis comer cavalo e expor as crianças, como faziam os pagãos, e que havia ainda outras coisas que eram sacrilégios. Falaram também ao rei de muitos homens de importância que viviam então na Islândia. Era então Skapti Thórodsson quem recitava as leis no país. Sobre diversos países, ele se informou dos costumes das gentes, junto aos homens que melhor os conheciam, perguntando sobretudo a respeito do cristianismo e da maneira como o respeitavam nas Órcades, nas Shetland e nas Feroe, e ouviu que faltava muito para que estivesse bem. Eram essas palavras que costumava ter na boca, senão, falava das leis ou do direito dos países.

(Ed. R. Boyer, Paris, Payot, 1992)

4

Historiadores e geógrafos da Renascença

No século XVI, o gosto pela história já está muito difundido na França. Segundo Henri Hauser,[23] milhares de obras são publicadas. George Huppert, por sua vez, recenseou quase setecentos livros de história publicados entre 1550 e 1610. De acordo com suas estimativas, eles representavam trinta por cento do movimento editorial parisiense no início do século XVII. A necessidade de uma cultura de base histórica se manifesta de duas maneiras diferentes. De modo geral, apreciam-se os compêndios, as exposições sintéticas, "modelos reduzidos da imensidão". Essas obras ambicionam servir de base para um saber unitário, definindo suas linhas de força. Na realidade, colocam em cena a história como uma espécie de "grande espetáculo". Esboçam-se paisagens de história, em que datas de referência correspondem aos lugares marcantes em geografia. Nesse cenário, intervêm personagens, atores de um drama "verdadeiro". De um modo mais concreto, aprecia-se tudo o que está ligado ao cotidiano, os anais, os diários, as memórias. Os diferentes meios têm suas necessidades específicas: a narração militar para os nobres, a história religiosa para os clérigos, a história política para os parlamentares. A história se fraciona, comporta agora diferentes territórios. Num outro plano, veem-se florescer as histórias regionais.

Questões de método

Uma das grandes inovações introduzidas pelos historiadores do século XVI consistiu em não se satisfazer mais com a narração das *res gestae* e em praticar uma primeira forma de questionamento sobre o

---

[23] Hauser (1912).

método histórico, às vezes com a ambição de evocar a totalidade do real e de expor as leis de seu funcionamento.

Devemos, em primeiro lugar, apontar algumas tendências gerais, a começar pela recusa ao dogmatismo escolástico, acarretada pela descoberta da relatividade das coisas e dos sistemas políticos, cujas leis busca-se retraçar. Tenta-se também arrancar a história à fábula, pesquisando e criticando os vestígios deixados pelo passado para se chegar a uma reconstrução dos fatos tão segura quanto possível. Atesta isso a investigação feita pelo jurista Étienne Pasquier, advogado no Parlamento de Paris, em *Les recherches de la France* (1560 e s.). Uma vez estabelecidos os fatos (a história não é "a verdade das coisas singulares"?), é preciso agrupá-los em conjuntos para se chegar a uma boa exposição, a uma ordem lógica da narração, que requer uma análise das causas. Segundo Jean Wolf, no *Recolho da arte histórica* publicado em 1579,[24] depois de ter estabelecido o fato com toda segurança, é preciso recolocá-lo numa cadeia de razões históricas e lógicas. Alguns historiadores alimentam ambições mais amplas; querem edificar uma história universal de uma ou das civilizações, considerando todos os seus aspectos. A história verdadeira deverá compreender: "o Natural, os usos, costumes e maneiras de fazer do povo de que fala".[25] Será preciso chegar à "representação do Todo" (La Popelinière), não deixar nada de fora da explicação racional.

As ambições de Jean Bodin (1530-1596), originário de Angers, advogado no Parlamento de Paris, procurador do rei a partir de 1588, magistrado que se preocupa tanto com a política quanto com a história, podem ser formuladas assim: unificar racionalmente a diversidade do real. Ele as expressa em seu *Método para um conhecimento fácil da história*, de 1566.

O historiador se detém nos fatos singulares, mas é para ressituá-los no universal e reconduzi-los a leis, definidas como "relações que derivam da natureza das coisas". Tarefa difícil, senão impossível, porque a história dos homens é uma inovação perpétua: "A cada dia, novas leis, novos costumes, novas instituições, novos ritos nascem". Ciência aberta, de desenvolvimentos imprevisíveis, a história se opõe às ciências fechadas que podem ser reduzidas a princípios e leis.

---

[24] *Recueil de l'art historique*. Original em latim: *Artis historicae penus,* editado por Jean Wolf, reunindo 18 tratados sobre a arte histórica. (N.R.)

[25] Huppert (1972, p. 148).

Aparentemente, a história se apresenta como um caos. É preciso saber discernir sua ordem, e recortá-la de maneira coerente projetando "sobre a massa informe dos fatos os quadros racionais do espírito".[26] Essa exigência de racionalidade se combina com a de universalidade, já que todas as civilizações participam de um tempo único.

Para Bodin, o historiador é, portanto, uma espécie de demiurgo, que ordena um real diverso por essência. O clima contribui muito para essa diversidade na medida em que determina o humor interno e, dessa forma, as mentalidades. O sol, sobretudo, tem uma influência decisiva. Segundo Bodin, os meridionais (*australes*) são frios, secos, duros, sem pelos, fracos, pequenos e têm a voz fina; os nórdicos, ao contrário, são quentes, úmidos, peludos, robustos, têm a carne macia e a pele branca, a voz grave. Diferenças psicológicas procedem daí. Os fatos de civilização se enraízam assim nos dados naturais.

Estamos aqui nos antípodas da erudição. Bodin adora usar categorias abstratas. Quer classificar os homens e as coisas, concebendo para esse fim um *Tableau du droit universel*,[27] regido pela regra dos contrários, em nome da qual "se o meridional é preto, o setentrional é branco; se este é grande, aquele é pequeno",[28] etc. Levando a sistematização ainda mais longe, procura descobrir a influência que os números exerceram sobre a constituição dos impérios. Especula sobre as datas das batalhas, sobre a idade com que os heróis morreram. Aristóteles, Erasmo e Lutero não morreram aos 63 anos? Esse delírio aritmético o leva a considerar o número 496 como uma cifra determinante no curso da história. Não transcorreram 496 anos de Augusto a Rômulo Augusto, de Constantino a Carlos Magno, de Siágrio a Hugo Capeto? Essas distâncias constantes, essas regularidades aritméticas permitem prever o futuro. O mundo está sujeito à lei das cifras (embora não se reduza a uma equação como dizem alguns comentadores de Bodin). Cabe ao intelectual trazer a lume essa ordem oculta. Sempre em nome dessa ordem, as revoluções humanas são postas em relação com as revoluções astrais e climáticas.

Paralelamente a essas análises laboriosas, Bodin desenvolveu algumas antecipações geniais. Pressentiu, por exemplo, que o tabu

---

[26] Dubois (1977).
[27] Publicado pela primeira vez em Paris em 1578. (N.R.)
[28] Bodin (1566, V, 333).

do incesto incitava a estender as alianças matrimoniais. Quis edificar uma ciência política, prolongando Políbio e anunciando Montesquieu (cf. *Les six livres de la République*, verdadeira suma política). Também pressentiu obscuramente que havia leis que determinavam o comportamento do homem em sociedade.

Já Lancelot de La Popelinière (1540?-1608) se lança em busca de *L'Idée de l'histoire accomplie*. Para começar, fornece uma definição tradicional da história: "um Narrado geral, eloquente e judicioso das mais notáveis ações dos homens, e outros acidentes aí representados, segundo os tempos, os lugares, suas causas, progressos e acontecimentos". Mas, a partir daí, traça para o conhecimento histórico um programa muito vasto e muito novo: "Quais foram as diferenças entre os povos, gauleses, romanos e germanos, na própria Gália? Que (diferença) entre os franceses e os germanos? Quando, como e através de quem a religião cristã entrou, foi recebida, aumentada, combatida e se manteve na Gália...? O que era a Nobreza, sua autoridade, poder, exercício, dever e funções entre todas essas nações? Por meio de que leis, costumes, formas de viver, de justiça e de polícia, tanto em paz quanto em guerra, esses povos se mantinham sob a deplorável paciência de nossos velhos pais?".

François Hotman (1524-1590) é outro que alimentava uma visão muito ampla. Jurisconsulto, professor de direito romano, calvinista convicto, grande viajante, acumulou uma grande experiência. Ficou célebre por seu livro *Franco-Gallia* (1573), em que se mostra hostil às intervenções do poder real no domínio espiritual. No plano histórico, é digna de nota a novidade do projeto formulado no primeiro capítulo e o anseio, claramente expresso, de conferir à investigação sobre o passado uma utilidade no presente: "Tendo me proposto a escrever sobre os costumes e a política de nossa França Gaulesa, de maneira que possa servir para o uso de nossa coisa pública, e para a comodidade do tempo de hoje, parece-me que será bom começar por deduzir qual foi o antigo estado da Gália antes que fosse sujeitada e reduzida à forma de Província pelos romanos". O resultado não parece à altura das ambições. Embora fundado sobre bons autores (César, Tácito, etc.), o quadro da Gália se revela anacrônico, já que Hotman aplica o vocabulário político do Antigo Regime, sem sequer adaptá-lo, às tribos gaulesas: a cada ano, ele nos diz, havia "uma assembleia geral de todo o país, em que se deliberavam os negócios de estado e concernentes ao bem universal da coisa pública".

Mas não nos deixemos deter pela discordância entre as palavras e as coisas. Retenhamos a novidade do questionamento (mais adiante Hotman se pergunta: que língua falavam os gauleses?) e a acuidade de um senso crítico que chega a ridicularizar a lenda da origem troiana dos francos.

Longínquos prenúncios da história nova

De maneira muito ampla, pode-se estimar que as antecipações do século XVI mantêm alguns laços com a exaltação oriunda das grandes descobertas, com o sentimento de viver num mundo cujos elementos são todos interdependentes, um mundo em mutação... A abertura intelectual acompanha a abertura econômica. Seria perfeitamente ingênuo querer apontar, entre os autores do século XVI, um ancestral de Fernand Braudel (na pessoa de Jean Bodin) e um irmão mais velho de Emmanuel Le Roy Ladurie (na pessoa de André Thevet?), mas decerto não é inútil insistir nas aproximações operadas durante esse século entre a história e outros ramos do saber, como a economia política (ainda balbuciante) e a geografia.

A. *História e economia política*

A referência na matéria é evidentemente constituída pela *Resposta de Jean Bodin ao Sr. de Malestroit*, publicada em 1568. O jurista trata aí, assunto novíssimo, da "vida cara no século XVI", para retomar uma expressão de Henri Hauser. Aponta três causas principais para o aumento do custo de vida: a abundância do ouro e da prata provenientes do Novo Mundo; os monopólios dos mercadores, dos artesãos e dos assalariados que levam à alta das mercadorias e dos honorários; e finalmente a "penúria" resultante de exportações excessivas, sobretudo para a Espanha. Sem entrar no detalhe de uma argumentação densa (p. 9-17), citaremos apenas esta opinião de Henri Hauser: "Bodin, em seu estilo obscuro e por vezes incorreto [...] tem, sobre o papel real da moeda, sobre o mecanismo das trocas internacionais, sobre a influência dos metais preciosos, ideias tão claras quanto um economista moderno. [...] Vê na divisão geográfica do trabalho uma lei providencial ou natural, destinada a promover as trocas e propiciar a paz".[29]

---

[29] Hauser (1932, p. LIII e LIV).

B. *História e geografia: uma união promissora*

O mundo germânico deu um exemplo na matéria. Considera-se geralmente que seu primeiro grande historiador foi um humanista de Sélestat, Beato Renano († 1547), autor de uma *História da Alemanha*, publicada em 1531, em que cita textos em alto-alemão e dá provas de um grande senso da crítica documental adquirido no contato com as obras de Plínio, Tácito e Tito Lívio, que editou. Também é consenso reconhecer em Sebastian Münster (1489-1552) o primeiro geógrafo, o Estrabão da Alemanha. Franciscano convertido ao luteranismo, ensinou teologia e hebraico em Basileia a partir de 1528. Espírito enciclopédico, publicou em 1544 uma enorme *Cosmografia*, primeira forma de geografia universal.[30] Essa descrição do conjunto dos continentes começa por um livro de geografia geral sobre os círculos (polares, tropicais, etc.), sobre os vulcões e sobre as geleiras, descritos com bastante exatidão.[31] A obra comporta visões por alto dos diferentes países, como as ilhas britânicas, atravessadas por dois rios principais, o Humber e o Tâmisa. Münster também adora traçar paralelos (por exemplo, entre uma Gália "fecunda pela grande quantidade de chuvas" e uma Espanha obrigada a "usar irrigações, tirando água dos rios com canais"). Tem a arte de perceber as qualidades próprias das diferentes regiões, como a Escânia, a Lapônia ou a Moscóvia: "A região é toda plana sem montanhas; todavia há muitas florestas; e é quase toda pantanosa, enobrecida por vários belos rios...".[32] Considera que a língua permite, mais do que os rios ou as montanhas, individualizar as nações. Essa percepção dos fatos linguísticos parece muito nova.

No que diz respeito à Alemanha, as notas consagradas por Münster às diferentes regiões associam observações geográficas e informações históricas, ambos os saberes se interpenetrando. Algumas evocações regionais deslizam, no entanto, para um enciclopedismo confuso, em que se misturam a etimologia, a topografia, a enumeração das principais cidades e o catálogo das "maravilhas". Não é preciso ao mesmo tempo

---

[30] *Cosmographia*. A primeira edição, de 1544, foi impressa em Basileia por Henricus Petrus. (N.R.)

[31] Ver Broc (1980, p. 71).

[32] Citado por Broc (1980 p. 80).

distrair, instruir e edificar? De fato, a *Cosmografia*, descrição arrazoada do globo, foi lida tanto como enciclopédia quanto como uma obra edificante.

Sem deixar de ser tributário dos Antigos e dos viajantes da Idade Média, Sebastian Münster inovou lançando uma vasta investigação destinada a coletar informações junto aos príncipes, às cidades e aos doutos. Favoreceu assim o desenvolvimento da topografia e das crônicas na Alemanha, onde se multiplicaram a partir de então os mapas e as perspectivas cavaleiras das cidades.

Entre os sucessores franceses de Münster, podemos elencar Belleforest, Thevet e Bodin. O gascão François de Belleforest, historiador do rei e polígrafo, redigiu uma *História geral da França*, seguida de uma *História universal do mundo* e de uma *Cosmografia* (1575) adaptada de Münster e aumentada de considerações sobre a glória e a queda dos reinos. Ele soube obter a ajuda dos eruditos provincianos.

André Thevet, outro franciscano, cosmógrafo e historiógrafo do rei, compôs também uma *Cosmografia universal* em 1575, não sem ter viajado para o Oriente Médio e para a América. Fornece, por países, notas toponímicas, históricas e geográficas, cita suas fontes, dá algumas alfinetadas em Münster apontando seus equívocos. Estimando que a geografia deve ser reservada aos viajantes, únicos a terem a experiência do mundo, Thevet se lança numa violenta polêmica com Belleforest, o sedentário. Não desprovido de ingenuidade, Thevet sabe usar de um estilo vivo quando anota suas observações (por exemplo, sobre a Baía da Guanabara, sobre o tabaco, sobre os costumes dos tupinambás, cf. BROC, 1980, p. 91).

Bodin, por fim, revela-se tão sistemático em geografia quanto em história: os costumes e as instituições variam, nos diz ele, de acordo com os lugares; às três grandes zonas climáticas correspondem três gêneros de povos.[33] Nessa divisão, a montanha traz seus corretivos (há neve perto do equador) e seus benefícios. Como o determinismo de Bodin nada tem de rígido, não se pode fazer dele o "pai" do determinismo geográfico contemporâneo.

Bodin viu na geografia uma espécie de "memória artificial" da história, já que ela incita a enxertar informações e lembranças sobre lugares. A seu modo, pretendeu lançar as bases de uma ciência total, que englobasse tudo o que está relacionado à natureza e à atividade humana.

[33] Broc (1980, p. 93).

Longe de se limitar à cronologia, viu o desdobramento desta no espaço. Foi, na verdade, um *geografistoriador*, produto consumado do casamento (por amor ou conveniência?) entre as duas disciplinas. Convencido da ligação existente entre todos os homens, reforçada pelas grandes descobertas, pressentiu a noção braudeliana de economia-mundo.[34]

C.

Os autores do século XVI nos fornecem também os primeiros exemplos, ainda balbuciantes, da história-problema, esse gênero dileto dos mestres da *Revue des Annales*. Prova disso, esta bela passagem de *Franco-Gallia* ou *A Gália francesa*, em que Hotman se pergunta pela língua que os gauleses utilizavam:

> Mas a opinião que tem maior aparência de verdade é aquela, segundo meu julgamento, dos que escrevem que os gauleses tinham uma língua à parte, não muito diferente da dos antigos ingleses. E há duas razões que me fazem acreditar nisso. A primeira, o fato de que César escreve que era então costume que aqueles que queriam ter um perfeito conhecimento da disciplina dos druidas fossem para a Inglaterra. Ora, os druidas tinham por princípio de nunca pôr nada por escrito nem se servir de livros ou escritas de nenhuma espécie. Portanto, era preciso que estes falassem a mesma língua, ou uma língua muito próxima daquela em uso na Gália. A segunda é que Tácito, na *Vida de Agrícola*, escreve que não havia maior diferença entre a língua dos ingleses e a dos gauleses. E se é possível fundar algum juízo sobre simples conjecturas, a de Beato Renano não me parece demasiado impertinente, o qual é de opinião que o patoá vulgar daqueles a que chamamos bretões bretonantes é um resquício de nossa antiga língua. Quanto às razões em que se funda, mais vale buscá-las no livro, em que ele próprio as expõe, do que repeti-las aqui. Eis provavelmente tudo o que podemos dizer da velha língua dos nossos primeiros gauleses. Mas é fácil ver que a língua que utilizamos hoje é uma língua composta de várias outras. E para dizer claramente a verdade sobre ela, é preciso dividi-la em quatro; e dessas quatro partes será preciso primeiramente

[34] Cf. Lestringant (1985, p. 133-147).

tirar a metade e remetê-la aos romanos, reconhecendo que é deles que a temos, como aqueles que conhecem um pouco que seja de latim sabem muito bem. Pois além do fato de que os gauleses sujeitados pelos romanos se acomodavam, por natureza ou necessidade, às maneiras de fazer e à língua daqueles, sabemos também, por outro lado, que os romanos tinham o cuidado de semear sua língua onde tinham plantado suas armas, a fim de que ela fosse usada em toda parte (como atesta Valério Máximo), e, para tanto, erguiam colégios e universidades em todas as boas cidades como Autun, Besançon, Lyon e outras, o que se lê em Tácito e no poeta Ausônio.[35]

Note-se a novidade da questão colocada e a arte de argumentar fundando-se, mas de maneira prudente, nos autores (entre os quais seu quase contemporâneo Beato Renano). O raciocínio ganha um bom espaço na análise histórica. Hotman pressente a noção moderna de aculturação dos gauleses pelos romanos, mas sua visão da origem do francês permanece, o que não é de surpreender, um bocado ingênua.

O desenvolvimento da história regional: o caso do bretão Bertrand d'Argentré

Depois de um eclipse de quase setenta anos, o jurista Bertrand d'Argentré, sobrinho-neto de Pierre Le Baud, reata com a grande tradição das crônicas bretãs publicando, em 1582, uma *Histoire de Bretagne* que lhe foi encomendada pelos "Estados" – ou seja, uma espécie de assembleia legislativa – da província.

O senescal de Rennes, editor do *Nouvelle coutume de Bretagne*[36] é um homem culto, um geógrafo, um linguista, um humanista! Faz questão de se distinguir dos cronistas vulgares e denuncia os erros destes sem clemência. Dedicou-se a uma vasta pesquisa sobre os grandes feitos dos bretões, inclusive na Itália e na Escócia. Separou o joio das fábulas do trigo dos documentos autênticos, amplamente citados. Não lhe falta senso crítico. Comete mesmo assim vários erros etimológicos, administrativos, geográficos, etc.

---

[35] Hotman (1574, p. 20-21, texto modernizado pelo autor).
[36] Bertrand d'Argentré é um dos principais artesãos da *Nouvelle coutume de Bretagne*, fonte jurídica aplicada na Bretanha, publicada em 1580. (N.R.)

Apegado à sua região, celebra as particularidades desta como seus precursores da Idade Média: uma terra, descrita com certo senso geográfico; uma língua que seria de origem gaulesa, ideia tirada de Hotman e de Beato Renano; um povo cuja independência foi durante muito tempo garantida por seus duques.

Embora aceite muito bem a integração de sua província no reino da França, d'Argentré desliza para a celtomania, o delírio gaulês do século XVI. E faz dela um uso "subversivo" na medida em que utiliza a matéria céltica no sentido provincial, ao contrário dos que a utilizam no sentido monárquico. E assim entra em choque com os conselheiros jurídicos franceses, desconfiados diante das teses desse nostálgico pelo feudalismo. Daí sua condenação pelo Parlamento de Paris em 1582. Reiterada em 1588, embora ele tenha retocado seu livro. Até o século XVIII, suas obras serão invocadas em defesa dos privilégios do ducado.[37] A história continua a prestar eminentes serviços à política, tal como na Idade Média.

Conclusão

Terminaremos com algumas perguntas:

Não seria arbitrário distinguir a história e a geografia na produção do século XVI? Alguns autores, como Thevet na corte de Henrique II, não são ao mesmo tempo cosmógrafos e historiógrafos?

Pode-se resumir essa história (no sentido amplo do termo) a uma "elaboração da classe cultural" dominante, identificada aos togados, ou seja, aos advogados, aos juízes e aos militares, todos tendo passado pelos colégios de humanidades e pelas faculdades de direito, onde descobriram a crítica filológica e histórica?

O apetite por história desses homens de lei vem apenas de sua formação jurídica e de sua consciência nacional, avivada pelas feridas das guerras religiosas? Não seria preciso dar espaço à influência italiana, especialmente à do jurista florentino Francesco Guicciardini (1483-1540, autor de uma *Storia d'Italia* escrita entre 1537 e 1540), reconhecido por Bodin como o pai da história?

---

[37] Ver na *Histoire littéraire et culturelle de la Bretagne*, dir. J Ballou e Y. Le Gallo (Paris; Genebra, Champion, 1987, t. 1), as contribuições de: J. Kerhervé, "La naissance de l'histoire en Bretagne: milieu XVe-fin XVIe siècle", e de J. Meyer, "Conditions économiques et sociales du développement de la littérature en Bretagne".

5

As filosofias da história

As filosofias da história ganharam forma no século XVIII, na época das Luzes. É então que nascem as ideias do devir da matéria, da evolução das espécies, do progresso dos seres humanos. Pensadores como Voltaire, Kant ou Condorcet acreditam num movimento ascendente da humanidade rumo a um estado ideal. No século XIX, sob o impacto da Revolução Francesa e de outras revoluções na Europa, florescem filosofias da história. Sejam religiosas ou ateias, otimistas ou pessimistas, todas têm em comum atribuir um sentido para a história. As doutrinas de Hegel e de Comte representam modelos do gênero: organizam os períodos, avaliam as mudanças ou as permanências, interpretam a evolução geral do mundo à luz de um princípio único – a marcha do espírito ou a lei dos três estados. De certa maneira, Marx, que faz do materialismo histórico uma teoria científica ligada a uma prática revolucionária, não sai inteiramente do quadro da filosofia da história na medida em que, para ele, a evolução da humanidade permanece orientada para um fim. No século XX, os historiadores da escola metódica e posteriormente os da escola dos *Annales* realizaram o julgamento das filosofias da história e, de maneira global, obtiveram ganho de causa. Logo após a Segunda Guerra, Raymond Aron é obrigado a admitir que "o caráter incerto da documentação, a amplitude excessiva das visões, a pretensão de submeter a complexidade do real a um esquema rígido, todos esses defeitos atribuídos aos sistemas clássicos passam por característicos da filosofia da história".[38] Sendo assim, os historiadores profissionais não se permitem mais do que uma reflexão de ordem epistemológica sobre a maneira de proceder do conhecimento histórico. Contudo, em pleno século XX,

---

[38] Aron (1948).

existem ainda filosofias da história: como as interpretações cíclicas do destino das civilizações formuladas por O. Spengler ou A. Toynbee; ou os prolongamentos do pensamento marxista, como as teorias que G. Lukács expõe em *História e consciência de classe*.

Kant e as Luzes

O pensamento teleológico – que postula um sentido para a história – nasce num texto de Platão: o *Fédon*. Nesse diálogo, Platão faz Sócrates enunciar as seguintes proposições: "a) há uma ordem no universo; b) tudo é ordenado com vistas ao melhor resultado; c) uma inteligência ordenadora aplica ao mundo essa concepção; d) o melhor se situa no nível intelectual e não material; e) existe um Verdadeiro, um Bem e um Belo em si". Guardadas as proporções, Bossuet esboça também uma teologia – ou antes uma teologia – da história quando afirma que "Deus estabeleceu o encadeamento do universo [...] e quis que o curso das coisas humanas tivesse sua sequência e suas proporções: [...] que a divina Providência presidisse ao destino dos Impérios, a seu florescimento e a sua queda".[39] Da mesma maneira, Leibniz se interroga sobre a tendência para o melhor: sublinha a contradição entre a existência de um deus criador, absolutamente sábio e todo-poderoso, e a manifestação constante do mal – as guerras, as epidemias e outras catástrofes; contudo, conclui pela racionalidade da escolha divina: "Se fôssemos capazes de compreender a harmonia universal, veríamos que aquilo que somos tentados a censurar foi digno de ser escolhido [...] Vivemos no melhor dos mundos possíveis".[40]

No entanto, a filosofia das Luzes muitas vezes é a-histórica. Sob esse aspecto, a obra de Jean-Jacques Rousseau é reveladora. Em princípio, uma teoria da história é esboçada no *Discours sur l'origine et les fondements de l'inégalité parmi les hommes*. Rousseau parte de uma consideração moral: "Quando se observa a constituição natural das coisas, o homem parece evidentemente destinado a ser a mais feliz das criaturas; quando se parte do estado atual, a espécie humana parece a mais lamentável. Tudo indica que a maior parte de seus males é

---

[39] Bossuet (1681).
[40] Leibniz (1710).

obra sua". Estabelecida essa constatação, o filósofo vai, através de um procedimento regressivo, despojar o homem de tudo o que lhe veio do exterior para remontar até o estado de natureza. Nesse estágio (que é uma ficção, não uma realidade), o homem vive numa situação sem conflito, em estado de equilíbrio e de harmonia. É no momento em que o equilíbrio é rompido entre as faculdades e as necessidades que o homem entra na história, que ele deve trabalhar. "À medida que o gênero humano se estendeu, os penares se multiplicaram com os homens [...]. Anos estéreis, longos e rudes invernos, verões ardentes exigiram deles uma nova indústria". A partir de então, a humanidade evolui para uma sociedade cada vez mais organizada; pouco a pouco, a propriedade surge; desigualdades se criam entre os ricos e os pobres; e instituições jurídicas vêm sancionar as relações de força. Essa é, em grandes traços, a passagem do estado natural ao estado civil. Na reflexão de Rousseau, a história não passa de uma abstração (o negativo da natureza) posta a serviço de uma demonstração moral.

O pensamento de Kant combina uma teleologia oriunda da tradição cristã e uma reflexão ética própria à Era das Luzes. Assim, Kant reconcilia a herança de Bossuet e o legado de Rousseau, como demonstra esta passagem: "A história da natureza começa pelo bem, pois é obra de Deus; a história da liberdade começa pelo mal, pois é obra do homem. No que concerne ao indivíduo que, fazendo uso de sua liberdade, só pensa em si mesmo, houve perda quando dessa mudança. No que concerne à natureza, sequiosa de orientar o fim que reserva ao homem em vista de sua espécie, foi um ganho. O indivíduo tem portanto razão ao se considerar culpado por todos os males que enfrenta [...] mas, ao mesmo tempo, como membro de uma espécie, tem razão em admirar a sabedoria da ordenação..." (*Conjecturas sobre os inícios da história humana*, 1786). Diferentemente de Rousseau, que concebe uma história fictícia, Kant quer pensar "a história real", "compreendida de maneira empírica". Mas a história do filósofo não é exatamente a mesma que a do historiador; ela permanece uma história do sentido da vida humana. Para Kant, a filosofia da história se afirma como uma parte da Moral.

Kant expôs sua reflexão sobre a história numa série de opúsculos, especialmente em *Ideia de uma História Universal de um ponto de vista cosmopolita* (1784). A hipótese de Kant é que, no curso absurdo das questões humanas, na acumulação dos fatos da história empírica, existe uma finalidade. Todavia, essa finalidade, nenhuma inteligência suprema a concebeu e nenhuma sociedade humana a quis; ela corresponde a um "plano da natureza". Paradoxalmente, a natureza realiza seus fins através dos homens: "Os indivíduos, e mesmo os povos inteiros, nem sequer imaginam que perseguindo suas metas particulares em conformidade com seus desejos pessoais e frequentemente em detrimento de outrem, conspiram à revelia de si mesmos para o desígnio da natureza" (p. 60). O poder de que o homem é dotado para levar a cabo seus projetos é a razão. Portanto, o plano previsto para o homem não é que ele atinja o estado de natureza, mas que chegue ao estado de cultura (sob esse aspecto, Kant se opõe a Rousseau). Convém notar que a natureza é um tanto avara com seus dons: se confia a razão à humanidade é porque não tem para esta nenhuma função precisa.

Quando Kant fala do homem, refere-se à espécie e não ao indivíduo. De fato, a natureza precisa de uma sucessão interminável de gerações para atingir seus fins. Assim, a morte não passa de um acidente individual que não afeta o desenvolvimento da espécie. Mais do que isso, limitando sua vida, a natureza obriga o indivíduo a se esforçar, a se aplicar ao trabalho. A consciência de sua finitude força o indivíduo a sair de seu torpor, impele-o a agir. Kant sublinha claramente que o indivíduo está a serviço da espécie. "Aquilo que, nos sujeitos individuais, parece-nos ter uma forma confusa e irregular, poderá, não obstante, ser conhecido no conjunto da espécie sob o aspecto de um desenvolvimento contínuo, embora lento, das disposições originais" (p. 59). O filósofo esclarece ainda: "No homem – como única criatura racional da terra – as disposições naturais que visam ao uso de sua razão não receberam seu desenvolvimento completo no indivíduo, mas só na espécie" (proposição 1). Através da obra de Kant, o postulado da vida eterna da espécie humana afirmado na filosofia da história desempenha o mesmo papel que o postulado da imortalidade da alma na filosofia moral.

A natureza deu ao homem "o impulso para a humanidade", mas não sua humanidade. "Munindo o homem de razão, a natureza estava indicando claramente seu plano [...]. O homem não devia ser governado pelo instinto nem orientado por um conhecimento inato; devia extrair tudo de si mesmo" (proposição 3). Por conseguinte, a natureza deixou ao homem a tarefa de inventar sua vida material, de satisfazer suas necessidades e garantir seus lazeres, mas também de extrair de si mesmo "sua inteligência, até a bondade de seu querer". Nessas condições, o homem deve viver em sociedade. E é então que se vê colocado numa situação contraditória: de um lado, um desejo o impele a viver com outros homens, a estabelecer laços sociais; de outro, uma pulsão o leva a se isolar, a buscar a solidão. Aquilo que Kant chama de "inclinação a entrar em sociedade acompanhada pela repulsa a fazê-lo" (proposição 5). Na realidade, o antagonismo entre a sociabilidade e a insociabilidade é o meio de que a natureza se serve para levar a cabo o desenvolvimento de todas as disposições da humanidade. A discórdia no nível da espécie não é verdadeiramente negativa, surge antes como um fator de progresso. O destino do homem não é a felicidade a qualquer preço. Dessa perspectiva, a hostilidade entre os indivíduos os obriga a sair de um estado de beatitude mais ou menos primitivo e a se engajar na realização de tarefas difíceis, mas grandiosas.

O problema essencial a que a razão será confrontada na história é a realização de uma sociedade civil "que administre o direito de maneira universal". Kant observa: "Podemos considerar a história da espécie humana, *grosso modo*, como a realização de um plano oculto da natureza para produzir uma constituição política perfeita" (proposição 8). Trata-se, portanto, de edificar uma organização civil tal que as leis possam regular os antagonismos e instituir as liberdades. Ora, esse empreendimento complexo esbarra em dois obstáculos. O primeiro é a questão da autoridade. Posta a dualidade da natureza humana, dividida entre a aspiração ao bem e a atração pelo mal, é preciso impor aos homens "um senhor que derrube as vontades particulares", necessariamente egoístas. Contudo, esse senhor, que, por sua vez, também é um homem, deve se comportar como um chefe justo, que respeite os outros homens. Logo se vê, não é fácil descobrir um indivíduo provido de qualidades tão excepcionais. O segundo obstáculo é o problema do entendimento entre as nações. Os povos se entredilaceram, se agridem, fazem guerras entre si, mortíferas para as pessoas e desastrosas para os bens. No entanto, Kant não se deixa abalar: interpreta os conflitos "como tentativas de estabelecer novas relações entre os Estados". Dos confrontos insensatos a que os homens se entregam acabará por sair "uma comunidade civil universal [...] que administrará o direito internacional de maneira que o menor Estado poderá contar com a garantia de sua segurança [...], de uma força unida e de um acordo entre as vontades".

É claro que essas noções de um soberano justo, que arbitre os interesses particulares, e de uma "sociedade das nações" que garanta a segurança dos Estados são "ideais" no sentido kantiano, objetivos morais que a humanidade deve fixar para si mesma e se esforçar por realizar. Por enquanto, a espécie humana ainda não alcançou a "constituição perfeita"; ela está apenas "em marcha rumo a era das luzes". O tempo da *Aufklärung* por certo não é o paraíso reencontrado, assemelha-se mais a uma "idade madura", em que a espécie humana começa a se liberar das tutelas, inclusive da dominação divina. Da marcha rumo às Luzes, Kant percebe sinais anunciadores: a extensão das liberdades econômicas, civis e religiosas na Inglaterra, na Alemanha e na Áustria no fim do século XVIII; e, ao mesmo tempo, a Revolução na França. O filósofo celebra esse acontecimento histórico em termos entusiásticos: "Semelhante fenômeno na história do mundo jamais será esquecido, pois descobriu no fundo da natureza humana uma possibilidade de progresso moral que nenhum político tinha até hoje vislumbrado" (*O conflito das faculdades*, 1798).

Hegel e a dialética

Georg W. F. Hegel nasce em Stuttgart, em 1770. Seu pai é um funcionário público, da área de finanças. Faz seus estudos secundários em Stuttgart e estudos de teologia em Tübingen, mas renuncia a se tornar pastor. Permanece marcado a vida inteira por sua formação religiosa luterana. Vive de suas atividades de preceptor em Berna e em Frankfurt entre 1793 e 1800; ensina na universidade de Jena de 1801 a 1806; é redator do *Bamberger Zeitung* em 1806-1807; dirige o liceu de Nuremberg de 1808 a 1816. É casado e pai de família. Durante essa ascensão na carreira docente, Hegel assimila as obras filosóficas de seus contemporâneos – Kant, Fichte, Schelling. Como toda "elite" intelectual alemã, é influenciado pelo pensamento das Luzes, admira a Revolução Francesa e espera muito de sua difusão através da Europa graças às conquistas napoleônicas. O choque da

Batalha de Jena (outubro de 1806), que desperta em Fichte um nacionalismo prussiano virulento, não abala em Hegel a confiança nas "ideias francesas". Passada a tormenta das guerras, obtém uma cátedra de filosofia em Heidelberg em 1817; depois substitui Fichte na cátedra de filosofia de Berlim, de 1818 a 1831. Ali, chega à notoriedade, cerca-se de discípulos – Leopold von Henning, Eduard Gans, Bruno Bauer, etc. – e figura como teórico do Estado prussiano. Morre em 1831 numa epidemia de cólera.

Inegavelmente, Hegel pertence ao mundo da *Aufklärung*: ele acredita no poder da razão. Dirigindo-se a seus alunos, recomenda-lhes "ter confiança na ciência, ter fé na razão". Contudo, permanece apegado à religião; vê na filosofia que professa um desenvolvimento do protestantismo, propondo-se a elevar a fé luterana do sentimento subjetivo à certeza racional. Quaisquer que tenham sido as influências que a marcaram, a obra de Hegel surge como uma tentativa grandiosa de constituir um sistema no qual todo o Universo possa ser pensado. A empreitada do professor de Berlim se apresenta sob a forma de uma vasta dedução, abarcando todos os conhecimentos possíveis. Três seções podem ser distinguidas: 1) a Lógica, que trata da Ideia abstrata, da formação das categorias intelectuais; 2) a Filosofia da Natureza, que examina a difusão da Ideia para fora de si, no mundo natural; 3) a Filosofia do Espírito, que se interessa pela tomada de consciência do espírito através da história universal. Em vida, Hegel publicou apenas três obras: *A fenomenologia do espírito* (1807); *A lógica*, 3 volumes (1812-1817); e *A filosofia do direito* (1821). Depois da morte do mestre, alguns de seus discípulos – Gans, Marheineke e outros – transcreveram suas anotações de curso, remanejaram-nas e publicaram, sob o nome de Hegel, dezoito volumes, entre os quais *A estética*, *A filosofia da religião* e as *Lições sobre a filosofia da história* (entre 1838 e 1845).

O pensamento de Hegel se afirma como um idealismo absoluto que supõe uma identidade entre o sujeito e o objeto, entre o conhecer e o ser. Nesse sentido, Hegel retoma o "realismo" da Antiguidade que fora abalado pelo "nominalismo" da Idade Média. Podemos apreciar esse puro idealismo nesta passagem das *Lições sobre a filosofia da história*: "O espírito tem seu centro em si mesmo; não tem unidade fora de si, mas a encontrou, ele é em si e consigo... o espírito sabe a si mesmo; é o juízo de sua própria natureza; é também a atividade pela qual volta a si, se produz assim, faz de si o que ele é em si. De acordo com essa definição, pode-se dizer da história universal que ela é a representação do espírito em seu esforço para adquirir o saber daquilo que ele é" ("Introdução", p. 27). Nessas condições, a filosofia da história não poderia dizer o que o mundo deve ser nem, *a fortiori*, produzir esse mundo. "A filosofia da história nada mais é que sua consideração refletida..." A única ideia que a filosofia traz é a de que a razão governa o mundo e, consequentemente, "a história do mundo é o movimento através do qual a substância espiritual entra em posse de sua realidade". É difícil imaginar construção mais abstrata: a História do Espírito se confunde com a História do Universo.

Hegel, prolongando Bossuet, e acentuando Kant, permanece resolutamente numa perspectiva teleológica: não admite de modo algum que o mundo esteja entregue ao acaso: "Devemos buscar na história uma meta universal, a meta final do mundo, não uma meta particular do espírito subjetivo ou do sentimento humano. Devemos apreendê-lo com a razão, pois a razão não pode encontrar interesse em nenhuma meta finita particular, mas apenas na meta absoluta". A realização profana do fim do universo se opera pela marcha do Espírito. "Trata-se, portanto, da meta final que a humanidade persegue, que o Espírito se propague no mundo e se realize impelido por uma força infinita. Sua meta é chegar à consciência de si mesmo, tornar o mundo adequado a si mesmo". E a evolução do Espírito vai no sentido de um progresso. A natureza conhece apenas um retorno cíclico das estações; a razão se dirige para um fim último: "Na natureza, a ressurreição é apenas a repetição do mesmo, uma história monótona que segue um ciclo idêntico. Não há nada de novo sob o sol. A coisa muda de figura quando se trata do sol do Espírito. Sua marcha, seu movimento, não é uma autorrepetição. O aspecto cambiante que o Espírito reveste é essencialmente um Progresso".[41]

Hegel introduz a dimensão da temporalidade. Na tradição medieval, o tempo era concebido como uma degradação ontológica. Na concepção hegeliana, o tempo se torna uma categoria de inteligibilidade. "O Espírito se manifesta necessariamente no tempo; pelo menos até o momento em que apreende seu conceito puro...".[42] O Espírito, ator

---

[41] HEGEL. *La raison dans l'histoire*, p. 48, 92 e 95.
[42] HEGEL. *Phénoménologie de l'Esprit*, II, p. 305.

principal da história, não toma consciência de si mesmo diretamente, mas através de um movimento dialético, de uma operação de ritmo ternário. Pois o movimento dialético compreende três momentos: a tese (o ser); a antítese (o não-ser); a síntese (o devir). Em sua marcha, o Espírito se coloca em si, se desenvolve fora de si, e volta a si; através dessas mutações, chega a uma nova forma, constitui uma unidade superior: "O Espírito que se forma amadurece lenta e silenciosamente até sua nova figura, desintegra fragmento por fragmento o edifício de seu mundo precedente... Esse esmigalhar contínuo que não alterava a fisionomia do todo é bruscamente interrompido pelo nascer do sol que, num clarão, desenha ainda uma vez a forma do novo mundo".[43] Hegel não se limita a enunciar um idealismo puro, fato corrente no século XVIII, ele inventa o movimento dialético, que vai dominar o pensamento do século XIX.

Hegel se inspira em Kant na medida em que supõe um "plano oculto", que escapa à consciência da espécie humana. A liberdade, realização pelo espírito de sua própria essência, é a finalidade absoluta da história. Por que meio a liberdade progride na história? As ações dos homens derivam de seus interesses egoístas, com mais frequência do que de suas virtudes. Em aparência, a história é trágica, pois a violência das paixões parece determinar o curso dos acontecimentos humanos – as guerras, as lutas sociais, os conflitos estatais, etc. Na realidade, através das ações dos homens, o Espírito realiza fins racionais: "Dois elementos intervêm: o primeiro é a ideia; o segundo, as paixões humanas; o primeiro é o fio, o segundo a trama da grande tapeçaria que a história universal constitui [...] apresentando-se assim sob a forma de essência da vontade da natureza... a necessidade, o instinto, a paixão, o interesse particular existem imediatamente para si [...]. Essa massa imensa de vontade, de interesse, de atividade constitui os instrumentos e os meios do gênio do Universo para realizar seu fim, elevá-lo à consciência e consumá-lo".[44] No limite, a história universal surge como um processo, lento, obscuro, doloroso, pelo qual a humanidade passa do inconsciente ao consciente.

É então que Hegel lança a ideia de uma "astúcia da Razão". No curso da história, resulta das ações dos homens algo diferente do

---

[43] HEGEL. *Phénoménologie de l'Esprit*, II, p. 12.

[44] HEGEL. *Leçons sur la philosophie de l'histoire*, p. 32.

que eles projetaram, do que sabem ou do que querem. Os indivíduos acreditam realizar suas próprias metas, defender seus interesses, porém, não fazem mais que levar a cabo, sem se dar conta disso, um destino mais vasto, que os supera. A Razão, por meio de uma astúcia, tira proveito do instinto coletivo para fazer a humanidade avançar no caminho da perfeição. Um exemplo histórico nos ajudará a compreender esse mecanismo. No fim da República Romana, César é movido pela paixão pelo poder; chega às principais magistraturas, ao comando das legiões, ao governo das províncias (tese). Seus inimigos – Pompeu, Crasso, etc. –, que também têm ambições pessoais, colocam obstáculos em seu caminho; daí resultam violentas guerras civis (antítese). César triunfa sobre seus rivais, impõe-se como único senhor de Roma e institui o principado, sob o modelo de uma monarquia helênica (síntese). Durante esse confronto, que abala todo o mundo mediterrâneo, os protagonistas foram movidos por forças profundas, sem terem consciência clara de suas metas. César criou o Império sem ter explicitamente desejado isso. Percebemos assim como Hegel concebe o papel dos "grandes homens". Segundo ele, os indivíduos fora do comum – Alexandre, César, Napoleão, etc. – são aqueles "que o tempo exige", aqueles cujas ambições e ações melhor correspondem às circunstâncias históricas.[45]

Definitivamente, Hegel deixa entrever a meta final rumo à qual a Razão guia a humanidade. O filósofo, protegido da monarquia prussiana, expôs sua teoria do Estado sobretudo em *A filosofia do direito* (1821). A família, a sociedade civil, o Estado são apresentados como os três estágios de uma ascensão para o absoluto. A família é bem unida pelos laços naturais, mas conhece unicamente seus interesses particulares. A sociedade civil, a fim de satisfazer as necessidades materiais dos homens, é obrigada a organizar instituições econômicas, sociais e jurídicas – que não podem ser todas perfeitas. O Estado permite que se chegue a um nível superior: a administração, que se apoia na "classe universal" (os funcionários), consegue conciliar os interesses privados e os fins gerais. "O Estado é a realidade em que o indivíduo possui sua liberdade e goza dela [...]. O Estado é a vida verdadeiramente moral, pois é a unidade do querer geral [...].

---

[45] HEGEL. *Leçons sur la philosophie de l'histoire*, p. 36.

Na história universal há de haver sempre povos que formam um Estado. De fato, é preciso que se saiba que um Estado é a realização da liberdade, ou seja, da meta final absoluta".[46] A conclusão hegeliana parece bem frustrante: a longa marcha do Espírito, ritmada pelos movimentos da dialética, culmina na criação do Estado moderno, burocrático, que supostamente encarna a moral, a liberdade e a razão, a forma derradeira do Progresso.

Auguste Comte e o Positivismo

Auguste Comte nasce em Montpellier em 1789. Faz estudos secundários em sua cidade natal, vai para Paris, entra na Escola Politécnica em 1814 e é expulso por indisciplina em 1816.[47] Passa então a dar aulas particulares de matemática para ganhar a vida, até se tornar secretário de Saint-Simon. É nessa época, entre 1817 e 1824, que Comte "se emancipa das crenças religiosas", adere às ideias racionalistas e se inclina, pouco a pouco, a ideias "socialistas". A partir de então, durante um quarto de século, Comte edifica sua grande obra: o *Curso de filosofia positiva* que, em sessenta lições, trata da evolução das ciências e da evolução das sociedades. A publicação dos seis volumes do "curso", em função das correções, complementos e prolongamentos, se estende de 1830 a 1852. Na vida privada, Comte se depara com grandes dificuldades: tem uma relação no mínimo difícil com sua esposa Caroline Massin; sofre de perturbações mentais que o levam a uma tentativa de suicídio seguida de uma internação temporária; para completar, apaixona-se por Clotilde de Vaux e seu amor frustrado acaba virando exaltação mística. Comte conclui sua reflexão com duas obras de tonalidade religiosa: *O catecismo positivista* (1852) e *O sistema de política positiva*, escrito entre 1853 e 1854. O novo profeta da "religião da humanidade" morre em Paris em 1857.

Comte pode ser legitimamente considerado o "inventor" da sociologia. Seu mestre e patrão, o Conde de Saint-Simon, afirmou a possibilidade de uma ciência do homem, concebida como uma fisiologia ampliada do orgânico ao social, em *Le Catéchisme des Industriels*.

---

[46] HEGEL. *Leçons sur la philosophie de l'histoire*, p. 40-41.

[47] Na verdade, todos os alunos da escola foram expulsos nesse ano por apoiarem coletivamente Napoleão e se oporem à Segunda Restauração. (N.T.)

Comte retoma a ideia de uma ciência da sociedade – a "física social" – que seria análoga aos outros ramos da física, ou, mais amplamente, às ciências da natureza. A física social deve ser "a ciência da espécie [...] vista como uma imensa e eterna unidade social". A partir da 47ª lição de "filosofia positiva", Comte batiza esse novo setor do saber de "sociologia", e a define como "a verdadeira ciência da natureza humana [...] e a pedra angular da filosofia positiva". De acordo com G. Gurvitch, Comte é mesmo o pai da sociologia: de fato, o apóstolo do positivismo colocou em evidência o caráter irredutível da realidade social; buscou determinar a posição da sociologia entre as outras ciências humanas e em relação às ciências da natureza; enriqueceu a sociologia com os aportes da história e da etnografia; e, finalmente, percebeu a dificuldade metodológica de uma ciência em que o sujeito e o objeto podem se confundir, em que um homem se aplica ao estudo dos outros homens.

Portanto, de acordo com Comte, a sociologia é "o estudo positivo do conjunto das leis fundamentais próprias aos fenômenos sociais". A referida ciência se cinde em dois ramos: o que estabelece "leis estáticas", que concernem à existência da sociedade; e o que determina "leis dinâmicas", referentes ao movimento da sociedade. A "Estática social" seria a teoria da Ordem; a "Dinâmica social" seria a teoria do Progresso. É nesse nível que, desde o primeiro livro do curso de filosofia positiva, Comte descobre a "lei dos três estados":

> Estudando o desenvolvimento total da inteligência humana em suas diversas esferas de atividade, desde seu primeiro e mais simples impulso até nossos dias, acredito ter descoberto uma grande lei fundamental a que ele está sujeito por uma necessidade invariável e que me parece poder ser solidamente estabelecida, seja através das provas racionais fornecidas pelo conhecimento de nossa organização, seja pelas verificações históricas resultantes de um exame atento do passado. Essa lei consiste em que cada uma de nossas principais concepções, cada ramo de nossos conhecimentos, passa sucessivamente por três estados teóricos diferentes: o estado teológico ou fictício; o estado metafísico ou abstrato; o estado científico ou positivo.
> [...]

No *estado teológico*, o espírito humano, dirigindo essencialmente suas pesquisas à natureza íntima dos seres, às causas primeiras e finais de todos os efeitos que o atingem, numa palavra, aos conhecimentos absolutos, concebe os fenômenos como produzidos pela ação direta e contínua de agentes sobrenaturais mais ou menos numerosos, cuja intervenção arbitrária explica todas as anomalias aparentes do universo. No *estado metafísico*, que, no fundo, não passa de uma simples modificação geral do primeiro, os agentes sobrenaturais são substituídos por forças abstratas, verdadeiras entidades (abstrações personificadas) inerentes aos diversos seres do mundo, e concebidas como capazes de engendrar por si mesmas todos os fenômenos observados, cuja explicação consiste então em assinalar para cada um a entidade correspondente. Finalmente, no *estado positivo*, o espírito humano, reconhecendo a impossibilidade de obter noções absolutas, renuncia a buscar a origem e o destino do universo e a conhecer as causas íntimas dos fenômenos e passa a se dedicar unicamente a descobrir, através do uso bem combinado do raciocínio e da observação, suas leis efetivas, ou seja, suas relações invariáveis de sucessão e de similitude. Daí em diante, a explicação dos fatos, reduzida a seus termos reais, torna-se a ligação estabelecida entre os diversos fenômenos particulares e alguns fatos gerais que o progresso da ciência tende a fazer cada vez menos numerosos.[48]

Em princípio, a "lei dos três estados" corresponde a uma determinada estrutura da inteligência humana. Comte observa: "Cada um de nós, contemplando sua própria história, não se lembra de que foi sucessivamente teólogo em sua infância, metafísico em sua juventude e físico em sua virilidade?".[49] Mas, na verdade, a "lei dos três estados" caracteriza sobretudo o modo de constituição das ciências. Cada ramo do conhecimento passa pelos três estados e só se torna ciência no estado positivo. Além disso, a emergência progressiva do estado positivo no saber permite classificar as ciências por ordem de aparição

---

[48] Comte (1864, t. I, p. 8-10).
[49] Comte (1864, t. I, p. 11).

cronológica, de generalidade decrescente e de complexidade crescente. As cinco ciências fundamentais, a que estão ligadas ciências aplicadas, são classificadas na seguinte ordem hierárquica: a matemática, a astronomia, a física, a química, a biologia. Chega o momento, de acordo com Comte, de acrescentar à lista uma sexta ciência: a sociologia (ou física social). Com essa nova ciência positiva, o homem descobre que é um animal social; e se torna capaz de compreender as instituições religiosas, morais, educacionais, políticas, jurídicas, etc., que regulam o funcionamento das sociedades humanas.

À primeira vista, a "lei dos três estados" se apresenta como uma teoria do conhecimento; considerada mais de perto, revela-se também como uma filosofia da história. De fato, enquanto Hegel analisa a marcha do Espírito segundo os três tempos da dialética, Comte imagina a progressão do espírito humano por etapas, segundo o ritmo igualmente ternário, mas diferente em sua essência, dos três estados. Em seus últimos escritos, Comte parece aplicar diretamente a lei dos três estados à evolução das sociedades ocidentais. Na Idade Média, o espírito teológico teria imposto o reconhecimento de uma autoridade sacralizada, uma confusão entre os poderes espirituais e os poderes temporais, uma hierarquia social estrita que influenciava toda a organização das instituições feudais. Nos tempos modernos, da Renascença ao século das Luzes, o espírito metafísico teria empreendido uma crítica radical dos modos de pensamento e das organizações sociais, porém, fundando-se em entidades abstratas como os Direitos do Homem, o Estado constitucional, etc. No século XIX, no momento em que a sociedade europeia está engajada na era industrial, o espírito positivo deveria promover as ciências e as técnicas e instaurar uma nova ordem em que os poderes seriam partilhados entre sábios filósofos e chefes de indústria. A "lei dos três estados" permite assim interpretar a aventura humana em suas grandes linhas, ao menos no Ocidente.

Depois de ter fundado uma sociologia, uma ciência de observação, Comte tem a ambição de edificar uma política, um método de ação. O que expõe no *Sistema de política positiva*, publicado em 1853-1854. De fato, o conhecimento científico dos fatos sociais fornece o meio de agir sobre eles, de modificá-los, de ordená-los de maneira racional. Contudo, pôr em prática uma política positiva implica a fundação de uma religião positiva. Nesse estágio, Comte toma emprestada uma ideia de seu mestre Saint-Simon, segundo a qual só uma nova religião, adaptada à era industrial, pode satisfazer o altruísmo inerente à natureza humana. A partir daí, Comte cai no delírio místico: celebra a "Religião da Humanidade", cujo dogma repousa sobre uma curiosa trindade: o Grande Meio (o Espaço), o Grande Fetiche (a Terra), o Grande Ser (a Humanidade); cujo culto supõe a existência de sacerdotes, de templos e sacramentos, e se orienta para a adoração da Mulher (que se parece singularmente com Clotilde de Vaux). O pensamento de Comte, marcado inicialmente pelo racionalismo, termina numa religiosidade exaltada. Não se trata de um caso isolado. Em meados do século XIX, a maior parte dos socialistas utópicos – Saint-Simon e seus discípulos, Charles Fourier, Victor Considerant, Pierre Leroux, etc. – misturam as análises concretas que desvelam os mecanismos da sociedade capitalista industrial e os sonhos mais desbragados concernentes à organização harmônica de sistemas econômicos, políticos e religiosos, todos visando a garantir a felicidade dos homens.

Spengler e o destino orgânico

Oswald Spengler nasce em 1880, na Alemanha central, na região do Harz. Adquire uma formação científica, o que lhe permite dar aulas de matemática em diversas escolas secundárias, especialmente em Hamburgo. Durante esses anos da *Belle Époque*, acumula uma boa quantidade de conhecimentos livrescos e começa a redigir seu *Esboço de uma morfologia da história universal*. A Primeira Guerra Mundial retarda a elaboração da obra, que só vem a ser publicada em 1918, bem no momento da derrota da Alemanha, sob um título ao mesmo tempo atraente e inquietante: *O declínio do Ocidente*. O primeiro volume se apresenta como uma reflexão teórica sobre os fundamentos da ciência e da arte através do conjunto das civilizações (o livro compacto, difícil, não tem menos de 875 páginas na edição francesa). O segundo volume, menos esmagador e de leitura mais fácil, trata exclusivamente dos problemas da Alemanha de então. A obra se torna imediatamente um *best-seller*: sua tiragem alcança quase 100 mil exemplares, ou seja, vai além da comunidade científica e atinge uma fração bastante ampla da opinião pública. Depois disso, Spengler publica alguns panfletos políticos – por exemplo, "Prussianidade e Socialismo", em 1920 – e artigos que falam da atualidade, reunidos sob a rubrica de "Escritos históricos e filosóficos". Durante a República de Weimar, o ex-professor de matemática figura como "cabeça" da direita monarquista, nacionalista, antirrepublicana e antissocialista. Manifesta inclusive certa simpatia pelos nazistas até a chegada destes ao poder em 1933, mas se afasta deles depois da "noite dos longos punhais" em 1934. Morre em Munique em 1936.

Em *O declínio do Ocidente*, o autor se serve de um método constantemente comparatista: mistura a torto e a direito todas as civilizações do planeta e todos os domínios das atividades humanas. Leia-se, por exemplo, esta passagem, escolhida ao acaso:

> Uma mesquita não tem fachada, é por isso que a tempestade iconoclasta dos muçulmanos e dos cristãos paulicianos, que também assolou Bizâncio no tempo de Leão III, teve de banir das artes plásticas a arte do retrato e não deixar mais do que um fundo sólido de arabescos humanos. No Egito, a face de uma estátua é, como o pilar enquanto fachada do templo, uma aparição grandiosa que emerge da massa pedregosa do corpo, como se vê na esfinge hicsos de Tânis, retrato de Amenemhat III. Na China, ela parece uma paisagem cheia de sulcos e de pequenas cicatrizes carregadas de significação.[50]

Em menos de dez linhas, o erudito compara as formas das mesquitas, dos templos, das estátuas, vai do islã a Bizâncio, do Egito faraônico à China imperial. Semelhante abordagem estética faz pensar no *Museu imaginário* de André Malraux, que justapõe assim as obras de arte através do tempo e do espaço. A reflexão por analogia, tal como praticada nessa obra, se expõe à crítica na medida em que se baseia inevitavelmente sobre conhecimentos de segunda mão nem sempre muito confiáveis. Mas, como observou Lucien Febvre, a vontade de síntese, ainda que peque pelo excesso de ambição, pelo menos nos tira da minúcia estéril das monografias especializadas demais escritas pelos historiadores acadêmicos "positivistas" na Alemanha e na França do fim do século XIX e início do XX.[51]

---

[50] SPENGLER. *O declínio do Ocidente*, t. I, p. 251, edição francesa.

[51] O texto de Lucien Febvre "Deux philosophies opportunistes de l'histoire: de Spengler à Toynbee" [publicado originalmente na *Revue de Métaphysique et de*

Em certo sentido, Spengler prenuncia o estruturalismo. Seu postulado inicial é de que a ciência não é universal. Para demonstrar isso, segmenta a humanidade em blocos absolutamente estranhos uns aos outros. Nessa perspectiva, as civilizações funcionam como estruturas fechadas, que não se comunicam entre si no plano das ideias racionais. Contudo, no seio de uma civilização particular, os elementos correspondem entre si: as mentalidades coletivas, as expressões artísticas, as técnicas produtivas, as instituições políticas, todas as criações culturais e materiais têm afinidades entre si. É assim que encontramos no mundo germânico "a profunda interdependência psíquica entre as teorias físico-químicas mais modernas e as representações ancestrais dos germanos; a concordância perfeita entre o estilo da tragédia, a técnica dinâmica e a circulação monetária de nossos dias; a identidade inicialmente bizarra, a seguir evidente, entre a perspectiva da pintura a óleo, a imprensa, o sistema de crédito, as armas de fogo, a música em contraponto...". Nessas condições, cada civilização formando uma entidade homogênea, fechada sobre si mesma, irredutível às outras, a história universal se vê situada sob o signo da descontinuidade. A visão, que dominara o pensamento do século XIX, de uma história contínua, linear, progressiva, é posta em xeque. Com desdenhosa ironia, Spengler põe na prateleira dos acessórios inúteis as periodizações tradicionais – Antiguidade, Idade Média, Tempos Modernos – sobre as quais se assenta o ensino da história nas universidades.

Depois de Hegel, Marx e outros "faróis" da filosofia alemã, Spengler pretende fornecer uma interpretação global da história. Segundo Hegel, a história se esclarece através da marcha racional do Espírito do mundo rumo à liberdade. Segundo Marx, a história se compreende pelo jogo das contradições entre os níveis das infraestruturas e das superestruturas até o advento de uma sociedade sem classes. Para Spengler, "os homens são escravos da vontade da história, os órgãos auxiliares executivos de um destino orgânico". De fato, na concepção spengleriana, a todo-poderosa natureza submete os seres vivos a irresistíveis pulsões. O orgânico reina em estado bruto. Assim como as grandes árvores sufocam as pequenas para chegar à luz, os seres humanos

Morale, XLIII, 1936] encontra-se em *Combats pour l'Histoire* e também em *Lucien Febvre: história*. São Paulo: Ática, 1992 (Grandes cientistas sociais, 2). (N.R.)

devem manifestar sua "vontade de potência", impor sua força diante de seus semelhantes menos providos de energia natural, mais resignados a se deixarem dominar ou aniquilar. E as sociedades são animadas como vegetações extraordinárias: têm uma primavera que traz a esperança, vê florescer a criação; um verão que permite a maturação, garante o progresso; um outono em que se colhem os frutos de uma cultura; um inverno, finalmente, que corresponde à degenerescência e à morte. O autor de *O declínio do Ocidente* chega a afirmar: "A humanidade, para mim, é uma grandeza zoológica". O vitalismo de Spengler, que pode nos surpreender hoje, não deve ter espantado seus contemporâneos. No final do século XIX e no início do XX, uma corrente de pensamento influente, ilustrada por Schopenhauer, Bergson e outros, tende a edificar sistemas filosóficos inspirando-se em resultados das ciências naturais. O "orgânico spengleriano" pertence a esse universo mental.

Segundo ele, "a civilização é o destino inevitável de uma cultura". Em outros termos, cada sociedade nasce sob a forma de uma "cultura" e depois se degrada sob a forma de uma "civilização". Spengler insiste no famoso exemplo da Grécia e de Roma. Do século VI a IV a.C., ao redor do Mar Egeu, os gregos inventaram uma filosofia – com Anaxágoras, Platão, Aristóteles –, uma literatura – com Ésquilo e Sófocles, Tucídides, Xenofonte e Isócrates –, uma escultura – com Escopas, Praxiteles e Lísipo –, uma arquitetura com os templos do Parthenon, de Delfos, de Éfeso, de Epidauro, etc. A epopeia de Alexandre estendeu o helenismo a todo o Oriente Próximo. Foi então que, do século III ao I a.C., os romanos, dotados de talentos militares, mas completamente incultos, conquistaram e submeteram, pelo ferro e pelo fogo, o conjunto dos reinos helênicos. Todavia, os romanos não destruíram como simples bárbaros; tomaram de empréstimo os modelos culturais dos gregos – a organização da cidade, a mitologia religiosa, as técnicas da arquitetura, da escultura, da pintura – e os impuseram, sem renová-los, a todo o mundo mediterrâneo. A cultura grega termina como civilização romana. Há vinte séculos, de Políbio a Mommsen, os historiadores estão praticamente de acordo sobre a evolução geral do "mundo helênico e romano". Spengler não traz nenhum novo elemento para o caso. Sua originalidade está em aplicar esse mecanismo próprio ao mundo greco-romano a todas as sociedades, à Babilônia, ao Egito, à Índia, à China... e ao Ocidente cristão... que teriam passado inelutavelmente da "cultura" à "civilização".

Se todas as sociedades devem percorrer o mesmo ciclo "orgânico", elas estão votadas à decadência e ao desaparecimento. Spengler enuncia, por conseguinte, uma filosofia da história radicalmente pessimista. Afirma: "Não vejo para a humanidade nem progresso nem meta, a não ser na cabeça dos Homais[52] progressistas do Ocidente. Não vejo sequer um espírito, e ainda menos uma unidade de esforços e de sentimentos [...] nessa massa de populações". Diante do caos, o filósofo se esforça para permanecer impávido: "E ainda que povos inteiros pereçam, e que velhas civilizações se arruínem, a terra continua sempre a girar e os planetas a seguirem seu curso". Ora, o termo irrevogável existe também para a civilização ocidental: "A França e a Inglaterra já deram, a Alemanha está dando esse passo de gigante rumo ao anorgânico, rumo ao fim" (edição francesa, t. 1, p. 12). A obra, que proclama o "declínio do Ocidente", chega bem na hora, no momento do Armistício de Rethondes e do Tratado de Versalhes. A Alemanha, potência em plena ascensão durante a *Belle Époque*, perdeu a guerra mundial; vê-se com um exército vencido, um território ocupado e parcialmente amputado, uma moeda desvalorizada, um regime político desmantelado. As insurreições comunistas e os *putschs* nacionalistas ameaçam a todo instante derrubar a República dos social-democratas. O livro de Spengler, que, em outras épocas, poderia ter dormido na sombra das bibliotecas, encontra uma ampla audiência junto a um público alemão ávido por justificar seu próprio desastre através de uma teoria geral das catástrofes.

Toynbee e o ciclo das civilizações

Arnold Toynbee, historiador e ensaísta, nasce em 1889, na Grã-Bretanha. Em agosto de 1914, sendo professor em Oxford, toma consciência de que ele, Toynbee, se encontra mergulhado na Primeira Guerra Mundial como Tucídides esteve na do Peloponeso. Decide então, por toda a vida, ser ao mesmo tempo ator e espectador,

---

[52] Referência ao Sr. Homais, personagem de *Madame Bovary*, de Gustave Flaubert, que encarna o pseudocientificismo pseudoprogressista vaidoso e burguês. (N.T.)

"ter sempre um pé no presente e outro no passado". De fato, por décadas a fio, Toynbee trabalhará por conta do Foreign Office num anuário sobre relações exteriores; realiza missões e redige estudos sobre "a África árabe e a África negra", "a cultura da China e do Japão", "o papel das cidades na história", etc. Ao mesmo tempo, Toynbee elabora uma imensa síntese sobre o nascimento, o crescimento e a decadência das civilizações. A obra monumental, intitulada *Um estudo da história*, foi publicada em 12 volumes de 1934 a 1961. A série completa nunca foi traduzida para o francês. Uma vez concluída, querendo atingir um público mais amplo, o autor redigiu um décimo terceiro volume que resume os precedentes. Desta vez, o livro é traduzido na França sob o título *L'Histoire* (Paris, Elsevier, 1975, 575 p.). É no prefácio a essa edição que Raymond Aron afirma que *Um estudo da história* é "a obra mais célebre e mais controversa da historiografia contemporânea [...], recusada com uma mistura de indignação, inveja e desprezo pela maioria dos historiadores profissionais".

De fato, Toynbee contesta abertamente o procedimento utilizado pelos historiadores franceses, dos "positivistas" tradicionais aos inovadores dos *Annales*. O ensaísta britânico considera que a hierarquização das tarefas no plano intelectual reproduz de maneira lamentável a divisão do trabalho na sociedade industrial. Ora, acontece que a escola histórica francesa costuma funcionar em três níveis: no primeiro, um grande número de historiadores se consagra à coleta laboriosa das "matérias-primas" – vestígios arqueológicos, inscrições, relatórios, correspondências, jornais, séries estatísticas, documentos de todo tipo; em seguida, a maior parte dos pesquisadores elabora estudos de caráter monográfico sobre um personagem, um grupo social, uma região, um setor de atividade, dentro de limites cronológicos estreitos; finalmente, alguns "mestres", que pretendem ter um saber maior, justapõem as observações das monografias para confeccionar obras de síntese. Segundo Toynbee, resulta de semelhante método: 1) que os conhecimentos são frequentemente determinados pela mera disponibilidade das fontes – assim, tem-se muita informação sobre o Egito ptolomaico porque a aridez do vale do Nilo permitiu que se preservasse uma massa de papiros, ao passo que se ignora quase tudo da Síria selêucida porque as condições de conservação dos documentos eram menos favoráveis no Crescente Fértil; 2) que os historiadores frequentemente se contentam com visões parciais, reduzidas ao horizonte de sua especialidade. Para Toynbee, o que conta é a visão de conjunto; ele prefere o "alto-mar", a reflexão planetária, cavalgando pelos séculos e continentes a fim de "pegar na armadilha do espírito o universo inteiro".

Toynbee pratica, portanto, na esteira de Spengler, uma história comparatista, fundamentando-a numa documentação de segunda mão e usando, quando não abusando, do raciocínio por analogia. O ensaísta britânico, como o autor de *O declínio do Ocidente*, prefigura o "estruturalismo" nas ciências humanas. Em *Um estudo da história*, a evolução das sociedades deixa de ser vista como contínua, linear, orientada. Toynbee se interessa unicamente pela unidade histórica mais ampla no espaço e mais longa no tempo, a saber, "a civilização". O que ele define como "A tentativa de criar um estado de sociedade em que todos os homens possam viver juntos, em harmonia, como os membros de uma única e mesma família". Sob certos aspectos, a visão de Toynbee não está muito distante da de Marx. Quando o historiador britânico escreve: "Os componentes da sociedade não são os seres humanos e sim as relações que existem entre eles", poderíamos traduzir isso assim na terminologia marxista: "A sociedade é determinada por uma rede de relações sociais de produção". Seja como for, o autor de *Um estudo da história* percebe as civilizações como entidades compartimentadas, fechadas umas às outras; e elenca cerca de trinta "grandes civilizações" de 3.000 a.C. até os nossos dias: por exemplo, o Egito faraônico, a Mesopotâmia (da Suméria à Assíria), a China imperial, o Peru dos incas, o Império Otomano, etc. Uma "grande civilização" pode ter "satélites": assim, ao redor da civilização chinesa, os satélites coreano, japonês e vietnamita. E as civilizações não necessariamente se sucedem, podem coexistir. No século XX, cinco grandes civilizações partilham o planeta: o Ocidente, a União Soviética e suas dependências, o islã, a Índia e o Extremo Oriente.

Toynbee se interroga sobre o nascimento das civilizações. E é aí que introduz seu modelo mais original: o mecanismo *"challenge and response"*, desafio e resposta. Uma civilização costuma surgir a partir do enfrentamento de um obstáculo, de uma provação; nasce da dificuldade e não da facilidade. Frequentemente, o desafio vem do próprio ambiente natural. Quando, no fim do período glacial, as ricas campinas do Saara e do Oriente Próximo se transformaram em desertos, comunidades de criadores de gado se recusaram a desaparecer, enfiaram-se nos vales malsãos do Nilo e do Eufrates e se puseram a drenar, represar e irrigar os pântanos para transformá-los em campos cultiváveis. Foi assim que emergiram as civilizações do Egito e da Caldeia. Do mesmo modo, os maias tiveram de desbravar a floresta virgem antes de construir as cidades de Iucatã; os incas instalaram seus templos e palácios nos altos platôs, extremamente inóspitos, dos Andes; os prussianos tornaram produtivas as terras frias e úmidas de Brandemburgo. Às vezes, o desafio pode ser de ordem humana. Os aqueus, ainda bárbaros, derrotaram os cretenses, mais refinados, superaram o obstáculo do espaço marítimo e edificaram a brilhante civilização helênica ao redor do Egeu. Os turcos sofreram o choque terrível da invasão dos mongóis, conseguiram sobreviver e, meio século depois, iniciaram a construção do Império Otomano. De acordo com Toynbee, "quanto maior a dificuldade, mais poderoso o estímulo". Mas podemos nos perguntar se a lei do *chalenge and response*" vigora em todas as circunstâncias. A civilização cristã ocidental que floresceu ao redor de Paris e de Londres se estabeleceu em terras férteis, beneficiando-se de um clima temperado, e não sofreu maiores invasões. Nesse caso, conhecemos a "resposta", mas procuramos em vão o "desafio".

    Passado o momento decisivo do nascimento, toda civilização se engaja num processo de crescimento. Às vezes o desafio é grande demais e a civilização "aborta" ou "permanece em suspenso": assim, os esquimós tentaram vencer um ambiente polar desumano demais, e não conseguiram mais do que manter estruturas rígidas de sobrevivência; os polinésios da Ilha de Páscoa não puderam dominar a imensidão do Pacífico, permaneceram isolados e desapareceram; os celtas tiveram de enfrentar ataques em excesso – dos romanos, dos germanos, dos *vikings* –, e suas instituições não chegaram a amadurecer. Quando o estímulo é suficiente, sem ser excessivo, a civilização desabrocha: domina cada vez melhor o ambiente natural e aumenta a produção material; elabora instituições civis, militares e religiosas cada vez mais complexas; cria obras literárias e artísticas em abundância. O movimento é lançado por personalidades excepcionais – Confúcio, São Paulo, Maomé, Lenin, etc. –, ou por elites inventivas – os aristocratas gregos, os *junkers* prussianos, os bolcheviques, etc. No período de crescimento, pode-se distinguir três variantes principais: 1) o modelo helênico, caracterizado pela passagem de unidades políticas restritas, as cidades-estado, a um Império mundial – no caso, o Mediterrâneo helênico e romano; 2) o modelo chinês marcado pela alternância, na longa duração, de decadências e renascimentos de um Estado de vocação universal; 3) o modelo judaico, ligado ao fenômeno da "diáspora", em que o grupo humano, privado de um território nacional, busca preservar sua identidade graças à estrita observância de uma religião e de uma maneira de viver.

Depois do nascimento e do crescimento vem a decadência. Como foi sublinhado ironicamente, Toynbee é um "grande massacrador de civilizações". Enquanto para Spengler uma civilização definha porque é vítima de um envelhecimento biológico, para Toynbee uma civilização declina porque quer, porque se deixa abater. Atenas, Veneza ou Constantinopla atolaram, renunciaram a se defender porque passaram a pensar unicamente em sua glória passada. É perigoso para uma civilização adormecer sobre seus louros. Os sinais precursores da degenerescência são perturbações sociais, guerras civis ou a formação de impérios militares – como os dos aquemênidas, dos romanos e dos guptas. No estágio derradeiro, dois agentes podem se encarregar do golpe final: seja um proletariado interno, seja um proletariado externo, seja os dois juntos. Dessa maneira, do século III ao V d.C., as revoltas dos cristãos, dos *bagaudes*[53] e de outras camadas populares no interior das províncias, e as invasões dos godos, dos alamanos, dos vândalos e outros bárbaros que transpuseram as fronteiras, somaram seus efeitos provocando a queda do Império Romano. No século XX, o enfraquecimento da Europa Ocidental é atestado pelas sangrias e destruições das duas grandes guerras e pelos choques das lutas operárias, que anunciam revoluções socialistas, quando não comunistas (curiosamente, o autor não diz palavra das atrozes manobras fascistas). Em definitivo, Toynbee, como Spengler, constata o recuo da Velha Europa e a ascensão ao poder dos Estados Unidos e da União Soviética.

Já vimos, Spengler publicou *O declínio do Ocidente* logo após a derrota do Segundo Reich alemão. Ora, Toynbee redige *Um estudo*

---

[53] Camponeses gauleses que se revoltaram contra os romanos formando, por vezes, verdadeiros exércitos. (N.T.)

da história do início dos anos 1930 ao final dos 1950, bem na época em que a Grã-Bretanha está perdendo seu império colonial. Não são simples coincidências. Ambos os autores extraem de suas próprias experiências a convicção de que "as civilizações são mortais". Porém, enquanto Spengler soçobra num niilismo fortemente impregnado de racismo e xenofobia, Toynbee não se abandona ao pessimismo e prefere se voltar para o deísmo. No fim de sua obra, Toynbee se interessa pelas religiões universais – o budismo, o islã, o cristianismo – que sobrevivem aos impérios, fazem nascer novas civilizações, permitem que se tenha acesso a realidades espirituais superiores. Por certo, a Igreja na Terra nunca será a transposição perfeita da Cidade de Deus. Mas a meta da religião é salvar as almas, não as instituições. Toynbee conclui: "O sentido da história é fazer do mundo uma província do reino de Deus [...]. Os homens não passam de peões, reduzidos à impotência, no jogo que Deus joga sobre esse tabuleiro dos dias e das noites, que ele move para todos os lados, imobiliza, retira e põe de volta na caixa um a um". *Um estudo da história*, que se apresenta inicialmente como uma filosofia da história compreendida de maneira empírica, desemboca, no final do percurso, em uma teologia da história, fundada sobre um providencialismo de aspecto arcaico.

6

A história erudita
de Mabillon a Fustel de Coulanges

Os limites fixados para este capítulo têm algo de necessariamente arbitrário, mas não faltam argumentos para justificá-los. Quanto ao início, nos apoiaremos na autoridade de Marc Bloch, que via no ano de 1681, marcado pela publicação de *De re diplomatica* de Dom Mabillon, "uma grande data na história do espírito humano", porque nessa ocasião "a crítica dos documentos de arquivos foi definitivamente fundada". E saudava esse momento em que a "dúvida se fez examinadora", e em que fomos libertados do caduco "ouvi dizer". Contudo, nada nos impediria de remontar mais longe em nossa investigação. Já no século XVI, uma erudição metódica nasce ao lado da outra, "confusa e bagunçada". Ela se apoia em textos mais confiáveis, faz uso de dicionários, da epigrafia e da numismática, arruína velhas lendas como a da origem troiana dos francos. Ela já se interroga sobre o "ofício de historiador", na pessoa de Jean Bodin, sequioso de conectar os fatos a suas causas, e ainda mais na pessoa de Lancelot de la Popelinière, para quem uma mera narrativa não poderia ser chamada de *história consumada*. Atribui-se por tarefa "menos contar do que compreender e fazer compreender". Quanto à data final que apontamos, podemos invocar a autoridade do próprio Fustel de Coulanges. Não escrevia ele em 1872: "A história que amamos é aquela velha ciência francesa de outrora, aquela erudição tão calma, tão simples, tão elevada, de nossos monges beneditinos, de nossa Academia das Inscrições [...], que semearam, por assim dizer, toda a erudição de hoje"?

Tentaremos demonstrar, nas páginas que se seguem, que as origens da *escola metódica dos historiadores profissionais,* frequentemente chamada "positivista", ficam mais claras se nos voltamos para os eruditos de 1700 do que se nos debruçamos sobre os escritos de Auguste

Comte. A este, a escola decerto tomou emprestada algumas fórmulas, mas foi daqueles que herdou os procedimentos da crítica textual e a prática da dúvida metódica no exame dos testemunhos. Além disso, não se pode ignorar certo parentesco institucional entre os círculos eruditos do século XVIII e as sociedades científicas do século XIX. Resta que, entre 1680 e 1880, diversos historiadores foram tentados por perspectivas mais amplas do que as da erudição silenciosa. Aspiraram a tratar dos costumes e das civilizações em geral. Voltaire é representativo sob esse aspecto: sequioso de narração exata como os eruditos, aberto, enquanto filósofo, a tudo o que é humano. Será preciso dar espaço aqui àqueles que pressentiram as exigências da história global.

Obstáculos ao desenvolvimento de uma história metódica (séculos XVII e XVIII)

Alguns desses entraves são herdados, como o jugo intelectual constituído pela história providencialista, cujos esquemas de pensamento provinham dos teólogos medievais, ou o funcionamento circular do pensamento simbólico, ainda muito vivo no século XVI: "O mundo se enroscava em si mesmo, a terra repetindo o céu, os rostos mirando-se nas estrelas, e a relva envolvendo em suas hastes os segredos que serviam ao homem" (Michel Foucault). O saber é assim prisioneiro de "grandes figuras circulares". O esforço do espírito consiste em fazer o "levantamento das assinaturas" postas nas coisas e proceder à sua "decifração".

Há outros entraves próprios ao pensamento clássico, pouco favorável ao desenvolvimento da história. O pensamento clássico "visa ao permanente e ao universal", ao passo que a história "parece o lugar do contingente e do particular". Compreende-se assim que a noção de *Ordem* substitua a de *Similitude* como categoria fundamental do pensamento. Ora, a ordem tem dificuldade em lidar com a mudança, lei imperiosa da história. Além disso, as ciências da natureza andavam então de vento em popa, e seu prestígio desservia a história, considerada como um parente pobre, ciência depositada nos livros, totalmente dependente da memória, segundo Pascal.

Consequentemente, a história é anexada pelas belas letras. Em função desse preconceito literário, busca-se a beleza mais do que a exatidão e a minúcia. A ponto de historiadores de renome desprezarem a erudição e os documentos originais. O gênero histórico tem assim seus fraseadores, para quem a história não passa de "uma sequência de acontecimentos maravilhosos [...] dramas de toda espécie, guerras, rebeliões, levantes, processos, amores" (P. Hazard); seus compiladores, à imagem de Rollin, denunciado por Voltaire em suas *Novas considerações sobre a história*, que pilha, em 1744, diversos autores para compor sua *História antiga*, retomando "as célebres tolices que os historiadores antigos regurgitam"; aqueles que fabricam "história em pílulas", resumindo a história civil, natural, política, etc., de todos os povos, como o padre Buffier, que afirma bastar a palavra *Rabismaf* para evocar a sucessão dos reis de Aragão e suas conquistas. Outros põem a história francesa em versos, como aquele que, a propósito de Faramundo, suposto fundador do Estado franco em 480 d.C., nos diz: "De suceder aos reis as mulheres privou/ Pela sálica lei que sempre vigorou". Outros compõem nomenclaturas e compêndios cronológicos, recheados de datas inexatas e acontecimentos incertos. Querem fabricar sobretudo *Dissertações para serem lidas* e proclamam, como o abade Goyer em 1755: "A erudição, as pesquisas espinhosas nos fatigam, e preferimos correr levemente sobre as superfícies a nos encerrar pesadamente nas profundezas".

Há ainda outro perigo que ameaça a história: sua subordinação à teologia ou à filosofia. Esse preconceito utilitário leva a esperar da história lições e a confundi-la com a moral. "Ela deve mostrar a derrota do vício e o triunfo da virtude, os bons sempre recompensados e os maus sempre punidos" (Paul Hazard). Os filósofos do século XVIII não se liberam dessa concepção. Leem a história com novos preconceitos, antipapistas e anticlericais. A seus olhos, a Idade Média é mais um erro a refutar do que um fato histórico a compreender. Segundo Bolingbroke, "a história é a filosofia a nos ensinar por meio de exemplos como devemos nos conduzir em todas as circunstâncias da vida pública e privada" (1751). A subordinação da história à política é também muito visível nesses dois séculos, quer se trate de defender o absolutismo real, quer se trate, pelo contrário, de sustentar as pretensões dos Parlamentos. Os filósofos endereçam suas mensagens prioritariamente aos príncipes "condenados a ver os homens sempre mascarados", esperando assim incitá-los a trabalhar para a felicidade de seus povos.

Os precursores do procedimento crítico (fim do século XVII)

Marc Bloch apresentou brilhantemente essa "geração que veio ao mundo mais ou menos no momento em que o *Discurso do método* era publicado", a de Mabillon e Espinosa, nascidos em 1632, e também de Louis-Sébastien, Le Nain de Tillemont e de Richard Simon, nascidos respectivamente em 1637 e 1638. Todos cartesianos? Não exatamente. Antes, espíritos que a filosofia cartesiana influenciou "por uma espécie de osmose", a ponto de o "pirronismo da história" figurar como moda intelectual entre 1680 e 1690, momento em que publicaram suas principais obras.[54] Uma palavra-chave caracteriza sua maneira de proceder, a palavra *crítica*; ela designa essa atitude do espírito que "consiste em não acreditar levianamente e em saber duvidar reiteradamente". Essa crítica se estende a todos os domínios da atividade intelectual; fazendo "tábula rasa da crença", cessando de se apoiar sobre as autoridades tradicionais, ela tenta "chegar dessa maneira a novas certezas (ou a grandes probabilidades), doravante devidamente testadas". Toma por alvo, por exemplo, a tradicional crença no *milagre*, que a razão não pode admitir na medida em que ele vai de encontro às leis da natureza. Sobrevém em primeiro lugar o caso dos cometas de 1680-1681, considerados pelos crédulos como presságios enviados do alto. Bayle denuncia nessa crença a sobrevivência de superstições pagãs. Depois é Fontenelle que ataca o problema dos oráculos e das sibilas em 1686. Esses oráculos, diz ele, procedem da patifaria humana e não de uma intervenção divina. São imposturas tornadas possíveis pela ignorância das massas. E relata a história do *dente de ouro*, que alguns acreditaram ter sido dado por Deus a uma criança da Silésia para consolar os cristãos afligidos pelos turcos (em 1593). Verificou-se, no fim, se tratar de "um dente folhado a ouro com muita habilidade". Fontenelle retira daí, com fria ironia, a seguinte regra de conduta: "Asseguremo-nos primeiro muito bem do fato antes de nos inquietarmos com sua causa".

A Sagrada Escritura não podia ser poupada por essa crítica geral do milagre. Do lado protestante, um professor de Oxford chega a assimilá-la às fábulas do Oriente (em 1695); do lado judaico, Espinosa sugere

---

[54] Para o texto de Marc Bloch ver Bloch (2001, "Capítulo III: A crítica"). (N.R.)

interpretar a Bíblia como se faz com a natureza e se interrogar sobre "as diversas contingências que podem ter sofrido os livros dos Profetas [...] a vida, os estudos do autor de cada livro"; do lado católico, Mabillon e o abade Fleury arruínam certo número de lendas. Mas é sobretudo o oratoriano Richard Simon que opera a *ruptura crítica*: "Aqueles que fazem profissão de críticos devem explicar unicamente o sentido literal de seus autores, e evitar tudo o que for inútil a seu propósito".[55] De origem modesta, Simon entra na ordem dos oratorianos em 1662. Atraído pela erudição, estuda hebraico, mergulha nos livros orientais, vai diretamente às fontes. Baseado nessa experiência, quer que os direitos da crítica sejam reconhecidos. Esta deve, em primeiro lugar, estabelecer o grau de confiabilidade e de autenticidade dos textos estudados: "Primeiramente, é impossível entender perfeitamente os livros sagrados, a menos que se saiba previamente os diferentes estados em que o texto desses livros se encontrou nos diversos tempos e lugares". Em seguida, exclui as considerações estéticas e morais, assim como as *a priori* teológicas, afirmando-se plenamente dona de suas próprias operações. Finalmente, a crítica se apoia acima de tudo na filologia, a que é conferido o estatuto de ciência rainha. Essa preocupação com a correta compreensão dos textos prenuncia a *crítica interna* que será definida pelos mestres do século XIX. Procedendo desse trabalho metódico, respostas muito novas são trazidas por Richard Simon ao problema da inspiração divina dos textos sagrados. Eles apresentam, segundo ele, vestígios de alterações; sua cronologia é incompleta e não menciona soberanos apontados por autores profanos. Se consideramos o caso do Pentateuco, é preciso reconhecer que ele foi falsamente atribuído a Moisés, pois foi outra pessoa que procedeu a sua redação. "Dir-se-á, por exemplo, que Moisés é o autor do último capítulo do Deuteronômio, em que sua morte e seu sepultamento são descritos?" Do mesmo modo, aponta incoerências no relato da Criação. O espírito crítico parece mais forte nele do que o espírito de fé.

Apesar disso, Richard Simon nunca cessará de se considerar fiel à ortodoxia. De fato, ele não nega a inspiração divina dos Livros Sagrados e inclusive a estende àqueles que remanejaram os textos. Nem por isso deixa de ser perseguido pelas autoridades religiosas e civis: exclusão da ordem dos oratorianos em 1678; apreensão de sua obra (que vai para o Index

[55] Simon (1678, t. III, cap. XV).

em 1683) por decreto do Conselho do Rei; ataques da parte de Bossuet, etc. Mesmo assim, continua seu trabalho, e publica em 1690 uma *Histoire Critique du Texte du Nouveau Testament*.[56] A gramática, afirma, deve se impor à teologia para chegar a uma boa explicação do Novo Testamento depois de ter estabelecido seu sentido literal. Cada vez menos nas graças das autoridades, Simon se extingue cristãmente em 1712. Retenhamos de sua obra sobretudo o questionamento da tradição fundada no "sempre acreditamos nisso", "sempre nos foi ensinado que"; e que ela afirma com vigor os direitos e os deveres da crítica, cujos princípios são os mesmos quer se trate da *Ilíada* ou do Pentateuco. Encontramos uma atitude de espírito parecida em alguns historiadores, porém menos ousada.

Entre estes, destaca-se Dom Mabillon (1632-1701), beneditino da Congregação de Saint-Maur estabelecida em Saint-Germain-des-Prés, a quem devemos os *Acta sanctorum ordinis sancti Benedicti* (nove volumes, 1688-1701) e, sobretudo, o *De re diplomatica* (1681), que fundou a ciência da diplomática fornecendo os meios de distinguir os documentos autênticos dos forjados, remanejados ou interpolados. Vale citar esta passagem do *Librorum de re diplomatica supplementum* (Paris, 1704), em que Mabillon trata da interpolação com muita sagacidade:

> Por que meios se faz a interpolação? Há uma grande diferença entre os documentos falsos e os documentos interpolados (*interpolare = alterar, falsificar*). Nada pode justificar as falsificações, mas a interpolação é muitas vezes desculpável. Ela pode ocorrer por adjunção, por mudança ou por erro. Tomemos o caso daqueles que reuniam os documentos autênticos de uma igreja ou de um monastério numa só obra a que chamamos cartulário: se em algum lugar encontravam apenas a menção dos anos de reinado dos papas, dos reis ou dos imperadores ao pé dos antigos documentos, eles mesmos acrescentavam os anos da encarnação ou até da indicção para que a data de um determinado documento fosse conhecida com mais exatidão. Nesse caso, pecavam frequentemente contra as regras da cronologia, mas não contra as leis da justiça. Semelhante prática constitui a interpolação por adjunção. Uma outra categoria procede de uma modificação feita no documento, como quando uma

---

[56] Simon (1689).

palavra é traduzida por outra ou se encontra temerariamente retocada, o que acontece às vezes com os pesquisadores inexperientes que se acham especialistas, como aqueles que liam a palavra *fevum* nos documentos antigos e a substituíam por *feodum*, que ainda não era usada naqueles tempos. Finalmente, a interpolação provém o mais das vezes de um erro do escriba, insuficientemente experiente na difícil leitura de um documento autêntico, ou vítima de um erro ocular, ou que salta uma linha, ou que transcreve uma ou duas palavras por uma ou várias outras. E daí procedem as diferentes leituras dos documentos transmitidos de mão em mão; sua diversidade não deve prejudicar a autoridade dos documentos autênticos.

Quem quer que tenha a menor experiência no trabalho com os arquivos e especialmente no estudo dos documentos medievais não pode deixar de subscrever essas pertinentes observações. Não é uma regra de ouro da disciplina fazer guerra aos erros e às falsificações?

Digno companheiro de Mabillon, Le Nain de Tillenon (1637-1698), ex-aluno dos Solitaires de Port-Royal, publica primeiro a *Histoire des empereurs, et des autres princes qui ont régné durant les six premiers siècles de l'Église [...]*,[57] e em seguida as *Mémoires pour servir à l'histoire ecclésiastique des six premiers siècles [...]*.[58] Título longo, como era costume na época, mas quão significativo! Não há história fiável sem materiais de boa qualidade, validados por um exame escrupuloso atestado por um aparato crítico. O autor expõe a seguir, no prefácio, as grandes linhas de sua maneira de proceder. Longe de almejar o efeito literário, prega um estilo simples e não teme a abundância de detalhes: "Sendo nosso objetivo fornecer memórias para aqueles que desejarão empreender algum trabalho em cima deste, julgamos melhor reunir tudo o que se encontra nos autores para que possam julgar por si mesmos o que convém dizer ou calar". Pois a obra não é destinada ao grande público e sim "àqueles que querem se instruir

---

[57] Le Nain de Tillemont, Louis-Sébastien. *Histoire des empereurs, et des autres princes qui ont régné durant les six premiers siècles de l'Église, de leurs guerres contre les Juifs, des écrivains profanes, & des personnes illustres de leurs temps*. Paris: C. Robustel. Avec la privilège de sa Majesté, 1691.

[58] Le Nain de Tillemont, Louis-Sébastien. *Mémoires pour servir à l'histoire ecclésiastique des six premiers siècles. Justifiez par les citations des auteurs originaux...* Paris: C. Robustel, 1693-1712.

a fundo sobre as coisas, seja simplesmente para conhecer a verdade e se alimentar dela, seja para compor depois alguma obra mais imponente". A organização desse livro o destina aos eruditos: longe de ser uma narração contínua, ele é dividido "em títulos nos quais se vê apenas uma coisa de cada vez", como a biografia de um santo ou a narrativa de uma perseguição, sem estabelecer ligação com outros acontecimentos religiosos. Prenuncia-se assim certa *histoire-tiroirs* (história-gavetas) que se atribuirá como missão estudar separadamente as diferentes categorias dos fatos a partir do postulado de que a cronologia deve reinar soberana em cada um dos pequenos compartimentos assim definidos. Le Nain de Tillenon não almeja nada mais que "representar a simples verdade do que se passou nos primeiros séculos e estabelecê-la na medida do possível por meio do testemunho dos autores mais antigos" (considerados mais confiáveis por terem estado mais próximos dos fatos relatados). Consequentemente, as fontes foram submetidas a uma triagem severa: ao lado dos documentos autênticos, Le Nain de Tillenon reteve alguns outros que apresentavam "uma aparência de antiguidade que faz presumir que ao menos o fundo provém de documentos originais", mas não lhes atribui uma confiança cega ("temos o cuidado de distinguir estes daqueles e de apontar no texto ou nas notas o julgamento que se deve fazer deles"). Finalmente, trata com rudeza os documentos mais tardios, oriundos de uma época "em que a verdade da história estava alterada por diversas tradições populares e frequentemente por ficções inventadas de propósito". Fica claro que, aos seus olhos, a qualidade principal do historiador reside em certa arte de distinguir o verdadeiro do falso. Uma espécie de faro adquirido por meio da experiência. Como discernir, pergunta, as verdadeiras das falsas vidas dos santos? Lendo as verdadeiras, "formamos um gosto capaz de discernir o que tem esse ar de antiguidade e de verdade daquilo que cheira a fábula e a tradição popular". Aprende-se assim pouco a pouco a julgar "o que pode ter sido escrito em certa época e o que só o pode ter sido em outra, muito distante". O historiador está se tornando um homem de ofício.

O boom da erudição (fim do século XVII e início do XVIII)

Tendo sido esse fenômeno muito bem estudado no plano institucional pelos autores precedentes (como Erhard e Palmade, nas p. 38 e s.), vamos nos contentar em assinalar a criação das academias e bibliotecas, que permitem o surgimento de uma vida científica coletiva, e em mencionar os trabalhos dos jesuítas bollandistas especializados na publicação das vidas de santos (*Acta Sanctorum*), dos oratorianos (edição e revisão da coletânea da *Gallia Christiana*) e, sobretudo, dos beneditinos da Congregação de Saint-Maur. Fiéis aos ensinamentos de Dom Mabillon, eles se lançam em grandes empreitadas de edição de documentos antigos. Depois de *Les monuments de la monarchie française* de Bernard de Montfaucon, vêm a *L'Histoire littéraire de la France* (a partir de 1733) *e Recueil des Historiens des Gaules et de la France*,[59] começada por Dom Bouquet em 1738, sem esquecer *L'art de vérifier les dates des faits historiques, des chartes, des Chroniques, et autres anciens monuments.* Uma província como a Bretanha também se beneficia dessa erudição beneditina, como atestam, por exemplo, *Mémoires pour servir de preuves à l'histoire écclésiastique et civile de Bretagne* (Paris, 1742), de Dom P.-H. Morice, e *Les vies des saints de Bretagne*, de Dom Alexis Lobineau, do convento de Saint-Melaine de Rennes (1666-1723). Fora dos claustros, a erudição oficial nasceu com a Académie royale des inscription et Belles-Lettres (1663) que tem inicialmente uma função precisa a serviço do poder monárquico: "redigir as divisas das medalhas e as inscrições dos monumentos" à glória de Luís XIV. Ela logo se torna um viveiro de eruditos e começa a publicação de *Mémoires* em 1717, assim como a de *Recueil des Ordonnances des Rois de France*. Todos esses trabalhos, por mais importantes que tenham sido para o nascimento da ciência histórica, foram geralmente pouco considerados por seus contemporâneos. Eis, a título de exemplo, como o presidente de Brosses relata uma visita que fez ao ilustre Muratori em sua biblioteca de Módena: "Encontramos o bom velhinho com seus quatro fios de cabelo branco e sua cabeça calva trabalhando [...] naquela galeria glacial, em meio a um amontoado de antiguidades, de velharias italianas; pois não posso me resolver a dar o nome de antiguidade a tudo o que concerne a esses estúpidos séculos de ignorância".

Cabe-nos, mais particularmente, examinar os *procedimentos* dessa história erudita, que nos parecem anunciar em muitos aspectos as regras que a escola metódica imporá depois de 1876. Primeira característica: o

---

[59] Título original em latim: *Rerum gallicarum et francicarum scriptores*. Esta Coletânea dos historiadores das Gálias e da França é uma compilação em vários volumes de fontes da história da França.

culto aos documentos originais, registros, decretos régios, bulas papais, etc., assim como o dos selos e dos brasões, ambos ligados à obsessão de esclarecer as origens dos poderes e das instituições. Segunda: o cuidado de bem interpretar esses documentos requer a publicação de instrumentos de trabalho adequados, como o glossário de latim medieval de Du Cange (1678), a *Paleografia grega*, de Montfaucon, ou o *Grande Dicionário histórico*, de Moreri (vinte edições de 1674 a 1759). A partir de então, a operação histórica se define acima de tudo como um trabalho sobre os textos, inspirando-se nos métodos da gramática e da exegese. Ela visa essencialmente, terceira característica marcante, a construir uma *cronologia exata* através da confrontação sistemática dos testemunhos. Remetamo-nos ao prefácio de *L'art de vérifier les dates des faits historiques*:

> A importância dessa Arte que ensina a fixar a ordem dos tempos e dos acontecimentos é reconhecida de maneira tão geral que seria inútil elencar aqui suas vantagens. Ninguém ignora que a Cronologia e a Geografia são como os dois olhos da História; que, guiada pelas luzes dessas, ela põe em suas narrativas a organização e a clareza que convêm; e que sem elas o conjunto dos fatos, cujo conhecimento chegou até nós, não passa de um caos tenebroso que sobrecarrega a memória sem iluminar o espírito. Quantos erros, de fato, pela privação dessas duas ciências, introduziram-se na História tanto eclesiástica quanto profana! Eles são inumeráveis. Mas graças aos trabalhos dos Cronologistas (deve-se dizer o mesmo dos trabalhos dos Geógrafos) que há mais de um século se aplicaram a haurir a História às fontes, um grande número desses erros foi corrigido ou, ao menos, reconhecido. Ainda falta muito, todavia, para que suas doutas e laboriosas pesquisas dissipem todas as brumas e aplainem todas as dificuldades. Elas deixaram abertas uma grande quantidade de questões espinhosas cuja solução depende menos da sagacidade do espírito do que da ajuda da arte. É, portanto, prestar um serviço essencial à República das Letras estabelecer regras gerais e seguras para verificar as datas dos monumentos históricos, marcar as épocas dos acontecimentos, e conciliar entre si, quando podem sê-lo, os Autores que não estão de acordo uns com os outros, e às vezes parecem também não estar nem consigo mesmos.[60]

---

[60] Clémencet (1750, "Prefácio", p. 1).

Está traçada a missão para os historiadores por vir: eles considerarão a história concluída quando tiverem constituído cadeias de fatos ininterruptas. Essa cronologia deve ser organizada hierarquicamente, primeiro as instituições e os poderes mais eminentes, depois os poderes menores. Primeiro a sequência dos Concílios que "fornece as épocas dos triunfos da Igreja sobre as heresias e as das mudanças que ela fez em sua disciplina". Só depois se deve passar para "a história civil. Os Imperadores romanos abrem a cena [...]. Do Oriente [...] passa-se para o Ocidente e deste percorrem-se sucessivamente todas as Monarquias, a seguir os Principados subalternos que dependem daquelas. A França é, entre as Monarquias ocidentais, o primeiro objeto a ser tratado e aquele sobre o qual nos detemos com maior prazer. O interesse inspirado pela pátria não é o único motivo dessa predileção, todos convirão que, preconceitos à parte, não há Reino na Europa que mereça mais do que a França a atenção e a curiosidade do Leitor" (p. IV a VI). Essa organização prefigura diretamente a dos manuais de história *événementielle* ("dos acontecimentos") dos anos 1880-1940; não falta nada, nem mesmo o chauvinismo nacional! Essas sequências de fatos, divididas de acordo com quadros *a priori*, são fundadas nas fontes mais seguras: "Na escolha dos Autores, não nos deixamos arrastar nem pela desconfiança prévia nem pela grande reputação que alguns adquiriram com justiça. Procuramos a verdade por toda parte; e, em toda a parte onde acreditamos percebê-la, consideramos um dever incontornável segui-la" (p. IX). Servir à verdade, acossar o erro, rejeitando qualquer preconceito e iluminando tudo com a "tocha da crítica", essa é a quarta característica principal da história erudita. É em nome da verdade que Dom Morice se mostra muito crítico em relação ao cronista Alain Bouchart no prefácio à *Histoire ecclésiastique et civile de Bretagne* (Paris, 1750): "o Autor deu crédito a fábulas que existiam em seu tempo [...]. Quanto aos fatos, pode-se dizer que ele trata ligeiramente o que há de verdadeiro e se detém muito no que é falso" (p. VII). Nosso beneditino é um digno contemporâneo de Voltaire, que zomba das "célebres tolices que os historiadores antigos regurgitam", e de Nicolas Lenglet Du Fresnoy, colaborador da *Enciclopédia* de Diderot e D'Alembert, que sublinha: "Quem diz história, diz um narrado fiel, um relato exato e sincero dos acontecimentos, apoiado no testemunho de seus próprios olhos, em registros fidedignos e indubitáveis, ou no que contam pessoas dignas de fé".⁶¹ É prática corrente, daí para a frente, submeter os testemunhos a uma série de perguntas de bom senso, que constituem os primeiros elementos de um método histórico: Quais são as testemunhas? Qual seu valor? São pessoas instruídas? Contemporâneas dos fatos relatados? Aconselha-se reter apenas o que for verossímil. A dúvida, e mesmo a suspeita, ganham terreno e se estendem, principalmente no que diz respeito aos períodos remotos. Uma monografia apresentada à Academia das Inscrições em 1723 afirma que "não sabemos nada de seguro a respeito de Rômulo" e das origens romanas em geral. A incerteza tange também à Idade Média e, mais amplamente, estende-se ao conjunto dos fatos maravilhosos relatados pelos historiadores do passado. Mas acontece de essa atividade crítica se deter a meio caminho. Assim, Dom Lobineau recusa alguns dos milagres atribuídos a São Sansão de Dol por seu biógrafo merovíngio ("não devemos dar crédito ao que diz o autor [...], é difícil inclusive acreditar naquele (milagre) de uma horrível serpente que dizem que ele caçou"), mas é para reconhecer outros que se situam no plano espiritual. Ele apenas tomou alguma distância da lenda primitiva, sem arruiná-la totalmente. Os historiadores do século XIX irão muito além no sentido da suspeita diante dos fatos irracionais. Resta mencionar uma última particularidade da erudição dos tempos clássicos: os historiadores costumam se consagrar a trabalhos precisos, sem se "lançar nos espaços infinitos e nos tempos ilimitados". Cultiva-se de preferência a história nacional ou provincial, quando não a monografia, de que a *História de Carlos XII*, de Voltaire, é um bom exemplo. Essa tendência aos estudos parcelares se desenvolverá plenamente no século XIX, quando a história se enraizará com ainda mais força no solo nacional e regional.

Voltaire e a ampliação das perspectivas históricas

Voltaire (1694-1778) se converteu progressivamente à história. Seu renome de poeta já estava consolidado quando se lançou na *História de Carlos XII* (1731). Foi compondo suas grandes epopeias, *Édipo* (1718) e *A Henríada* (1723), que pegou gosto pelo estudo do passado. Nesse ponto, não fez mais que seguir a tendência de seu tempo. Ao final do reinado de Luís XIV, muitos tinham o sentimento de ter vivido uma grande

---

⁶¹ Lenglet du Fresnoy (1729, t. 2).

época e queriam pintá-la para a posteridade. As desgraças de 1709-1710 (inverno árduo, fome, carestia), tanto mais dolorosamente sentidas já que a França tinha se tornado, por conta da centralização monárquica, "um todo regular de que cada linha culmina no centro" (René Pomeau), só tinham feito intensificar esse sentimento. Para além dessas razões conjecturais, prestava-se uma atenção mais aguda à vida em sociedade e aos sistemas políticos. Participando desse entusiasmo, Voltaire aborda esse campo de estudo novo para ele como literato e moralista. Aos seus olhos, a história deve estudar os motivos e as paixões que guiam as ações humanas. Ela deve apresentar heróis de alto relevo como Carlos XII da Suécia, escolhido por ter sido "excessivamente grande, desgraçado e louco"; heróis atormentados, que permitam desenvolver belas antíteses, como aquela entre o conquistador sueco e o czar Pedro, o Grande, seu adversário em Poltava em 1709: "Carlos XII, ilustre por nove anos de vitórias; Pedro Alexiowitz por nove anos de dificuldades para formar tropas iguais às tropas suecas; um glorioso por ter dado Estados, outro por ter civilizado os seus [...]. O monarca sueco liberal por grandeza de alma, o moscovita nunca dando senão pensando no que ganharia em troca". O historiador deve se preocupar em agradar, escrevendo com brevidade e não atulhando sua narrativa com detalhes inúteis. Por certo, sua informação deve ser sólida: "Compusemos essa história baseando-nos em relatos de pessoas conhecidas, que passaram vários anos junto a Carlos XII e Pedro, o Grande, imperador da Moscóvia, e que, tendo se retirado para um país livre, muito tempo após a morte desses príncipes, não tinham nenhum interesse em disfarçar a verdade". De fato, Voltaire se documentou conscienciosamente; além das obras históricas, consultou livros de geografia e mapas-múndi – o que não impede seu quadro da Polônia de ser uma mera série de lugares comuns. Nessa massa de informações, operou uma triagem severa: "Entre os acontecimentos de sua vida, escolhemos apenas os mais interessantes. Estamos persuadidos de que a vida de um príncipe não é tudo o que ele fez, mas o que ele fez de digno de ser transmitido à posteridade". É divertidíssimo ler as réplicas de Voltaire às observações pouco amenas que o Sr. de La Motraye fez sobre sua obra. A seu contraditor, que lamenta não ver relatada a história dos prisioneiros russos libertados pelos suecos depois de terem "cortado em dois pontos os cintos de suas calças obrigando-os a segurarem-nas com as duas mãos", Voltaire responde de maneira ferina: "Resta saber se é de fato uma culpa muito grande a de ter omitido a aventura das calças dos moscovitas". Apesar das podas, a narrativa das guerras ocupa um lugar essencial na obra, o que o autor lamentará alguns anos depois: "Envergonho-me de ter falado de tantos combates, de tantos males feitos aos homens [...]. Devia ter evitado todos esses detalhes de combates travados entre os Sármatas e entrado mais fundo no detalhe do que o czar fez para o bem da humanidade. Acho mais importante uma légua quadrada desbravada do que uma planície coberta de mortos".[62]

É com *Le Siècle de Louis XIV*, iniciado em 1732, quase terminado em 1739, e publicado em 1751, em Berlim, que Voltaire dará seu devido lugar aos fatos de civilização, como anuncia em sua carta de 30 de outubro de 1738 ao abade Dubos, carta muito reveladora da gênese da obra: "Não são os anais de seu reinado; é antes a história do espírito humano, haurida no século mais glorioso para o espírito humano". Resta que os acontecimentos diplomáticos e militares continuam a ocupar nela um lugar essencial. Voltaire indica a seu correspondente a sequência dos capítulos de sua obra: há vinte para os "grandes acontecimentos", um para a vida privada de Luís XIV, dois para a "polícia" do reino, comércio incluso, dois para os assuntos eclesiásticos, cinco ou seis para a história das artes. Nessa mesma carta se manifesta um grande anseio por ir direto ao essencial e expressá-lo com extrema concisão: "Para a vida privada de Luís XIV, disponho das Memórias do marquês de Dangeau em quarenta volumes, dos quais extraí quarenta páginas". Voltaire sai à caça das confidências dos "velhos cortesãos, dos criados, dos grandes senhores e outros"; busca com afinco ainda maior os documentos inéditos, como o *Mémorial écrit de la main de Louis XIV* que ele desejaria poder consultar, como as *Memórias* dos intendentes onde haure informações sobre *as internas do reino*. Concebe sua obra como uma série de quadros, sob o risco de nem sempre respeitar os encadeamentos cronológicos e de apresentar às vezes o efeito antes da causa. Não faz aí mais que se curvar às regras clássicas da "pintura de história". Busca um certo efeito de perspectiva no conjunto do livro (no primeiro plano, o tumulto das guerras, no segundo, os esplendores da Corte; ao fundo, as querelas religiosas) e em cada um de seus quadros em particular: "Os personagens principais estão na frente da tela, a multidão no fundo".

[62] Correspondência com o rei da Prússia, 1737. In: VOLTAIRE, 1839, p. 86.

Pintor mas também dramaturgo, fazendo da história o desenvolvimento de uma intriga. Exposição, nó e desenlace se sucedem na primeira parte de *Le Siècle de Louis XIV*; e já a *História de Carlos XII* estava organizada à maneira de uma tragédia em cinco atos. Voltaire mantém cuidadosamente o suspense: "Meu segredo é forçar o leitor a se perguntar: A Holanda será destruída? Luís XIV sucumbirá?".[63] Tudo isso não era desprovido de segundas intenções interesseiras: tratava-se de ganhar a consideração do Estado compondo grandes quadros históricos e fazendo a crônica dos fatos contemporâneos. E de fato Voltaire obteve, em 1745, a função de historiógrafo do rei, mas por pouco tempo.

Foi no momento em que lançou os fundamentos de uma história universal chamada de *Ensaio sobre os usos e o espírito das nações*, elaborada de 1740 a 1756, que Voltaire expressou mais claramente sua ambição de renovar o gênero histórico. *As novas considerações sobre a história* (1744) se abrem de fato com uma verdadeira profissão de fé, em que alguns viram o primeiro manifesto da história total. A história não é um gênero imutável, vai logo dizendo Voltaire. A maneira de concebê-la está ligada ao movimento científico geral. O despertar do senso crítico está arruinando certo número de lendas tenazes. O maravilhoso medieval, portanto cristão, não sofre menos que a mitologia antiga com esse vasto empreendimento de desmistificação. É preciso também rever a história moderna, ou seja, contemporânea. Fora com os intermináveis relatos de batalhas e de festas, fora com as fofocas da corte que atulham tantas obras, deve-se dar espaço aos fatos ricos em ensinamentos e para os "conhecimentos de uma utilidade mais sensível e mais duradoura"! No que então se basear para construir "a história dos homens" e não a "dos reis e das cortes"? É preciso tentar avaliar os benefícios e os malefícios das guerras e das conquistas coloniais. É preciso, sobretudo, lançar as bases de uma ciência demográfica para decidir um debate que muito agita os espíritos: é verdade que a terra está se despovoando como afirma Montesquieu nas *Cartas persas*? Depois de enunciar numerosas provas do contrário, Voltaire denuncia o caráter passadista e moralizante da tese do despovoamento. Espera a confirmação de seus pontos de vista dos primeiros balbucios da demografia e, especialmente, da aplicação da regra do holandês Kersseboom (1691-1771), segundo o qual basta

[63] Voltaire (1872, p. XVIII).

multiplicar o número de nascimentos por 34 para obter a cifra total da população. Com o passar dos anos, os critérios se afinam. Por volta de 1760, o abade Expilly estima que é preciso multiplicar o número anual médio dos nascimentos por 25 para saber o número dos habitantes. Em Anjou, os intendentes retêm o coeficiente de 23 2/3 que, segundo um especialista contemporâneo, permite obter uma primeira aproximação verossímil. Voltaire formula em seguida outras exigências. A primeira delas permanece prisioneira das antigas categorias da história-tribunal: "Ele buscará saber qual foi o vício radical e a virtude dominante de uma nação". A segunda é muito nova, já que pressente a necessidade de chegar a uma "pesagem global" da riqueza comercial e industrial de cada país, utilizando fontes até então inexploradas como os registros de exportação. Finalmente, ele define o grande objeto da história por vir, a saber, "as transformações nos usos e nas leis". Esse objeto se deslocou sensivelmente desde Bossuet, pois já não se trata de evocar as ações dos grandes homens nem os grandes *lances* da Providência, mas sim os elementos reguladores da sociedade civil em seu conjunto. A história deve agora se abrir a tudo o que é humano e, portanto, à diversidade das civilizações. Em outros trechos do *Ensaio sobre os usos e o espírito das nações,* Voltaire denuncia o judeocentrismo de Bossuet ("ele parece ter escrito unicamente para insinuar que tudo no mundo foi feito pela nação judaica") e o critica por ter "esquecido completamente os antigos povos do Oriente, como os indianos e os chineses, que foram tão consideráveis antes que as outras nações tivessem se formado". É preciso conciliar, afirma na mesma obra, o conhecimento da natureza humana que "se assemelha de uma ponta à outra do universo" e o conhecimento da diversidade dos costumes, pois "a cultura produz frutos diversos". Esses são os caminhos que permitem "escrever a história moderna como um verdadeiro político e como um verdadeiro filósofo". É claro que o conhecimento do homem e a administração da cidade têm muito a ganhar com isso.

Uma vez exposto o programa em sua radical novidade, surge a inevitável pergunta: e como foi a prática de Voltaire historiador? Ele foi fiel aos princípios que ostentava? Quem contestaria seu anseio por desmistificar seus contemporâneos sobre certo número de lendas piamente conservadas? Ele não desconstruiu, por exemplo, a versão heroica da travessia do Reno pelos exércitos de Luís XIV forjada por Boileau e Bossuet? Não procedeu a pacientes pesquisas documentais, seguindo nisso a regra cartesiana dos "recenseamentos completos"? Não foi ele, no supremo grau, um perito na arte de associar o relato e os conhecimentos úteis? Ele fica perto dos fatos, como vimos, procurando sempre o detalhe significativo. Continua, no entanto, dando muito espaço à crônica militar e diplomática: na *Histoire de l'Empire de Russie sous Pierre le Grand* (1759), metade do desenvolvimento ainda é consagrada às guerras do czar; no *Précis du Siècle de Louis XV,* só a conclusão evoca "os progressos do espírito humano". Mas Voltaire abriu um caminho de futuro ao se interessar pelos problemas demográficos e econômicos. Por mais limitadas que nos pareçam suas informações sobre o comércio e sobre a indústria, elas não deixavam de ser mais amplas que a da maioria de seus contemporâneos. Eis como ele saúda a obra realizada por Colbert: "De 1663 a 1672, cada ano desse ministério foi marcado pelo estabelecimento de alguma manufatura. Os tecidos finos, antes importados da Inglaterra ou da Holanda, passaram a ser fabricados em Abbeville. O rei adiantava aos fabricantes duas mil libras para cada posto de trabalho ocupado, além de gratificações consideráveis. Contam-se, no ano de 1669, quarenta e quatro mil e duzentos empregos ligados à lã em todo o reino. As manufaturas de seda aperfeiçoadas produziram um movimento comercial de mais de cinquenta milhões naquele tempo [...]. As tapeçarias de Flandres cederam às dos Gobelinos. O vasto galpão dos Gobelinos estava então cheio com mais de oitocentos trabalhadores; trezentos se alojavam ali mesmo [...]. Mil e seiscentas moças se ocupavam em trabalhos de renda: foram trazidas trinta mestras de Veneza, e duzentas de Flandres; e lhes deram trinta e seis mil libras para encorajá-las".[64] Primeiros e tímidos inícios da *história numerada*! Resta uma regra de ouro da história crítica que Voltaire teve maior dificuldade em praticar: é preciso "não tomar partido". Basta abrir a história da Rússia já citada. Os juízos *a priori* do filósofo das Luzes dão na vista: vemos um amontoado de monges ignorantes e ociosos, monjas estéreis, obrigações religiosas que entravam a atividade produtiva, como o jejum da quaresma. Mas pelo menos Voltaire soube ser inteiramente livre em relação aos grandes deste mundo, que ele frequentava, que o protegiam e, às vezes, vigiavam? Na verdade, escreveu como um homem livre, mas que sabia fazer concessões. Assim, aceitou submeter à censura sua

---

[64] Voltaire (1751, cap. XXIX).

história da Rússia, que calava alguns episódios obscuros do reinado de Pedro, o Grande. A esse respeito, explicou-se com cinismo: "Eles me deram boas peliças, e eu sou muito friorento".

Da obra de Voltaire se depreende uma filosofia da história que vai por vezes de encontro aos princípios professados. Assim ocorre, por exemplo, com o tema das "surpresas da história", o acontecimento que desmente as previsões num domínio em que "o verossímil nem sempre se dá" e em que todas as inversões são possíveis. Há sempre uma parte de contingência no devir humano, e os imponderáveis podem ter aí grandes consequências. Daí uma forte tendência a valorizar o pequeno fato. Maneira de atacar a crença num sentido da história fixado por Deus para toda a eternidade e de arruinar assim o providencialismo à la Bossuet. Mas tanto quanto aos pequenos acasos, Voltaire atribuiu uma importância essencial aos grandes homens. As quatro grandes épocas que ele distingue na história humana têm por emblema grandes soberanos: a Grécia de Filipe e de Alexandre, a Roma de César e Augusto, a Florença dos Médicis e a França de Luís XIV. A ação de indivíduos excepcionais, a seu ver, pode, de fato, desencadear grandes mudanças. Na primeira fileira desses heróis, Pedro, o Grande, que tira a Rússia da barbárie assim como faz surgir Petersburgo dos pântanos do Neva; que desenvolve na marra a civilidade de seus súditos taxando as vestes longas ou o porte da barba, tornando-os assim, por meio dessa reforma indumentária, mais aptos a acolher as Luzes. Do mesmo modo, na França, "tudo é selvagem" até Luís XIV, que difunde a "honestidade" sob a forma de disciplina social imposta a todos. Nesse sentido, Voltaire permanece muito próximo da concepção herdada dos "humanistas", segundo a qual as sociedades são modeladas por seus guias. Agentes de uma cultura uniformizadora, eles forjam as nações "forçando a natureza". Quem negaria as virtualidades reacionárias dessa filosofia política que prega de bom grado o uso da coação (por déspotas esclarecidos, é bem verdade), e que ainda por cima justifica as desigualdades sociais fundando-as na ordem natural: "O trabalhador braçal deve ser reduzido ao necessário para trabalhar: assim é a natureza do homem. É preciso que esse grande número de homens seja pobre".[65] Apesar disso, Voltaire foi considerado por seus contemporâneos como

---

[65] Voltaire (1826, cap. XXX, p. 478).

o grande inimigo do passado, como aquele que pregava o advento de uma cidade melhor.

Sua posteridade historiográfica nos parece ter sido dupla. Por sua sagacidade crítica, por sua desconfiança diante dos fenômenos irracionais, por sua exigência de clareza e de concisão, assim como por seu anseio de uma composição ordenada e equilibrada, ele parece anunciar alguns mestres da história historizante do fim do século XIX. Até a valorização do pequeno fato encontra eco nestes. Basta pensar em Charles Seignobos afirmando que uma parte importante dos acontecimentos "resulta de acidentes devidos ao acaso". Em compensação, os princípios enunciados pelo suposto pai da história total tiveram uma grande repercussão na primeira metade do século XIX. Em Guizot, antes de tudo, que, logo na introdução de seu *Cours d'histoire moderne* de 1828 afirma:

> Não parece com efeito, senhores, que o fato da civilização é o fato por excelência, o fato geral e definitivo em que todos os outros vão dar, no qual eles se resumem? Peguem todos os fatos de que se compõe a história de um povo, que estamos acostumados a considerar como os elementos de sua vida; peguem suas instituições, seu comércio, sua indústria, suas guerras, todos os detalhes de seu governo: quando queremos considerar esses fatos em seu conjunto, em sua relação, quando queremos apreciá-los, julgá-los, o que perguntamos a eles? Perguntamos-lhes como e em que medida contribuíram para a civilização desse povo, que papel desempenharam, que parte tomaram, que influência exerce [...]".[66]

A seguir, em Chateaubriand, que, no prefácio de seus *Études Historiques* (1831), enuncia:

> Muitas vezes o historiador não passava de um viajante que contava o que tinha visto [...]. Agora, a história é uma enciclopédia; é preciso fazer tudo entrar nela, da astronomia à química, da arte do financista à do industrial, do conhecimento do pintor, do escultor e do arquiteto até o do economista, do estudo das leis eclesiásticas, civis e criminais, até o das leis políticas.[67]

[66] Guizot (1845, p. 9).
[67] Chateaubriand (1860, "Préface", p. 8).

Por fim, Michelet adorava saudar "Nosso mestre Voltaire", sem contudo partilhar seu "Materialismo". Para ele, o *Ensaio sobre os usos* tinha aberto a fase conquistadora da história.

Os primórdios da instituição histórica (anos 1800-1870)

Os historiadores da primeira metade do século XIX, fossem românticos ou liberais, foram julgados muito severamente por Gabriel Monod quando do lançamento da *Revue historique* em 1876. Entre as razões da inferioridade da produção francesa em relação à alemã ele invocava "o gênio da nação", mas sobretudo a ausência de tradições científicas. "Talvez tenhamos ganhado com isso em originalidade, ao menos do ponto de vista da forma literária; mas perdemos do ponto de vista da utilidade científica dos trabalhos dos nossos historiadores". E, na sequência, denunciava os efeitos nefastos das paixões políticas e religiosas, assim como o pecado muito difundido de proceder a "generalizações precipitadas". Essas reticências são bem compreensíveis. Um bom conhecedor da história romântica nos diz que esta parece representar, sob certos aspectos, um recuo do espírito crítico. "Entre o romance e o drama, a história hesita sobre seu próprio caminho" (P. Moreau). Ostenta-se um gosto um pouco suspeito pela cor local: "Se é permitido ser minucioso, é em tudo o que diz respeito à verdade de cor local, que deve ser o próprio da história".[68] Cultiva-se o quadro de gênero mais que a reconstituição verídica. O entusiasmo pela Idade Média logo vai dar nos excessos ao estilo de Viollet-le-Duc. Resta, no entanto, que a atividade erudita recomeçou, logo após a Revolução, entre os beneditinos de Solesmes, que reatam com as tradições dos mauristas; na Academia das Inscrições onde são retomadas as coleções interrompidas; e também na École des chartes[69] fundada em 1821. Essa "efervescência da história" se intensifica sob a monarquia de julho: "A sociedade de história da França começa seus trabalhos; a escola arqueológica de Atenas é organizada em 1846; as províncias trabalham em suas sociedades científicas, em suas

---

[68] Thierry (1839, p. 639).
[69] A École nationale des chartes, focada na paleografia e na diplomática (*charte* tem aqui o sentido de documento antigo), é um dos mais importantes centros de formação de historiadores na França, sobretudo medievalistas. (N.T.)

academias". O rei Luís Filipe se interessa por arqueologia. Guizot dirige a publicação dos documentos da história da França, enquanto Mérimée exerce, a partir de 1833, a função de inspetor-geral dos monumentos históricos, empreendendo uma prospecção metódica nas províncias francesas, cujos resultados registra em suas notas de viagem (1835-1840). Todos esses trabalhos contribuem para o desenvolvimento, ao lado dos impulsos da imaginação, das virtudes tradicionais do historiador, como os escrúpulos de exatidão e a prudência nos julgamentos. Segundo Pierre Moreau, o próprio Augustin Thierry "não propõe nenhuma interpretação dos fatos sem corrigi-la pela interpretação vizinha ou inversa". Essa "oscilação hesitante" que Moreau discerne no autor dos *Tempos merovíngios* não anuncia as "prudências tremelicantes" da escola positivista? Na paz das bibliotecas e dos arquivos, laboriosos eruditos reúnem os materiais das sínteses por vir, como esse Guigniaut que Jules Simon qualifica de "erudito a ponto de deixar os alemães desesperados": "Ele sabia tudo o que não tínhamos necessidade de saber, e era isso o que nos ensinava...". Sua opinião sobre a existência de Homero "estava envolta em tantos parênteses, notas marginais e de rodapé que desistíamos de elucidá-la". Trata-se de uma caricatura, mas como toda brincadeira ela traz seu fundo de verdade. Duas escolas se diferenciam nitidamente depois de 1830, encarnadas por Sainte-Beuve e Michelet: "Saint-Beuve caminha à margem do rio, guarda-chuva numa mão, microscópio na outra. Michelet viaja de balão, olhando ao longe: não tem como eles se encontrarem". A escola do microscópio tem suas fileiras engrossadas entre 1830 e 1870 pela multiplicação das sociedades científicas.

CRIAÇÕES EM TODA A FRANÇA		
	1830-1849	1850-1870
Sociedades históricas e arqueológicas	23	17
Sociedades de curiosidades múltiplas	25	28

Academias, sociedades históricas e sociedades de antiquários proliferam a partir de 1830, especialmente ao redor de Paris, Toulouse, Caen e Poitiers. Umas são estritamente históricas e arqueológicas, outras abrem-se a curiosidades variadas, como as sociedades polimáticas e as sociedades de emulação. Porém, mesmo entre estas a parte dos trabalhos históricos é cada vez maior. Foi feito um gráfico do desenvolvimento da história no departamento do Marne a partir de 1860, acompanhado do declínio correlativo da agronomia e das ciências. Em treze das dezenove sociedades ativas nos anos 1840-1870 a história é o gênero mais praticado. Primeiro um quarto, logo um terço dos trabalhos são de história. Na impossibilidade de avaliar a produção de todos esses cenáculos eruditos espalhados pela França, Charles-Olivier Carbonell buscou estimar a importância respectiva dos diferentes domínios da história através dos 1884 títulos publicados entre 1870 e 1874. É interessante ter uma visão geral do estado da arte antes do nascimento, ao redor da *Revue historique,* fundada em 1876, do que ficou conhecido como *escola metódica dos historiadores profissionais.* A história religiosa goza de uma grande preeminência, já que cobre um quinto da produção, ou mesmo um quarto se levamos em conta as monografias e as edições de textos. Um a cada seis historiadores é padre ou religioso. Essa produção está mais para a hagiografia do que para a história propriamente dita; quando muito, ostentam-se algumas veleidades científicas, mas a regra é uma "credulidade metódica" em relação às fontes. Outro setor importante da produção histórica é constituído pelas edições de textos (250 obras no total), seja de cartulários, livros de contas, crônicas ou memórias. Muitos livros são publicados "acompanhados de documentos inéditos", sinal de um verdadeiro culto pelas fontes escritas. Apesar do valor desigual das publicações, passa-se, em cerca de trinta anos, da edição passiva à edição crítica, como atesta o aumento das notas de rodapé. As monografias locais também estão na moda: 400 entre 1870 e 1875; em geral, sua dimensão é proporcional ao número de habitantes da cidade ou do povoado estudados (de 16 páginas para um vilarejo de 171 habitantes a 925 para Paris, casos extremos!). São livros em geral heteróclitos, verdadeiras casas da mãe joana documentais, atulhados de pequenos fatos, negligentes no que diz respeito à demografia e à economia, dedicados sobretudo aos heróis epônimos da cidade. Se damos crédito ao abade Goudé, por exemplo, Chateaubriand "desde o seu nascimento não teve outra vida além daquela que lhe vinha de seus barões". A arqueologia e a história da arte cobrem um décimo da produção, cerca de 180 volumes, oito nonos dos quais consagrados ao sacrossanto território nacional, com uma preferência muito acentuada pelos monumentos religiosos da Idade Média. A ausência de um método uniforme se faz sentir nesses trabalhos, já que os voos líricos e as considerações esotéricas mais descabeladas surgem lado a lado com análises pseudocientíficas com forte dose de bazófia terminológica ("as duplas semicurvas ogivaladas", etc.) e de tediosas enumerações devidas a espíritos escrupulosos. Uma última característica da historiografia francesa dos anos 1870 merece ser sublinhada: o número ínfimo de obras consagradas a outros países que não a França. Apenas 5 histórias universais, 41 estudos sobre a Europa e 9 sobre as colônias, contra 168 consagrados à história nacional! Um eurocentrismo exacerbado se manifesta aí. Prova disso é o juízo emitido por Riancey numa *Histoire du Monde* cujas perspectivas parecem muito mais tacanhas do que as do *Ensaio sobre os usos*: "a tirania muçulmana" encontra "seu princípio na covardia e no sensualismo incurável dos homens degenerados que habitam essas regiões". Se acrescentamos a essa miopia bem francesa e a essa autossatisfação do homem ocidental a grande miséria que afeta a filosofia da história, é preciso reconhecer que o quadro não é dos mais dignos de orgulho. Listemos alguns dos principais defeitos: a atração exercida pelos problemas de alcance local; a persistência do domínio da Igreja sobre a historiografia; e, de maneira mais geral, o monopólio quase absoluto da história pelas classes dominantes. Apesar de todas essas fraquezas, vai se constituindo um espaço propício para pesquisas aprofundadas (edições de documentos, revistas, colóquios, etc.). A instituição histórica francesa dos anos 1870-1875 mantém algumas missões no exterior, mas se apoia acima de tudo em cerca de 500 "monógrafos e arqueólogos locais que, como a máquina de Wells, voltam no tempo sem nunca sair do lugar" (Carbonell).

Resta nos perguntarmos em que medida esse meio ainda restrito dos historiadores franceses, carente de um "discurso do método", sofre a influência dos três veneráveis patriarcas que são Taine, Renan e Fustel de Coulanges. Mais um mito, diz-nos Carbonell com sua costumeira verve. Esses três grandes personagens dos anos 1860-1870 são na verdade muito pouco representativos, muito pouco "mestres de escola". Suas grandes obras, a *Histoire de la littérature anglaise* (1863), a *Vie de Jésus* (1864) *La cité antique* (1863) foram lidas, mas não exerceram maior influência sobre a corporação historiadora. Taine pregou uma história experimental e se quis o Claude Bernard da ciência histórica no prefácio dos *Essais de critique et d'histoire* (1866). O método em quatro etapas preconizado por ele prenuncia até certo ponto a maneira de proceder que Langlois e

Seignobos recomendarão em 1898: a) a análise, que consiste em pesquisar os fatos e isolá-los; b) a classificação dos fatos em diferentes categorias (religião, arte, filosofia, indústria, comércio, agricultura, etc.); c) a definição dos fatos sob a forma de uma "frase abreviativa" que resuma a operação realizada; d) o estudo das dependências entre as diferentes definições, por exemplo, entre "um preceito de versificação em Boileau, uma lei de Colbert sobre as hipotecas, uma sentença de Bossuet sobre a realeza de Deus", para ver em que medida elas formam sistema. Em compensação, outras ideias-chave de Taine encontram menor repercussão entre os historiadores de ofício, como a afirmação de que existem leis que governam os homens e que a razão descobrirá progressivamente: as leis da natureza, que também se aplicam à história. Por isso, tudo seria cognoscível do mesmo modo: "Os naturalistas provaram [...]. Através de um método semelhante, os historiadores [...]". Afinal, explicar a gênese de uma obra literária através da raça, do meio e do momento não passa de um problema de mecânica, com a diferença de que a medida das grandezas não pode ter a mesma precisão que na física. Mais do que qualquer outro, Taine encarna a ambição cientificista: "Acredito que tudo seja possível para a inteligência humana. Acredito que com dados suficientes, que poderão ser fornecidos pelos instrumentos aperfeiçoados e pela observação continuada, teremos como saber tudo sobre o homem e sobre a vida". Até os problemas mentais podem ser tratados cientificamente: "O vício e a virtude são produtos como o ácido e o açúcar". Não parece que muitos historiadores contemporâneos, adeptos do primado do psicológico, partilhem esse *reducionismo* intrépido. Renan também tinha proclamado sua fé em *L'Avenir de la Science* (1848) e numa ciência exata das coisas do espírito. Mas não parece que a *Vie de Jésus* esteja em conformidade com esse programa. No prefácio desse livro, redigido em 1867, o autor reconhece não ter se limitado aos conhecimentos solidamente estabelecidos. Se fosse para usar apenas "fatos assegurados, teria que me limitar a algumas linhas". Mais tarde, nas colunas da *Revue historique*, hão de censurá-lo, mas sem deixar de admirá-lo, por sua "predileção pelas épocas apenas meio conhecidas por documentos de proveniência duvidosa, cuja verdadeira imagem nem a erudição nem a crítica bastam para reconstituir". Em compensação, o ceticismo que se apossa dele no fim da vida e o leva a ver na história apenas "uma pobre cienciazinha conjetural" parece prenunciar a prudência resignada da geração seguinte.

Já Fustel de Coulanges (1830-1889) parece ter sempre considerado com reserva as ambições cientificistas: "A história não resolve as questões: ela nos ensina a examiná-las". Dado o caráter comedido, "tucididiano", de suas propostas, não teria ele inspirado uma escola? Carbonell responde novamente pela negativa: *La cité antique*, em que prevalece o espírito de sistema, é um caso único em anos nos quais as monografias pululam. Fustel é considerado sobretudo um professor de moral cívica, que denuncia as querelas de escolas entre historiadores franceses, enquanto a erudição alemã "armou a Alemanha para a conquista". A nosso ver, é preciso ponderar essa avaliação de Carbonell, já que Fustel de Coulanges contribuiu significativamente para fixar os procedimentos da história erudita. Primeiro, por considerar o passado como um objeto separado do historiador, que pode ser observado com "um olhar mais calmo e mais seguro" do que o presente, o que permite distinguir mais facilmente a ilusão da verdade. Segundo, por seus reiterados alertas contra os impulsos da imaginação e os arrebatamentos da subjetividade: "A história é uma ciência; ela não imagina, apenas vê"; ou ainda: ela exige "um espírito absolutamente independente e livre, sobretudo em relação a si mesmo". Finalmente, pelo enunciado da regra de ouro segundo a qual a história deve se fundar essencialmente na crítica dos documentos escritos. Esse credo, que ele praticou durante trinta e cinco anos, apesar da hostilidade dos espíritos sistemáticos e dos semieruditos, é exposto uma última vez, um ano antes de sua morte, no primeiro capítulo de *La monarquie franque* (1888). Fora dos documentos escritos não há salvação: "Leis, cartas, fórmulas, crônicas e histórias, é preciso ter lido todas essas categorias de documentos sem ter omitido uma que seja. Pois nenhuma delas, tomada isoladamente, fornece uma ideia exata da sociedade. Elas se completam ou se retificam mutuamente". O historiador deve pensar e escrever a partir dos documentos: "Sua única habilidade consiste em tirar dos documentos tudo o que contêm e em não acrescentar nada que não esteja contido neles. O melhor historiador é aquele que se mantém o mais perto possível dos textos, que os interpreta com maior exatidão, que só escreve e pensa a partir deles". Abramos *La cité antique*, obra da maturidade. A perspectiva sistemática logo salta aos olhos: "Propomo-nos a mostrar aqui a partir de que princípios e por meio de que regras a sociedade grega e a sociedade romana se governaram". Longe de nos infligir laboriosas análises antes de nos permitir desfrutar das alegrias da síntese, o autor começa por expor com toda clareza sua ideia-guia: "A história da Grécia e de Roma é um testemunho e um exemplo da estreita relação que existe sempre entre as ideias da inteligência humana e o estado social de um povo. Olhem para as instituições dos antigos sem pensar nas crenças deles, vocês as acharão obscuras, bizarras, inexplicáveis... Mas agora relacionem essas instituições e essas leis com suas crenças; os fatos logo se tornam mais claros e sua explicação se apresenta por si mesma". Vemos enunciada aí uma lei da história, segundo a qual o fato religioso explica o fato social. Daí o interesse de conhecer as crenças mais antigas. Na ausência de textos sagrados ("mas onde estão os hinos dos antigos helenos?"), é possível descobrir vestígios dos cultos antigos entre os gregos do tempo de Péricles e entre os romanos do tempo de Cícero. Com a perspicácia de um etnólogo, o autor examina a discordância entre os ritos, muito arcaicos, e as crenças, mais recentes, do cidadão romano do primeiro século antes de Cristo: "Olhemos de perto os ritos que ele observa ou as fórmulas que recita, e encontraremos aí a marca daquilo em que os homens acreditavam quinze ou vinte séculos antes dele". Já que a religião foi, portanto, o princípio constitutivo da família antiga, e a seguir da cidade, o casamento foi sua cerimônia por excelência. Para a moça, trata-se de abandonar o lar paterno para adotar uma outra religião doméstica. Em páginas límpidas, Fustel de Coulanges descreve o casamento romano. Longe de se satisfazer com a análise minuciosa do ritual, sempre conduzida com base nos textos e sem recorrer à documentação figurada, ele se interroga sobre o sentido dessas práticas. Raciocina bastante amplamente em função da verossimilhança. Assim, quando se pergunta por que o marido "carrega" sua mulher para fazê-la entrar na nova morada: "Por que esse rito? Seria um símbolo do pudor da moça? É pouco provável [...]. Não se desejaria antes marcar fortemente que a mulher que vai se sacrificar a esse lar não tem por si mesma nenhum direito, que ela não se aproxima dele por efeito de sua vontade, e que é preciso que o senhor do lugar e do deus a introduza ali por meio de um ato da potência dele?". As deduções do historiador procuram preencher os vazios da documentação. Ele não se contenta em escrever sob o ditado das fontes. Decididamente, Fustel de Coulanges não se deixa fechar nas regras prudentes que ele próprio enunciou, ao contrário de Voltaire cujas obras históricas nem sempre correspondiam ao programa ambicioso que ele mesmo tinha traçado para a disciplina.

Documentos

I. Uma visão estereotipada da história na primeira metade do século XVII. Desmarets de Saint-Sorlin (1595-1676) assim apresenta, em seus *Jeux historiques des rois de France, reine renommées*, alguns dos soberanos que fizeram a França:

Nem bons nem maus

26° Carlos, o Calvo, Imperador. Ele fez guerras sem razão.

27° Luís, o Gago, Imperador. Reinou apenas dois anos e deixou sua mulher grávida de Carlos, o Simples.

60° Francisco 2°. Ele morreu muito jovem.

Cruéis

6° Childeberto cruel e avaro.

7° Clotário matou seus sobrinhos com as próprias mãos.

8° Cariberto.

8° Chilperico. Estrangulou sua mulher.

14° Childerico 2°. Mandou chicotear um gentil-homem que depois o matou".

> (Citado, com ilustrações, na *Histoire Génerale de l'Enseignement et de l'Éducation en France*, tomo II, *De Gutenberg aux Lumières*, por F. Lebrun, M. Venard e J. Quéniart, Paris, 1981, p. 520)

II. Le Nain de Tillemont, *Mémoires pour servir à l'histoire ecclésiastique des six premiers siècles. Notes sur Saint Irénée*, edição de 1701, p. 620-621.

NOTA II. *Que Santo Irineu só foi feito bispo depois da morte de São Potino.*
O padre Halloix parece tender a acreditar que São Potino, vários anos antes de sua morte, havia ordenado São Irineu bispo para assisti-lo

em sua velhice e sucedê-lo. Isso é postular algo contrário à ordem comum da Igreja, sem nenhum fundamento positivo, já que todas as razões em que se apoia não são, como ele próprio admite, mais que probabilidades e conveniências a que podemos chamar imaginárias. E ele tem contra si a expressão de Eusébio e de São Jerônimo, que dizem que São Irineu recebeu o episcopado de Lyon depois da morte de São Potino. E também a dos Mártires de Lyon que, escrevendo ao Papa Eleutério, ou logo antes da morte de São Potino ou, talvez, quando já estava morto, dizem que a qualidade que São Irineu tinha era a de padre; donde Eusébio concluiu que ele era então *prêtre* (padre) de Lyon, sem se preocupar com o fato de que se diz que a palavra *prêtre* às vezes é tomada por *évêque* (bispo).

NOTA III. *Se São Irineu era o único bispo nas Gálias.*

O que Eusébio diz, que São Irineu governava as igrejas das Gálias [...] certamente dá margem ao que crê o padre Quesnel, que ele era então o único bispo nas Gálias: E esse padre observa ainda que Eusébio, depois de afirmar que a questão da Páscoa havia sido julgada pelos bispos do Reino do Ponto, logo acrescenta, *e pelas igrejas das Gálias*, transformando a palavra *évêques* (bispos) em *églises* (igrejas). Ele ainda é corroborado pela vida de São Saturnino, que diz que quando esse santo foi a Toulouse por volta do ano 250 havia ainda poucas igrejas nas Gálias. Pode-se opor a isso o que também diz Eusébio, que os evangelistas, depois de anunciar a lei numa região, logo colocavam pastores ali; o que no uso dos antigos costuma significar chefes de igreja, ou seja, bispos. Ora, vê-se pela história que desde os tempos de São Potino havia cristãos em Vienne e em Autun, e Eusébio, como acabamos de ver, reconhece diversas igrejas nas Gálias nos tempos de São Irineu.

7

Michelet e a apreensão "total" do passado

Michelet constitui uma referência obrigatória, ritual, para os praticantes da "Nova História", já que se dedicou à "ressurreição do passado integral". Faz-se dele o porta-voz de uma história *outra*, *diferente*, apta a fazer falar os "silêncios" e conferindo um grande espaço às pulsões irracionais. Ser um "ressuscitador", recriar a própria vida, constitui a ambição suprema de todo historiador ao termo de seus percursos eruditos. Em nossos tempos de *histoire éclatée* ("história estilhaçada"), em que reinam a análise serial, as curvas e os gráficos, Michelet constitui um modelo ainda mais fascinante. Mas não se trataria de um mito piamente conservado? Antes de responder, devemos precisar os contornos do projeto histórico de Michelet, seguir sua colocação em prática através de seus escritos e apontar os obstáculos, uns ideológicos outros inconscientes, a uma apreensão global do passado.

O projeto-testamento de Michelet

Para analisá-lo, vamos nos apoiar principalmente no célebre *Prefácio à história da França* que se encontra em apêndice a este capítulo. Ele foi redigido por Michelet entre 22 de fevereiro e 12 de setembro de 1869, a pedido de seu editor, que queria reeditar a *História da França*, cujo décimo sétimo e último tomo estava à venda desde 1867. Michelet afirma aí sua ambição, operante desde o início de sua carreira, de ser o ressuscitador da totalidade nacional em gestação através dos séculos. Essa proclamação exige alguns corretivos e alguns esclarecimentos.

A.

Esse *Prefácio* foi *escrito ao final* e não no início da carreira de Michelet. Ele visa a colocar toda sua obra sob o signo da realização de um projeto único. Trata-se de um texto longamente amadurecido que teve diversos esboços prévios, entre os quais "Materiais do prefácio atualizado: minha vida, meu ensino, meus livros". É o texto de uma vida, da qual recordaremos apenas alguns momentos cruciais. Nascido em Paris em 1798, filho de um tipógrafo, Michelet faz seus estudos no Colégio Charlemagne e na Sorbonne. Em 1821, ele já é professor secundarista de letras e logo se torna professor da École Normale e autor de manuais de história. Alcança a notoriedade em 1830: professor da filha do rei Luís Filipe, torna-se chefe da seção histórica dos Archives Nationales, a seguir mestre de conferências na Sorbonne e, finalmente, professor no Collège de France e membro do Institut de France[70] (1838). Redige então *Précis d'Histoire*.[71] A partir de 1842, situa-se na corrente da pequena burguesia liberal e anticlerical; influenciado pelos ideais de 1789, adere às aspirações revolucionárias de 1848. Sua hostilidade ao partido da ordem e ao príncipe-presidente levam à suspensão do seu curso em 1851. Durante todos esses anos, ele foi elaborando incansavelmente sua monumental *História da França*, publicando inicialmente *Le Moyen Age* (6 volumes, 1833-1844) e, a seguir, *La Révolution* (7 volumes, 1847-1853).

De 1852 até sua morte em 1874, vive pobremente em Nantes e em Paris. Lança-se numa obra literária de acentos proféticos como atestam *La Femme* (1859), *La Sorcière* e *La Bible de l'Humanité* (1864). Conclui sua *História da França* com *La Renaissance* e *Les Temps Modernes* (1857-1867).

B.

Toda a obra do historiador, na verdade bastante diversa, é colocada no *Prefácio* de 1869 sob o signo de uma única pulsão fundadora. É o "clarão de julho"[72] (§1), luminosa revelação da França, que teria

---

[70] O Institut de France foi criado em 25 de outubro de 1795.

[71] Na década de 1830, Michelet publica um *Précis de l'histoire de France jusqu'à la Révolution*. [Compêndio de história] Paris: L. Hachette, 1833. Mas há um outro *Précis de l'histoire moderne*, publicado pela L. Hachette, 1812.

[72] Ou seja, a "revolução" ou insurreição republicana de julho de 1830, que põe fim ao reinado de Carlos X, mas acaba instaurando a monarquia constitucional de Luís Filipe. (N.T.)

engendrado o labor de quarenta anos. Bela amostra de ideologia pequeno-burguesa, assim como a evocação da "brilhante manhã de julho" (§10)! A transposição dos valores cristãos parece evidente. É a iluminação mística, "em que tudo se simplifica pela chama". Essa obra, "concebida num só momento" (§1), conheceu na verdade várias mudanças fisionômicas, como atestam as diferentes visões sucessivas da Idade Média de que falaremos mais adiante. Mais do que essa mística republicana, os grandes elãs românticos dos parágrafos 7 e 8 nos comovem. A "paixão" do historiador em busca da "própria vida". A "violenta vontade" de refazer tudo, análoga à de Géricault. Michelet "apreenderá e se apropriará de tudo", ou seja, a matéria histórica, para confessar no fim de seus dias: "Bebi demais o sangue dos mortos". Apesar de poder ser considerado um burocrata por seu regime de trabalho, nunca deixará se aplacarem nele as "paixões" e as "fúrias".

C.

Michelet quer *se distinguir radicalmente da prática histórica dominante*, mas com reverência e no respeito das regras confraternas – daí as múltiplas saudações à instituição histórica em gestação: "homens eminentes a tinham estudado" (§2); "o ilustre Sismondi", esse "perseverante trabalhador" (§3); "essa nobre plêiade histórica que, de 1820 a 1830, lança tamanho brilho" (§5). Só que apesar de todas essas sumidades, a França não tinha, em 1830, "mais do que anais, de modo algum uma história" (§2)! Aos ilustres representantes da história liberal, Augustin Thierry, Guizot, Mignet, Thiers e outros, Michelet censura certo número de fraquezas. Em primeiro lugar, os limites de sua informação. Sismondi "não entra nas pesquisas eruditas" (§3); seus confrades deixam o melhor "perdido em fontes inéditas" (§24). Fala aqui o ex-diretor da seção histórica dos Archives Nationales, esses "cemitérios da história" que estimulavam sua imaginação: "Não tardei a me aperceber, no silêncio aparente dessas galerias, de que havia um movimento, um murmúrio que não era morte [...]. Todos viviam e falavam [...]. E, à medida que soprava a poeira acumulada, via-os se levantarem". Essa ignorância das "fontes primitivas, em sua maior parte inéditas" (§4), prolongou-se até 1830-1836 para o próprio Michelet, cuja documentação era sobretudo livresca no momento em que escreveu seu *Précis d'Histoire Moderne* (1828) e sua *Introduction à l'histoire Universelle* (1831).

Segunda crítica a seus eminentes confrades: eles não têm o senso das totalidades históricas. Privilegiam o político (§2) às expensas de outras instâncias da realidade. Têm unicamente pontos de vista fracionados, que os levam a isolar objetos de estudo (a raça, as instituições, etc.) sem apreender as inter-relações entre os diferentes domínios (§5). Assim, perde-se de vista a "harmonia superior" ou, em linguagem moderna, a preocupação com o global. "Pouco material demais, pouco espiritual demais" (§22 e 23), essa história negligencia o substrato material das sociedades assim como as elaborações da "alma nacional" e se entrincheira num intervalo político-institucional.

Terceira: essa "nobre plêiade" é vítima de preconceitos ideológicos. Assim se dá com o "admirável" Thierry, preso à teoria da *"perpetuidade das raças"* (§14), retomada de certos historiadores do século XVIII, que o leva a dar excessiva ênfase às dominações sucessivas dos gauleses, dos romanos, dos francos, etc. Semelhante interpretação manifesta um aguçamento do sentimento nacional, ligado ao movimento romântico, e impele a retraduzir as oposições de classes sob a forma de conflitos raciais: uma aristocracia franca, por exemplo, que se opõe a um terceiro estado gaulês! Mas a obra de Thierry permanece bela na medida em que escapa a essa visão sistemática e dá espaço aos elãs de um "coração comovido" pela invasão estrangeira e vibrante de ideais patrióticos (§14). Essa "respiração por baixo" se encontra também nos escritos do próprio Michelet, cuja temática subjacente, passional, costuma ser mais cativante que as ideias explicitamente afirmadas.

D.

A ambição totalizante do historiador é aqui afirmada mais claramente do que nunca. A "totalidade vivida" que Michelet quer reconstruir se situa num nível mais profundo que o "global" dos historiadores atuais. Trata-se da captura de uma *unidade viva* e não apenas de instâncias interconectadas. Todos os patamares de realidade normalmente separados são subsumidos numa *harmonia superior* (§5). "Fui o primeiro a vê-la (a França) como uma alma e uma pessoa" (§2) O historiador chega ao Um, não divino mas nacional. A metáfora, muito tradicional, do organismo (§6) explicita a noção de harmonia superior. A vida implica a solidariedade dos órgãos, sua influência mútua, etc.

A ambição do historiador consiste, portanto, em *reencontrar a vida histórica* (§7) através de dois procedimentos complementares:

a) *segui-la por todos os seus caminhos,* o que implica uma vasta informação, um trabalho minucioso de reconstituição;

b) *restabelecer a ação recíproca dessas forças diversas num poderoso movimento,* e aí vemos aflorar uma filosofia vitalista, haurida a Vico e a certos filósofos alemães, segundo a qual há um princípio vital em ação na história da humanidade.

Assim podemos identificar com maior precisão o *problema histórico* de Michelet (§9), ou seja, *a ressurreição da vida integral,* inclusive em seu ventre quente, em "seus organismos interiores profundos". "São necessários aí tanto o calor quanto a palpitação", como dirá alhures. Semelhante projeto tem a ver com uma paixão, com uma vontade de abarcar a matéria histórica viva, e também com certa relação mantida com os mortos, mais do que com uma escolha racional. Para compreender a história assim por dentro é preciso chegar a uma outra esfera da percepção do passado, em que a narrativa histórica deixa de ser um quebra-cabeça inerte e se torna vida e movimento. Michelet nos fornece um substituto laico da ressurreição dos mortos: "Esse movimento imenso se pôs em marcha sob meus olhos" (§11).

E aponta as características dessa vida verdadeira que ele faz renascer (§12): não é nem um calor de laboratório, nem movimentos convulsivos artificialmente impostos a um cadáver (o galvanismo), mas acima de tudo um lento crescimento, uma continuidade. A vida vegetal fornece seu modelo. Ela se enraíza num *substrato* geográfico e climático (§16) que não é apenas o teatro das ações históricas, mas um conjunto de condições ecológicas que modelam os seres vivos ("tal o ninho, tal o pássaro"). Apesar dessa bela proclamação, os atores de Michelet "marcham" meio que "no ar", nos espaços nebulosos da mística republicana, como essa França que é "filha de sua liberdade" (§20).

Essa última expressão nos conduz a evocar *o trabalho de si sobre si* (§18) de toda sociedade que, segundo Michelet, constitui o próprio movimento da história, de que ele tem uma percepção essencialmente dinâmica. Ele evoca também *o grande trabalho das nações* (§17), algo como um parto contínuo de sua própria personalidade, o que permite relativizar o fatalismo racial. É uma operação de mistura e moagem, em que todos os elementos originais são fundidos para dar origem a um organismo original. Trata-se de um fato moral, de uma conscientização progressiva e não apenas de progressos justapostos. Essa ideia é retomada no parágrafo 19, que talvez seja aquele em que fica mais claro que o pensamento de Michelet está ligado ao que se poderia chamar de "vitalismo evolucionista", em que o princípio vital usurpa os atributos de Deus. *Assim segue a vida histórica*, na base da fusão e do amálgama, culminando na elaboração de personalidades nacionais diferenciadas. Nessa matéria, como era de se esperar, o modelo é dado pela França, porta-estandarte da liberdade no mundo.

E.

A relação mantida pelo historiador com sua obra é formulada em termos muito novos. O autor está profundamente implicado na operação que realiza. A objetividade não passa, aos olhos de Michelet, de um falso problema. Longe de querer se apagar, o historiador deve estar presente, com suas paixões e suas emoções, em todos os níveis de seu trabalho. Essa presença é comparável à do artista em sua obra (§26). Nada pior que o historiador que se apaga, como Barante. É com toda nossa personalidade que "penetramos os mistérios" do passado (§27). Só uma relação amorosa com o objeto permite chegar a uma "segunda visão" (§28). É digno de nota o apego um tanto obscuro de Michelet pelo "grande, sombrio, terrível século XIV", tempo de pestes e de guerras, com as quais entram em ressonância os fantasmas do autor.

Toda a vida de Michelet "passou para" (§25) essa *História da França*, um livro saído de sua "tempestade (ainda turbulenta) de juventude" (§29), uma loucura, um trabalho esmagador a que ele se dedicou como à resolução de um problema (§9). "Ele foi meu único acontecimento" (§25), essa frase soa como uma confissão: o historiador não vive em seu presente, mas por procuração, com os personagens do passado. Para Michelet, a história se deteve em 1789, ou, mais exatamente, em 1790, na Festa da Federação.

Reciprocamente, esse livro é o produto de toda uma vida de labor, daí sua homogeneidade, sua coerência profunda (§13): ele cresceu lentamente, como uma planta, a partir de um método único. Ele se apresenta como um conjunto harmônico, rico em múltiplos ecos. Essas afirmações dissimulam diversas variações, de fundo quando não de forma.

Operando uma inversão da relação entre o autor e sua obra, eis aqui estas linhas surpreendentes sobre o historiador engendrado por seu texto (§29). "Esse filho fez seu pai". A explicação é dada logo a seguir: "ele me deu em troca muito mais em força e luz", etc. Tem-se o sentimento de que Michelet resolveu seus problemas interiores ao longo das páginas, para chegar a um estado de paz uma vez realizada sua tarefa de ressuscitador. O que soa como um desafio à história objetiva que está definindo seus contornos e procedimentos nos anos 1860-1870.

Esse texto célebre pode ser lido em dois níveis, a cada vez com apreciações opostas. Sob vários aspectos, trata-se de um monumento de ideologia pequeno-burguesa. Um simples levantamento das palavras que ocorrem ao redor do substantivo "França" diz muito quanto a isso: "luz, alma, pessoa, filha de sua liberdade, fez a França", etc. Mas esse texto é também a expressão de uma relação vital entre o autor e sua obra. Ao redor do termo "livro" encontramos: "vida, lentidão, método, forma, cor, harmônico, único acontecimento, me criou", etc. A obra de Michelet é salva por essa paixão que o consome. Roland Barthes o descreveu como um devorador de história, animado por uma verdadeira fúria de trabalho, curvando-se a uma disciplina monástica para tentar satisfazer esse apetite insaciável. Sua manducação da história tem algo de ritual ("bebi demais o sangue dos mortos"), mas também de animal: "ele pasta história", diz Barthes. É nesse nível que os textos de Michelet encontram sua palpitação e seu atrativo.

Fracasso da globalidade

A grandiosa ambição enunciada no *Prefácio* de 1869 foi frustrada, ao longo de toda a carreira de Michelet, por ao menos duas séries de razões. O autor da *História da França* observa o passado com as lentes da ideologia e se deixa levar por seu inconsciente, o que determina nele uma abordagem seletiva da matéria histórica.

Não é o caso de censurar Michelet por faltar a uma objetividade que ele nunca pregou, mas reteremos inicialmente dois exemplos da influência determinante que essas *escolhas ideológicas e políticas* exerceram sobre sua visão do passado. *Sua concepção da Idade Média*, em primeiro lugar, flutua em função de sua história pessoal e de seus sucessivos engajamentos, como Jacques Le Goff demonstrou admiravelmente: a) De 1833 a 1844, sob a influência da corrente romântica, elabora uma "bela Idade Média", ao mesmo tempo material e espiritual, no seio da qual se realiza "o grande movimento progressivo, interior, da alma nacional". Tempo das pedras vivas que "se anima(m) e se espiritualiza(m) sob a ardente e severa mão do artista", tempo das infâncias da França em que se sucedem o Bárbaro transbordante de seiva original, os Pastores das Cruzadas e Joana d'Arc. O cristianismo ainda é considerado por Michelet uma força positiva, que trabalhou para a liberação dos humildes. Ele celebra a união da Religião e do Povo, cujos sofrimentos e lutas descobre (os Jacques,[73] os trabalhadores flamengos); b) a partir de 1855 domina "a sombria Idade Média", "minha inimiga a Idade Média", como dirá, rasurando seus livros anteriores. Até então vira apenas o ideal, agora descobre sua realidade, "o estado bizarro e monstruoso". Seu anticlericalismo cada vez mais virulento o conduz a essa renegação. A própria arte já não encontra graça a seus olhos. A Igreja, longe de ser a protetora do povo, é uma instituição repressiva, cujas vítimas ele reabilita (Abelardo, os albigenses). Ela proíbe a festa e faz reinar a ignorância; c) com *La Sorcière* (1862), Michelet descobre uma Idade Média *underground*, em que Satã é o senhor do jogo. Satã, "nome bizarro da liberdade, ainda jovem, militante de início, negativa, criadora mais tarde, cada vez mais fecunda". Vê na bruxa a mãe da ciência moderna por seu conhecimento da natureza, do corpo e da medicina. Um século, o XIV, é mais do que qualquer outro ornado de cores diabólicas – e exerce uma obscura fascinação sobre Michelet; d) última mudança de rumo: envelhecendo, cada vez mais assombrado pelo triunfo do maquinismo e do capital sob o Segundo Império, volta à Idade Média de sua juventude, período de vida abundante e de criatividade.

Sua visão de conjunto da história se ordena, além disso, de acordo com uma *bipolaridade* no mínimo esquemática. Princípios antitéticos

---

[73] Ou seja, os "joões-ninguém", os camponeses pobres – que por vezes se revoltavam, nas *jacqueries*. (N.T.)

se confrontam, numa espécie de substituto da psicomaquia dos autores medievais: Graça e Justiça, Fatalidade e Liberdade, Cristianismo e Revolução. Todos os excessos que se produzem ao longo do desenrolar da história são curiosamente associados à ação da Graça, inimiga da Justiça, fonte do arbitrário e da tirania. Entre seus agentes, encontramos tanto os jesuítas quanto Napoleão, enquanto os valdenses e a *Sorcière*, por exemplo, são os arautos da Justiça. E nessa oposição binária se enxerta uma outra: a antítese entre cristianismo e Revolução. A segunda usurpa os atributos do primeiro: não tem ela sua Última Ceia (a Festa das Federações, em 1790), sua Paixão, e seu grande sacerdote (o próprio Michelet)? Ele de fato tem consciência do caráter sagrado de seu trabalho de historiador: "Eu carregava todo esse passado como teria carregado as cinzas do meu pai ou do meu filho".

Mago da história republicana, Michelet sofreu fortes ataques da parte de Charles Maurras – nem todos injustificados, diga-se de passagem: "Seu procedimento de base consiste em elevar até a dignidade de Deus cada rudimento de ideia geral a seu alcance [...]. Michelet fez pensamento com seu coração, fez seu coração pensar sobre todos os assuntos, a história dos homens, a da natureza, a moral, a religião... Essa mistura, requentada e dourada ao fogo da mais bela imaginação e da mais bela paixão, resulta numa massa consistente, como um humilde *corpus* de filosofia popular".

O peso do inconsciente é revelado por uma análise temática em profundidade, como a empreendida por Roland Barthes. Aos olhos deste, a obra de Michelet constitui "uma rede organizada de obsessões", o que se manifesta, por exemplo, pelo eterno retorno dos mesmos temas, como as identificações entre o Bárbaro e a subida da seiva, entre a monarquia e o sangue fechado, entre o jesuíta e a seca. Note-se que esses temas colocam em jogo certa atitude para com a vida ou a matéria e estão estreitamente ligados ao sistema de valores de Michelet.

Para ilustrar essa interpretação psicanalítica, formulada de maneira deslumbrante por Roland Barthes, vamos nos debruçar sobre algumas das grandes obsessões de Michelet, sem evidentemente esgotá-las (elas são muitas). Primeiro aparece o gosto pelo homogêneo e pela continuidade, tanto na matéria quanto na duração.

Assim, a França é o produto de uma fusão, operada quando da Festa da Federação de 1790, que apagou as particularidades provinciais para dar origem à pátria comum, ela própria enraizada num solo. Esse princípio nacional, assim como o princípio democrático, conheceu um crescimento lento e contínuo ao longo dos séculos, de tipo vegetal. A história *à la* Michelet não é um encadeamento mecânico de causas e efeitos, mas uma "cadeia de identidades", o que vale a Luís, o Justo, Roberto, o Piedoso, Godofredo de Bulhão e Joana d'Arc serem todos apresentados como (pré)figuras do Povo! Salta aos olhos a semelhança com os manuais destinados ao ensino público durante a III e a IV Repúblicas, em que diversas figuras históricas são colocadas em correspondência através dos séculos (Carlos Magno e Jules Ferry, etc.)! Essa *história-planta*, essa sequência de identidades, se acomoda muito bem a certo evolucionismo, já que as figuras sucessivas de um mesmo princípio se situam em diferentes estágios de crescimento.

Michelet também era obcecado pelo desejo de entrar em relação com os mortos e conseguir reencontrar sua "substância corruptível". Os documentos eram a seus olhos vozes que era preciso saber escutar. Ele queria fazer justiça plenamente a seus autores realizando um "gesto reparador" que consistia em desvelar o sentido profundo de suas existências, conferindo-lhes uma vida plena.

> Falei já do ofício de Camões na costa mortífera da Índia: Administrador dos bens dos falecidos.
> Sim, cada morto deixa um pequeno bem, sua memória, e pede que cuidemos dela. Para aquele que não tem amigos, é preciso que o magistrado cumpra esse papel. Pois a lei, a justiça, é mais segura que todas as nossas ternuras passageiras, nossas lágrimas que secam tão rápido.
> Essa magistratura é a História. E os mortos são, para falar como o Direito Romano, essas *miserabiles personae* de que o magistrado deve se ocupar.
> Nunca em minha carreira perdi de vista esse dever do Historiador. Dei a muitos mortos, esquecidos demais, a assistência de que eu mesmo precisarei.
> Exumei-os para uma segunda vida. Muitos deles não tinham nascido no momento que lhes teria sido oportuno. Outros nasceram às vésperas de circunstâncias novas e

extraordinárias que os apagaram, que, por assim dizer, sufocaram sua memória (exemplo, os heróis protestantes mortos antes da brilhante e ingrata época do século XVIII, de Voltaire e de Montesquieu).

A história acolhe e renova essas glórias deserdadas; dá vida a esses mortos, ressuscita-os.[74]

Não há ressurreição possível sem que se dê aos defuntos sua "compleição", sua circulação sanguínea e o grão de sua pele. No entanto, os retratos traçados por Michelet nada têm de laboriosos, são rapidamente esboçados, um ou dois adjetivos bastando para evocar a essência de um indivíduo já que não dá para restituir sua anatomia. Vemos desfilar assim, numa espécie de museu de cera, o seco Luís XV, o pálido e gordo Luís XVI, o amarelo e céreo Napoleão, enquanto Robespierre-gato contrasta com Marat-sapo:

> A criatura das trevas veio se exibir ao sol, sorrindo com sua enorme boca [...]. Bastou sua presença na tribuna para sublevar todo mundo: era como se a maculasse. Aquela figura larga e baixa, que mal passava da cabeça e do peito e se estendia em largura, aquelas mãos gordas, espessas, que ele apoiava com força sobre a tribuna, aqueles olhos proeminentes não davam a ideia do homem e sim do sapo...[75]

Quanto às mulheres, umas são açucaradas, outras amanteigadas ou evocam o chantili (Madame de Pompadour) ou "uma água adormecida, como um pântano suspeito" (a duquesa de Orleans)! Cada uma dessas personagens apresenta um atrativo ou suscita uma aversão ligados a sua carne, não sem relação com as convicções políticas de Michelet (a monarquia não é sinônimo de afetação, de sangue fechado?). Esses atores históricos mantêm relações de tipo passional ou erótico, dignas das melhores evocações romanescas. Quando relata o casamento de Napoleão e Marie-Louise, Michelet dá livre curso a sua transbordante imaginação e a seus fantasmas.

---

[74] *Histoire du XIXe Siècle*, t. I, "O Diretório", Prefácio (p. 11), citado por Roland Barthes.

[75] Michelet (1979, t. IV, livro VIII, cap. 3).

> Foi um sacrifício humano. Marie-Louise, sob seu brilho sanguíneo e seu frescor de vinte anos, estava como uma morta. Entregavam-na ao Minotauro, ao grande inimigo de sua família, ao assassino do duque de Enghien. Ele não iria devorá-la? [...] Sua pele amarela de corso tinha ficado esbranquiçada, fantasmagórica, com a gordura. A moça do Norte, uma rosa (uma rosa um pouco vulgar, como Prud-hon a pinta) estava apavorada com o contato.[76]

Já deu para notar pelas linhas precedentes: Michelet é obcecado pelo sangue, que, a seus olhos, é a "substância cardial da história". Roland Barthes estabeleceu uma sugestiva classificação dos sangues dos heróis micheletianos. O excesso de sangue afeta, por exemplo, a brava irmã Margarida Maria Alacoque, propagandista da devoção ao Sagrado Coração de Jesus no fim do século XVII.

> As Visitandinas, como se sabe, esperavam a visita do Esposo, e se intitulavam *Filles du Coeur de Jésus*. Entretanto, ele não vinha. A adoração do coração (mas do coração de Maria) havia surgido na Normandia com bem pouco efeito. Mas na vinosa Borgonha, onde o sexo e o sangue são ricos, uma moça borgonhesa, religiosa visitandina de Paray, recebeu finalmente a visita prometida, e Jesus lhe permitiu beijar as chagas de seu coração ensanguentado.
> Margarida Maria Alacoque (era o seu nome) não tinha sido precocemente debilitada, empalidecida pelo frio regime dos conventos. Tendo ido tarde para o claustro, em pleno viço e juventude, a pobre moça era mártir de sua pletora sanguínea. A cada mês era preciso lhe fazer uma sangria. E, mesmo assim, ela não deixou de ter, aos vinte e sete anos, esse êxtase supremo da felicidade celeste. Fora de si, confessou-se a sua abadessa, mulher hábil que tomou uma grande iniciativa: ousou fazer um contrato de casamento entre Jesus e Alacoque, que o assinou com seu sangue. A superior assinou ousadamente em nome de Jesus. E, o que é mais, as núpcias foram celebradas. Desde então, a cada mês, a esposa foi visitada pelo Esposo.[77]

---

[76] *Histoire du XIX siècle*, t. III, livro IV, cap. 8.
[77] *Histoire de France*, t. XIII, cap. 15.

Em compensação, Carlos XII da Suécia e Saint-Just têm um sangue "pálido e endurecido", e Robespierre um sangue insípido, que contrasta com aquele – quão generoso! – das mulheres de Termidor que assistem à sua execução: elas "ofereciam um espetáculo intolerável. Impudentes, seminuas sob pretexto de que era julho, a garganta carregada de flores, cotovelos apoiados sobre o veludo, debruçadas sobre a rua Saint-Honoré, com os homens atrás, gritavam com voz estridente: 'Que morra, na guilhotina!'". Michelet, o visionário, é atormentado por fantasmas de sangue espalhado, quando da noite de São Bartolomeu e, sobretudo, dos Massacres de Setembro, e de sangue apodrecido, como o dos leprosos e pestilentos do "terrível século XIV".

Devemos concluir que, dada sua percepção seletiva e frequentemente tendenciosa do passado, Michelet se contentou em acalentar um sonho de "ressurreição da vida integral"? Apesar desses limites, ele atingiu parcialmente seu projeto. Teve, inegavelmente, o senso das grandes forças coletivas em ação na história. Seu herói por excelência é o Povo, termo mágico por meio do qual as contradições se resolvem e as oposições se desfazem, sejam elas de idades, de sexos ou de classes. Esse Povo é masculino e feminino ao mesmo tempo, andrógino, porque combina inteligência e intuição. É criança por suas aspirações e impulsos incontrolados, velho por sua sabedoria, fruto da experiência. É um "potencial de calor", uma matriz, um seio.

> Em nacionalidade é como em geologia: o calor está embaixo. Desça, verá que ele aumenta; nas camadas inferiores, ele queima.
> Os pobres amam a França como se tivessem uma dívida de gratidão e deveres para com ela. Os ricos a amam como se ela lhes pertencesse, devesse a eles. O patriotismo dos pobres é o sentimento do dever; o dos ricos, a exigência, a pretensão a um direito.
> O camponês, como dissemos, desposou a França em legítimo matrimônio; ela é sua mulher, para sempre; ele é um com ela. Para o operário, ela é sua bela amante; ele não tem nada, mas tem a França, seu nobre passado, sua glória. Livre de ideias locais, ele adora a grande unidade. É preciso que esteja na mais negra miséria, derrubado pela fome e pelo

trabalho para que esse sentimento enfraqueça nele; mesmo assim, ele nunca se extingue.[78]

Tendo conhecido uma emergência progressiva ao longo da história, o Povo tem vocação para reunir todo o mundo. Ser povo, de fato, é antes de tudo um estado de espírito: "Eu nasci povo, tinha o povo no coração". É preciso mergulhar nele, vibrar com ele, sobretudo ao relatar os anos 1789-1792. Michelet foi o primeiro a atribuir uma importância decisiva à intervenção das massas na história. Um sopro poderoso atravessa sua narrativa da Revolução, como um grande vento de fraternidade democrática. Amando o Povo, ele aprecia seu comportamento de maneira justa e sem excessiva complacência. Relatando os Massacres de Setembro, analisa de maneira bastante convincente a psicologia dos mercadores em falência que engrossam as fileiras dos assassinos, e a da massa, desejosa de purgar Paris de sua escória contrarrevolucionária, mas sempre pronta a se enternecer quando o tribunal pronuncia uma absolvição. Povo versátil, compassivo e ingrato ao mesmo tempo... Quando narra os inícios da insurreição realista da Vendeia, em 1793, Michelet "sente" o comportamento das camadas rurais com muito acerto e não dissimula o rigor da lei de requisição, mas denuncia ao mesmo tempo a propaganda e as manipulações do clero obscurantista, e celebra com emoção os mártires republicanos.

> O clero, havia quatro anos, apesar de sua violência e de sua raiva, ainda não conseguira mobilizar as massas. Mais furioso que convencido, não encontrava as máquinas simples e fortes necessárias para atingir, mexer na fibra popular. As bulas proclamadas, comentadas, não bastavam: o papa, em Roma, parecia longe da Vendeia. Os milagres agiam pouco. Por simples que fosse o povo, dá para apostar que muitos tinham suas dúvidas. Essas falcatruas perturbavam alguns, esfriavam os outros. Cathelineau imaginou algo ingênuo e leal, que causou muito maior impressão que todas essas mentiras. Sua ideia foi fazer com que, nas procissões em que se carregava a cruz, as paróquias cujos padres tivessem prestado o juramento à República só pudessem levar seu Cristo envolto em crepes pretos.

[78] Michelet (1846, t. I, cap. 8).

O efeito foi imenso. Não havia boa mulher que não caísse no choro ao ver Cristo humilhado assim, sofrendo a Paixão uma segunda vez! [...] Quanta censura merecia a dureza, a insensibilidade dos homens que podiam suportar ver Nosso Senhor assim cativo! [...] E os homens também se acusavam uns aos outros. Era uma ocasião de rivalidade e inveja entre os vilarejos. Aqueles que tinham essa vergonha de não mostrar seu Cristo de rosto descoberto eram vilipendiados pelos outros como vilarejos de covardes que aceitavam a tirania [...].

A lei da requisição intensificara ainda mais o ódio dos camponeses contra Cholet, contra as cidades em geral, as municipalidades. Por meio dessa lei, a Convenção impunha aos oficiais municipais o terrível encargo de improvisar um exército com tudo incluído, pessoal e material, os homens e as coisas. Dava a eles o direito de requisitar não apenas os recrutas, mas as roupas, o equipamento, os transportes. Dizia-se que a República ia requisitar os animais [...] Tocar nos bois deles! Santo Deus! [...] Aquilo era razão para pegar em armas.

A lei da requisição autorizava as comunas a se arranjarem em família para formar o contingente. Se havia um rapaz necessário demais a sua família, a municipalidade o deixava e pegava outro em seu lugar. E era justamente essa arbitrariedade que multiplicava as disputas. Com essa lei imprudente, a Convenção acabou colocando um povo inteiro em discussão. As autoridades municipais não sabiam a quem dar ouvidos. Republicanos ou monarquistas, eram quase igualmente injuriados, ameaçados. Um administrador municipal a quem os camponeses queriam surrar lhes dizia: "Mas que ideia!... vocês nunca vão encontrar alguém mais aristocrata."

Esses ódios atrozes explodiram no dia 10, em Machecoul. Enquanto os sinos tocam o alarme, uma enorme massa rural se abate sobre a cidadezinha. Os patriotas saem intrepidamente, duzentos homens contra milhares e milhares. A massa simplesmente passou por cima deles. Entrou como uma onda, preencheu tudo. Era domingo; vinham se vingar e se divertir. Como diversão, crucificaram de cem maneiras o pároco constitucional. Mataram-no a pequenos golpes, atingindo-o unicamente no rosto. Feito isso, organizaram a caça aos patriotas.[79]

Panegirista do Povo, cantor de seus sofrimentos e de seus triunfos, Michelet soube dar lugar em sua história ao ambiente geográfico e climático, ao corpo e suas trocas com o meio. Interessou-se pelas condições concretas de vida das massas e não somente pela entidade Povo. O orçamento de uma família, sua alimentação, as roupas com suas conotações sociais, tudo foi alvo de sua atenção. Esta também se voltou para tudo o que tinha até então sido empurrado para as margens da sociedade e da análise histórica: o irracional, a heresia, as bruxarias, os excluídos e os abandonados, a cultura popular... Nesse sentido, pode ser considerado como o precursor direto de toda uma linhagem de historiadores atuais[80] que se consagraram a fazer ressurgir o recalcado das sociedades passadas.

---

[79] Michelet (1972, p. 186-187).
[80] Os trabalhos de Carlo Ginzburg, *Os andarilhos do bem* (1966) e *O queijo e os vermes* (1976) estão entre os mais significativos dessa corrente historiográfica.

Documento

Prefácio à *História da França*, 1869

Essa obra laboriosa de cerca de quarenta anos foi concebida num instante, no clarão de julho. Naqueles dias memoráveis uma grande luz se fez, e percebi a França.

Ela tinha anais, mas nenhuma história. Homens eminentes a tinham estudado, sobretudo do ponto de vista político. Ninguém tinha penetrado no infinito detalhe dos desenvolvimentos diversos de sua atividade (religiosa, econômica, artística, etc.). Ninguém ainda a tinha abarcado com o olhar na unidade viva dos elementos naturais e geográficos que a constituíram. Fui o primeiro a vê-la como uma alma e uma pessoa.

O ilustre Sismondi, esse perseverante trabalhador, honesto e judicioso, em seus anais políticos, raramente se eleva às visões de conjunto. E, por outro lado, praticamente não entra nas pesquisas eruditas. Ele próprio admite que, escrevendo em Genebra, não tinha à mão nem as atas nem os manuscritos.

De resto, até 1830 (e mesmo até 1836), nenhum dos historiadores notáveis dessa época sentira ainda a necessidade de buscar os fatos fora dos livros impressos, nas fontes primitivas, a maior parte inédita então, nos manuscritos de nossas bibliotecas, nos documentos de nossos arquivos.

Essa nobre plêiade histórica que, de 1820 a 1830, lança tamanho brilho, os Srs. de Barante, Guizot, Mignet, Thiers, Augustin Thierry, considerou a história sob pontos de vista específicos e diversos. Este se preocupou com o elemento da raça, este outro com as instituições, etc., sem ver talvez que essas coisas não estão separadas, que cada uma interage com as outras. A raça, por exemplo, será que permanece idêntica sem sofrer a influência dos costumes que se transformam? As instituições podem ser estudadas de maneira satisfatória sem levar em conta a história das ideias, as mil circunstâncias sociais de que elas surgem? Essas especialidades sempre têm algo de um pouco artificial, que pretende esclarecer mas acaba oferecendo falsos perfis, enganando sobre o conjunto, ocultando a harmonia superior.

A vida tem uma condição soberana e bem exigente. Só é verdadeiramente a vida quando completa. Seus órgãos são todos solidários e só agem em conjunto. Nossas funções estão ligadas, supõem-se reciprocamente. Se uma só faltar, nada mais vive. Acreditava-se outrora ser possível isolar com o escalpelo e seguir à parte cada um de nossos sistemas; mas não dá para fazer isso, pois tudo influi sobre tudo.

Assim, ou tudo, ou nada. Para redescobrir a vida histórica seria preciso segui-la pacientemente em todos os seus caminhos, em todas as suas formas, todos os seus elementos. Mas seria preciso também, com uma paixão ainda maior, refazer e restabelecer o jogo de tudo isso, a ação recíproca dessas forças diversas num poderoso movimento que voltaria a se tornar a própria vida.

Um mestre de quem tive, por certo não o gênio, mas a violenta vontade, foi Géricault. Entrando no Louvre (no Louvre de então, onde toda a arte da Europa se encontrava reunida), não se deixou perturbar. Disse: "Muito bem! Vou refazê-la". Em rápidos esboços que nunca assinou, ia apreendendo e se apropriando de tudo. E se não fosse 1815, teria mantido sua palavra. Assim são as paixões, as fúrias da bela idade.

Mais complicado ainda, mais apavorante, era meu problema histórico, colocado como *ressurreição da vida integral*, não em suas superfícies, mas em seus organismos interiores e profundos. Nenhum homem prudente cogitaria nisso. Por sorte, eu não o era.

Naquela radiante manhã de julho, em sua vasta esperança, em sua poderosa eletricidade, essa empreitada sobre-humana não assustou um jovem coração. Certas horas desconhecem os obstáculos. Tudo se simplifica pela chama. Mil coisas embaralhadas se resolvem, reencontram suas verdadeiras relações e (harmonizando-se) se iluminam. Muitos mecanismos, inertes e pesados quando jazem à parte, deslizam por si mesmos quando recolocados no conjunto.

Essa foi ao menos minha fé, e esse ato de fé, por maior que fosse minha fraqueza, agiu. Esse movimento imenso se abalou sob meus olhos. Essas forças variadas, de natureza e de arte, procuraram-se, arranjaram-se, desajeitadamente de início. Os membros do grande corpo

– povos, raças, regiões – foram se organizando aos poucos, do mar ao Reno, ao Ródano, aos Alpes, e os séculos desfilaram da Gália à França.

Todos, amigos, inimigos, disseram "que aquilo estava vivo". Mas quais são os verdadeiros sinais indicadores da vida? Por meio de certa destreza, obtém-se animação, uma espécie de calor. Às vezes o galvanismo parece superar a própria vida com seus saltos, seus esforços, seus contrastes marcados, surpresas, pequenos milagres. A verdadeira vida tem um sinal completamente diferente: sua continuidade. Nascida de um jato, ela dura, e cresce plácida, lentamente, *uno tenore*. Sua unidade não é a de uma pecinha em cinco atos, mas (num desenvolvimento que sói ser imenso) a harmônica identidade da alma.

A crítica mais severa, se julgar o conjunto do meu livro, não deixará de reconhecer nele essas altas condições da vida. Ele não foi de modo algum precipitado, apressado; teve, ao menos, o mérito da lentidão. Do primeiro ao último volume, o método é o mesmo, seja em minha Geografia, seja em meu Luís XV, seja em minha Revolução. E o que não é menos raro num trabalho de tantos anos é que a forma e a cor se sustentam nele. Mesmas qualidades, mesmos defeitos. Se estes tivessem desaparecido, a obra seria heterogênea, descolorida, teria perdido sua personalidade. Tal qual, é melhor que ela permaneça harmônica e um todo vivo.

Quando comecei, já existia um livro de gênio, o de Thierry. Sagaz e penetrante, delicado intérprete, grande cinzelador, admirável operário, mas subordinado demais a um mestre. Esse mestre, esse tirano, é o ponto de vista exclusivo, sistemático, da perpetuidade das raças. O que faz, no total, a beleza desse grande livro, é que junto a esse sistema, que parece fatalista, sentimos respirar por toda parte, latente, um coração comovido contra a força fatal, a invasão, repleto da alma nacional e do direito da liberdade.

Amei-o e admirei-o muito. Contudo, ousarei dizer? Nem o material nem o espiritual me bastavam em seu livro.

O material, a raça, o povo que a continua, pareciam-me carecer de uma base mais forte, a terra, que os portasse e alimentasse. Sem uma base geográfica, o povo, o ator histórico, parece caminhar no ar como nas pinturas chinesas em que não há chão. E notem que esse chão não é apenas o teatro da ação. Por meio da alimentação, do clima, etc., ele influi nela de cem maneiras. Tal o ninho, tal o pássaro. Tal a pátria, tal o homem.

A raça, elemento forte e dominante nos tempos bárbaros, antes do grande trabalho das nações, é menos sensível, é fraca, apagada quase, à medida que cada uma se elabora, se personifica. O ilustre Sr. Mill o diz muito bem: "Para se dispensar do estudo das influências morais e sociais, seria um meio muito fácil atribuir as diferenças de caráter e de conduta a diferenças naturais indestrutíveis".

Contra aqueles que dão continuidade a esse elemento de raça e o exageram nos tempos modernos, depreendia da própria história um fato moral enorme e pouco notado demais. É o poderoso *trabalho de si sobre si*, através do qual a França, pelo seu progresso próprio, vai transformando todos os seus elementos brutos. Do elemento romano municipal, das tribos alemãs, do clã celta, anulados, desaparecidos, tiramos com o tempo resultados completamente diferentes, e até contrários, em grande parte, a tudo o que os precedeu.

A vida tem sobre si mesma uma ação de pessoal engendramento que, de materiais preexistentes, cria-nos coisas absolutamente novas. Do pão, dos frutos que comi, faço sangue vermelho e salgado que em nada recorda esses alimentos de que o tiro. Assim vai a vida histórica, assim vai cada povo se fazendo, engendrando-se, moendo, amalgamando elementos, que decerto permanecem nele em estado obscuro e confuso, mas representam muito pouco em relação ao que o longo trabalho da grande alma fez.

A França fez a França, e o elemento fatal de raça me parece secundário aí. Ela é filha de sua liberdade. No progresso humano, a parte essencial é a força viva, a que chamamos o homem. *O homem é seu próprio Prometeu.*

Em resumo, a história como eu a via nesses homens eminentes (vários deles admiráveis) que a representavam me parecia ainda fraca em seus dois métodos:

Pouco material demais, levando em conta as raças, não o solo, o clima, os alimentos, as diversas circunstâncias físicas e fisiológicas.

Pouco espiritual demais, falando das leis, dos atos políticos, não das ideias, dos usos, não do grande movimento progressivo, interior, da alma nacional.

E, sobretudo, pouco curiosa do miúdo detalhe erudito, onde o melhor, talvez, permanecia escondido nas fontes inéditas.

Minha vida foi para esse livro, passou para ele. Ele foi meu único acontecimento. Mas essa identidade entre o livro e o autor não traz um perigo? A obra não fica assim colorida pelos sentimentos do tempo, daquele que a fez?

É o que se vê sempre. Não há retrato tão exato, tão conforme ao modelo, que não traga um pouco do artista. Nossos mestres em história não se subtraíram a essa lei. Tácito, em seu Tibério, pinta também a si mesmo com a sufocação de seu tempo, "os quinze longos anos" de silêncio. Thierry, ao nos contar Klodowig, Guilherme e sua conquista, tem o sopro interior, a emoção da França recentemente invadida e sua oposição ao reino que parecia o do estrangeiro.

Se está aí um defeito, é preciso admitir que ele nos presta bons serviços. O historiador desprovido dele, que tenta se apagar ao escrever, não estar presente, seguir por trás a crônica da época (como Barante fez com Froissart), simplesmente não é um historiador. O velho cronista, encantador, é absolutamente incapaz de dizer a seu pobre serviçal que segue nos calcanhares dele o que é o grande, o sombrio, o terrível século XIV. Para saber isso são necessárias todas as nossas forças de análise e de erudição, é preciso um grande engenho que penetre os mistérios, inacessíveis a esse contador. Que engenho, que meio? A personalidade moderna, tão poderosa e tão ampliada.

Penetrando mais e mais o objeto, amamo-lo, e a partir daí observamo-lo com um interesse crescente. O coração comovido à segunda vista, vê mil coisas invisíveis para o povo indiferente. A história e o historiador se misturam nesse olhar. Será um bem? Será um mal? Aí se opera uma coisa que nunca foi descrita e que devemos revelar:

É que a história, no progresso do tempo, faz o historiador muito mais do que é feita por ele. Meu livro me criou. Sou eu que fui obra dele. Esse filho fez seu pai. Se de início ele saiu de mim, de minha tempestade (ainda turbulenta) de juventude, ele me deu em troca muito mais em força e luz, e até em calor fecundo, em potência real de ressuscitar o passado. Se nos parecemos, ótimo. Os traços que ele pegou de mim são em grande parte os que eu devia a ele, que peguei dele.

Michelet, *Préface à l'Histoire de France* para a edição de 1869. (Texto citado por J. Erhard e G. Palmade em *L'Histoire*. Armand Colin, 1965, p. 261-265.)

8

A escola metódica

A escola histórica dita "metódica", também chamada mais frequente e abusivamente "positivista", surge, desenvolve-se e se prolonga durante o período da Terceira República na França. Seus princípios gerais são expostos em dois textos-programa: o manifesto, escrito por Gabriel Monod, para lançar a *Revue historique* em 1876; e o guia redigido por Charles-Victor Langlois e Charles Seignobos em 1898 para uso dos estudantes de história. A escola metódica quer impor uma pesquisa científica que afaste qualquer especulação filosófica e que vise à objetividade absoluta no domínio da história; acredita poder chegar a seus fins aplicando técnicas rigorosas concernentes ao inventário das fontes, à crítica dos documentos e à organização das tarefas na profissão. Os historiadores "positivistas" participam da reforma do ensino superior e ocupam cátedras nas novas universidades; dirigem grandes coleções – Ernest Lavisse: *Histoire de France*; Alfred Rambaud: *Histoire générale*; Louis Halphen e Philippe Sagnac, *Peuples et Civilisations*; formulam os programas e elaboram as obras de história destinadas aos alunos dos colégios secundários e das escolas primárias. Ora, os manuais escolares, muito explicitamente, incensam o regime republicano, alimentam a propaganda nacionalista e aprovam a conquista colonial. Portanto, essa corrente de pensamento, simultaneamente, funda uma disciplina científica e secreta um discurso ideológico. Diante desse "monstro intelectual", somos assaltados por uma dúvida quanto à capacidade de todo e qualquer saber em ciências humanas se abstrair do meio social de que saiu. A escola metódica continua a dominar o ensino e a pesquisa em história nas universidades até os anos 1940; e inscreve uma evolução mítica da coletividade francesa – sob a forma de uma galeria de heróis e de combates exemplares – na memória de gerações de alunos até os anos 1960.

A *Revue historique*

Em 1876, a fundação da *Revue historique* por Gabriel Monod e Gustave Fagniez marca a constituição de uma escola histórica desejosa de acolher todos os trabalhadores sérios no quadro de certo ecletismo ideológico. O prólogo que abre o primeiro número não esconde as ambições daquilo que deve se tornar "uma coletânea periódica, destinada a favorecer a publicação de pesquisas originais sobre as diversas partes da história e a fornecer informações exatas e completas sobre os estudos históricos nos países estrangeiros e na França". Na realidade, A *Revue historique* pretendia cobrir principalmente a história europeia desde a morte de Teodósio (395) até a queda de Napoleão I (1815); por um lado, sob a forma de artigos de erudição, por outro, através de resenhas de obras. No comitê de redação, em que figuram os colaboradores mais ativos, duas gerações coexistem: a dos "veteranos", que alcançaram a maturidade durante o Segundo Império e são conhecidos por suas obras de filósofos e de historiadores, como Duruy, Renan, Taine, Boutaric e Fustel de Coulanges; e a dos "jovens lobos", que floresceram já nas primeiras décadas da Terceira República, como Monod, Lavisse, Guiraud, Bémont e Rambaud. Dos 53 fundadores, 31 são professores – no Collège de France, na École des Hautes Études, nas faculdades de Letras – e 19 arquivistas e bibliotecários. O círculo é restrito. É patente a vontade de criar uma revista destinada a profissionais integrados no meio das universidades e em contato com os arquivos.

A *Revue historique* se ergue contra sua irmã dez anos mais velha, a *Revue des questions historiques*. Monod não esconde a analogia, mas tampouco a oposição existente entre as duas publicações: "O sucesso da *Revue des questions historiques*, os felizes resultados que produziu, o proveito que nós mesmos tiramos de sua leitura foram um encorajamento para que a imitássemos. Porém, ao mesmo tempo, ela se afasta bastante do ideal que nos propomos, já que não foi fundada simplesmente com vistas à pesquisa desinteressada e científica, mas para a defesa de certas ideias políticas e religiosas (*Manifesto*, 1876, p. 322). De fato, a *Revue des questions historiques* foi constituída por aristocratas – o marquês de Beaucourt, o conde Henri d'Épinois, o conde Hyacinthe de Charencey – e plebeus – Léon Gautier, Marius

Sepet, etc. – que compartilhavam o gosto pela erudição, o apego à fé católica e uma inclinação pelo reacionarismo político. Nela, a maioria dos artigos trata da monarquia e da Igreja da França, pregando o retorno às tradições e o respeito às hierarquias sociais. Aliás, seu diretor é um conselheiro político do conde de Chambord. Sob todos os aspectos, a *Revue des questions historiques* traduz o pensamento da direita ultramontana (papista) e legitimista que triunfa na época da "ordem moral".

Em princípio, a *Revue historique* não reivindica nenhuma religião, nenhuma doutrina, nenhum partido. Contudo, se examinamos de perto sua equipe de redatores, vemos que ela pertence a um grupo bastante homogêneo nos planos social e político. Monod, o cabeça da revista, descende de uma família de pastores genoveses e tem catorze primos que exercem essa função. Vários outros colaboradores também são protestantes, como Rodolphe Reuss, Xavier Mossmann, Pierre Vaucher, Charles Bayet, Arthur Giry, Camille Jullian, Georges Parrot, Paul Meyer, Alfred Leroux e outros. Ao lado destes, alguns judeus como Gustave Bloch e James Darmesteter e, sobretudo, livres-pensadores, franco-maçons, como Ernest Lavisse, Paul Guiraud ou Ernest Havet. Poucos são os católicos. O codiretor, Gustave Fagniez, que pertence à religião dominante na França, tenta garantir uma abertura, manter um pluralismo doutrinal; mas já em 1881 deixa a revista em razão dos ataques virulentos contra a Igreja Católica publicados em suas páginas e – traição! – adere à Action Française e passa a colaborar na *Revue des questions historiques*. Ora, são intelectuais protestantes ou livres-pensadores, formados na École Normale Supérieure e na École des Chartes, como a maioria dos membros da *Revue historique*, que criaram a École Alsacienne e a École des Sciences Politiques, que povoaram a École Pratique des Hautes Études e ocuparam os cargos diretores do Ministério da Instrução Pública nos anos 1870. É o mesmo "*lobby*" protestante e franco-maçom que faz com que sejam aprovadas as Leis Ferry – que instituem o ensino primário laico, gratuito e obrigatório no início dos anos 1880.

Monod, em seu *Manifesto* de 1876, esboça um quadro da historiografia francesa... desde o século XVI. A *Revue historique* se quer o ponto culminante de uma tradição, que se inicia com a reflexão dos humanistas da Renascença – J. J. Scaliger, J. Bodin –, prolonga-se na pesquisa erudita dos beneditinos de Saint Maur – Mabillon, Montfaucon – e continua com a abundante produção dos românticos – De Barante, A. Thierry, J. Michelet. Em meados do século XIX, a disciplina histórica se assenta em sólidas instituições, como a École des Chartes, a École Pratique des Hautes Études, a Sociedade de História da França e as numerosas sociedades científicas. Monod se mostra mais original ao reconhecer a dívida dos historiadores franceses para com os historiadores alemães. "Foi a Alemanha que deu a maior contribuição para o trabalho histórico em nosso século [...]. Publicação de textos, críticas das fontes, elucidação paciente de todas as partes da história examinadas uma a uma e sob todas as suas faces, nada foi negligenciado. Basta citarmos os nomes de Lassen, Boeck, Niebuhr, Mommsen, Savigny, Eichhorn, Ranke, Waitz, Pertz, Gervinus; recordarmos a coleção do 'Corpus Inscriptionum', a dos 'Monumenta Germaniae', a dos 'Jahrbücher des Deutschen Reichs', a das 'Chroniken der Deutschen Staedte' [...]".[81] Por certo, o diretor da *Revue historique*, que esteve nas universidades de além-Reno, contenta-se em avaliar as conquistas da erudição alemã; mas, ao fazer isso, demonstra a coragem de enfrentar o chauvinismo francês poucos anos depois da derrota de Sedan.

Monod e seus amigos estimam modestamente que na França a história está em seus começos: "Apesar de todos os progressos realizados, ainda estamos num período de preparação, de elaboração dos materiais que servirão mais tarde para construir edifícios mais vastos".[82] Não obstante, os redatores da *Revue historique* pretendem proceder de acordo com um método científico: "Sem ser uma coletânea de pura erudição, nossa revista só aceitará trabalhos originais e de primeira mão que enriqueçam a ciência, seja pelas pesquisas que estiverem em sua base, seja pelos resultados que serão sua conclusão; porém, sem deixar de exigir de nossos colaboradores procedimentos de exposição estritamente científicos, em que cada afirmação seja acompanhada

---

[81] O *Manifesto* de G. Monod corresponde à "Introduction du progrès des études historiques em France depuis le XVIe siècle" (p. 5-38). In: *Revue historique*, dirigida por G. Monod e G. Fagniez. Paris: Librairie Germer Baillière et cie, 1876-1901, p. 27. Reproduzido na *Revue historique,* n. 258, abr./jun. 1976.

[82] Monod (1876-1901, p. 36).

de provas, de remissões às fontes e de citações, e excluindo as generalidades vagas e os desenvolvimentos oratórios, conservaremos um caráter literário para a *Revue historique*".[83] E a disciplina deve ser inserida no ensino superior: "Todos aqueles que se dedicam à investigação científica são solidários entre si; trabalham na mesma obra, executam partes diversas de um mesmo plano, tendem para o mesmo fim. É útil – é mesmo indispensável – que se sintam unidos e que seus esforços sejam coordenados para serem mais poderosos".[84] Em seus grandes traços, os princípios definidos no texto inaugural de Monod – o trabalho sobre os arquivos, a referência às fontes, a organização da profissão – voltarão a ser expostos, vinte e três anos depois, no manual de Charles-Victor Langlois e Charles Seignobos.

Em seu período de maturidade, entre 1880 e 1900, Monod exerce um verdadeiro magistério moral sobre a "profissão historiadora": diretor da *Revue historique*, codiretor da *Revue critique*, professor na École Normale Supérieur (ENS), presidente da 4ª seção da École Pratique des Hautes Études (EPHE), responsável por diversas comissões universitárias e sociedades científicas. Na *Revue historique*, o diretor se encarrega pessoalmente do "boletim crítico" consagrado à bibliografia francesa; orienta pouco a pouco suas resenhas para questões contemporâneas; e acaba dando lições de moral e de política. No nível das declarações de intenção, a *Revue historique* se diz neutra e imparcial, dedicada "à ciência positiva", "fechada às teorias políticas e filosóficas". Mas no que diz respeito às ações concretas, a revista toma claramente partido pela "República oportunista"[85]; aprova a ação dos governos Waddington, Freycinet, Ferry e Gambetta; aplaude a implantação das leis escolares; sustenta a instauração das liberdades públicas entre 1879 e 1884. Nos obséquios de Gambetta, Monod desfila precedido de uma bandeira com a inscrição "A história é a ciência mestra!".

---

[83] Monod e Fagniez (1876-1901, p. 2).

[84] Monod (1876-1901), p. 35.

[85] No entender de Maurice Agulhon [*in* HAMON, 1991, p. 13], a política republicana (da Terceira República) é a política dos "*opportunistes*", aqueles que, como o nome indica, iriam "[...] dar uma imagem firme da República nas realizações consideradas como essenciais, mas prudente em tudo o que não é considerado essencial"; "*moderada no domínio social*", por tentar reunir os franceses "comuns", gente de classe média, e mesmo notáveis e liberais e conservadores. (N.R., grifo idem).

Na mesma época, a *Revue historique* participa da reinterpretação da Revolução Francesa de 1789-1793, que se torna o mito fundador de uma Terceira República, garantindo a vida democrática e assegurando a defesa às fronteiras. É então que o 14 de Julho se torna o grande dia de festa nacional. Mais tarde, Monod condena a onda boulangista, o acesso de febre militarista que ameaça as instituições republicanas entre 1885 e 1889. Nos anos 1890, o diretor da *Revue historique* fala menos de política interna em suas crônicas, não por escrúpulos de neutralidade, mas por estar prestando mais atenção à política externa.

Da mesma maneira, a *Revue historique*, que recusa oficialmente qualquer "credo dogmático", engaja-se resolutamente no combate anticlerical. Embora os protestantes sejam muito numerosos no comitê de redação, a história da religião reformada não ocupa muito espaço na revista. Se consultamos os primeiros 40 números, num conjunto de 83 estudos, apenas 9 artigos abordam temas concernentes ao protestantismo (como a heresia dos patarinos em Florença – n. 4; a biografia de Michel Sevet – n. 10; etc.). Em compensação, a história do cristianismo é muito abordada. Os autores parecem favoráveis à Igreja dos primeiros séculos e tolerantes com a Igreja da Idade Média; mas se mostram agressivos para com a Igreja Católica, oriunda do concílio de Trento, praticante da Contrarreforma. Um exemplo: Charles-Louis Livet critica furiosamente as reduções dos jesuítas no Paraguai "que têm uma única meta, o aumento das riquezas da ordem; e um único meio, o rebaixamento dos indígenas" (*RH*, t. 18, p. 325). Todavia, na *Revue historique*, depois dos ataques violentos visando a destruir a influência de uma Igreja Católica que permanecia conservadora e legitimista no fim dos anos 1870 e nos anos 1880, as análises se tornam mais matizadas na época da "aliança" entre a Igreja e a República nos anos 1890. Monod chega então a escrever: "Ninguém pode evitar, ao contemplar a Igreja Católica, um sentimento de admiração e de veneração pela instituição mais considerável em sua influência e mais imponente por sua duração que o mundo já viu" (*RH*, 1895, n. 1).

Por fim, a *Revue historique* exibe uma preocupação ética, de ressonância nacional. Monod acredita que uma solidariedade une os homens do presente aos homens do passado: "O historiador sabe que a vida é uma mudança perpétua; mas que essa mudança é sempre uma transformação de elementos antigos, nunca uma nova criação a partir do zero. Ele dá às gerações presentes o sentimento vivo, a consciência profunda da feliz e necessária solidariedade que as une às gerações anteriores" (*Manifesto*, p. 323). Esse gênero de simpatia intuitiva é ainda mais ativo quando o especialista se consagra à história nacional. "O estudo do passado da França é uma tarefa primordial [...] por meio da qual podemos devolver a nosso país a unidade e a força moral" ("Prólogo", 1876). Trata-se, após a grave derrota de 1870, "de despertar novamente na alma da nação a consciência de si mesma através do conhecimento aprofundado de sua história". As revoluções são consideradas boas ou más dependendo do caso: o levante de 1789, que permite a Declaração dos Direitos do Homem e a abolição dos privilégios senhoriais, é celebrado; já a insurreição de 1871, que leva a lutas fratricidas sob os olhos dos inimigos, é detratada. Na apreciação da evolução interna, a *Revue historique* marca sua preferência por um "caminho do meio", afastado de qualquer excesso. Na avaliação da situação externa, desliza, ao longo dos anos, de um nacionalismo feroz a um prudente pacifismo. Por volta de 1880, Monod denuncia "o crime da invasão prussiana", chora a anexação da Alsácia-Lorena, e não parece longe de clamar por revanche; por volta de 1890, começa a argumentar em favor de uma reconciliação franco-alemã, único meio de acertar os diferendos evitando as atrocidades de uma guerra.

O discurso do método

Um quarto de século depois da fundação da *Revue historique*, seus colaboradores assumiram as cátedras de história nas universidades recentemente criadas ou reformadas. É então que dois deles, Charles-Victor Langlois e Charles Seignobos, definem as regras aplicáveis à disciplina numa *Introduction aux études historiques*, de 308 páginas, publicada pela Hachette em 1898. Charles-Victor Langlois é um medievalista, que se interessou pelos acervos dos Archives Nationales e do Public Record Office, escreveu livros sobre a Inquisição e sobre o ducado da Bretanha e participou da primeira série da *Histoire de France*, dirigida por Ernest Lavisse, redigindo o tomo III, *Saint Louis, Philippe le Bel et les derniers Capétiens (1226-1328)*, publicado em 1901. Já Charles Seignobos é um "modernista", autor de uma coleção de manuais destinados aos liceus (ao ensino secundário), de uma *Histoire de l'Europe au XIXe siècle* (1897); que também contribuiu para a segunda série de Ernest Lavisse, a *Histoire de la France contemporaine*, escrevendo o tomo VII, *Le Déclin de l'Empire et l'établissement de la République (1859-1875)*, e o tomo VIII, *L'évolution de la Troisième République (1875-1914)*, publicado em 1921; que, por fim, elaborou, com Pavel Miliukov, Louis Eisenmann e outros especialistas, uma *Histoire de la Russie* (das origens à revolução bolchevique), em três volumes, publicada em 1932. Langlois e Seignobos, professores da Sorbonne, membros do Institut de France, têm, ao contrário de seus colegas, o mérito de se preocuparem com problemas epistemológicos. E seu compêndio formou gerações de historiadores. De fato, o livro exprime exatamente o ponto de vista da "escola metódica" que domina a produção francesa de 1880 a 1930.

Langlois e Seignobos trazem uma contribuição decisiva para a constituição de uma história científica; consideram com indiferença, por vezes com desprezo, a teologia da história à maneira de Bossuet; a filosofia da história segundo Hegel ou Comte; e a história-literatura à moda de Michelet.

> O procedimento mais natural da explicação consiste em admitir que uma causa transcendente, a Providência, dirige todos os fatos da história rumo a uma meta conhecida por Deus. Essa explicação só pode ser o coroamento metafísico de uma construção científica, pois o próprio da ciência é estudar unicamente as causas determinantes. O historiador, assim como o químico ou o naturalista, não tem nada que procurar a causa primeira ou as causas finais. É fato que hoje quase ninguém se detém para discutir, sob sua forma teológica, a teoria da Providência na história. Mas a tendência a explicar os fatos históricos por meio de causas transcendentes persiste mesmo nas teorias mais modernas em que a metafísica se disfarça sob formas científicas. Os historiadores do século XIX sofreram tão fortemente a ação da educação filosófica que a maioria deles introduz, mesmo sem se dar conta, fórmulas metafísicas na construção da história.[86]

---

[86] Langlois e Seignobos (1898, p. 247).

A escola metódica leva a cabo uma verdadeira "ruptura epistemológica" ao afastar o providencialismo cristão, o progressismo racionalista e mesmo o finalismo marxista.

Segundo Langlois e Seignobos, "a história é o acionamento de documentos".[87] A fórmula supõe uma teoria do conhecimento – uma relação entre o sujeito (o historiador) e o objeto (o documento) – que não é explicitada. Na realidade, trata-se da "teoria do reflexo" tomada de empréstimo a Leopold von Ranke (a que aludiremos posteriormente). Para começar, a escola metódica negligencia o papel essencial das questões colocadas pelo historiador a suas fontes e prega seu apagamento por trás dos textos. O que é um documento para Langlois e Seignobos? "Entre os pensamentos e os atos dos homens, há muito poucos que deixam rastros visíveis, e esses rastros, quando se produzem, raramente são duradouros; basta um acidente para apagá-los. Ora, todo pensamento e todo ato que não deixou rastros, diretos ou indiretos, ou cujos rastros visíveis desapareceram, está perdido para a história".[88] Só podemos aceitar essa evidência, de uma extrema banalidade. Contudo, os dois autores precisam que os "rastros deixados pelos pensamentos e atos de outrora" são documentos escritos, testemunhos voluntários – alvarás, decretos, correspondências, manuscritos diversos; não pensam nos documentos não escritos – por exemplo, sítios arqueológicos que refletem a vida econômica, a estrutura social ou a organização militar – nem nos testemunhos involuntários – por exemplo, manuais de confessores que expressam mentalidades religiosas. A concepção um tanto estreita do documento limita a ambição da disciplina: "Por mais que ainda haja documentos por descobrir, a quantidade dos documentos que existem está dada; o tempo, apesar de todas as precauções tomadas hoje em dia, diminui-a incessantemente; ela nunca aumentará... Os progressos da ciência histórica são limitados por isso".[89]

Portanto, "a história dispõe de um estoque limitado de documentos". Para Langlois e Seignobos, a tarefa prioritária é a de fazer o inventário dos materiais disponíveis. "Procurar, recolher os

---

[87] Langlois e Seignobos (1898, p. 275).

[88] Langlois e Seignobos (1898, p. 1).

[89] Langlois e Seignobos (1898, p. 275).

documentos é uma das partes principais, logicamente a primeira do ofício de historiador. Na Alemanha, ela recebeu o nome de *heurística*". Dando seguimento à empreitada iniciada pelos eruditos do século XVIII e do início do XIX, os praticantes da escola metódica do fim do século XIX e do início do XX se dedicam a "proteger os documentos contra os esquecimentos, as perdas, os incêndios e outras destruições; e a conservá-los em depósitos como o British Museum de Londres e as bibliotecas nacionais de Paris, Bruxelas, Florença ou São Petersburgo". Os mesmos historiadores estão preocupados em organizar os fundos de arquivos: "A heurística seria simples se houvesse bons inventários descritivos de todos os depósitos de documentos [...] e se repertórios gerais (com índices alfabéticos, sistemáticos, etc.) tivessem sido feitos; enfim, se fosse possível consultar em algum lugar a coleção completa de todos os inventários e de seu índice".[90] Os votos de Langlois e Seignobos estavam sendo parcialmente realizados, ao menos no país deles. No momento em que estavam escrevendo, especialistas, geralmente saídos da École des Chartes, estavam confeccionando o catálogo dos Archives Nationales, o catálogo da Bibliothèque Nationale, os fichários dos Arquivos Departamentais. Ao mesmo tempo, a Société de l'histoire de France leva a cabo um enorme trabalho de publicação, transformando fontes manuscritas em obras impressas (um exemplo entre muitos: *As cartas dos embaixadores milaneses na França na época de Luís XI e Francesco Sforza, de 1461 a 1466*, quatro volumes, editados em 1916).

Uma vez o documento salvo, registrado e classificado, convém submetê-lo a uma série de operações analíticas. O primeiro tratamento é a crítica externa (de erudição). Escolhamos um caso para fazer uma demonstração: "A homenagem de Gaston Phébus ao Prince Noir pelo Marsan e o Gabardan".[91] Se seguimos o procedimento da escola metódica, devemos, em primeiro lugar, encontrar a fonte – a saber, a ata está conservada no Public Record Office, sob o código #.36/189 fs 14 V e 15; a seguir, examinar se se trata de um original, de uma cópia, de uma falsificação – a técnica da paleografia permite constatar a autenticidade do documento; finalmente, indicar pontos de referência,

---

[90] Langlois e Seignobos (1898, p. 245, 2 e 11.

[91] Citado por Boutruche 1959 (p. 337-338).

assinalar os envolvidos – Gaston Phébus, Conde de Foix e Visconde de Béard, de um lado; Eduardo, Príncipe da Aquitânia, filho do Rei da Inglaterra, por outro; indicar a data – 12 de janeiro de 1364; e o lugar – a casa dos Frères Prêcheurs em Agen: "A análise do texto deve conduzir à confecção de uma ficha numa folha destacada, móvel, com menção da proveniência [...]. A mobilidade das fichas permite classificá-las à vontade numa variedade de combinações diversas".[92] O sistema de fichas confere ao historiador o meio de trabalhar em profundidade, manipulando mais facilmente seus materiais, e leva à prática das referências de pé de página por meio das quais cada leitor de uma obra histórica, desde que ele próprio seja um erudito, pode chegar à fonte e verificar o bem-fundado das afirmações de seu colega.

O segundo tratamento é a crítica interna (ou hermenêutica). Trata-se de retomar a ficha com as precisões fornecidas pela crítica de erudição e de completá-la resumindo os dados essenciais inscritos no documento. Segundo Langlois e Seignobos, é preciso efetuar: "1) a análise de conteúdo do documento e a crítica positiva de interpretação para se assegurar do que o autor quis dizer; 2) a análise das condições em que o documento foi produzido e a crítica negativa necessária para controlar os dizeres do autor".[93] A hermenêutica impõe frequentemente que se recorra a um estudo linguístico, a fim de determinar o valor das palavras ou das frases. Assim, nas obras redigidas em latim, a significação dos termos pode variar de acordo com as épocas. A língua de Cícero não é a mesma que a de Gregório de Tours e não corresponde à de São Bernardo. E é melhor evitar os equívocos. Além do mais, a hermenêutica obriga a se interrogar sobre as intenções das pessoas que produziram os documentos. Tomemos um outro caso, a título de ilustração. Durante o verão de 1534, num discurso pronunciado em Toulouse, Étienne Dolet declara: "Peço-lhes que acreditem que não faço parte de modo algum dessa seita ímpia e obstinada dos luteranos...".[94] Étienne Dolet está sendo sincero? Pode-se supor que esteja mentindo, já que, nessa época, corre o risco de ser queimado se for considerado culpado de heresia. Mas também

---

[92] Langlois e Seignobos (1898, p. 81).
[93] Langlois e Seignobos (1898, p. 118-119).
[94] Citado por Febvre (1942, p. 51).

podemos pensar que ele estava dizendo a verdade e que professava simplesmente um evangelismo erasmiano. Esse é o tipo de questão que a crítica interna formula.

Concluídas as operações analíticas, está aberto o caminho para as *operações sintéticas*. Aconselha-se proceder por etapas. O primeiro estágio consiste em comparar diversos documentos para estabelecer um fato particular. Por exemplo, se buscamos esclarecer determinado episódio da conjuração de Catilina, podemos confrontar o relato de Cícero e a versão de Salústio. "Vários fatos que, tomados isoladamente, ficam imperfeitamente provados, podem se confirmar reciprocamente de maneira a oferecer uma certeza de conjunto".[95] O segundo estágio conduz a agrupar os fatos isolados em quadros gerais. Reúnem-se os fatos concernentes às condições naturais – a geografia, o clima, etc.; às produções materiais – a agricultura, a indústria, o comércio, etc.; aos grupos sociais – as famílias, os clãs, as profissões, as classes, etc.; às instituições políticas – o governo, a justiça, a administração, etc. O terceiro estágio visa a manejar o raciocínio, seja por dedução, seja por analogia, para relacionar os fatos entre si e preencher as lacunas da documentação. Por exemplo, se ignoramos quase tudo sobre os atos dos rúgios, dos bastarnos, dos alanos e dos suevos, imaginamos que eles se comportavam, mais ou menos, como os povos bárbaros mais conhecidos, como os ostrogodos, os visigodos e os francos. O quarto estágio nos obriga a praticar uma escolha na massa dos acontecimentos. "Uma história em que nenhum fato seria sacrificado deveria conter todos os atos, todos os pensamentos, todas as aventuras de todos os homens em todas as épocas. Seria um conhecimento completo que ninguém chegaria a conhecer, não por falta de materiais, mas por falta de tempo".[96] O último estágio leva o historiador a tentar algumas generalizações, a arriscar algumas interpretações, sem contudo alimentar a ilusão "de penetrar o mistério das origens das sociedades".[97] Tudo se passa como se, no nível da síntese, a escola metódica tivesse medo de concluir.

Em seu manual, Langlois e Seignobos propõem, dada a complexidade das operações em história, instaurar uma divisão do trabalho

---

[95] Langlois e Seignobos (1898, p. 175).
[96] Langlois e Seignobos (1898, p. 227-228).
[97] Langlois e Seignobos (1898, p. 275).

referente ao conjunto da profissão. Em primeiro lugar, deve existir uma categoria de especialistas que dominem perfeitamente as técnicas da erudição. Arquivistas e bibliotecários, "trabalhadores em catálogos descritivos e indexações [...], restauradores e editores de textos".[98] Em seguida, convém que "jovens pesquisadores", observando as regras do método (crítica de documentos, elaboração de fichas, etc.), consagrem-se exclusivamente a monografias "a fim de elucidar um ponto específico, um conjunto limitado de fatos".[99] Assim, o historiador noviço, sob o controle de um tutor experimentado, começa sua carreira com uma monografia – sobre um vilarejo, um empreendimento, uma batalha, uma personalidade, uma obra de arte, etc. Finalmente, cabe aos professores titulares do ensino superior "consagrar todo seu tempo a estudar essas monografias, a fim de combiná-las de uma maneira científica em construções gerais".[100] Os próprios "mestres" devem se acantonar numa especialidade; quando querem realizar uma síntese, dividem os capítulos de um livro ou os volumes de uma coleção (por exemplo, a série da *História da França*, dirigida por Lavisse). Já no fim do século XIX, a organização "racional" da pesquisa em história se conjuga com a instituição do "mandarinato" na universidade.

Lavisse e a história da França

Ernest Lavisse, nascido em 1842, filho de um lojista vendedor de "novidades" em Nouvion-en-Tiérache, faz estudos secundários no colégio de Laon, cogita ingressar na escola militar de Saint-Cyr, mas acaba se decidindo pela Escola Normal Superior (ENS). O jovem lê apaixonadamente autores "republicanos" – Victor Hugo e Michelet – e frequenta políticos hostis ao Império – Gambetta, Floquet, Clemenceau, etc. Ao sair da ENS, é nomeado professor no liceu Henri IV. É então que tem a sorte de ser notado por Victor Duruy, o ministro da Instrução Pública, que faz dele na prática seu chefe de gabinete (sem o título) e o recomenda como preceptor do príncipe imperial. Em 1868, aos 26 anos, o brilhante "normalista" já está instalado nas entranhas do poder

---

[98] Langlois e Seignobos (1898, p. 96).
[99] Langlois e Seignobos (1898, p. 263).
[100] Langlois e Seignobos (1898, p. 277).

e sonha alcançar no futuro responsabilidades ainda mais altas. Dois anos depois, em 1870, o desastre de Sedan precipita a queda do Segundo Império... e, como efeito colateral, arruína as ambições do eventual "conselheiro do príncipe". Paradoxalmente (ao menos em aparência), a derrota da França incita Lavisse a ir para a Alemanha. Passa três anos nas universidades de além-Reno, aprende importantes lições concernentes ao ofício de historiador, e volta com uma tese intitulada: *La Marche de Brandebourg: essai sur les origines de la monarchie prussienne* (1875).[101] Na sequência, continua a se interessar pelo passado germânico, publicando estudos sobre *L'Histoire de la Prusse* (1879), *Trois Empereurs d'Allemagne* (1888) e *Le Grand Fréderic* (1891).

No último quarto do século XIX, no tempo em que os políticos "oportunistas" gerem os negócios da República Francesa, Lavisse galga, com brilho, os escalões da carreira universitária: torna-se mestre de conferências em 1878, professor da Sorbonne em 1888 e diretor da Escola Normal Superior em 1904. Seu renome ultrapassa amplamente as salas de aula: é eleito membro da Academia Francesa em 1893, torna-se redator de La *Revue de Paris* em 1894, é recebido nos salões mais célebres, e toda Paris acorre a suas conferências. Jules Isaac assim o descreve: "Por toda parte ele se impunha com certa majestade natural, olímpica, que fazia pensar num Mounet-Sully ou num Victor Hugo [...] Conferencista, subjugava o auditório com uma dicção maravilhosa que dava vida e relevo a suas menores observações. Quantas vezes, deixando a sala onde acabava de ouvi-lo, disse para mim mesmo: que grande orador, que grande ator esse homem poderia ser!". A influência de Lavisse se estende para além dos círculos universitários, alcançando o Ministério da Instrução e as grandes editoras. "Beirando os sessenta anos, ele reinava sobre tudo, presidia a tudo: na rue des Écoles, na Sorbonne, nos Études historiques [...]; nos bulevares Saint-Germain e Saint-Michel, na Hachette e na Armand Colin, grandes potências editoriais, nas publicações especializadas e escolares [...]; na rue de Grenelle, no Conseil supérieur de l'Instruction publique; sem falar nas inúmeras comissões e cerimônias".[102]

---

[101] A tese é publicada sob o título *Étude sur l'une des origines de la monarchie prussienne, ou La Marche de Brandebourg sous la dynastie ascanienne.*

[102] Citado por Isaac (1959, p. 265-267).

Lavisse, que se deixa de bom grado cobrir de elogios, títulos e condecorações, nem por isso perde o gosto pelas medidas concretas. Em 1896, é um dos redatores da Lei Poincaré, que reforma o ensino superior regulamentando os cursos para os estudantes, criando o Diploma de Estudos Superiores, organizando o concurso nacional para professores secundaristas e consolidando a rede das universidades provinciais. Depois de 1904, como diretor da ENS, modifica o funcionamento desta. Esse intelectual notável desempenha, ao lado dos animadores da *Revue historique*, um papel de destaque na escola metódica. Porém, diferentemente de Monod e seus amigos liberais e republicanos, Lavisse guarda simpatias bonapartistas, mantendo uma longa correspondência com o príncipe imperial. Não o vemos engajado nas grandes batalhas pela República: permanece quieto quando da crise boulangista e evita tomar posição no Caso Dreyfus. Na realidade, Lavisse é menos um republicano do que um nacionalista. Sentiu-se profundamente humilhado pela derrocada francesa de 1870-1871, a ponto de ir procurar junto ao adversário alemão modelos para melhor imitá-lo, a fim de melhor vencê-lo. E permanece próximo dos ambientes militares por meio de seus laços familiares – seu irmão é general. Quando, como conselheiro no Ministério da Instrução Pública, sugere uma reforma do ensino superior, inspira os programas do ensino secundário e redige uma série de manuais destinados à escola primária é porque pretende "forjar gerações de jovens patriotas". Quando o frequentador dos salões bonapartistas adere às instituições republicanas é porque considera que "fortalecer a democracia é um meio de armar a França".

É nessa perspectiva que, por volta de 1890, Lavisse concebe a necessidade de uma vasta reconstituição do passado nacional; recruta uma equipe de historiadores conhecidos, quase todos catedráticos nas universidades; dá início a uma coleção monumental, em nove tomos (e dezessete volumes), que serão publicados ao longo dos anos 1900. Eis a lista dos livros que compõem a *História da França da época galo-romana à Revolução*:

>t. I. P. Vidal de la Blache: *Tableau de la Géographie de la France* [Quadro da geografia da França], 1903;
>t. II. 1. C. Bayet, C. Pfister, A Kleinclausz: *Le Christianisme, les Barbares, les Mérovingiens et les Carolingiens* [O cristianismo,

os bárbaros, os merovíngios e os carolíngios]. 1903; 2. A Luchaire: *Les Premiers Capétiens* (987-1137) [Os primeiros capetianos (987-1137)], 1901;

t. III. 1. A. Luchaire: *Philippe Auguste, Louis VIII (1137-1226)* [Luís VII, Filipe Augusto, Lúis VIII (1137-1226)], 1901; 2. Ch.-V. Langlois: *Saint Louis, Philippe le Bel et les Derniers Capétiens (1226-1328)* [São Luís, Filipe, o Belo, e os últimos capetianos (1226-1328)], 1901;

t. IV. 1. A. Coville: *Les Premiers Valois et la Guerre de Cent Ans (1328-1422)* [Os primeiros Valois e a Guerra dos Cem Anos (1328-1422)], 1902; 2. Ch. Petit-Dutaillis: *Charles VII, Louis XI, Charles VIII (1422-1492)* [Carlos VII, Luís XI, Carlos VIII (1422-1492)], 1902;

t. V. 1. H. Lemonnier: *Charles VIII, Louis XII et François Ier. Les Guerres d'Italie (1492-1547)* [Carlos VIII, Luís XII e Francisco I. As guerras da Itália (1492-1547), 1903; 2. *La Lutte contre la Maison d'Autriche. La France sous François Ier et Henri II* (1492-1559) [A luta contra a Casa da Áustria. A França sob Francisco I e Henrique II (1519-1559)], 1904;

t. VI. 1. J. Mariéjol: *La Reforme, la Ligue et l'Édit de Nantes (1559-1598)* [A Reforma, a Liga e o Edito de Nantes (1559-1598)], 1904; 2. *Henri IV et Louis XIII (1598-1643)* [Henrique IV e Luís XIII (1598-1643)], 1905;

t. VII. 1. E. Lavisse: *Louis XIV, La Fronde, le Roi, Colbert (1643-1685)* [Luís XIV, a Fronda, o rei Colbert (1643-1685)], 1905; 2. *Louis XIV, la Religion, les Lettres et les Art, la Guerre (1643-1685)* [Luís XIV, a Religião, as Letras e as Artes, a Guerra (1643-1685)], 1906;

t. VIII. 1. A. de Saint-Léger, A. Rebelliau, Ph. Sagnac, E. Lavisse: *Louis XIV et la Fin du règne (1643-1685)* [Luís XIV e o fim do reinado (1685-1715)], 1908; 2. H. Carré: *La Régence et le Règne de Louis XV (1715-1774)* [A regência e o reinado de Luís XV (1715-1774), 1909;

t. IX. 1. H. Carré, Ph. Sagnac, E. Lavisse: *Le Règne de Louis XVI (1774-1789)* [O reinado de Luís XVI (1774-1789)], 1911; 2. *Tables analytiques* [Índices analíticos], 1911.

O plano geral da coleção dá a ver alguns princípios, muitas vezes implícitos, que guiam os trabalhos dos historiadores da escola metódica. Em primeiro lugar, o próprio título – *Histoire de France* –

atesta que o estudo privilegia como objeto um Estado-Nação que se supõe existir desde os tempos de Clóvis até a época de Luís XVI – e, *a fortiori*, até os governos de Gambetta, Ferry ou Clemenceau. Em segundo, a periodização é articulada em função dos reinados – por exemplo, no tomo III, 1, Luís VII, Filipe Augusto e Luís VIII servem de referências temporais entre 1137 e 1226. Por certo, semelhante recorte cronológico se situa na tradição dos velhos anais, mas dá a entender que cada soberano pesa de maneira decisiva no curso dos acontecimentos. Na mesma ordem de ideias, os homens ilustres – Sully, Richelieu, Colbert e outros – parecem desempenhar papeis primordiais. Em terceiro, o acento é posto nos fatos políticos, militares e diplomáticos – por exemplo, no tomo V, 1, as guerras da Itália (as batalhas de Marignano, Pavia, etc.) são descritas com um luxo de detalhes que deleitaria um oficial do estado-maior. Já os fatos econômicos, sociais e culturais costumam ser tratados com menos atenção e em posição subordinada, considerados no quadro de uma estratégia política – por exemplo, no tomo VII, 1, em que se alude aos inícios do reinado de Luís XIV (1661-1685), é sob a rubrica "o governo econômico" que são examinadas as finanças, a agricultura, a indústria e o comércio. Definitivamente, há uma tese sendo demonstrada ao longo de todos esses livros; e Lavisse a revela na conclusão: a monarquia capetiana, embora tenha tendido para o absolutismo, construiu uma administração, suprimiu os particularismos, reuniu as províncias; no final das contas, "ela reforçou a unidade francesa".

A obra é incompleta, já que a formação do Estado-Nação não se interrompe no fim do Antigo Regime. E é por isso que a empreitada é prolongada por uma *Histoire de la France contemporaine, de la Révolution à la Paix de 1919*. Dessa vez, Lavisse se contenta em apadrinhar a obra e abandona a direção efetiva a seu discípulo Charles Seignobos. A nova série compreende nove volumes, publicados em menos de três anos no imediato pós-guerra. Lavisse tem o prazer de ver os últimos volumes editados antes de morrer em 1922. A coleção assim se apresenta:

t. I. Ph. Sagnac: *La Révolution (1789-1792)* [A Revolução (1789-1792)], 1920;
t. II. G. Pariset: *La Révolution (1792-1799)* [A Revolução (1792-1799)]. 1920;

t. III. G. Pariset: *Le Consulat et l'Empire (1799-1815)* [O consulado e o império (1799-1815)], 1921;

t. IV. S. Charlety: *La Restauration (1815-1830)* [A restauração (1815-1830)], 1921;

t. V. S Charlety: *La Monarchie de Juillet (1830-1848)* [A monarquia de julho (1830-1838)], 1921;

t. VI. Ch. Seignobos: *La Révolution de 1848 et les débuts du Second Empire (1848-1859)* [A revolução de 1848 e os inícios do Segundo Império (1848-1859)], 1921;

t. VII. Ch. Seignobos: *Le Déclin de l'Empire et l'établissement de la Troisième République (1859-1875)* [O declínio do império e o estabelecimento da Terceira República (1859-1875)], 1921;

t. VIII. Ch. Seignobos: *L'Évolution de la Troisième République (1875-1914)* [A evolução da Terceira República (1875-1914)], 1921;

t. IX. H. Bidou, A. Gauvain, Ch. Seignobos: *La Grande Guerre (1914-1918)* [A Grande Guerra (1914-1918)], 1922.

Nessa *Histoire de la France contemporaine*, encontramos os axiomas que condicionam as reflexões dos historiadores da Belle Époque. A trama do tempo é recortada em grandes pedaços, seguindo os regimes (a Restauração, a monarquia de julho, a Segunda República, etc.); e em pedaços menores, seguindo os governos (Waldeck-Rousseau, Combes, Rouvier, Clemenceau, etc.). A narrativa encadeia os acontecimentos, respeitando uma causalidade linear e multiplicando as precisões (o relato da "Grande Guerra" não omite um só ataque ou contra-ataque em todos os *fronts*, de julho de 1914 a novembro de 1918). E "a política permanece no posto de comando": as combinações ministeriais, os debates parlamentares, as eleições legislativas ocupam um espaço infinitamente maior que as descobertas científicas, as atividades industriais ou os costumes dos camponeses.

Os manuais escolares

Em 1875, são adotadas as leis constitucionais que definem os procedimentos de designação e as regras de funcionamento das duas câmaras e do governo. De 1877 a 1879, as eleições sucessivas levam maiorias de esquerda à Câmara dos Deputados e ao Senado.

Mac Mahon é obrigado a "se submeter" e, em seguida, a "se demitir". A República triunfa. A partir de então, por cinco ou seis anos, os ministérios "oportunistas" anistiam os participantes da Comuna (1880), instauram liberdades públicas – imprensa, reunião, etc. – (1881); legalizam os sindicatos (1884); e impõem a escola laica (março de 1880), gratuita (junho de 1881) e obrigatória (março de 1882). Os dirigentes políticos "oportunistas" – L. Gambetta, J. Ferry, Ch. de Freycinet, W. Waddington, L. Say, etc. – são encorajados, aconselhados, guiados em sua reforma educacional pelos dirigentes do ministério da Instrução Pública – P. Bert, F. Buisson, F. Pécaut, J. Steeg e outros – e pelos animadores da Ligue de l'Enseignement – J. Macé e seus amigos. Contrariamente a uma ideia corrente, as Leis Ferry não "escolarizaram" os franceses. Mas as medidas tomadas permitiram construir uma rede de estabelecimentos escolares cobrindo todas as comunas (aliás, a cargo das municipalidades); formar, nas escolas normais, um corpo homogêneo de professores e professoras do ensino básico; e extirpar o analfabetismo integrando a terça parte da população infantil que ainda escapava à educação. Contudo, os republicanos "burgueses" mantiveram um fosso profundo entre a escola primária, destinada ao povo, e o colégio secundário, reservado à elite.

A história "metódica" participa da obra escolar da Terceira República. De fato, os inspiradores das Leis Ferry – F. Buisson, P. Bert, J. Macé, etc. – e os colaboradores da *Revue historique* – G. Monod, E. Lavisse, A. Rambaud, etc. – pertencem aos mesmos ambientes; todos frequentam os corredores do Ministério da Instrução Pública, as escolas normais superiores, os templos protestantes ou as lojas maçônicas. Altos funcionários ou célebres professores universitários, todos têm os mesmos objetivos: instruir as novas gerações no amor pela República a fim de consolidar a base social do regime; combater o obscurantismo clerical tirando da Igreja o controle sobre os espíritos; preparar a revanche contra o inimigo hereditário, o *Reich* alemão. São essas ideias-chave que, através das instruções ministeriais, orientam os programas e modelam os manuais de história, de geografia e de instrução cívica. O mais célebre é o *Petit Lavisse*, publicado pela primeira vez em 1884 (com 240 páginas e 100 gravuras). Para compô-lo, o professor da Sorbonne condensou ao extremo os elementos que vão figurar em sua vasta série universitária da *Histoire de France*. O "Pequeno Lavisse" obtém imenso sucesso: são impressos centenas de milhares de exemplares em sucessivas reedições (em 1895 é alcançada a 75ª!). O autor submete o livro a constantes remanejamentos, até a versão definitiva de 1912 (272 páginas, 142 gravuras). Os outros manuais ficam longe de ameaçar o quase monopólio de difusão do Lavisse; e pouco diferem dele, tanto na forma quanto no conteúdo, como os "cursos de história" de Aulard e Debidour (1894), Calvet (1899), Brossolette (1904), Gautier e Deschamps (1905), Guiot e Mane (1906), Rogie e Despiques (1908), etc.

Em livros destinados a crianças de 7 a 12 anos, o discurso ideológico fica ainda mais evidente, já que, por necessidade, as cores são carregadas e a língua simplificada. A escola metódica expõe aí seus princípios abertamente, sem nenhuma máscara. Além do mais, o grupo republicano, que cria a escola laica, gratuita e obrigatória, afirma claramente que a história não é neutra; que ela deve servir a um projeto político. Em 1884, F. Buisson, diretor do ensino primário, saúda a publicação do *Petit Lavisse* nos seguintes termos: "Aí está ele, o livro de história verdadeiramente nacional e verdadeiramente liberal de que precisávamos para ser um instrumento de educação, e mesmo de educação moral". Em 1912, no prefácio à última edição de seu manual, Lavisse é ainda mais explícito:

> Se o aluno não sair da escola levando consigo a viva recordação de nossas glórias nacionais, se não souber que seus ancestrais combateram em mil campos de batalha por nobres causas; se não tiver aprendido o que custou de sangue e esforços construir a unidade de nossa pátria e depreender em seguida, do caos de nossas instituições obsoletas, as leis que nos fizeram livres; se ele não se tornar um cidadão consciente de seus deveres e um soldado que ama seu fuzil, o professor terá perdido seu tempo.[103]

A tarefa do professor escolar (*maître d'école*) é perfeitamente definida: as aulas de história devem formar republicanos conscientes e soldados valorosos.

Se percorremos os manuais de história publicados entre 1884 e 1914, logo percebemos alguns postulados fundamentais. A primeira

---

[103] Texto retomado de Lavisse (1885).

noção é a de uma "França eterna", de "nossos ancestrais gauleses" até os cidadãos da Terceira República. Os habitantes desse belo país pertencem a uma coletividade que se torna progressivamente nacional. Nada os distingue verdadeiramente entre si: os particularismos regionais são apagados, as desigualdades sociais dissimuladas. Os "outros", os indivíduos diferentes, são identificados aos estrangeiros, aos inimigos, aos agressores. A longa marcha rumo à formação do Estado-Nação é apresentada como uma sucessão de acontecimentos excepcionais protagonizados por virtuosos heróis. O manual de história parece uma galeria de quadros: Vercingetórix em Alésia, Clóvis quebrando o vaso em Soissons, Carlos Magno diante dos estudantes, Filipe Augusto em Bouvines, São Luís sob o carvalho de Vincennes, os burgueses de Calais, Joana d'Arc na fogueira, Francisco I em Marignano, Richelieu no cerco de La Rochelle, Luís XIV em Versalhes, o Marechal de Saxe em Fontenoy, a Queda da Bastilha, Bonaparte na ponte de Arcole, etc. Uma linha divisória separa os "bons", que reforçaram a autoridade do Estado e uniram as províncias – por exemplo, Du Guesclin, Luís XI ou Richelieu – e os "maus", que se lançaram em guerras ruinosas e perderam províncias ou colônias – como Carlos VIII e Luís XII, talvez até Luís XIV, certamente Luís XV. É assim que lemos no *Petit Lavisse*: "Henrique IV e seu amigo Sully trataram de fazer os franceses tão felizes quanto possível".[104] Já "o mau rei Luís XV não deu nenhuma atenção às queixas contra as injustiças. Dizia que aquilo o deixava indiferente".[105]

A segunda escolha consiste em fazer a apologia do regime republicano. A herança da Revolução é recuperada, irrestritamente no que tange ao período 1789-1792, com hesitação quanto a 1792-1794. A reconstituição privilegia os episódios moderados: a reunião dos estados-gerais, a Declaração dos Direitos do Homem, a Festa da Federação; e deixa de lado os confrontos na Convenção e as brutalidades do Terror, escondendo-os atrás das façanhas dos soldados do Ano II. De qualquer jeito, a Revolução de 1789 aparece como uma ruptura radical que faz emergir a soberania da Nação, instaura o respeito à lei, introduz a liberdade de consciência e a liberdade do

---

[104] Lavisse (1913, p. 104).

[105] Lavisse (1913, p. 128).

trabalho (manual Gautier-Deschamps). Se examinamos um quadro mural composto por Charles Dupuy para as crianças das escolas, a história da França no século XIX é interpretada segundo um esquema bipolar: "Revolução de 1789: a liberdade e a igualdade são conquistadas; Primeiro Império: a França sofre o despotismo; Restauração e monarquia de julho: a monarquia é novamente tentada; Segunda República: a liberdade é reconquistada por um momento; Segundo Império: a liberdade é perdida de novo; Terceira República: o povo é finalmente senhor do seu destino". Coloca-se um sinal de menos nos regimes absolutistas e um de mais nos republicanos. Para concluir, a Terceira República é apresentada como "o melhor dos mundos": "ela firmou a França em sua posição de grande nação; impôs o serviço militar igual para todos; criou o ensino laico, gratuito e obrigatório; restaurou as liberdades públicas – imprensa, reunião, associação; separou a Igreja do Estado; e constituiu um império colonial" (manual Gautier-Deschamps). A Terceira República garante uma organização social harmoniosa insuperável; a Comuna é descrita como um acesso de loucura quase incompreensível; e a perspectiva de um regime socialista nunca é evocada.

A terceira opção é uma exaltação permanente da Mãe-Pátria. Na primeira geração, de 1880 a 1898, a propaganda nacionalista é desenfreada, proporcional à humilhação com a derrota de 1870-1871. O jornal *L'École*, em maio de 1882, recomenda os ditados patrióticos, as narrativas heroicas e os cantos marciais – como *O aluno-soldado*:

Para ser homem, tem de saber escrever
Inda pequeno aprender a trabalhar.
Pela Pátria aumentar o seu saber
E na escola aprender a trabalhar.
Soou a hora, todos marchemos,
Desde criança soldados seremos (*bis*).

Esse canto era ensinado na educação infantil e nos anos iniciais! Em semelhante clima, os manuais de história selecionavam os feitos de armas que ilustravam a defesa do território contra o invasor, da Revolta da Gália até o Combate de Valmy. E Joana d'Arc se torna a heroína nacional, o símbolo da resistência: "Joana d'Arc é a figura mais tocante que já existiu sobre a terra. Nenhum outro povo tem em sua história uma Joana d'Arc" (manual Gautier-Deschamps). Na segunda geração, de 1899 a 1914, o nacionalismo se torna mais nuançado. Com o tempo, a ferida de Sedan cicatriza. A opinião pública, que conta com as alianças feitas pela França com a Rússia e a Grã-Bretanha, se sente menos ameaçada e, portanto, menos agressiva. E o movimento socialista, de vocação internacionalista, começa a influenciar algumas camadas sociais, especialmente os professores escolares. A partir de então, os manuais buscam mostrar às crianças que a guerra pode ser um derramamento de sangue desnecessário, que é preferível recorrer à negociação; que é melhor preservar a paz. No panteão das glórias nacionais, ao lado dos heróis guerreiros – Roland, Bayard ou Hoche –, aparecem heróis civis – Hugo ou Pasteur. Contudo, a guerra defensiva permanece legítima; "a guerra, esse flagelo, esse assassinato, torna-se uma coisa santa se o estrangeiro, ameaçando nossas fronteiras, tem a intenção de tirar nossa independência" (manual Guiot e Mane).

A última orientação tende a justificar a colonização. Os governos oportunistas, que consolidaram as instituições republicanas, também se lançaram às conquistas coloniais na Tunísia, em Tonkin, em Madagascar; e seus sucessores, moderados ou radicais, continuaram a se espalhar pelo Sudão, Daomé, Congo e, mais tarde, Marrocos. Os manuais escolares retomam os argumentos oficiais para explicar as operações militares. Eis um exemplo em que a vontade de simplificar cai no ridículo: "Em 1881, Jules Ferry decidiu punir os Krumir, tribo turbulenta que vivia invadindo nossa Argélia. Perseguindo-os, nossos soldados acabaram ocupando a Tunísia [...] que ficou sendo nossa" [*sic*] (manual Brossolette). Na cabeça dos dirigentes da Terceira República, a constituição de um império colonial permite encontrar uma compensação para a perda da Alsácia-Lorena e conferir à França a categoria de grande potência, como a Grã-Bretanha e a Alemanha. Mas é claro que também está em jogo a exploração de matérias-primas – fosfato da Tunísia, amendoim do Senegal, madeira do Gabão, etc. Os manuais escolares confirmam o motivo da exploração econômica: "Jules Ferry quis que a França tivesse belas colônias, que aumentassem sua riqueza comercial" (manual Gautier-Deschamps). Porém, o empreendimento colonial sempre é coberto pelo véu de uma missão civilizadora: "Os povos indígenas praticamente não são civilizados, às vezes, completamente selvagens" (manual Lemonnier-Schrader-Dubois). Os franceses, detentores da cultura, vêm arrancar os primitivos da barbárie. Os livros de história e de geografia mostram educadores instalando escolas, médicos organizando hospitais, administradores suprimindo costumes desumanos. Uma imagem-chave representa Savorgnan de Brazza libertando os escravos no Congo. Definitivamente, a "boa consciência" predomina no que diz respeito ao fato colonial: "A França quer que os pequenos árabes sejam tão bem instruídos quanto os pequenos franceses. Isso prova que a França é boa e generosa com os povos que submeteu" (manual Lavisse, p. 166).

A objetividade em história

É um equívoco qualificar a escola histórica que se impôs na França entre 1880 e 1930 de corrente "positivista". De fato, a verdadeira história positivista foi definida por L. Bordeau em *L'histoire et les Historiens; essai critique sur l'histoire considerée comme science positive*, publicado em 1888. Como bom discípulo de Comte, Bordeau se coloca num plano filosófico. A história, segundo ele, é "a ciência dos desenvolvimentos da razão"; e tem como objeto "a universalidade dos fatos que a razão dirige ou cuja influência ela sofre". A história, tomando como modelo a sociologia, deve estudar o movimento da população, a organização do parentesco, a forma do *habitat*, o modo de alimentação; de modo mais geral, todas as atividades humanas, em todas as suas dimensões. Em compensação, essa disciplina pode negligenciar os acontecimentos singulares e os personagens ilustres: "Os aristocratas da glória devem se apagar cada vez mais diante da importância das multidões [...]. Ocupemo-nos das massas" – esse tipo de concepção, que visa à "totalidade", recusando o *événementiel* (o que é da ordem da singularidade do acontecimento) não deixa de prenunciar a escola dos *Annales*. Fiel ao pensamento de Comte, Bourdeau fixa para a história científica a meta de "buscar as leis que presidem ao desenvolvimento da espécie humana". Essas leis podem ser classificadas em três grupos: 1) as leis de ordem, que demonstram a similitude das coisas; 2) as leis de relação, que fazem com que as "mesmas causas acarretem os mesmos efeitos"; 3) a lei suprema, que regula o curso da história. Em suma, trata-se de uma filosofia da história, resolutamente determinista, que pretende ao mesmo tempo reconstituir o passado e prever o futuro.

Ora, o programa de Bourdeau é diametralmente oposto ao projeto comum a Monod, Lavisse, Langlois, Seignobos e seus amigos. No manifesto que abre a *Revue historique* em 1876, Monod de fato emprega a fórmula "ciência positiva", mas num sentido muito afastado da doutrina comtista: "Nossa Revista será uma coletânea de ciência positiva e de livre discussão; contudo, não deixará o domínio dos fatos e permanecerá fechada às teorias políticas e filosóficas". Quando da publicação do livro de Bourdeau, Monod se mostra um tanto reticente: "A história nunca deixará de ser uma ciência descritiva que opera com elementos sempre fugidios, em mutação e em devir perpétuos. Quando muito, poderíamos compará-la à meteorologia" (*RH*, 1888, n. 3, p. 385). Porém, alguns anos depois, em meio ao debate que se instaura a respeito do papel das ciências sociais nas novas universidades, Monod revisa seu julgamento sobre Bourdeau: "Os livros desse autor não têm toda a reputação que merecem [...]. Sua hora chegará quando os franceses se convencerem, como já fizeram os norte-americanos, de que a ciência social é não apenas a base sólida da história, mas sua parte essencial. É digno de espanto que a França seja o país onde as visões geniais de A. Comte sobre a sociologia tenham até hoje trazido menos frutos" (*RH*, 1896, n. 2, p. 92). Monod se mostra então conciliador porque está interessado em ligar a história às outras ciências humanas no âmbito do ensino superior. Mas não encontra respaldo em seus próximos. Langlois e Seignobos recusam qualquer referência à "filosofia positiva" e se mantêm num empirismo rigoroso em sua *Introduction aux études historiques* de 1898.

Na realidade, os defensores e praticantes da escola metódica não se inspiraram no francês Comte e sim no alemão Leopold von Ranke. Logo após a guerra de 1870-1871, vários jovens historiadores franceses – G. Monod, E. Lavisse, C. Jullian, Ch. Seignobos e outros – foram completar sua formação em centros de pesquisa e de ensino de além-Reno. Pensaram que a vitória da Alemanha se explicava pela perfeita organização de suas instituições militares, civis, intelectuais; e que convinha observar e imitar essas realizações exemplares para assegurar o reerguimento da França. Foi assim que se impregnaram das obras dos eruditos alemães: Mommsen,

Sybel, Treitschke, Waitz, Delbrück, etc.; e tomaram por modelo os programas, os métodos e as estruturas das universidades alemãs. Em 1896, Camille Jullian admite o valor do sistema germânico, embora conteste uma pretensa inferioridade francesa: "A Alemanha se sobressai em solidariedade e coesão [...]; sempre nos faltará esse espírito de disciplina que eles têm lá [...]. Contudo, a história na Alemanha se esfacela e se esmigalha [...]; ela não é mais superior à história na França". Assistimos a um fenômeno curioso em matéria de difusão das ideias. A escola francesa toma emprestada à escola alemã uma doutrina cientificista de fundamentação da prática histórica sem ousar assinalar suas origens e, por vezes, nem sequer seus princípios, por um reflexo de "pudor nacionalista".

Portanto, é preciso remontar à fonte. Em meados do século XIX, as teses de Leopold von Ranke puseram em questão as filosofias da história, geralmente "especulativas", "subjetivas" e "moralizadoras"; e enunciaram fórmulas "científicas", "objetivas" (ou "positivas") que influenciaram duas ou três gerações de historiadores na Alemanha e, a seguir, na França. Os postulados teóricos de Ranke se concatenam da seguinte maneira: 1ª regra: o que cabe ao historiador não é "julgar o passado nem instruir seus contemporâneos, mas simplesmente dar conta do que realmente se passou". 2ª regra: não há nenhuma interdependência entre o sujeito cognoscente – o historiador – e o objeto do conhecimento – o fato histórico. Por hipótese, o historiador escapa a qualquer condicionamento social; o que lhe permite ser imparcial em sua percepção dos acontecimentos. 3ª regra: a história – o conjunto das *res gestae* – existe em si, objetivamente; ela tem até uma forma dada, uma estrutura definida diretamente acessível ao conhecimento. 4ª regra: a relação cognitiva é conforme a um modelo mecanicista. O historiador registra o fato histórico, de maneira passiva, como o espelho reflete a imagem de um objeto, como o aparelho fotográfico fixa o aspecto de uma cena ou de uma paisagem. 5ª regra: a tarefa do historiador consiste em reunir um número suficiente de fatos baseados em documentos confiáveis; a partir desses fatos, a narrativa histórica se organiza e se deixa interpretar por si mesma. Toda reflexão teórica é inútil, quando não prejudicial, por introduzir um elemento de especulação. Segundo Ranke, a ciência positiva pode chegar à objetividade e conhecer a verdade da história.

A escola metódica, aplicando o programa de Ranke ao pé da letra, realmente faz a historiografia progredir na França. Contudo, ao observar seu legado, sentimos certo mal-estar. Pois há uma contradição evidente entre os princípios declarados e as realizações efetivas. Em 1876, Monod proclama sua neutralidade: "O ponto de vista estritamente científico em que nos situamos bastará para conferir a nossa coletânea a unidade de tom e de caráter [...]. Não professaremos nenhum credo dogmático; não nos colocaremos sob as ordens de nenhum partido". Em 1898, Langlois e Seignobos afastam qualquer especulação "sobre a causa primeira e as causas finais", qualquer reflexão sobre a natureza das sociedades; e estimam, com certa ingenuidade, que "a história estará constituída [...] quando todos os documentos tiverem sido descobertos, depurados e ordenados". Ora, ao mesmo tempo, a *Revue historique* toma posição a favor dos governos "oportunistas"; briga com a Igreja Católica, monarquista e ultramontana; defende a escola laica, gratuita e obrigatória. Lavisse, com sua monumental *Historie de France*, cria o mito de um Estado-Nação que ganha forma entre o tempo dos gauleses e o tempo dos merovíngios, consolida-se graças às medidas administrativas dos capetianos e culmina numa constituição ideal: a República democrática, moderada e centralizadora. Sobretudo, os manuais escolares, diretamente inspirados pelos notáveis universitários, não hesitam em fazer o elogio da Terceira República para ampliar no futuro sua clientela eleitoral e reforçar assim sua base social; incitam continuamente ao sentimento patriótico, celebrando o culto dos heróis nacionais, a fim de preparar a nova geração para a revanche contra o inimigo hereditário, o bárbaro germânico; e justificam, sob o disfarce de uma missão civilizadora, a expansão colonial da França. Nessas condições, a ciência histórica, que pretende à imparcialidade e à objetividade, revela-se um discurso ideológico que serve aos interesses de um regime político ou manifesta as aspirações de uma comunidade nacional.

Alicerçada em fundamentos pouco estáveis e atravessada por graves contradições, a escola metódica não tardou a ser atacada por todos os lados. Já nos anos 1920, na *Revue de Synthèse*, e a seguir, ao longo dos anos 1930, nos *Annales*, Lucien Febvre, Marc Bloch e seus amigos atacam os herdeiros de Lavisse, Seignobos, Halphen, Sagnac e outros, que ocupam então funções importantes nas universidades. O grupo dos *Annales* dirige à história tradicional – dita "historizante" – quatro censuras principais: 1) A história historizante só confere atenção aos documentos escritos e aos testemunhos voluntários (decretos, cartas, relatórios, etc.), ao passo que os documentos não escritos e os testemunhos involuntários (vestígios arqueológicos, séries estatísticas, etc.) também informam sobre as atividades humanas. 2) A história historizante coloca o acento no acontecimento, no fato singular, que ocorre num tempo curto (por exemplo, a Batalha de Fontenoy), quando é mais interessante apreender a vida das sociedades, que se desvela em fatos ordinários, repetidos, que se desenrolam num tempo longo (por exemplo, o cultivo do trigo). 3) A história historizante privilegia os fatos políticos, diplomáticos e militares (como o assassinato de Henrique IV, a paz de Vestfália ou a Batalha de Austerlitz) e negligencia, erroneamente, os fatos econômicos, sociais e culturais (a inovação do moinho a vento, os direitos senhoriais ou a religiosidade jansenista). 4) A história historizante, "a dos vencidos de 1870", tem "prudências tremelicantes": teme se engajar num debate, raramente arrisca uma interpretação, renuncia de antemão a qualquer síntese. Porém, a escola dos *Annales* não coloca a questão da objetividade em história; não aponta a discordância, a incompatibilidade entre o postulado da neutralidade científica e o *parti pris* político dos historiadores da escola metódica.

O pensamento "relativista" – ou "presentista" –, que se manifesta especialmente na Grã-Bretanha e nos Estados Unidos nos anos 1930 e 1940, leva a cabo uma crítica mais radical da historiografia "positivista", contestando os pressupostos teóricos de Ranke. Charles Beard considera que a pretensão cientificista traduz uma escolha ideológica: "O que aconteceu com aquele historicismo que permitia ao historiador acreditar que se pode conhecer a história tal qual ela realmente ocorreu? Essa filosofia – pois essa corrente é uma filosofia embora negasse a filosofia – sofreu uma grande derrota" (*The American Historical Review*, 1937, v. LXIII, n. 3, p. 81). A tendência relativista considera inteiramente falsa a teoria positivista do conhecimento de acordo com a qual o sujeito simplesmente registra a imagem do objeto; ela argumenta que, em seu trabalho, o historiador nunca tem uma posição passiva, contemplativa, mas sempre uma atitude ativa, construtiva. Charles Oman afirma: "A história não é uma questão puramente objetiva; ela é a maneira como o historiador apreende e relaciona uma série de acontecimentos" (*On the Writing of History*, 1939, p. 7). R. G. Collingwood acredita também que o historiador opera uma seleção deliberada na massa dos fatos históricos; e é levado, necessariamente, a descrever o passado em função do presente: "O pensamento histórico é uma atividade da imaginação [...]. Tendemos a reconstituir o passado em relação ao presente [...]. Em matéria de história, nenhuma aquisição é definitiva. Um testemunho, válido em determinado momento, deixa de sê-lo assim que se modificam os métodos e que as competências dos historiadores se alteram" (*The Idea of History*, 1946, p. 247-248). Carl L. Becker leva ao limite a lógica do presentismo: "Cada século reinterpreta o passado de maneira a que este sirva aos seus fins [...]. O passado é uma espécie de tela sobre a qual cada geração projeta sua própria visão do futuro; e, enquanto a esperança viver no coração dos homens, as 'novas histórias' se sucederão" (*Everyman his own Historian*, 1935, p. 169-170). Semelhante relativismo faz duvidar da possibilidade de fundar uma ciência da história.

Já o materialismo histórico invalida tanto o "positivismo", seguro de atingir a objetividade, quanto o "presentismo" cioso por demonstrar o papel da subjetividade. Em 1846, nos manuscritos de *A ideologia alemã*, Marx já se interrogava sobre o processo do conhecimento, colocando em evidência dois mecanismos fundamentais. Por um lado, o indivíduo que toma consciência é socialmente determinado: "Os homens são os produtores de suas representações, de suas ideias [...], mas os homens reais, que agem, condicionados por sua vez por um determinado desenvolvimento de suas forças produtivas e das relações que correspondem a essas". Por outro lado, o conhecimento é uma atividade concreta, não abstrata; está ligado a uma "práxis": "O principal defeito até aqui de todos os filósofos [...] é que, para eles, a realidade, o mundo sensível só são apreendidos sob a forma de objeto ou de intuição, mas não enquanto atividade humana concreta, não como prática" ("Teses sobre Feuerbach"). Em consequência, o sujeito cognoscente não tem como ser imparcial já que pertence a um grupo profissional, a uma classe social, a uma comunidade nacional cujas opiniões e interesses acaba, consciente ou inconscientemente, por expressar e defender. O que explica, por exemplo, porque as posições ideológicas dos historiadores da escola metódica refletem, confirmam, sustentam as orientações políticas dos meios burgueses, republicanos e liberais. Diferentemente dos presentistas, que se contentam com uma reconstituição do passado subjetiva e temporária, os marxistas esperam chegar a uma compreensão científica e objetiva da evolução das sociedades humanas, levando em conta as determinações sociais do conhecimento, utilizando os conceitos do materialismo histórico... e se situando no "ponto de vista de classe do proletariado".

Documento

Gabriel Monod: Os princípios da *Revue historique*

Pretendemos permanecer independentes de qualquer opinião política e religiosa, e a lista dos homens eminentes que apadrinharam a *Revista* prova que consideram esse programa realizável. Eles estão longe de professar todos as mesmas doutrinas em política e em religião, mas acreditam como nós que a história pode ser estudada em si mesma, sem que nos preocupemos com as conclusões que podem ser tiradas dela a favor ou contra tal ou qual crença. Decerto as opiniões particulares sempre influem até certo ponto na maneira como estudamos, como vemos e como julgamos os fatos e os homens. Mas devemos nos esforçar para afastar essas causas de preconceito e de erro e julgar os acontecimentos e os personagens em si mesmos. Admitiremos, aliás, opiniões e apreciações divergentes, com a condição de que sejam apoiadas em provas seriamente discutidas e em fatos, de que não sejam meras afirmações. Nossa *Revista* será uma coletânea de ciência positiva e de livre discussão, mas se restringirá ao domínio dos fatos e permanecerá fechada às teorias políticas ou filosóficas.

Não levantaremos, portanto, nenhuma bandeira, não professaremos nenhum credo dogmático; não nos subordinaremos às ordens de nenhum partido; o que não quer dizer que nossa *Revista* será uma "Babel" em que todas as opiniões virão se manifestar. O ponto de vista estritamente científico em que nos situamos bastará para conferir a nossa coletânea a unidade de tom e de caráter. Todos aqueles que se colocam nesse ponto de vista experimentam pelo passado um mesmo sentimento: uma simpatia respeitosa, mas independente. De fato, o historiador não pode compreender o passado sem certa simpatia, sem esquecer seus próprios sentimentos, suas próprias ideias, para se apropriar por um instante daqueles dos homens de outrora; sem se colocar no lugar deles, sem julgar os fatos no meio onde se deram. Ele aborda ao mesmo tempo esse passado com um sentimento de respeito, porque sente melhor do que ninguém os mil laços que nos ligam aos ancestrais; sabe que nossa vida é formada da deles, nossas virtudes e nossos vícios das boas e más ações deles, que somos solidários de umas e de outras. Há algo de filial no respeito com que busca penetrar a alma deles; ele se considera como o depositário das tradições de seu povo e da humanidade.

Ao mesmo tempo, o historiador conserva a perfeita independência de seu espírito e não abandona seus direitos de crítico e de juiz. As tradições antigas se compõem dos elementos mais diversos, são o fruto de uma sucessão de períodos diferentes, de revoluções até, que, cada uma em seu tempo e à sua vez, tiveram todas sua legitimidade e sua utilidade relativas. O historiador não se faz o defensor de umas contra as outras; não pretende riscar umas da memória dos homens para dar às outras um lugar imerecido. Esforça-se por desvendar suas causas, definir seu caráter, determinar seus resultados no desenvolvimento geral da história. Não instrui o processo da monarquia em nome do feudalismo, nem o de 89 em nome da monarquia. Aponta os laços necessários que ligam a Revolução ao Antigo Regime, o Antigo Regime à Idade Média, a Idade Média à Antiguidade, indicando decerto os erros cometidos e que é bom conhecer para evitar que retornem, mas sempre recordando que seu papel consiste acima de tudo em compreender e explicar, não em louvar ou condenar [...].

Nossa época, mais que nenhuma outra, é adequada a esse estudo imparcial e simpático do passado. As revoluções que abalaram e transformaram o mundo moderno fizeram desaparecer nas almas os respeitos supersticiosos e as venerações cegas, mas, ao mesmo tempo, nos fizeram compreender tudo o que um povo perde de força e vitalidade quando rompe violentamente com o passado. No que diz respeito especificamente à França, os acontecimentos dolorosos que criaram em nossa Pátria partidos hostis ligados cada um a uma tradição histórica particular, e aqueles que mais recentemente mutilaram a unidade nacional lentamente criada pelos séculos fazem com que seja um dever para nós redespertar na alma da nação a consciência de si mesma por meio do conhecimento aprofundado de sua história. Somente assim todos poderão compreender o laço lógico que une todos os períodos do desenvolvimento de nosso país, inclusive suas revoluções; é assim que todos se sentirão os rebentos do mesmo solo, os filhos da mesma raça, não renegando nenhuma parcela da herança paterna, todos filhos da velha França, e ao mesmo tempo todos cidadãos, pela mesma razão, da França moderna.

É assim que a história, sem se propor *outra meta e outra finalidade além do proveito que se tira da verdade*, trabalha de uma maneira secreta e segura para a grandeza de Pátria e ao mesmo tempo para o progresso do gênero humano.

La Revue historique, n. 258, abr./jun. 1976, p. 322-324 (excertos). (Retomada do texto original do *Manifesto* de 1876, de Gabriel Monod, "Du progrès des études historiques em France" [Do progresso dos estudos históricos na França]).

9

A escola dos *Annales*

Erguendo-se contra a dominação da "escola positivista", uma nova tendência da historiografia francesa se expressa, discretamente na *Revue de Synthèse* durante os anos 1920, mais abertamente na revista *Annales d'histoire sociale* ao longo dos anos 1930. A corrente inovadora negligencia o acontecimento e insiste na longa duração; desloca sua atenção da vida política para a atividade econômica, a organização social e a psicologia coletiva; se esforça para aproximar a história das outras ciências humanas. Essas orientações gerais são expostas nos artigos polêmicos de Lucien Febvre (*Combats pour l'histoire*), num manifesto inacabado de Marc Bloch (*Métier d'historien*), ou se traduzem em realizações exemplares como as teses de Fernand Braudel (*La Méditerranée à l'époque de Philippe II*) e Pierre Goubert (*Beauvais et le Beauvaisis aux XVIIe et XVIIIe siècles*) entre outras. Depois da Segunda Guerra Mundial, a "nova história" se impõe apoiando-se numa revista – os *Annales. Économies, Sociétés, Civilisations (Annales ESC)*[106]– cuja notoriedade aumenta; num instituto de pesquisa e de ensino – a 6ª seção da École Pratique des Hautes Études (EPHE); e numa rede de relações no mundo da edição e da imprensa. Nos anos 1950 e 1960, os colaboradores dos *Annales* desbravam o terreno da geografia histórica, da história econômica, da demografia histórica; nos anos 1970, abrem o domínio da história das mentalidades. Ao termo de meio século de experiências, o espírito dos *Annales* impregna a maior parte dos historiadores franceses – sem ter vencido todas as

---

[106] Os nomes da revista, de 1929 a 1938: *Annales d'histoire économique et sociale;* de 1939 a 1941, *Annales d'histoire sociale;* de 1942 a 1944, *Mélanges d'histoire sociale;* em 1945, *Annales d'histoire sociale;* de 1946 a 1993, *Annales. Économies, Sociétés, Civilisations* (ou *Annales ESC*); depois de 1994, *Annales. Histoire, Sciences sociales.* (N.R.)

resistências universitárias – e muitos no exterior também – na Europa Ocidental, nos Estados Unidos, na América Latina.

Lucien Febvre e os *Annales*

Lucien Febvre, nascido em 1878, recebe uma formação de historiador em Nancy e depois em Paris (na École Normale Supérieure e depois na Sorbonne) numa época em que a "escola metódica" exalta seu cuidado com a erudição, privilegia a dimensão política e parece fascinada pelo acontecimento. O jovem tem de se dobrar às leis do gênero universitário então dominante: consagra sua tese de doutorado a um caso diplomático e militar, mas tenta ampliar sua visão à escala de uma sociedade no quadro de uma região; daí o título: "*Philippe II et la Franche-Comté*", e o subtítulo "*Étude d'histoire politique, religieuse et sociale*". Logo depois, Febvre redige uma *Histoire de la Franche-Comté*, que manifesta seu apego a essa província. Nomeado professor em Estrasburgo em 1919 e no Collège de France em 1933, Febvre leva adiante, através de sua pesquisa e de seu ensino, uma obra de especialista no século XVI. Em seus principais livros, cultiva o gênero tradicional da biografia, mas sempre confrontando seu "herói" com a sociedade de seu tempo; desliza da reflexão sobre um personagem ilustre para a exploração das mentalidades coletivas. Encontramos esse procedimento em *Un destin: Martin Luther*; *Origène et De Périers ou l'énigme du Cymbalum mundi*; *Le Problème de l'incroyance au XVI siécle: la religion de Rabelais*; *Autour de l'Heptaméron, amour sacré, amour profane*, a propósito de Marguerte de Navarre). O "seiscentista" também exibe seu talento em numerosos artigos, como "Guillaume Budé e as origens do humanismo francês" (*Revue de synthèse*, 1907); "A guerra dos camponeses na Alemanha" (*Annales d'histoire économique et sociale*, 1934); "O capitalismo liegense no século XVI" (*Annales d'histoire sociale*, 1940); etc.

Precocemente, Febvre se une ao empreendimento de Henri Berr. Esse filósofo é um dos primeiros a reagir contra a "escola metódica" e vê na história algo bem diferente de um exercício de erudição: a base de uma ciência dos progressos da humanidade. O que fica claro no título de sua tese: "*L'Avenir de la philosophie: esquisse d'une synthèse des connaissances fondée sur l'histoire* (1893). Em 1900, Berr cria a *Revue de synthèse historique*, que dirigirá por meio século. Sua publicação se torna a encruzilhada onde se encontram Durkheim e seus discípulos sociólogos; Vidal de la Blache e seus amigos geógrafos; François Simiand e outros economistas; Henri Wallon e outros psicólogos; e, finalmente, Febvre e historiadores hostis aos "positivistas". Para Berr, a história, balanço das experiências humanas, tem a vocação de se tornar a ciência das ciências. Já para Simiand, a história deve se fundir numa ciência social conferindo a esta profundidade temporal. Febvre hesita entre esses dois pontos de vista e se agarra à ideia de uma unidade entre as ciências humanas. Em 1920, Berr lança uma grande coleção – "L'Évolution de l'Humanité"; nela são publicados cerca de quarenta livros durante o entreguerras. Febvre traz sua contribuição para a obra coletiva publicando, em 1922, *La Terre et l'Évolution humaine*. Retendo a lição de Vidal de la Blache, Febvre tenta lançar uma ponte entre a história e a geografia. Sugere "deduzir, por comparação e abstração, o papel nas histórias humanas de certo número de fatores qualificados de geográficos: a distância, o espaço, a posição".[107] Esse livro, geral demais, talvez prematuro, não deixa por isso de abrir caminho para a geo-história, "para uma verdadeira geografia humana retrospectiva".

Ao longo dos anos 1920, numa Alsácia-Lorena que voltou a ser francesa, a Universidade de Estrasburgo reúne professores brilhantes e inventivos. Ali, Lucien Febvre e Marc Bloch se encontram, tornam-se amigos, concebem o projeto de renovar a história; e dialogam com o geógrafo Henri Baulig, o psicólogo Charles Blondel, o sociólogo Gabriel Le Bras e outros colegas abertos à troca interdisciplinar. Chegados à maturidade e dispondo do apoio da editora Armand Colin, Bloch e Febvre fundam a revista *Annales d'Histoire Économique et Sociale* em 1929. O editorial do primeiro número expõe dois objetivos: 1) romper com o espírito de especialidade, promover a pluridisciplinaridade, favorecer a união entre as ciências humanas; 2) passar do estágio dos debates teóricos (o da *Revue de synthèse*) ao estágio das realizações concretas, especialmente das investigações coletivas na área da história contemporânea. No comitê de redação figuram, além dos dois diretores, quatro historiadores: André Piganiol, Georges Espinas, Henri Pirenne e Henri Hauser; um

---

[107] Febvre (1922, p. 37).

sociólogo, Maurice Halbwachs; um cientista político, André Siegfried; e um geógrafo, Albert Demangeon. Depois da eleição de Febvre para o Collège de France, em 1933, e de Bloch para a Sorbonne, em 1936, a revista deixa Estrasburgo e vai para Paris, aumenta o número de seus leitores, desfere duros golpes contra os historiadores tradicionais e desperta vocações entre os jovens pesquisadores. Porém, de 1939 a 1944, por causa da guerra e da Ocupação, sofre dificuldades administrativas e perde vários de seus animadores (a começar por Marc Bloch). Quando da Liberação, uma transformação se impõe. A partir de 1946, Febvre fica sozinho na direção; reúne uma nova equipe – Fernand Braudel, Georges Friedmann, Charles Morazé e Paul Liuillot; adota um novo título, *Les Annales. Économies. Sociétés. Civilisations* – ou *Les Annales ESC*; e inflexiona a orientação da história econômica e social para a história das mentalidades. No fim das contas, Febvre surge mesmo como o principal inspirador de uma publicação para a qual redigiu não menos que 924 textos, entre artigos, notas, críticas e resenhas, de 1929 a 1948.

Através de seus diversos artigos publicados na *Revue de synthèse* e nos *Annales*, Febvre instrui o processo da "história historizante". Vamos nos deter, a título de exemplo, na execução a que procede do livro de Charles Seignobos, Charles Eisenmann, Pavel Milyukov e outros colaboradores: *Histoire de la Russie*,[108] três volumes, 1932 (numa resenha publicada na *Revue de synthèse*, n. VII, 1934). Para começar, Febvre critica a organização da obra: "A história da Rússia propriamente dita começa na página 81 com o artigo de Miakotin que introduz na história da Europa Oriental, por volta do século VII, as tribos eslavas. Página 81, século VII; p. 150, já, Ivan, o Terrível; p. 267, Pedro, o Grande! Recapitulemos: uma história de 1416 páginas em três volumes; 200 páginas para dez séculos (VII-XVII) contra 1140 páginas para dois séculos e meio (1682-1932)". À primeira vista, parece estranho que Febvre conte tão meticulosamente as páginas e exija um equilíbrio no tratamento dos períodos. Compreendemos melhor quando sabemos que, em seu prefácio, Seignobos justifica o sobrevoo

---

[108] *Histoire de Russie*, por Pavel Milyukov, Ch. Seignobos e L. Eisenmann, com a colaboração de Camena d'Almeida, G. Danilov, P. Gronsky, A. Kizevetter, V. Miakotine, B. Mirkine-Guetzevitch, L. Niederle. Publicado com o patrocínio do Institut D'Études Slaves da Universidade de Paris. (N.R.)

de dez séculos de história russa, das origens a Pedro, o Grande em 200 páginas, por "falta de acontecimentos e de documentos". Ora, Febvre se recusa a conceber a história como o registro de uma sequência de acontecimentos unicamente a partir dos documentos escritos. "Os senhores proclamam: a história de dez séculos é incognoscível. Perdão! Ela é cognoscível, sim, senhor. Todos que se ocupam dela sabem disso; todos os que não se limitam a transcrever documentos mas procedem à reconstituição do passado através do diálogo de toda uma gama de disciplinas convergentes". Febvre aconselha, portanto, utilizar documentos não escritos (por exemplo, vestígios arqueológicos) e apelar para ciências vizinhas (como a linguística ou a etnologia).

Em seguida, sublinha os preconceitos ideológicos de Seignobos e seus amigos "positivistas":

> E quanto à dosagem das "substâncias", como se diz em farmacologia? Política em primeiro lugar! Não é apenas Maurras quem diz isso! Nossos historiadores fazem mais do que dizer, aplicam! E é de fato um sistema. Talvez mesmo um contrassistema. Mais uma vez Seignobos entoa o hino em honra à história-quadro [...] É o que eu costumo chamar de "sistema da cômoda" [...]. Tão bem arrumada e em tão bela ordem! Gaveta de cima, a política: a "interna" à direita, a "externa" à esquerda, nada de confusão. Segunda gaveta: no canto da direita, o "movimento da população"; no canto da esquerda, a "organização da sociedade" [...] E a História da Rússia fica na terceira gaveta [...], os fenômenos econômicos [...] ou, preferindo: a Agricultura, a Indústria e o Comércio [...]. Na verdade, não temos uma história da Rússia. Temos um Manual de história política da Rússia de 1682 a 1932, com uma introdução de duzentas páginas sobre a Rússia anterior a Pedro, o Grande [...]. É evidente que, no quadro tradicional dos reinados, o Sr. Milyukov e seus colaboradores souberam compor um relato muito preciso e suficientemente alentado dos "acontecimentos" da história russa – acontecimentos econômicos, sociais, literários e artísticos na medida em que estes são determinados pela ação política dos governos.[109]

---

[109] Febvre (1934, p. 34).

Em outras palavras, Febvre recomenda, por um lado, não isolar os patamares da realidade social, pôr em evidência suas interações; por outro, inverter a hierarquia das instâncias: em vez de descer do político para o econômico, remontar do econômico ao político.

Ao final de sua crítica, Febvre esboça o perfil de uma outra história – a dos *Annales* – que se opõe ponto por ponto à tradição da "escola metódica".

> Abro a *História da Rússia* (de Ch. Seignobos, P. Milyukov e outros). Que espetáculo! Czares energúmenos, saídos das páginas do *Ubu rei*; tragédias de palácio; ministros corruptos; burocratas-papagaios; ucasses e pricasses em profusão. Mas a vida forte, original e profunda desse país; a vida da floresta e da estepe, o fluxo e o refluxo das populações moventes, a grande maré de ritmo irregular que, por cima do Ural, rebenta até no Extremo Oriente siberiano; e a vida pujante dos rios, os pescadores, os bateleiros, o transporte de mercadorias; e a prática agrícola dos camponeses, seus instrumentos, suas técnicas, a rotação dos cultivos, o pasto, a exploração florestal [...]; o funcionamento da grande propriedade, a fortuna rural e seu modo de vida; o surgimento das cidades, sua origem, seu desenvolvimento, suas instituições, suas características; as grandes feiras russas; a lenta constituição daquilo a que chamamos uma burguesia [...]; o papel da fé ortodoxa na vida coletiva russa [...] as questões linguísticas; as oposições regionais; e sei lá eu mais o que![110]

Febvre formula a exigência de uma história total, que aborde todos os aspectos das atividades humanas. E não gasta toda sua energia num "combate" contra a "história historizante"; também sabe construir uma obra modelo, da qual se depreendem novas perspectivas. Exemplo disso é o livro *Le Problème de l'incroyance au XVIe siècle: la religion de Rabelais*, publicado em 1942. Num primeiro momento, Febvre contradiz a tese de A. Lefranc – cf. *Études sur Gargantua* (1912), sobre *Pantagruel* (1922), sobre o *Tiers Livre* (1931) – que fazia de Rabelais um incrédulo, um livre pensador, um racionalista. O diretor dos *Annales* reabre o dossiê e o examina com grande erudição.

---

[110] Febvre (1934, p. 34).

De fato, por volta de 1536-1537, vários poetas – J. Visagier, N. Bourbon, J.-C. Scaliger – teriam acusado Rabelais de ser um "sectário de Luciano".[111] Febvre demonstra que se trata de injúrias sem maiores consequências, correntes nos meios literários. Mais tarde, por volta de 1543-1544, Calvino, Postel e alguns teólogos da Sorbonne teriam considerado Rabelais um "ateu". Mas Febvre demonstra que naquela época a noção de ateísmo implicava apenas um desvio em relação à religião oficial. Quanto aos gracejos aparentemente heréticos que pululam nos romances de Rabelais – por exemplo, o nascimento de Gargantua pela veia cava e pela orelha esquerda de sua mãe, evidente paródia da imaculada concepção de Jesus –, Febvre recorda que são "malícias de Igreja", familiaridades anódinas frequentes nos discursos dos monges franciscanos; e que Rabelais pertenceu a essa ordem por doze anos. Em suma, Febvre censura Lefranc por ter cometido um anacronismo, por "ler um texto do século XVI com os olhos de um homem do século XX".

Num segundo momento, Febvre se dedica a definir o cristianismo de Rabelais. De fato, em *Pantagruel* (1532) e *Gargantua* (1534), a carta de Grandgousier a seu filho, a descrição da abadia de Thélème e outras passagens esboçam orientações religiosas singulares. Se seguimos o "Credo dos gigantes", existe um Deus em três pessoas, sendo a posição do filho privilegiada. Para com a divindade, o primeiro e quase único dever é ler, meditar e praticar o Evangelho. A vida religiosa é completamente

---

[111] Luciano de Samósata (c. 125-181 d.C.) escreveu em grego, tornando-se conhecido notadamente pelos diálogos satíricos. Sua arte literária e sua ironia exerceram influência sobre grandes escritores do século XVI. Segundo Henri Weber, em sua resenha de Christiane Lauvergnat-Gagnière ("Lucien de Samosate et le Lucianisme en France au XVIe siècle", no *Bulletin de l'Association d'étude sur l'humanisme, la réforme et la Renaissance*, n. 30, p. 71-73, 1990), Luciano havia sido visto pelos Pais ou Padres da Igreja [*Pères de l'Eglise*] sobretudo como um adversário útil dos cultos pagãos, mas entre os bizantinos do século X encontra-se para ele tanto o epíteto de "ateu" como um artigo favorável na Bibliothèque de Photios. Segundo Weber, Luciano torna-se um mestre do ceticismo e da irreligião a partir dos ataques de Lutero e de Beda contra Erasmo. Calvino, por sua vez, a partir de 1544, utilizou o nome de Luciano contra Rabelais e aqueles que considerava nunca terem tido religião ou terem abandonado a via do Evangelho. Depois serão os teólogos católicos que irão inserir o nome de Luciano, frequentemente seguido de Rabelais, em uma lista de ímpios. (N.R.)

interior. As superstições, as vendas de indulgências, as peregrinações, os cultos dos santos são ridicularizados, portanto rejeitados. O clero não parece desempenhar um papel essencial. Tudo isso indica que Rabelais "bebeu na fonte do Evangelho", que foi sensível à predicação de Lutero. Contudo, o ex-monge franciscano não subscreve ao dogma luterano da justificação pela fé. Febvre explica então que a religião de Rabelais deve ser compreendida em referência à *Filosofia do Cristo* de Erasmo, que se apoia na leitura do Novo Testamento, admite sua predileção pela pessoa do Filho, suprime a mediação da Virgem e dos santos, reduz o valor dos sacramentos, atenua a mácula do pecado original e proclama sua confiança na natureza humana. Por conseguinte, devemos situar Rabelais ao lado de Erasmo, de Lefèvre d'Étaples, de Thomas More, entre os "evangelistas" que esperam uma transformação do cristianismo sem maiores choques, de 1500 a 1535; e não classificá-lo entre os "protestantes" como Calvino, Farel, Bèze e outros, que aceitam o cisma e fundam uma Igreja reformada entre 1535 e 1565.

Num terceiro momento, Febvre se interroga sobre a possibilidade da incredulidade no século XVI. Pois, nessa época, a religião domina completamente a vida cotidiana. A Igreja controla os batismos, os casamentos, os enterros; impõe prescrições alimentares e interditos sexuais; fixa o calendário dos dias de trabalho e dos dias de festa; organiza as cerimônias públicas (missas, procissões, festas); forma os intelectuais e vigia os livros. Além do mais, falta utensilagem mental para a expressão de um pensamento lógico. A língua não dispõe de um vocabulário suficiente (faltam as noções de causalidade, de síntese, de dedução, etc.), nem de uma sintaxe adequada (a frase é desordenada; os tempos não concordam; as formas proliferam). Por certo, o universo medieval foi abalado pela "renascença" dos modelos greco-romanos, pelo progresso da imprensa, pela descoberta dos continentes. No entanto, as ciências – a matemática, a astronomia, a física, a medicina – não possuem os instrumentos necessários a seu desenvolvimento (por exemplo: o relógio sendo uma raridade, a medida do tempo permanece incerta). Os sábios – Leonardo da Vinci, Ambroise Paré, Miguel Servet, Giordano Bruno, Copérnico – permanecem precursores isolados e ameaçados. É preciso esperar o século seguinte para que o *Discurso do Método* de Descartes, a *Gramática de Port-Royal*, ou a luneta utilizada por Galileu forneçam os meios de enunciar um racionalismo alicerçado na ciência. Em outros termos, na época de Rabelais o ateísmo é inconcebível. "Pretender fazer do século XVI um século libertino, um século racionalista [...] é o pior dos erros [...], foi, ao contrário, um século que, em todas as coisas, procurava em primeiro lugar um reflexo do divino".[112] Com essa demonstração magistral, Febvre abre a história para o estudo das estruturas mentais.

Marc Bloch: o ofício de historiador

Marc Bloch, nascido em 1886 numa família da burguesia judaica, passa pela Escola Normal Superior, segue os cursos de F. Lot, Ch. Pfister, P. Vidal de la Blache na Sorbonne, permanece algum tempo nas universidades alemãs de Leipzig e Berlim; depois dá aulas de história nos liceus de Montpellier e Amiens até 1914. Vive a dura experiência da Primeira Guerra na qualidade de oficial. Ao final do conflito, defende uma tese resumida – *Rois et Serfs* – sobre as alforrias concedidas pelos últimos capetianos diretos. De 1919 a 1936, é professor na universidade de Estrasburgo, para onde as autoridades, por razões de prestígio, enviaram intelectuais de talento. Nesse polo cultural, Bloch estabelece contatos frutuosos com historiadores – L. Febvre, A. Piganiol, CH.-E. Perrin, G. Lefèvre – e psicossociólogos – Ch. Blondel, M. Halbwachs, G. Le Bras. O grupo estrasburguense aumenta sua audiência com o lançamento, em 1929, da revista *Annales d'histoire économique et sociale*. Especialista em história medieval, Bloch publica três obras maiores: *Les rois thaumaturges* (1923), um estudo sobre o caráter sobrenatural atribuído ao poder régio, particularmente na França e na Inglaterra; *Les Caractères originaux de l'histoire rurale française*, uma análise da evolução das estruturas agrárias no Ocidente medieval e moderno do século XI ao XVIII; e *La société féodale* (1936), uma síntese dos conhecimentos existentes até então sobre a organização social na Idade Média. Bloch vê sua reputação crescer: faz conferências em Madri, Londres, Oslo; publica numerosos artigos e resenhas nos *Annales*; e sucede a Henri Hauser na Sorbonne em 1936.

No auge da atividade, no momento em que está organizando um Instituto de história econômica na Universidade de Paris, é

[112] Febvre (1942, p. 500).

obrigado a interromper seus trabalhos. Mais uma vez, é mobilizado, assiste à "estranha guerra" a partir de setembro de 1939, e à derrocada de maio-junho de 1940. Escapa por pouco ao cerco e se refugia em Creuse, na região de Limousin. Ali, de julho a setembro de 1940, redige *L'étrange défaite*. Esse testemunho, extremamente lúcido, coloca em evidência os desequilíbrios da sociedade francesa, desvela as fraquezas dos militares, dos políticos, dos homens de negócios, dos intelectuais; e permite compreender o fracasso do exército, o "êxodo" e o suicídio da República. Embora judeu "assimilado", ateu por convicção e ex-combatente, Bloch se vê ameaçado pelas medidas antissemitas dos ocupantes alemães e de seus colaboradores franceses. Em 1941 e no início de 1942, Vichy o deixa dar aulas em Clermont-Ferrand e em Montpellier. Porém, em 1942, quando a Wermacht invade a "zona livre", o historiador é obrigado a entrar na clandestinidade. Alguns meses depois, Bloch se junta à Resistência nas proximidades de Lyon. Às vésperas da Liberação, em junho de 1944, é capturado, torturado e fuzilado pelos nazistas.

Durante sua estadia em Creuse, em 1941, "para reencontrar um pouco de equilíbrio de alma", Bloch se esforçou por refletir sobre o método em história, fazendo uma espécie de balanço da experiência do grupo dos *Annales*. Seu manuscrito, inacabado, foi editado e publicado postumamente por Febvre sob o duplo título: *Apologia da história ou O ofício de historiador*. Apesar de seu caráter fragmentário, o caderno de notas de Bloch se apresenta como uma resposta ao manual de Langlois e Seignobos, como um manifesto da escola dos *Annales* oposto ao compêndio da escola metódica. Porém, Bloch se mostra um pouco menos crítico que Febvre em relação à "história historizante", valorizando inclusive as conquistas da erudição no século XIX: "A escola alemã, Renan, Fustel de Coulanges devolveram à erudição sua posição intelectual. O historiador foi trazido de volta ao estabelecido".[113] Não obstante, Bloch admite que a erudição pode girar no vazio nos trabalhos dos discípulos de Gabriel Monod. "As margens inferiores das páginas exercem sobre muitos eruditos uma atração que beira a vertigem".[114] E, como Febvre, condena a falta de ambição

---

[113] Bloch (1964, p. 39).
[114] Bloch (1964, p. 40).

dos historiadores "positivistas": "Preocupados demais, em razão de sua educação primeira, com as dificuldades, as dúvidas, os frequentes recomeços da crítica documental, hauriram nessas constatações acima de tudo uma lição de humildade desenganada. A disciplina a que dedicavam seus talentos não lhes pareceu, no fim das contas, capaz de conclusões seguras no presente nem de maiores perspectivas de progresso no futuro".[115]

Contrariamente ao que sustentam Langlois e Seignobos, Bloch afirma que "o estoque de documentos" de que a história dispõe não é limitado; sugere não utilizar exclusivamente os documentos escritos e recorrer a outros materiais, arqueológicos, artísticos, numismáticos, etc. "Tanto quanto do exame detalhado das crônicas e dos documentos, nosso conhecimento das invasões germânicas depende da arqueologia funerária e do estudo dos nomes dos lugares [...]. Sobre as crenças e as sensibilidades mortas, as imagens pintadas ou esculpidas, a disposição e o mobiliário dos túmulos têm ao menos tanto a dizer quanto muitos escritos".[116] No que concerne à Antiguidade greco-romana, é verdade que os documentos escritos são raros; que aqueles que existem já são conhecidos e estão classificados, traduzidos e comentados. Assim, todas as obras dos autores gregos – Platão, Aristóteles, Xenofonte, Plutarco, etc. – e latinos – Cícero, César, Tito Lívio, etc. – estão reunidas nos duzentos ou trezentos volumes da coleção Budé. Contudo, no momento em que Bloch escreve, a percepção do mundo helênico e romano começa a ser aprofundada e renovada pelas escavações arqueológicas. Um exemplo: graças às descobertas de templos, teatros, termas, mercados, lojas, casas, ruas, praças em Ostia e em Pompeia, Jérôme Carcopino pode compor sua *Vie quotidienne à Rome* (1938). Para o estudo da Idade Média ocidental, o próprio Bloch não se restringe aos cartulários, às atas de chancelaria e às vidas de santos, interessa-se também pelos tesouros escondidos nos períodos turbulentos; o que o leva a esboçar uma *Histoire monétaire de l'Europe* (cf. os capítulos publicados postumamente em 1954). Simultaneamente, Edouard Salin lança luz sobre o tempo obscuro dos reinos bárbaros procedendo a um inventário das armas, dos ornamentos e dos móveis

---

[115] Bloch (1964, p. XV).
[116] Bloch (1964, p. 27).

abandonados nos túmulos e publicando, em 1943, *Le fer à l'époque mérovingienne*. O cofundador dos *Annales*, propondo a extensão da documentação às fontes não escritas, impulsiona o desenvolvimento dos trabalhos arqueológicos depois da Segunda Guerra.[117]

Bloch não pretende apenas explorar novos documentos, também quer descobrir novos domínios. Mais do que qualquer outro redator dos *Annales* ele se orienta para a análise dos fatos econômicos. Nesse terreno, é influenciado, embora não reconheça isso explicitamente, pela obra de Marx, que o incita a pôr em relação as estruturas econômicas e as classes sociais; e inspirado pelas pesquisas do economista François Simiand e do historiador Henri Hauser, que trabalham na avaliação das flutuações econômicas baseando-se em séries de preços. A obra-prima de Bloch é decerto *Les Caractères originaux de l'histoire rurale française, du XIe au XVIIIe siècle* (1931). Nesse livro, ele observa as formas da ocupação do solo, as técnicas de produção, os modos de povoamento, os quadros senhoriais, as práticas comunitárias numa longuíssima duração e para o conjunto do território nacional. A via traçada é retomada pelos medievalistas da geração seguinte como demonstram os livros de Robert Boutruche, *Seigneurie et Féodalité* (1959) ou de Georges Duby, *L'économie rurale et la Vie des campagnes dans l'Occident médiéval*. Além disso, Bloch deseja que a história econômica se volte para o mundo contemporâneo: "Para compreender as sociedades de hoje, alguém acreditará que basta mergulhar na leitura dos debates parlamentares e das atas de chancelaria? Não será preciso também saber interpretar o balanço de um banco: texto mais hermético para um leigo do que muitos hieróglifos? Pode-se aceitar que o historiador de uma época em que a máquina é rainha ignore como as máquinas se constituíram ou modificaram?".[118] A lição foi aprendida, como atestam, vinte anos depois, as obras de Claude Fohlen, *L'industrie textile sous le Second Empire* (1956); Bertrand Gille, *La Formation de la grande entre prise capitaliste, de 1815 à 1848* (1959); ou de Jean Bouvier, *La naissance du Crédit Lyonnais, de 1863 a 1882* (1961).

---

[117] Exemplos: P.-M. Duval, *Paris, des origines au IIIe siècle*, 1961; M. de Bouärd, *Manuel d'archeologie mediévale*, 1975; R. Buchanan, *Industrial Arqueology in Britain*, 1972, etc.

[118] Bloch (1964, p. 28).

Bloch tenta ampliar o campo da história em outras direções. O diálogo com André Varagnac atraiu sua atenção para a Pré-História; a leitura de Arnold Van Gennep lhe indicou o interesse do folclore. Iniciado na etnologia, aventura-se a escrever *Les rois taumaturges* (1923). Nesse ensaio inovador, examina a dimensão mágica da autoridade monárquica – especialmente o poder atribuído ao rei capetiano de curar, com um simples toque, as escrófulas. Porém, não dá continuidade a esse trabalho de antropologia histórica; e deixa por conta de seus amigos balizar o terreno de uma história das mentalidades.[119] Bloch percebe ainda a importância da linguística: "Como se pode aceitar que homens que, na maior parte do tempo, só poderão ter acesso aos objetos de seus estudos através das palavras ignorem as aquisições fundamentais da linguística?".[120] Ao longo das páginas da *Apologia da história*, Bloch se interroga sobre o sentido de palavras como *serf* [servo] (p. 81), *village* [aldeia ou vilarejo] (p. 82), *Empire* [Império] (p. 82), *colon* [colono] (p. 84), *feodalité* [feudalismo] (p. 86), *révolution* [revolução] (p. 87), *liberté* [liberdade] (p. 88), etc. "Alguns de nossos precursores, como Fustel de Coulanges, nos deram admiráveis modelos desse estudo do sentido, dessa semântica histórica. De lá para cá, os progressos da linguística afiaram ainda mais a ferramenta. Espero que os jovens pesquisadores não se cansem de manejá-la".[121] Na verdade, as intuições de Bloch só inspirarão realizações exemplares em matéria de etno-história e de semântica histórica muito tempo depois, no final dos anos 1960 e no início dos 1970.

Bloch insiste também na necessidade de oferecer uma sólida instrução aos jovens historiadores: "Convém que o historiador possua ao menos uma noção das principais técnicas do seu ofício [...] A lista das disciplinas auxiliares que propomos aos nossos estudantes é muito

---

[119] Cf. as coletâneas de artigos de Gabriel Le Bras, *Études de sociologie* religieuse (t. I "Sociologie de la pratique religieuse dans les campagnes françaises", t. II "De la morphologie à la typologie"), Paris, P.U.F., 1955 e 1956, 1 v., 820 p.; e de Lucien Febvre, *Au coeur religieux du XVIe siècle* (Bibliothèque générale de l'École Pratique des Hautes Études, VI Section, Sciences économiques et sociales), Paris, 1957.

[120] Bloch (1964, p. 28).

[121] Bloch (1964, p. 85).

sumária".¹²² Portanto, ao aprendizado da epigrafia, da paleografia e da diplomática, deve-se acrescentar uma iniciação à arqueologia, à estatística, à história da arte, às línguas antigas e modernas. E isso não basta. Para se tornar um verdadeiro profissional da história, é preciso conhecer também as ciências vizinhas: a geografia, a etnografia, a demografia, a economia, a sociologia, a linguística. "Se não for possível chegar à multiplicidade das competências num mesmo homem (o historiador) [...], pode-se pensar numa aliança das técnicas praticadas por diversos eruditos".¹²³ O que supõe a organização de um trabalho por equipes, reunindo especialistas de diversas disciplinas! É o programa que a escola dos *Annales* aplicará, alguns anos depois, ao constituir a 6ª Seção da École Pratique des Hautes Études (que se tornará em 1975 a École des Hautes Études en Sciences Sociales). O recurso permanente ao método comparativo, o anseio de dar ao historiador uma formação pluridisciplinar e a vontade de praticar uma pesquisa coletiva se explicam pela convicção, arraigada em Bloch, de uma unicidade das ciências humanas. O que ele expressa nesta definição: "É o espetáculo das atividades humanas que forma o objeto particular da história".¹²⁴ E nesta: "Há apenas uma ciência dos homens no tempo, que, incessantemente, precisa unir o estudo dos mortos ao dos vivos".¹²⁵

Apologia da história ou o ofício de historiador se abre com essa pergunta do filho de Bloch a seu pai: "Papai, me explica para que serve a história?".¹²⁶ A resposta é dada mais adiante no livro: "Uma palavra, para dizer tudo, domina e ilumina nossos estudos: compreender".¹²⁷ O historiador deve ter a paixão de compreender, o que implica que renuncie, na medida do possível, ao juízo de valor. "As ciências sempre se mostraram mais fecundas [...] na medida em que abandonaram o velho antropocentrismo do bem e do mal".¹²⁸ Em consequência, o historiador

---

¹²² Bloch (1964, p. 28).
¹²³ Bloch (1964, p. 28).
¹²⁴ Bloch (2001, p. XI).
¹²⁵ Bloch (2001, p. 15).
¹²⁶ Bloch (2001, p. 1).
¹²⁷ Bloch (2001, p. 72).
¹²⁸ Bloch (2001, p. 71).

deve se dedicar a uma espécie de ascese, de purificação, liberando-se dos seus preconceitos, dos seus sentimentos, das suas referências intelectuais. "Para penetrar uma consciência, é preciso quase se despojar de seu próprio eu".[129] Portanto, a escola dos *Annales* partilha com a escola metódica o desejo – ou a pretensão – de alcançar um saber objetivo. Contudo, o esforço de abstração, a recusa do julgamento moral, a exclusão de todo e qualquer finalismo não significam para Bloch uma fuga diante dos problemas que a sociedade do seu tempo coloca. A reflexão sobre *L'étrange défaite* de 1940, assim como o engajamento na Resistência em 1943, atestam que o historiador não se fecha numa "torre de marfim". Segundo Bloch, é preciso "compreender o passado a partir do presente",[130] e "compreender o presente à luz do passado".[131] O contínuo vaivém entre passado e presente permite enriquecer o conhecimento das sociedades antigas e esclarecer a atual a respeito de si mesma.

Fernand Braudel: os tempos da história

Fernand Braudel, nascido em 1902, faz estudos de história, passa no concurso nacional para professor secundário, e vai trabalhar na Argélia, onde permanece de 1923 a 1932. É lá que descobre o Mediterrâneo – "Um Mediterrâneo da outra margem, como ao avesso". Encontra Lucien Febvre, que se torna seu "mestre" e seu amigo; e que lhe aconselha a transformar um tema de tese convencional, "A política mediterrânea de Filipe II", numa investigação original sobre "O Mediterrâneo na época de Filipe II". A mudança de título supõe uma alteração completa de perspectiva. Por vários anos, Braudel examina arquivos e mais arquivos, alguns de difícil acesso, em Simancas, Madri, Gênova, Roma, Veneza e até em Dubrovnik. De 1935 a 1937, uma missão no Brasil o afasta de suas preocupações mediterrâneas, mas abre para ele os horizontes sul-americanos. Depois desse intermédio feliz, uma ruptura dolorosa. De 1939 a 1945, a guerra mundial impõe a Braudel uma provação interminável: capturado em 1940, passa anos num campo de prisioneiros perto de Lübeck. Durante seu

---

[129] Bloch (2001, p. 70).
[130] Bloch (2001, p. 11).
[131] Bloch (2001, p. 13).

cativeiro na Alemanha, sem livros, sem notas, trabalhando de memória, organiza mesmo assim sua pesquisa e redige um primeiro manuscrito. De volta à França em 1945, verifica a documentação, conclui a redação e defende, em 1947, sua tese de *doctorat d'État*. Na realidade, *O Mediterrâneo* é a obra de uma vida: o projeto foi esboçado por volta de 1929; a publicação inicial data de 1949; e uma versão remanejada e atualizada sai em 1966. Trata-se de um grande livro, em que a inovação metodológica ganha uma forma concreta; e de um livro grande (1.160 páginas na primeira edição; 1.222 na segunda) que fixa o "tipo ideal" da tese para várias gerações de historiadores.

A obra, característica do espírito dos *Annales*, vira as costas à tradição da "história historizante". O personagem central não é Filipe II, um homem de Estado, mas o Mediterrâneo, um espaço marítimo. Braudel se impregnou das lições da geografia humana: do *Tableau de France* de Vidal de la Blache, das teses regionais de Raoul Blanchard, de Jules Sion ou de Albert Demangeon, que davam conta da formação das paisagens considerando as evoluções históricas. Braudel também se inspirou na experiência de Febvre, que tinha trabalhado na interface entre geografia e história em *La terre et l'evolution humaine*. Amparado em seus precedentes, o autor de *O Mediterrâneo* tenta edificar uma "geo-história" cujo programa assim define:

> Colocar os problemas humanos tais como uma geografia humana inteligente pode vê-los desdobrados no espaço e, se possível, cartografados; [...] colocá-los no passado levando em conta o tempo; libertar a geografia da busca pelas realidades atuais a que ela se aplica exclusivamente ou quase, obrigá-la a repensar, com seus métodos e seu espírito, as realidades passadas. Da tradicional geografia histórica *à la* Longnon, destinada quase unicamente ao estudo das fronteiras dos Estados e das circunscrições administrativas, sem ligar para a própria terra, o clima, o solo, as plantas e os animais [...], fazer uma verdadeira geografia humana retrospectiva; obrigar os geógrafos (o que seria relativamente fácil) a conferir mais atenção ao tempo, e os historiadores (o que seria mais dificultoso) a se preocupar mais com o espaço".[132]

---

[132] Braudel (1966, p. 295).

Refletindo sobre a dialética do espaço e do tempo, Braudel chega a conceber a pluralidade das durações: "Assim, chegamos a uma decomposição da história em planos escalonados. Ou, se quiserem, à distinção de um tempo geográfico, de um tempo social, de um tempo individual".[133]

Primeiro patamar: "uma história quase imóvel, a do homem em suas relações com o meio que o cerca; uma história que flui e se transforma lentamente, feita muitas vezes de retornos insistentes, de ciclos sempre recomeçados".[134] O nível da longa duração é apresentado na primeira parte da tese. Braudel descreve as montanhas – o Atlas, os Apeninos, o Tauro, etc. – e os montanheses que as povoam, com seus costumes ancestrais e suas transumâncias regulares; as planícies litorâneas – do Languedoc, da Campânia, da Mitidja, etc. – com suas águas estagnadas, seus habitantes consumidos pela malária; as "planícies líquidas" – o Mar Negro, o Egeu, o Adriático, etc. – cujas costas, ventos e correntes determinam as formas e os ritmos da navegação; as ilhas – a Sardenha, Creta, Chipre, etc. – que são ao mesmo tempo escalas para os marinheiros, ninhos de piratas, alvos de emigrações. O autor indica os limites da bacia mediterrânea: ao norte, as regiões temperadas ocupadas por sedentários, terras da cristandade; ao sul, os desertos áridos, percorridos pelos nômades, terras islâmicas; e define os traços singulares do clima marcado pela predominância da seca, alternando um inverno suave e um verão quente. O tempo geográfico parece se confundir com a eternidade; o espaço mediterrâneo, ao que parece, não se transformou entre o principado de Augusto e o reinado de Filipe II. Contudo, a impressão de permanência deve ser corrigida: ao longo dos séculos, o clima registrou variações; a vegetação sofreu degradações; cidades por vezes mudaram de lugar; os traçados das estradas foram modificados... Assim, a observação geográfica leva a "discernir as oscilações mais lentas que a história conhece".

Segundo patamar: "uma história lentamente ritmada [...], uma história estrutural [...]; diria mesmo uma história social, a dos grupos e dos agrupamentos".[135] O nível da duração cíclica é examinado na segunda

---

[133] Braudel (1966, p. XV).
[134] Braudel (1966, p. XIII).
[135] Braudel (1966, p. XIII).

parte da tese. Braudel delineia os eixos de comunicação terrestres e marítimos; mede as distâncias comerciais em função das velocidades médias dos navios; estima a dimensão dos mercados – a Toscana ou a Andaluzia –, o raio de influência dos portos – Veneza, Livorno ou Marselha. Conta os homens que, na época, são talvez cerca de 60 milhões; aponta sua repartição, assinalando as regiões vazias – por exemplo, o Algarve – e as regiões cheias – por exemplo, Malta; avalia o crescimento demográfico (a Sicília tem 600.000 habitantes em 1501 e 1.100.000 em 1607). Interessa-se pelos mecanismos monetários, indicando o esgotamento do ouro do Sudão no fim do século XV; e o afluxo do ouro e da prata do Caribe e do México, depois da prata do Peru, que chegam a Sevilha, transitam inicialmente pela Antuérpia, em seguida por Gênova, e se espalham pelas regiões mediterrâneas durante o século XVI. A abundância dos metais preciosos provoca um aumento dos preços, de acordo com uma tendência secular (de 1530 a 1620), modulada por flutuações decenais (baixa de 1558 a 1567; alta de 1567 a 1576; baixa de 1576 a 1588, etc.). O movimento dos preços tem uma incidência sobre os rendimentos: os negociantes e os senhores enriquecem; os trabalhadores e camponeses empobrecem. Braudel, estudando a conjuntura no Mediterrâneo do século XVI se aproxima de Ernest Labrousse, que acabava então de analisar a evolução dos preços na França no século XVIII. Com contribuições como essas, a história econômica estabelece seus fundamentos.

Terceiro patamar: "uma história tradicional, se quiserem, uma história que focaliza não o homem mas o indivíduo [...]; uma agitação de superfície, as ondas que os mercados levantam com seu poderoso movimento. Uma história de oscilações breves, rápidas, nervosas".[136] O nível do tempo curto é abordado na terceira parte da tese. Braudel apresenta os impérios rivais, o espanhol e o turco, descrevendo suas instituições complexas, suas províncias diversas, suas populações compósitas; e avalia as forças militares respectivas considerando a organização dos exércitos, a qualidade das frotas, a rede das fortificações. Montado o cenário, o historiador passa à ação, narrando os principais "acontecimentos": a abdicação de Carlos V (1556), a paz de Cateau-Cambrésis (1559), a guerra hispano-turca (de 1561 a 1564), a prova de forças em Malta (1564), a formação da Santa Liga (de 1566 a 1570), a Batalha

---

[136] Braudel (1966, p. XIII).

de Lepanto (1571), as tréguas hispano-turcas (de 1578, 1581 e 1583) e outros episódios de um confronto que se estende por mais de meio século. A narrativa bem-documentada e bem-escrita traz água para o moinho da história militar e diplomática. Mas seu autor não demonstra paixão por um gênero tão tradicional: assim, da Batalha de Lepanto, ele enfatiza menos suas peripécias que seus efeitos duradouros. "Se não nos apegamos unicamente aos acontecimentos, a essa camada brilhante e superficial da história, mil novas realidades surgem e, sem ruído, sem fanfarras, se alastram para lá de Lepanto. O encantamento do poderio otomano é quebrado [...]; a corrida cristã ativa reaparece [...]; a enorme armada turca se desmantela".[137] Braudel, ao conferir atenção à "história-batalha", fez uma concessão à escola "positivista", que permanece forte na instituição universitária; todavia, como digno representante da escola dos *Annales*, relega o *événementiel* ao segundo plano. Ao "política em primeiro lugar" de Lavisse, sucede a "política depois" de Braudel.

Depois de defender sua tese, Braudel realiza uma carreira excepcional. Por mais de vinte anos, de 1946 a 1968, primeiro junto a Febvre, depois sozinho no comando, dirige a revista dos *Annales*; preside a 6ª Seção da École Pratique des Hautes Études, ocupa uma cátedra no Collège de France, orienta as pesquisas de numerosos historiadores iniciantes. Ao longo desse período, redige uma série de artigos de caráter metodológico, que, em 1969, reúne e publica sob o título *Escritos sobre a história*. De maneira geral, Braudel permanece fiel às orientações de Febvre e Bloch: defende a unidade das ciências humanas, tenta construir uma "história total" e mantém a ligação entre o passado e o presente:

> Depois da fundação dos *Annales* [...], o historiador se quis e se fez economista, antropólogo, demógrafo, psicólogo, linguista [...]. A história é, se assim podemos dizer, um dos ofícios menos estruturados da ciência social, portanto um dos mais flexíveis, mais abertos [...]. A história continuou, nessa mesma linha, a se alimentar das outras ciências do homem [...]. Há uma história econômica [...], uma maravilhosa história geográfica [...], uma demografia histórica [...]; há até uma história social [...]. Mas se a história onipresente coloca a totalidade do social em causa, é sempre a partir do

[137] Braudel (1966, p. 923).

próprio movimento do tempo [...]. A história dialética da duração [...] é estudo do social, de todo o social; e portanto do passado e portanto também do presente.[138]

Embora se proíba de instaurar um "historicismo" – uma espécie de imperialismo da explicação histórica –, Braudel não deixa de colocar sua disciplina numa posição dominante na encruzilhada das ciências humanas.

Mantendo um diálogo constante com seus colegas – o sociólogo Georges Gurvitch, o demógrafo Alfred Sauvy, o etnólogo Claude Lévi-Strauss –, o historiador Braudel busca pontos de contato entre as ciências sociais. Em sua opinião, há convergências ao redor das noções de "duração", de "estrutura" e de "modelo". Eis alguns exemplos. Enquanto Gurvitch discerne temporalidades múltiplas: "o tempo lento de longa duração, o tempo *trompe-l'oeil* ou o tempo surpresa, o tempo cíclico ou de dança no mesmo lugar, o tempo de batimento irregular, o tempo em atraso para consigo mesmo, etc.", Braudel situa a história em três patamares: "na superfície, uma história dos acontecimentos (*événementielle*), que se inscreve no tempo curto[...]; no meio, uma história conjuntural, que segue um ritmo mais lento[...]; em profundidade, uma história estrutural, de longa duração, que se conta em séculos".[139] Ao passo que Lévi-Strauss opõe uma história preocupada com uma evolução linear, na dimensão da diacronia, a uma etnologia interessada na estrutura, na dimensão da sincronia; e quando afirma que essas duas disciplinas "se distinguem sobretudo por perspectivas complementares: a história organizando seus dados em relação às expressões conscientes; a etnologia, em relação às condições inconscientes da vida social", Braudel sustenta que "a escola dos *Annales* se dedicou a aprender os fatos recorrentes e os fatos singulares, as realidades conscientes e as inconscientes".[140] Quando Sauvy utiliza modelos, muitas vezes matemáticos, para avaliar a densidade ideal da população em relação à produção total, à produção média e à produção marginal, Braudel convida os historiadores a seguir esse exemplo, a

---

[138] Braudel (1959, p. 103-104, p. 106-107).
[139] Braudel (2014, p. 112 e p. 119).
[140] Braudel (2014, p. 104).

usar modelos "que não são mais do que hipóteses, tentativas de explicação". "A pesquisa deve ser infindavelmente conduzida da realidade social ao modelo e deste àquela e assim por diante, por meio de uma série de retoques, de viagens pacientemente renovadas. O modelo é alternadamente tentativa de explicação [...], instrumento de controle, de verificação [...] da própria vida de uma determinada estrutura".[141]

Braudel empreende uma segunda obra monumental, que começa a ganhar forma durante seus cursos no Collège de France no fim dos anos 1950, assume a forma de uma publicação limitada (um volume) em meados dos anos 1960 e sai numa versão mais ampla (três volumes) em 1980. Seu título: *Civilisation matérielle, économie et capitalisme du XVe au XVIII siècle*. O primeiro volume considera "as estruturas do cotidiano, a vida de todos os dias tal como se impõe aos homens"; o segundo trata dos "jogos de troca [...] dos mecanismos da economia e do comércio estruturados pelo capitalismo"; o terceiro descreve e analisa o "sistema de dominação internacional [...], o funcionamento dos poderes econômicos e políticos". O procedimento mais original parece ser a valorização da "vida material":

> Por toda parte, ao rés do chão, se apresenta uma vida material feita de rotinas, de heranças, de êxitos muito antigos. A vida agrícola, por exemplo, prioritária no mundo inteiro antes do século XVIII [...] tem suas raízes muito além do século XV, remonta a milênios [...]. Assim se dá com o trigo, o arroz, o milho, os caldos, ou seja, alguns dos mais duradouros entre os antigos hábitos dos homens. Do mesmo modo, os utensílios rudimentares são tão velhos quanto as plantas cultivadas; e, quase tanto também, aqueles utensílios pouco complicados que decuplicam e sutilizam a força bruta dos homens: a alavanca, o torno, o pedal, a manivela, o sarilho [...]. Vida material – a expressão designará portanto, preferencialmente, gestos repetidos, procedimentos empíricos, velhas receitas, soluções vindas da noite dos tempos [...]. Uma vida elementar que, no entanto, não é inteiramente padecida nem, sobretudo, imóvel.[142]

---

[141] Braudel (2014, p. 72).

[142] Braudel (1967, 1. ed., p. 10).

As produções históricas

A escola dos *Annales* abre o filão da história econômica já nos anos 1930. De fato, a Grande Depressão incita aqueles que a vivem a se interrogarem sobre a alternância dos tempos de expansão e dos tempos de recessão nas atividades econômicas como demonstra o livro de François Simiand: *Les Fluctuations économiques et la Crise mondiale*. No âmbito da historiografia, opera-se uma verdadeira mutação com a obra de Ernst Labrousse: *Esquisse du mouvement des prix et de revenus en France au XVIIIe siècle*. Em sua primeira tese, o autor, jurista de formação, convertido à economia e, em seguida, à história, trabalha sobre séries de preços – do trigo, do centeio, do vinho, etc. – registrados nos mercados durante o período de estabilidade monetária que se estende de 1726 a 1789; graças a esses dados estatísticos, cuidadosamente verificados e elaborados, avalia o movimento de longa duração (o *trend* secular), os fluxos e os refluxos em vinte e cinco anos (as fases A e B de Simiand), os ciclos curtos de menos de dez anos (intradecenais), as flutuações sazonais de alguns meses; e confronta a evolução dos preços dos produtos da agricultura e da indústria com a evolução dos rendimentos (a renda da terra, o lucro do negociante, o salário do trabalhador). Em sua segunda tese, Labrousse estuda *La Crise de l'économie française à la fin de l'Ancien Régime* (1943): estabelece que, no longo crescimento do século XVIII, intervém uma recessão intercíclica de 1774 a 1791, sobre a qual se enxerta uma crise de subsistências em 1788-1789; constrói assim o "modelo" da crise do Antigo Regime, de predominância agrária, em que uma colheita ruim acidental provoca um aumento brutal dos preços dos cereais, que acarreta uma redução do consumo popular, que desencadeia uma superprodução na indústria tradicional; e mostra como os desequilíbrios econômicos afetam diferentemente as classes sociais e conduzem a enfrentamentos políticos. Perceber que a maior alta do preço do pão coincide com a Queda da Bastilha em julho de 1789 é descobrir uma nova dimensão da Revolução Francesa.

Labrousse não pertence, estritamente falando, à escola dos *Annales*; foi influenciado demais pelo pensamento de Marx e pela ação de Jaurès; mas aceita colaborar com os discípulos de Bloch e de Febvre. É por isso que dá aulas tanto na velha Sorbonne quanto na

6ª Seção da École Pratique des Hautes Études; e, nessas duas instituições, forma uma geração de historiadores economistas entre 1946 e 1966. Os métodos estatísticos elaborados por Labrousse são aplicados em numerosos trabalhos sobre os ciclos e as crises: por exemplo, a tese de Alexandre Chabert, *Essai sur le mouvement des prix em France de 1789 à 1820* (1945) ou a pesquisa coletiva conduzida pelo próprio Labrousse, G. Désert, A. Tudesq, M. Agulhon e outros, *Aspects de la crise et de la dépression de l'économie française au milieu du XIXe siècle* (1956). Além disso, a "história da conjuntura", fundada por Labrousse, e a geo-história, renovada por Braudel, veem-se estreitamente ligadas em pesquisas concernentes às trocas comerciais em vastos espaços e longas durações. Por exemplo: Pierre Chaunu, *Séville et l'Atlantique (1504-1650)* (1956); Frederic Mauro, *Le Portugal et l'Atlantique au XVIIe siècle (1570-1670)* (1957); François Crouzet, *L'économie britannique et le blocus continental* (1958). Sobretudo, a história econômica, que se apoia em séries de preços de produção e de rendimentos, e a história demográfica, baseada em séries de nascimentos, de casamentos e de falecimentos, encontram-se em várias teses que se inscrevem num quadro regional e numa duração plurissecular. As mais conhecidas são as de Pierre Goubert, *Beauvais et le Beauvaisis de 1600 à 1730* (1960); René Baehrel, *La Basse Provence rurale du XVIe au XVIIIe siècle* (1961); Pierre Vilar, *La Catalogne dans l'Espagne moderne* (1962); e Emmanuel Le Roy Ladurie, *Les Paysans du Languedoc du XV au XVIIIe siècle* (1966).

Labrousse não pretende limitar a "história serial" unicamente à dimensão econômica; quer lhe conferir também uma dimensão social. No Congresso Internacional de Roma, em 1955, expõe o plano de uma investigação sobre a burguesia nos séculos XVIII e XIX, sugerindo que se pesquise nas listas eleitorais, registros de impostos, inventários de bens após falecimento, contratos de casamento; e que se defina essa categoria social ao mesmo tempo por sua posição econômica, seu estatuto jurídico e sua atividade profissional. O programa é parcialmente realizado nas obras de Adeline Daumard, *La bourgeoisie parisienne de 1815 à 1848* (1963) e de André-Jean Tudesq, *Les grands notables en France 1840-1849* (1964); e volta ser objeto de debates nos colóquios sobre *Les sources et les méthodes de l'histoire sociale* (1965), *Les niveaux de culture et les groupes sociaux* (1966), *Les ordres et les classes* (1967). Além disso, Labrousse inspira os estudos que se aplicam a utilizar a história quantitativa como base da história social. Primeiro caso: Jean Bouvier, François Furet e Marcel Gillet, em *Le mouvement du profit en France au XIXe siècle* (1965), tentam dar conta – a partir de arquivos de empresas, procedendo a uma complexa análise dos balanços e traçando gráficos das produções, dos preços, dos valores e dos lucros – da evolução dos rendimentos patronais nas sociedades siderúrgicas, minas de carvão e bancos. Segundo caso: Michelle Perrot, em *Les ouvriers en grève: France 1871-1890* (1971), reconstitui a estatística das greves, baseando-se nos documentos disponíveis (jornais, relatórios de polícia, etc.), num período em que as autoridades não costumavam registrá-las; submete os dados obtidos a um tratamento informático, constrói quadros, desenha gráficos, e consegue dar conta da greve operária sob todos os seus aspectos – amplitude, intensidade, duração, resultados –, de acordo com as idades e os sexos, as estações e os ofícios.

A escola dos *Annales* descobre o domínio da história demográfica logo após a Segunda Guerra. Em 1946, num artigo da revista *Population*, Jean Meuvret, pela primeira vez, relaciona as crises de subsistência e os acidentes demográficos durante o Antigo Regime; demonstra que a uma colheita ruim, que acarreta a subida do preço dos cereais e, em consequência, uma carestia e muitas vezes a fome generalizada, corresponde uma alta da mortalidade acompanhada de uma queda no número de casamentos e de nascimentos. Por volta de 1950, instruído pela dupla experiência de Labrousse e de Meuvret, Pierre Goubert começa a explorar de maneira sistemática listas de preços, por um lado, e registros paroquiais, por outro. Nesses livros do estado civil antigo, o historiador pratica longas e fastidiosas contagens; das quais extrai séries muito interessantes de nascimentos, casamentos e mortes no conjunto de paróquias de uma pequena província por mais de um século. A tese de Goubert, *Beauvais et le Beauvaisis de 1600 à 1730*, marca uma virada historiográfica; oferece um modelo para avaliar o movimento da população na era pré-estatística. No mesmo momento, um demógrafo, Louis Henry, e um arquivista, Michel Fleury, elaboram um *Manuel de dépouillement* dos registros paroquiais. Seu método é rigoroso. Numa primeira etapa, deve-se registrar em fichas especiais não apenas os atos – batismos, casamentos e enterros – mas também as informações que contêm – nome completo, idade, sexo, laços familiares, origens geográficas, etc., das crianças, dos pais, das testemunhas. Numa segunda etapa, convém, em outras fichas, reconstituir as famílias em duas gerações; o que permite calcular, em média, a idade no momento do casamento e no da morte, a duração da união, a taxa de fecundidade, o intervalo entre as concepções, a parte de ilegitimidade, a quantidade de solteiros, de viúvos, de segundos casamentos. O manual Fleury-Henry dá a receita de como avaliar a vida da célula familiar na sociedade tradicional.

Tendo inventado seus métodos, a demografia histórica passa ao estágio das realizações. Já em 1958, o Instituto nacional de estudos demográficos (INED) lança uma investigação por sondagem a partir de uma amostra de quarenta paróquias a fim de retraçar a história da população francesa da época de Luís XIV até o presente. Ao mesmo tempo, aparecem as primeiras monografias sobre vilarejos escolhidos ao acaso: E. Gautier e L. Henry, *La population de Crulai* (1958); P. Gouthier, *La population de Port-en-Bessin* (1962); J. Ganiage, *Trois villages de l'Île de France au XVIIIe siècle* (1963), etc. Em 1962, uma sociedade de demografia histórica é organizada por iniciativa de M. Reinhard, P. Goubert, L. Henry, L. Chevalier e J. Dupâquier; são feitos seminários e colóquios, funda-se um laboratório no CNRS, cria-se uma revista especializada – *Les Annales de Démographie historique*. Formam-se equipes nas universidades provinciais ao redor de Pierre Chaunu em Caen, de André Armengaud em Toulouse, de Jean-Pierre Poussou em Bordeaux, e outras, que orientam os estudantes para a exploração dos registros paroquiais em suas monografias de *maîtrise* e de 3º ciclo. Paralelamente, algumas teses exemplares comparam as evoluções econômicas e as evoluções demográficas, colocam em evidência estruturas específicas em matéria de casamento, fecundidade e mortalidade no quadro de uma região num recorte de longa duração. Entre elas, a de Emmanuel Le Roy Ladurie, *Les paysans du Languedoc du XVe au XVIIIe siècle*, e F. Lebrun, *Les hommes et la mort en Anjou aux XVIIe XVIIIe siècles*. Outros historiadores se interessam pelas populações das cidades, mais difíceis de estipular que as populações do campo; assim, M. Garden estuda *Lion et les lyonnais au XVIIIe siècle* (1970); e Jean-Claude Perrot examina *Caen au XVIIIe siècle* (1975). J. Dupâquier, por sua vez, considera fontes por muito tempo negligenciadas porque incertas – os censos e os impostos da talha; dedica-se a uma crítica séria de seu valor documental e consegue utilizá-las para fazer uma estimativa da repartição da população no espaço. A demonstração aparece em sua tese: *A população rural da bacia parisiense na época de Luís XIV* (1979). Progressivamente, graças a múltiplas monografias locais e aos grandes estudos regionais ou urbanos, compõe-se um quadro demográfico da França do Antigo Regime.

Na década de 1970, a escola dos *Annales* desliza de uma demografia histórica de caráter quantitativo para uma antropologia histórica de aspecto mais qualitativo. Já em 1948, um franco atirador, Philippe Ariès, mostrara o caminho numa *Histoire des populations françaises et de leur atitude devant la vie depuis le XVIIIe siècle*. Ariès observa: "As estatísticas demográficas nos falam sobre a maneira de viver dos homens, sobre a concepção que têm de si mesmos, de seus corpos, de sua existência familiar...".[143] Seguindo esse conselho, o grupo dos *Annales* se volta para o exame do corpo, são ou doente, e chega, por esse viés, a uma história da medicina. Nessa perspectiva, devemos assinalar as obras de J.-N. Biraben, *Les hommes et la peste en France et dans les pays européens et meditérranéens* (1975) e de Jacques Léonard, *Les médecins de l'Ouest au XIXe siècle* (1976). Além disso, a história da população se inflexiona para uma história da família que, por sua vez, conduz a uma história da sexualidade que aborda os problemas dos interditos religiosos, das práticas anticoncepcionais, das relações legítimas e ilegítimas. Atestam isso as obras de Jean-Louis Flandrin, *Les amours paysans du XVIe au XIXe siècle* (1975); François Lebrun, *La vie conjugale sous l'Ancien Régime*; e Jacques Solé, *L'amour en Occident à l'époque moderne*. Nesse mesmo momento, a pesquisa tenta penetrar no terreno pouco acessível em que o biológico e o mental se tocam. Os historiadores refletem sobre a atitude humana diante da vida, buscam informações sobre a concepção, a gravidez, o parto e a tenra infância: por exemplo, nos livros de Philippe Ariès, *L'enfant et la vie familiale dans la France d'Ancien Régime* (1960), de Jacques Gelis, Mireille Laget e Marie-France Morel, *Entrer dans la vie: naissances et enfances dans la France traditionnelle* (1978) e de Mireille Laget, *Naissances* (1982). E se interrogam sobre a atitude humana diante da morte, investigando os costumes funerários, as cláusulas testamentais, as representações do além-morte: por exemplo, nos livros de Michel Vovelle, *Mourir autrefois*

---

[143] Ariès (1971, p. 15).

(1974), Philippe Ariès, *L'Homme et la mort* (1977); e Pierre Chaunu, *La mort à Paris du XVIe au XVIIIe siècle*. Todas essas produções indicam um deslocamento da análise dos mecanismos demográficos para a análise dos comportamentos coletivos.

Já no início dos anos 1920, Bloch e Febvre tinham manifestado interesse pela Pré-História, o folclore e a história das religiões. Contudo, é só no final dos anos 1960 que a escola dos *Annales* estabelece o contato entre a história e a etnologia. Emmanuel Le Roy Ladurie, em *Montaillou, village occitain de 1294 a 1324*, retoma um dos dossiês da Inquisição concernentes aos últimos cátaros em Languedoc; relê os interrogatórios dos suspeitos, faz novas perguntas a esses textos, comporta-se como um etnólogo transplantado para o passado; assim, ressuscita uma comunidade rural no Piémont pirenaico do início do século XIV, reconstituindo os trabalhos agrícolas, os modos de criação, as formas de moradia, os gestos cotidianos, os clãs familiares, as práticas sexuais, as crenças religiosas, os ritos mágicos, as relações com as autoridades; e descobre um sistema coerente, em que a vida social se organiza em torno da "casa", centro de uma rede de parentescos e alianças. Nathan Wachtel, em *La vision des vaincus* (1971), foca sua atenção nos povos do antigo Império Inca nos planaltos andinos; não se contenta com a visão dos vencedores – os espanhóis dominadores – que foi apresentada nas crônicas, nas correspondências e nos relatórios administrativos do período colonial; tenta recuperar a visão dos vencidos – os índios dominados – cujos vestígios subsistem nos contos, danças, festas e outras manifestações folclóricas da época atual; as duas abordagens combinadas, a do historiador e a do etnólogo, permitem compreender o violento trauma que afetou, no século XVI, populações indígenas dizimadas, simultaneamente, por uma conquista militar, um choque microbiano e uma exploração desenfreada. Os prestigiosos trabalhos do etnólogo Claude Lévi-Strauss, especialmente a série *Mitologiques* (1964-1972), incitaram historiadores dos *Annales* a aplicar os métodos da análise estrutural a lendas medievais, como demonstram os artigos de Jacques Le Goff e Emmanuel Le Roy Ladurie, "Melusina, materna e desbravadora" (*Annales ESC,* 1971); e de Jacques Le Goff e Pierre Vidal-Naquet, "Lévi-Strauss em Broceliânda" – a propósito de um poema de Chrétien de Troyes – (*Annales ESC,* 1975). A aproximação entre a etnologia e a história parece dar excelentes resultados.

De acordo com uma fórmula de Michel Vovelle, a escola dos *Annales* remontou "do porão ao celeiro", de uma história econômica e de uma história demográfica, muito produtivas nos anos 1950 e 1960, a uma história cultural, em pleno *boom* nos anos 1970. Inspirados nas lições dos historiadores precursores – Febvre e Ariès –, fascinados pelos resultados dos vizinhos etnólogos ou filósofos – Lévi-Strauss e Foucault –, os pesquisadores da nova geração dos *Annales* querem explorar as estruturas mentais, que situam a meio caminho entre a organização social e o discurso ideológico, na fronteira do consciente e do inconsciente, numa "prisão de longa duração". A história das mentalidades trata tanto dos modos de pensamento das elites quanto das crenças populares, das tradições religiosas e dos costumes civis. São significativas, sob esse aspecto, as obras de Robert Mandrou, *Magistrats et sorciers em France au XVIIe siècle*; Maurice Agulhon, *Pénitents et Francs-Maçons de l'ancienne Provence*; e Michel Vovelle, *Pieté baroque et déchristianisation en Provence au XVIIIe siècle* (1978). A história das mentalidades também se preocupa com as formas de sociabilidade, especialmente a festa, que pode revelar brutalmente contradições sociais recalcadas. A esse respeito são características as obras de Michel Vovelle, *Les métamorphoses de la fête en Provence de 1750 à 1820* (1976); Mona Ozouf, *La fête révolutionaire (1789-1799)* (1976); e Emmanuel Le Roy Ladurie, *Le Carnaval de Romans* (1979). A confrontação entre a psicanálise e a história parece muito próxima dessa elaboração de uma psicologia histórica. Alain Besançon se aplica a esclarecer a relação entre o soberano e seus súditos na Rússia à luz do complexo de Édipo em *Le Tsarévitch immolé* (1968) e Michel de Certeau mistura a história política, a sociologia religiosa e a psicopatologia para compreender um caso de bruxaria no século XVIII: *La possesion de Loudun*. Contudo, a história psicanalítica logo dá a impressão de patinar, por carecer de conceitos operatórios que permitam atingir o inconsciente coletivo, ao passo que a história das mentalidades continua avançando, justamente porque seus métodos incertos e seus limites pouco precisos a autorizam a assimilar os aportes das outras disciplinas.

10

A história nova, herdeira da escola dos *Annales*

A *história nova*, eis uma denominação controlada, lançada no mercado em 1978 por algumas das grandes figuras da escola dos *Annales* (cf. o dicionário da *La Nouvelle Histoire*, edições Retz, Paris, 1978, dirigido por Jacques Le Goff com a colaboração de Roger Chartier e Jacques Revel), que está longe de ser uma unanimidade no mundo dos historiadores. Em primeiro lugar, no seio da própria escola dos *Annales*, onde alguns descobrem um gosto súbito pela antiga história à maneira de Fustel de Coulanges, ao passo que outros começam a atacar o consenso de que os colaboradores da prestigiosa revista compartilhavam uma concepção comum da disciplina e nos recordam, como François Furet, que os pais fundadores pregaram, acima de tudo, a "vagabundagem em todos os terrenos".[144] Em seguida, entre os marxistas, que insinuam que a novidade tão espalhafatosamente anunciada muitas vezes não passa da redescoberta de alguns ensinamentos maiores de Marx, que voltam à moda depois terem sido recalcados por décadas e décadas. Finalmente, nos grandes batalhões da corporação historiadora, em que se denunciam o lado publicitário do empreendimento, as concessões à linguagem "midiática", a falta de rigor científico de certas pesquisas em etno-história e em psico-história e, sobretudo, o imperialismo de uma corrente intelectual que reivindica para si "a renovação de todo o campo da história" ignorando deliberadamente o aporte de alguns inovadores de inquestionável importância. Como não se espantar, de fato, com o silêncio a respeito da obra de um Henri-Irénée Marrou, na pesada, desigual e

---

[144] Furet (1981, p. 112-127).

frequentemente tagarela enciclopédia da *La Nouvelle Histoire*? Como não se espantar, em sentido inverso, com a autossatisfação ostentada por alguns diante do "milagre francês" em matéria de história? A excessiva celebração deste só podia mesmo provocar as observações pouco amenas – mas quão pertinentes! – de um historiador holandês, Wim den Boer, para quem os *Annales* e a "história nova" se beneficiaram de um mecanismo bem conhecido na história das ciências a que ele chama de fenômeno de concentração épica ou *princípio de São Mateus*: "Este consiste, na história das ciências, em atribuir as invenções de numerosos estudiosos a apenas um pequeno número dentre eles. Como diz o Evangelho: 'pois se dará àquele que já tem e ele terá ainda mais; mas daquele que não tem será tirado até o pouco que tem'".[145] E o autor acrescenta: "Na França, como em diversos países, encontravam-se ideias, programas e espécimes semelhantes aos dos *Annales* mas datando de antes da criação destes". Marc Bloch e Lucien Febvre não inventaram grande coisa, mas permitiram a uma "abordagem moderna da história conhecer um sucesso precoce na França, tornar-se uma instituição, o que acarretou a criação de postos de trabalho e tornou possíveis a pesquisa e a publicação". Não é descabido pensar que essa carapuça pode servir também para a história nova, que continua tirando proveito do *princípio de São Mateus* e se encarrega de produzir sua própria historiografia, como demonstram dois artigos publicados nos *Annales ESC* em 1979, um de André Burguière outro de Jacques Revel, tratando dos *Annales* 1929-1979! Por mais objetivos que sejam esses dois textos, neles lemos que o espírito dos *Annales* se tornou "o bem comum da maior parte dos historiadores" e que a edição e a imprensa multiplicam "uma produção por vezes muito livremente adaptada da história segundo os *Annales*", implicitamente considerada como o paradigma absoluto!

Abandonando aqui o espírito de polêmica e deixando a outros a tarefa de descrever, com tanto talento e humor, os curiosos costumes da tribo dos intelectocratas, buscaremos, mais classicamente, descrever os apoios institucionais de que a história nova dispõe, analisar as referências mais recorrentes de seus adeptos, indicar os objetos de suas pesquisas e, por fim, evocar sua arte consumada da releitura dos

---

[145] Ladurie (1981, p. 90-91).

documentos e da reciclagem dos materiais antigos a serviço de problemáticas *up to date*. E assinalaremos, de passagem, as inflexões que a história nova impôs ao espírito dos primeiros *Annales*.

Uma instituição poderosa

Desde a morte de Lucien Febvre em 1956, a escola dos *Annales* e a revista que é seu emblema conquistaram uma posição dominante na historiografia francesa. Até 1968, Fernand Braudel é seu guia incontestado, assumindo a maior parte das responsabilidades; a partir de então, ele se cerca de um comitê que inclui Jacques Le Goff, Emmanuel Le Roy Ladurie e Marc Ferro; e de um secretariado em que se sucedem Robert Mandrou, André Burguière e Jacques Revel. Nos anos 1960 e 1970, a revista publica seis números — cerca de 1.500 páginas — por ano, ocupa o primeiro lugar entre as revistas de ciências humanas na França e estende sua audiência pela Europa Ocidental e pelos Estados Unidos. Basta ler os sumários de cada número para identificar suas principais orientações. Os *Annales* permanecem apegados às reflexões metodológicas (exemplos: Emmanuel Le Roy Ladurie, "História e clima", n. 1, 1959; Jean-Marie Gouesse, "Parentesco, família e casamento na Normandia", n. 5, 1972) e favorecem diálogos entre as disciplinas (exemplos: *História e estruturas*, número especial 3-4, 1971; *História e ciências*, número especial, 5, 1975). Os *Annales*, querendo-se pluridisciplinares, abrem suas colunas não apenas para os historiadores (exemplo: Denis Richet, "Crescimento e bloqueios na França do século XV ao XVIII", n. 4, 1968), mas também aos sociólogos (exemplo: Pierre Bourdieu, "As estratégias matrimoniais", n. 3, 1972) e aos economistas (exemplo: Celso Furtado, "Desenvolvimento e estagnação na América Latina", n. 1, 1966). E têm pretensões ecumênicas, aspiram a cobrir todos os períodos da história e todas as regiões do mundo (exemplos: Georges Ville, "Religião e política: como os combates de gladiadores chegaram ao fim", n. 4, 1979; Richard Trexler, "O celibato no fim da Idade Média: as religiosas de Florença", n. 6, 1972); Constantin Milsky, "O problema da reforma da escrita na China e sua história antes de 1949", n. 2, 1973, etc.).

O grupo dos *Annales* também se apoia numa instituição universitária. Em 1947, Febvre obteve dos governos da Liberação a fundação da 6ª Seção da École Pratique des Hautes Études (EPHE), especializada nas "ciências econômicas e sociais"; e foi ele quem a presidiu e definiu seus objetivos: assegurar a ligação entre o ensino e a pesquisa, difundir os conhecimentos através de seminários, estimular as pesquisas coletivas, organizar o encontro entre as ciências humanas. Em 1956, Braudel sucede a Febvre e mantém as diretrizes anteriores. No fim dos anos 1950 e nos anos 1960, a 6ª Seção da EPHE reúne cerca de trinta "diretores de estudos", ou seja, professores habilitados a orientar teses de doutorado: historiadores muito próximos da revista dos *Annales* – como Jacques Le Goff, Emmanuel Le Roy Ladurie, François Furet, Marc Ferro –, historiadores mais independentes, muitas vezes economistas ou demógrafos – como Ernest Labrousse, Jean Meuvret, Pierre Villar –, sociólogos – Georges Friedmann, Alain Touraine –, "pisco-historiadores" – Alain Besançon, Michel de Certeau. Em princípio, a maior parte das ciências humanas são representadas; na realidade, a história monopoliza a maior parte dos postos. Pois, segundo Braudel, a história pode "trazer uma linguagem comum", "fornecer a dimensão fundamental do tempo", "preservar a unidade das ciências sociais". Em 1968, Braudel leva a cabo um projeto que lhe era muito caro: a criação da Maison des Sciences Humaines (MSH). O regime gaullista aceita instalar a 6ª Seção da EPHE num vasto imóvel – boulevard Raspail, 56, Paris, 7º distrito – onde são progressivamente reunidos os diversos centros e laboratórios até então dispersos pelo Quartier Latin. A MSH fornece um equipamento de base, indispensável para a pesquisa, com escritórios, salas de conferência, uma biblioteca, fotocopiadoras, computadores; e, naturalmente, funcionários para tocarem os diversos serviços. Pouco tempo depois, a 6ª Seção da EPHE se transforma na Escola de Altos Estudos em Ciências Sociais (École des Hautes Études em Sciences Sociales – EHESS) a que é conferido o estatuto de uma universidade, facilitando assim a atribuição de verbas, a inscrição dos estudantes e a outorga de diplomas.

Mas o grupo dos *Annales* dispõe ainda de apoios extrauniversitários. De fato, seus exponentes têm muita influência no mundo da edição. Pierre Nora dirige a "Bibliothèque des Histoires" na editora Gallimard, que seleciona obras em que a história se une às outras ciências humanas (exemplos: Emmanuel Le Roy Ladurie,

Montaillou; Michel Foucault, *História da loucura*). Jacques Le Goff inspira a coleção "Ethnologie Historique" na editora Flammarion, que privilegia o estudo dos hábitos, dos usos, dos costumes (exemplos: Marine Segalen, *Mari et Femme dans la Société paysanne*; André Burguière, *Bretons de Plozevet*). Joseph Goy conduz a série "Science" (Section Historique), também na Flammarion, em que são publicadas grandes teses em versões resumidas (exemplos: Pierre Goubert, *Cent mille provinciaux au XVIIe siècle*; Annie Kriegel, *Les origines du communisme français*). Pierre Nora e Jacques Revel orientam a coleção "Archives", na Gallimard, em que cada tema é tratado sob a forma de uma montagem de documentos apresentada por um especialista (exemplos: Georges Duby, *O ano mil*; René Etiemble, *Os jesuítas na China*; Jacques Rougerie, *Processo dos communards*). A revista *H. Histoire*, lançada em 1979 pela editora Hachette, pretende recorrer à história para melhor compreender a atualidade (exemplos: n. 3, "Os judeus na França"; n. 4, "Os Estados Unidos"); essa publicação é apadrinhada pela equipe dos *Annales*, preocupada em não abandonar a rivais o mercado das revistas de história destinadas ao grande público. Além disso, a equipe dos *Annales* tem posições nas *mass media*. Seus colaboradores resenham livros de história em alguns jornais e semanários. Emmanuel Le Roy Ladurie e Emmanuel Todd mantêm colunas no jornal *Le Monde*; François Furet, Jacques Ozouf e Mona Ozouf na revista *Le Nouvel Observateur*. E para completar, Jacques Le Goff e Denis Richet animam um programa de rádio – "Les lundis de l'histoire" – em que historiadores vêm apresentar suas obras. Na televisão, os representantes dos *Annales* não controlam nada, mas são convidados com frequência para debates históricos, políticos ou literários. Como diz Jean Chesneaux, o *holding* dos *Annales* é um dos centros do poder intelectual na França.

No início dos anos 1970, Braudel partilha sua herança entre seus sucessores, especialmente Jacques Le Goff e Emmanuel Le Roy Ladurie. A nova equipe se encarrega de fazer um balanço por ocasião do cinquentenário dos *Annales*. Em 1974, Jacques Le Goff e Pierre Nora reúnem, sob o título *Faire de l'Histoire*,[146] três coletâneas de artigos

---

[146] No Brasil, as três coletâneas foram traduzidas como: *História: novas abordagens*, direção de Jacques Le Goff e Pierre Nora, tradução de Henrique Mesquita (Rio de

que colocam "novos problemas", esboçam "novas abordagens", focam "novos objetos". Em 1978, Le Goff publica uma enciclopédia, intitulada *La Nouvelle Histoire*, em que se misturam artigos de fundo (sobre a noção de estrutura, de longa duração, de história imediata, etc.); notas sobre pessoas (Henri Berr, Georges Dumézil, François Simiand, etc.) e notas sobre termos (clima, linguagem, psicanálise, etc.). Nas duas empreitadas, encontramos quase os mesmos participantes: Philippe Ariès, Jean-Paul Aron, Andrè Burguière, Michel de Certeau, Roger Chartier, Marc Ferro, François Furet, Dominique Julia, Jacques Le Goff, Pierre Nora, Jacques Revel, Denis Roche, Alain Schnapp, Jean-Paul Schmitt, Pierre Vidal-Naquet, Michel Vovelle e alguns outros.

A produção dessa constelação de historiadores, por mais abundante que seja, está longe de abarcar todo campo da história. De fato, talvez em razão do impulso inicialmente dado por Febvre e Braudel, a escola dos *Annales* se interessa prioritariamente pela Europa Ocidental e suas dependências, da Baixa Idade Média ao Século das Luzes. Elaborando um "quadro de medalhas" da produção histórica recente, Emmanuel Le Roy Ladurie só consegue citar especialistas da época moderna (*L'Histoire*, n. 2, junho de 1978). Na EHESS, o predomínio dos historiadores da Idade Moderna e de alguns medievalistas tem como sintoma a quase exclusão dos historiadores da Antiguidade e da Idade Contemporânea. É portanto fora do círculo dos *Annales* que se elabora a maior parte dos estudos sobre a Antiguidade (por exemplo, na École d'Athènes e na École de Rome) e que se efetua a maioria das investigações sobre o mundo contemporâneo (por exemplo, na Fondation des Sciences Politiques ou no Institut du Temps Présent. Além disso, há na França cerca de trinta Unidades de Ensino e Pesquisa (UER) e departamentos ou laboratórios onde trabalham centenas de historiadores profissionais. Sua simples existência recorda que a EHESS é um centro de pesquisas entre outros, mas que goza do que François Furet denomina, não sem orgulho, uma "hegemonia de reputação".

Janeiro: Francisco Alves, 1976); *História: novos* objetos, direção de Jacques Le Goff e Pierre Nora, tradução de Terezinha Marinho (Rio de Janeiro: Livraria Francisco Alves, 1976); *Historia: novos problemas*, direção de Jacques Le Goff e Pierre Nora, tradução de Theo Santiago, Henrique Mesquita e Terezinha Marinho (Rio de Janeiro: Francisco Alves, 1976). (N.R.)

O culto dos ancestrais

Nada define melhor uma corrente de pensamento do que os textos sagrados que ela invoca. Paradoxalmente, essa corrente de ponta sentiu a necessidade de dotar a si mesma de uma gloriosa genealogia e de elaborar uma versão quase mítica de suas origens, consagrando um verdadeiro culto a seus pais fundadores. Entre os grandes ancestrais venerados por Jacques Le Goff ("A história nova", em *La Nouvelle Histoire*, p. 210-241), não nos surpreenderemos em encontrar o Voltaire do *Essai sur les moeurs*, nem o Michelet do *Prefácio* de 1869, invocado de maneira quase ritual, decerto por nostalgia de uma história total que não se pode mais praticar hoje; mais surpreendente, porém, é nos depararmos com Chateaubriand, muito interessado, em seus *Écrits historiques*, em evocar todos os aspectos do cotidiano, e com Guizot, o analista perspicaz do *fato de civilização*.

Quanto ao mito de origem, é a celebração desse ano de 1929, mais conhecido até então pelo *crash* da bolsa, em que a fundação dos *Annales d'histoire économique et sociale* vem abrir um novo campo para a história, em que as velhas divisórias entre fatos de natureza diferentes são derrubadas e em que o comparatismo triunfa. Sejamos justos: a dívida de Bloch e Febvre para com alguns de seus predecessores (Berr, Pirenne, Simiand) é sempre mencionada. Mas 1929 é sempre considerado o ano inaugural da gesta dos pais fundadores contra os defensores da história historizante e outros "positivistas" retardatários. Em 1946, revolução na revolução, a revista-farol da historiografia francesa muda se sigla e passa a se chamar *Annales ESC*. Lucien Febvre descobre seu legítimo herdeiro, Fernand Braudel, que tem que se bater com os senhores feudais da história universitária nesse campo fechado que é o da banca do concurso nacional para professores de história entre 1950 e 1955. Os anos passam e Braudel, por sua vez, vai vendo seus sucessores crescer: Emmanuel Le Roy Ladurie, Jacques Le Goff, Marc Ferro.

Essa genealogia intelectocrática tem várias funções. Em primeiro lugar, a de legitimação, já que faz de um pequeno círculo de historiadores os depositários do espírito dos primeiros *Annales*. Depois de Le Goff, Le Roy Ladurie e Georges Duby, eis que chegam André Burguière, Roger Chartier, Jacques Revel, Jean-Claude Schmitt... Essa genealogia constitui também um argumento de peso na coabitação conflituosa com os outros setores da ciência histórica. Invocar ancestrais venerados por todos permite evitar confrontos violentos demais. Le Goff não nos diz, com o espírito de conciliação que o caracteriza, que a história nova se apoia numa *longa e sólida tradição* e que *uma parte das conquistas técnicas do método positivista permanece válida*? Não celebra a *sólida bagagem* dos historiadores de ofício e a *firme base institucional* da disciplina? Parece o suficiente para aplacar os temores dos senhores feudais da instituição histórica!

Buscando mais a conciliação do que o conflito, reflexo facilmente explicável da parte de uma corrente de pensamento que se tornou hegemônica, a história nova parece "definitivamente acomodada". Abandona-se preguiçosamente ao culto da personalidade, como a União Soviética de Brejnev. Num artigo tão brilhante quanto excessivo ("Allergico cantabile", *Annales ESC*, 1981, p. 623-649), Michel Morineau relatou detalhadamente os dissabores que teve por ousar contestar as tábuas da fé nos "santos Simiand e Hamilton" a propósito do aprovisionamento da Europa moderna em metais preciosos. Os historiadores nem sequer ousam apontar os erros de Simiand, proclama Morineau, e dão mostras da mesma cegueira em relação a trabalhos mais recentes cujos erros grosseiros (qualificados pelo autor, sem papas na língua, de asneiras) deixam passar. E chega o momento do "eu acuso" final: "Denuncio certo número de erros graves que se introduziram em diversos setores fundamentais da história econômica moderna; denuncio a tolerância para com esses erros devida ao simples fato de seus autores gozarem de notoriedade [...], denuncio a invasão da história pelo culto da personalidade". Para formar uma opinião a respeito dessa última acusação, basta proceder a um levantamento rápido das menções à obra de Fernand Braudel em *La Nouvelle histoire*. Raros são os colaboradores que deixaram de incensar o autor de *O Mediterrâneo e o mundo mediterrâneo na época de Filipe II*. Em 1978, os estudantes de uma universidade provincial já tinham materializado esse culto de maneira um tanto eloquente: espontaneamente canonizaram Braudel, colocaram uma bela efígie deste em sua biblioteca, e passaram a lhe dirigir preces (do tipo: "São Fernand, padroeiro da nova história, fazei com que eu passe facilmente no exame de epistemologia") e ex-votos (cartões-postais, manuais de história, cadernos, etc.) em sinal de agradecimento.

Tentemos ser equânimes em relação à versão idealizada que a corrente dos *Annales* oferece de seus inícios e de seus triunfos. O engrandecimento épico é bastante compreensível da parte daqueles que, como Jacques Le Goff, sempre estiveram situados no *front* do combate contra os setores mais conservadores da disciplina histórica. A autossatisfação e a perpétua invocação de algumas grandes figuras não podem deixar, em compensação, de causar incômodo aos pesquisadores que não têm acesso a essa meritocracia cooptada e que não toleram ver sua venerável disciplina curvando-se à lei do *star system*. Dito isso, esses dois *herdeiros* que são André Burguière e Jacques Revel dão mostras, nos artigos anteriormente citados, de uma corajosa objetividade. O primeiro chega ao ponto de afirmar que Marc Bloch e Lucien Febvre também faziam parte do *establishment* universitário e que, no final das contas, sua originalidade se devia mais "à maneira que tinham de afirmar seu programa do que ao próprio programa". As coisas não são exatamente como Michel Morineau as pinta. Nem sempre os discípulos são tão dóceis ao ponto de gritar, diante de uma verdade incômoda: "Apaguem a luz!".

Nem Jesus, nem Mao, nem Toynbee: um pouco de Marx e o máximo de ciência possível

Os novos historiadores evitam as escolhas ideológicas claras, embora uma parte deles tenha flertado com o marxismo e militado nas fileiras do partido comunista. Aqui também parecem seguir os passos dos pais fundadores, sempre desconfiados em relação às sistematizações redutoras por terem consciência da extraordinária complexidade dos fenômenos sociais e da multiplicidade das inter-relações entre os diferentes níveis da realidade. Marc Bloch não se dizia mais impressionado pelos resultados econômicos dos fenômenos religiosos do que pelos motivos econômicos dos movimentos religiosos? Seus discípulos também evitam qualquer determinismo estrito e mesmo qualquer "determinação em última instância": gostam das explicações plurais, das inter-relações dialéticas entre as diversas instâncias do real, da exposição dos múltiplos códigos que regem a vida social...

Consequentemente, os sistemas filosóficos globais, que pretendem enunciar o sentido da história, não gozam de muita estima nos

Annales. O que se estende tanto à teologia da história, incluídos aí os trabalhos contemporâneos de Henri-Irénée Marrou e Paul Ricœur, quanto às grandes interpretações do devir humano propostas por Vico, Hegel, Croce e Toynbee (este último, aliás, vítima de uma resenha assassina de Lucien Febvre, que lhe censurava a visão seletiva do passado e a vagueza de seus conhecimentos) e o próprio marxismo dogmático, recusado por sua concepção linear e finalista da história. O marxismo é "a mais global e mais coerente das visões sintéticas da história, nos dizem Le Goff e Nora no prefácio de *Faire de l'histoire*, mas seus conceitos-chave (a ideologia como reflexo do real, a explicação em última instância pela economia) não resistem às aquisições recentes das ciências humanas.

Abandonando, portanto, qualquer espírito de sistema, proclama-se o primado do procedimento científico sobre as opções filosóficas e, sem cair num cientificismo descabido hoje em dia, quer-se assimilar o historiador aos cientistas de ponta ainda que "ele não possa ser (ainda?) Einstein" e tenha sempre que sofrer, especialmente nos jornais, revistas e outros meios de comunicação, "a promiscuidade dos vulgarizadores de baixo nível".[147]

Como o físico ou o naturalista, o historiador deve proceder elaborando hipóteses, verificando-as e retificando-as. Pois não há fato histórico em si, que bastaria extrair dos documentos e juntar com outros fatos para constituir uma sequência cronológica "natural"; o que há é "inventado e fabricado, por meio de hipóteses e conjecturas, com um trabalho delicado e apaixonante", para citar um versículo de Lucien Febvre. Como seus confrades das outras disciplinas, o historiador constrói seu objeto de análise constituindo um *corpus* de documentos de naturezas diversas (textos escritos, objetos, fotografias, imagens, entrevistas, etc.) a fim de responder a uma pergunta feita ao passado (a invasão dórica realmente ocorreu? Quando se constituiu a crença no Purgatório? A percepção da infância é um dado natural ou um construto cultural dos tempos modernos?, etc.). É a *história-problema*, obra de um analista e não mais de um narrador ou de um profeta. Em função da pergunta feita, o historiador se esforça para propor uma interpretação racional dos dados (previamente homogeneizados) que

---

[147] Le Goff e Nora (1986, t. 1, p. 15).

seu *corpus* fornece. Ele "elabora algo pensável com os documentos", nos diz Michel de Certeau, mestre na matéria.

Nessa busca do pensável, o historiador recorre a técnicas de ponta que facilitam seu tão desejado acesso ao estatuto de cientista. A lista das ciências auxiliares de que faz uso tornou-se um bocado mais longa desde Langlois e Seignobos – e mesmo desde 1929: dendrocronologia, estudo dos pólens fósseis, datação por carbono-14, arqueologia aérea, tratamento informático de dados, análise automática do discurso; nada é impossível para o novo historiador! Desde os anos 1950, os *Annales* estão cheios de séries de cifras. Maculadas por alguns erros? Pouco importa: "cifras erradas, curvas verdadeiras". Nos anos 1970, o computador fascina e vemos alguns de nossos mais eminentes historiadores dos tempos modernos cederem aos encantos da *New Economic History*, cujos mestres Fogel e Engerman reduzem o desenvolvimento econômico passado a modelos hipotético-dedutivos e recorrem, para verificar estes últimos, a hipóteses contrafactuais. Para determinar o efeito econômico de uma inovação, por exemplo, não é preciso criar um modelo de sociedade sem essa inovação e a seguir avaliar as diferenças observáveis? Escorregando para a história-ficção, os *cliometristas* chegam a imaginar os Estados Unidos sem estradas de ferro (chegando à conclusão de que estas não eram indispensáveis para o crescimento) e o Sul sem escravos (que, estes sim, constituíam "um investimento extremamente rentável"). Essas conclusões, apresentadas recentemente como verdades objetivas já que fundadas em cifras, são consideradas hoje com ceticismo. Le Goff e Nora desconfiam do *omnipotens ordinator* (o computador onipotente) e insistem nos "riscos de uma subordinação ao mensurável". O que não impede a análise fatorial de invadir os *Annales*; atesta isso, por exemplo, o recente artigo de Hélène Millet, "A composição da assembleia de religiosos da catedral de Laon: uma análise fatorial" (jan./fev. 1981).

Do marxismo, a nova história retém alguns aportes científicos, ainda que seus aspectos filosóficos sejam recusados. A dívida para com Marx foi reconhecida tanto por Braudel, para quem o autor de *O capital* foi o primeiro a forjar "verdadeiros modelos sociais" operatórios na longa duração, quanto por Le Goff, para quem Marx é o precursor das grandes periodizações e da análise estrutural do social. Naturalmente, essa dívida é ainda maior aos olhos dos historiadores marxistas. Pierre Villar considera o principal mérito de Simiand, Febvre e Bloch o fato de terem sabido voltar a alguns ensinamentos maiores de Marx (*Une histoire en construction*, p. 333 e s.). Quanto a Guy Bois, em "Marxismo e história nova" (*La Nouvelle histoire,* p. 375 e s.), ele dá a entender claramente que as teses centrais e as principais características da história nova já se encontravam em embrião no marxismo. A história global não passa, a seus olhos, de uma nova designação do *modo de produção* ou da *formação econômica e social*, termos marxistas para designar as totalidades sociais articuladas. Quanto aos métodos quantitativos, Marx já os praticava. Privilegiava também as estruturas profundas e a ação dos homens comuns em detrimento dos fatos de alto relevo e das façanhas das individualidades marcantes... De resto, prossegue Guy Bois, faz muito tempo que o marxismo exerce uma *influência indireta e difusa* sobre os historiadores franceses. Esta é identificável no lugar essencial que foi reconhecido à história econômica nos anos 1950 e na ênfase dada às relações de classe e à apropriação desigual do produto social, bem visível na obra de Ernest Labrousse. Atualmente, essa influência se intensifica, já que, longe de se limitar à instância econômico-social, ela invade outros patamares de realidade e se estende à análise da totalidade das práticas humanas. Os conceitos centrais do marxismo (especialmente os de *modo de produção* e de *ideologia*) são utilizados implicitamente nos grandes livros recentes, por mais que a terminologia clássica do marxismo não seja adotada neles e que se evite qualquer referência explícita ao materialismo dialético. De fato, há uma grande confluência entre as duas grandes correntes da historiografia contemporânea, o que não impede os historiadores marxistas de continuarem desempenhando um papel original (por exemplo, na análise do discurso e na história quantitativa das mentalidades) e os conflitos entre as duas de continuarem intensos. Pois, como nos diz Guy Bois, algumas das práticas da história nova constituem armadilhas aos olhos dos marxistas. A sacrossanta quantificação não depende do estado das fontes e não incorre no risco de privilegiar as realidades sociais mais aparentes (como os dados demográficos) em detrimento de outras, tão essenciais quanto estas, porém mais dissimuladas (como os mecanismos da mais-valia, por exemplo)? A sucessão dos estudos seriais (o livro no século XVIII, os ex-votos marinhos da costa atlântica, os retábulos das almas do

Purgatório do século XV ao XX) não corre o risco de atomizar a realidade histórica, de acarretar uma fragmentação das perspectivas e impedir o recurso ao conceito unificador de modo de produção? A importância atribuída às profundezas mentais, que ganham por vezes o estatuto de infraestruturas determinantes nos trabalhos dos novos historiadores, não embaralha os princípios marxistas de explicação e não faz com que se perca de vista o primado das relações de produção? Por fim, as novas ciências não figuram como armas contra o marxismo, como certa etno-história que, insistindo no inconsciente coletivo, na sociabilidade e em outros comportamentos perenes dos grupos humanos desvaloriza a explicação através das relações de classe quando não brande as relações de parentesco opondo-as às relações de produção? Ciente desses perigos, Guy Bois convida os autênticos marxistas a vencer o desafio da história nova dando mostras de uma fidelidade sem pecha aos conceitos centrais do marxismo, os únicos que permitem, segundo ele, pensar o passado de maneira coerente, total e dinâmica.

Os avatares do global

Esse conceito-chave, para não dizer essa palavra mágica da história nova, apresentou e segue apresentando figuras distintas, quando não opostas.

A história nova sempre buscou apreender os grandes espaços e as grandes massas históricas, por fidelidade a Voltaire e a Michelet na certa, mas também por influência da escola geográfica francesa e da geo-história braudeliana. Prova disso é o lugar essencial atribuído pelos *Annales* à cartografia histórica, que visualiza fenômenos maciços de longa duração. Esta não é apenas descritiva, permite também formular novas perguntas e levar adiante a interpretação dos fenômenos. É a justo título que o historiador holandês Wim den Boer situa entre os elementos constitutivos do paradigma dos *Annales* o fato de que "a estatística e a semiologia gráfica substituem a crítica filológica dos textos, às vezes de maneira menos penetrante". Esta reflexão, pouco amena, não parece levar em conta o fato de que a cartografia estatística frequentemente tem por função colocar em imagens o conteúdo dos documentos, desdobrá-lo, abri-lo, antes de começar a interpretação propriamente dita. Basta vermos o estudo de Emmanuel Le Roy Ladurie, "Exploração quantitativa e cartográfica dos arquivos militares franceses (1819-1826)", em *Le territoire de l'historien*, nas p. 33-88. Esses arquivos fornecem as seguintes informações a respeito dos conscritos: ofício, estatura, anomalias físicas, alfabetização e eventual vocação eclesiástica. O conjunto é ainda mais precioso já que naquela época ainda não existiam estatísticas nacionais detalhadas, salvo em alguns setores. Daí a possibilidade de um estudo de antropologia comparada dos conscritos franceses, segundo sua região de origem, por meio do tratamento informático dos dados e do estabelecimento de imagens cartográficas. Constata-se, por exemplo, que as elites (jovens egressos das grandes escolas, membros dos corpos de ensino...) se localizam no nordeste, ou seja, a França desenvolvida e instruída. Quanto aos seminaristas, eles se localizam sobretudo na Bretanha e nas regiões pobres e montanhosas do sul (Pireneus, Maciço Central, Alpes) e no leste, o que prenuncia o mapa da prática religiosa no século XX (ver os mapas, p. 65 e 66). Se consideramos a estatura dos conscritos, os mais altos se localizam a nordeste de uma linha Saint-Malo-Genebra e os mais baixos nas regiões do oeste, do centro e do Midi (mapa, p. 69). Cruzando isso com os outros critérios (condições socioprofissionais, entre outras), vemos surgir o contraste entre duas Franças: os fatores ligados ao desenvolvimento e à modernização estão localizados no norte; já os traços de "subdesenvolvimento" e por vezes de arcaísmo se concentram no sul, no centro e no oeste (ver p. 87, mapa dos jovens analfabetos). Os resultados são por si mesmos muito sugestivos, mas, sobretudo, abrem caminho para múltiplas correlações com outros dados reunidos pelos sócio-historiadores do século XIX.

Quanto ao interesse pelas massas, ele se manifestou inicialmente com o desenvolvimento da demografia histórica, cujas produções são analisadas no capítulo VII. Segundo François Furet, trata-se da única produção rigorosa da história nova que soube se pautar pelos "moldes de outra disciplina sem modificar os objetos, os conceitos e os procedimentos de pesquisa desta". Em compensação, Furet se mostra mais reservado em relação à história sociológica em que, segundo ele, o historiador não se funda num sistema rigoroso de conceitos, mas apenas orienta sua curiosidade para o homem comum (o médico, o padre, o professor de escola) e para a análise do funcionamento de organizações de massa (ver a tese de Antoine Prost [1977] sobre os ex-combatentes, 1914-1940). O apelo lançado no século XIX por Michelet, Comte e Bourdeau, seu discípulo injustamente negligenciado, para que o historiador se debruce sobre o homem comum foi plenamente ouvido nos *Annales* e em sua esfera de influência.

A aspiração pelo global se manifesta também no cuidado braudeliano de evocar as diferentes cadências do tempo histórico e "recosturá-las" num tempo único. Pois a famosa distinção das três durações (ver capítulo anterior) corresponde na verdade a três patamares sucessivos de observação. Em seguida, é preciso mostrar a interferência dessas durações numa conjuntura única, "o tempo imperioso do mundo". Os discípulos de Braudel retiveram sobretudo o primado da longa duração, a ponto de conceberem uma *história imóvel* (no caso, a da França rural entre 1300 e 1720) e de negligenciarem a turbulenta história contemporânea – que, entretanto, ocupava um grande espaço nos primeiros *Annales*, em que pelo menos um terço, quando não a metade, dos artigos era consagrado a esta. Sob esse aspecto, é sintomático que um assunto como a Revolução Francesa, *locus classicus* da historiografia nacional, típico relato "unindo a mudança e o progresso" (François Furet) seja quase completamente ignorado pelos novos historiadores.

Estes se lançaram também na análise global de vastíssimos conjuntos, coerentes em sua organização social e econômica e cobertos com um sistema homogêneo de representações. Essas "totalidades pensadas" se definem por uma unidade profunda de inspiração, por uma atmosfera geral, como *La civilisation de l'Occident médiéval* descrita por Jacques Le Goff como uma cristandade em que a religião regula toda a vida social, inclusive os comportamentos econômicos e a percepção do mundo. *Le temps des cathédrales*, de Georges Duby, e *La civilisation de la Renaissance*, de Jean Delumeau, também derivam dessa percepção global da matéria histórica. Belas construções, sedutoras totalidades culturais, mas edifícios inevitavelmente frágeis, molduras apertadas para uma realidade plural! Assim, sem renunciar a interrogar o global, tentou-se atingi-lo a partir de uma base espacial mais restrita, no quadro de estudos regionais. O "Beauvaisis" de Pierre Goubert, "em que toda uma sociedade é estudada e apresentada", teve herdeiros: o Anjou de François Lebrun, o Lácio de Pierre Toubert, a Picardia de

Robert Fossier, a Bretanha de Alain Croix. Santa litania que os estudantes de história recitam devotamente! Como era preciso ir sempre mais fundo na análise, a busca sem fim pelo global se exerceu a seguir em monografias sobre cidades ou vilarejos, às vezes recorrendo a diversas equipes especializadas (os *Bretons de Plozévet* foram examinados por trás, pela frente e de perfil sob a direção de André Burguière), às vezes fazendo convergir uma pluralidade de abordagens sobre um único documento (para extrair a quintessência dos depoimentos feitos pelos habitantes de Montaillou ao inquisidor, Le Roy Ladurie se faz alternadamente geógrafo, demógrafo, linguista e etnólogo num *show* deslumbrante). A expressão "antropologia histórica", cada vez mais utilizada, manifesta bem essa aspiração por apreender os homens do passado no conjunto de seu ambiente, ao mesmo tempo ecológico, tecnológico, afetivo, simbólico, etc. Semelhante tarefa, evidentemente, só pode ser levada a bom termo num recorte espacial restrito.

Outra via da história global foi a que se definiu em referência ao *fato social total* como o definiu Marcel Mauss, ou seja, um fato social particular que remete ao conjunto de um sistema e que revela as estruturas profundas deste. Vimos florescer histórias aparentemente setoriais mas que na verdade remetem "ao todo de uma sociedade" e colocam em jogo hipóteses muito amplas: assim, o evergetismo grego e romano, que Paul Veyne analisa em *Le pain et le cirque*, é estreitamente relacionado com o modo de circulação das riquezas na sociedade antiga e constitui uma forma de redistribuição de uma parte do excedente acumulado pelas classes dominantes. A exemplo de Veyne, outros historiadores definiram objetos globalizantes de pesquisa, situados na interseção de uma multiplicidade de fenômenos sociais, como o *incastellamento* das populações rurais da Itália Central no início do século XI estudado por Pierre Toubert (ver capítulo IX).

Alguns novos historiadores evitam, no entanto, adotar uma perspectiva global e se atribuem como tarefa dar conta da coerência de séries documentais de longa duração. É o caso de Jean-Claude Schmitt que, em *Le saint lévrier*, analisa a permanência e as inflexões do culto do santo cachorro Guinefort do século XIII ao XX num cantão remoto da região de Dombes. A partir daí se revela a existência da uma temporalidade própria aos comportamentos supersticiosos, incrivelmente rígidos, bastante independente das evoluções e turbulências que afetam o econômico e o político. Muitos jovens historiadores gostariam de levar às últimas consequências a fórmula de Ernest Labrousse: "O social está sempre atrasado em relação ao econômico, e o mental em relação ao social". Essa nova concepção do fato histórico foi sistematizada por François Furet num artigo intitulado "A história quantitativa e a construção do fato histórico",[148] que pode ser lido como uma espécie de manifesto da história serial. Esta pode ser definida como uma conceitualização do passado no sentido de "constituir o fato histórico em séries temporais de unidades homogêneas e comparáveis, permitindo assim que se meça sua evolução por intervalos determinados de tempo, geralmente anuais". Longe de se limitar ao acontecimento único, como a história historizante, ela focaliza a "repetição regular de dados selecionados e construídos em função de seu caráter comparável". A realidade histórica é assim decomposta em subsistemas, entre os quais é possível em seguida estabelecer articulações. Mas em princípio não se busca estudar o conjunto da massa documental concernente a todos os aspectos da realidade de uma determinada época nem construir um sistema de interpretação global. Consequentemente, o problema das fontes se coloca em novos termos: já não é tanto a relação que os documentos mantêm com o real que importa, e sim o valor dos documentos uns em relação aos outros, no seio de séries documentais constituídas pelo pesquisador e elaboradas para tornar os dados comparáveis. Fornecidos por recibos de impostos, cartulários monásticos ou registros de queixas, os dados são, de modo geral, "redutíveis a uma linguagem suscetível de programação" e podem ser utilizados de maneira mais ou menos substitutiva: é preciso, por exemplo, saber passar de uma curva de preço a uma análise da conjuntura econômica, da evolução dos valores dos aluguéis à da população. Toma-se consciência assim da "elasticidade extraordinária" das fontes históricas e da multiplicidade das mensagens que elas podem nos transmitir.

Em tudo isso, foi a relação entre o historiador e os fatos que se modificou radicalmente. Enquanto a história *événementielle* se fundava no único, o que implicava *curto termo* e *finalismo* (a história nos fazia assistir ao advento de grandes verdades filosóficas ou políticas, como

[148] *In* Le Goff e Nora (1974, p. 42-62).

a liberdade, a democracia, a razão, etc.), a história serial se dedica aos fenômenos repetitivos e decompõe a realidade em níveis diferentes. Em outras palavras: a) ela estuda as variações a longo prazo e não se submete mais ao "surgimento misterioso do acontecimento"; b) ela suspende qualquer concepção global da história e, portanto, o *a priori* segundo o qual todos os elementos de uma sociedade têm uma evolução homogênea. A análise global virá em seguida, pela elaboração do "sistema dos sistemas", depois que se tiverem estabelecido conjunturas diferenciais de acordo com os níveis de atividade considerados. Enquanto isso, as periodizações de conjunto da história tradicional devem ser submetidas a reexame. Assim, "o conceito de *Renascimento* decerto é pertinente em relação a diversos indicadores de história cultural, mas não faz sentido em relação aos dados da produtividade agrária".[149] Deixando de lado o estudo das totalidades históricas, é preciso, a partir de então, distinguir num conjunto os níveis em evolução rápida e os "setores de forte inércia".

Fazer mel do que vier pela frente: a arte da reciclagem e da reutilização

A nova história demonstra uma grande engenhosidade para inventar, reinventar ou reciclar fontes históricas até então latentes ou consideradas como definitivamente esgotadas. Ela se baseia, nos diz Jacques Le Goff, "numa multiplicidade de documentos: escritos de todo tipo, documentos figurados, resultados de escavações arqueológicas, documentos orais, etc. Uma estatística, uma curva de preços, uma fotografia, um filme, ou para um passado mais longínquo um pólen fóssil, uma ferramenta, um ex-voto são, para a história nova, documentos de primeira ordem". Essas poucas linhas, carregadas de referências implícitas a trabalhos marcantes, citam indiferenciadamente vestígios brutos do passado e materiais elaborados pelo historiador (estatística, curva de preços). Na verdade, devemos distinguir diversos casos de invenção de novos documentos.

Há em primeiro lugar a descoberta *stricto sensu*; por exemplo, graças à arqueologia aérea, em que assistimos ao encontro de uma

---

[149] *In* Le Goff e Nora (1974, p. 60).

técnica (a fotografia aérea), um sistema de leitura dos vestígios no solo (em função das variações de cor deste e do crescimento diferencial dos vegetais), uma pergunta feita pelo historiador e, às vezes, um acaso: assim, a seca de 1976 propiciou um desenvolvimento extraordinário dos conhecimentos sobre o passado do solo francês (ver *Les Dossiers de l'archéologie*, n. 22, jun. de 1977). Depois de algumas semanas de aridez saariana, as variações da umidade do solo (melhor conservada por um antigo fosso do que por paredes caídas) apareceram com uma nitidez sem precedente, revelando aos historiadores a existência de centenas de sítios neolíticos, de estabelecimentos galo-romanos e de fortalezas feudais. Em Beauce, descobriram-se vários sítios proto-históricos, uma cidade antiga em Verdes, perto de Châteaudun, de que se podem ver a forma, as termas, as lojas, etc. Na Vendeia, 117 novos sítios foram identificados, entre os quais 15 campos neolíticos delimitados por uma ou várias muralhas circulares, e 25 estabelecimentos galo-romanos (planos completos dos quais foram fotografados pela primeira vez na região). Resultados muito importantes foram obtidos no leste, onde foi possível ler os planos das cidades com uma precisão incrível (p. 50), e também em Corseul, na Bretanha, onde se pôde localizar a estrutura urbana da *civitas Coriosolitum* numa área de cerca de 20 hectares.

Em seguida, a corrente dos *Annales*, entendida num sentido muito amplo, soube promover documentos até então abandonados aos folhetinistas do passado, relegados às margens, ao pitoresco ou ao anedótico. As narrativas de festas e de cerimônias, e mesmo as descrições de desfiles e procissões, deixaram de ser o apanágio dos eruditos locais e penetraram na grande história. A partir do momento em que se fez prevalecer a busca do sentido à minúcia da descrição, os rituais passaram a ser vistos como bons reveladores das estruturas profundas de um sistema social. O caso das "Fêtes sous la Révolution française", estudadas por Mona Ozouf (*Faire de l'Histoire*), é significativo. Essas festas, de fato, tinham sido objeto de toda a atenção de historiadores como Alphonse Aulard e Albert Mathiez, que tinham retido delas apenas o aspecto comemorativo (dos grandes momentos da Revolução) e político. A abordagem de Ozouf é diferente, incidindo sobre os mecanismos profundos da festa, sobre o anseio que se manifesta nela de remanejar, de reescrever a história. A autora insiste nas seguintes características da celebração revolucionária: a) ela ensina a Revolução àqueles que não a conheceram, compondo uma história anual e comemorativa dessa Revolução, cujas grandes etapas relata. A celebração diz, de maneira inesgotável, na base de letreiros e de máximas, muito mais do que mostra; b) ela apresenta características permanentes aos olhos das testemunhas, que costumam colocar tudo no mesmo plano, quer se trate das festas da Razão ou daquelas do Ser supremo. Essa função de culto substituto, tomando o lugar do cristianismo, procederia de uma analogia entre o religioso e certas manifestações da vida social colocadas sob o signo da unanimidade e da exaltação; c) ela significa fundamentalmente o recomeço, a morte do velho mundo e a instalação num "tempo refeito e novo" muito mais do que a manutenção de uma lembrança. Desse modo, é um erro fornecer apenas uma interpretação racional (e política) dessas celebrações. É, portanto, toda a *vivência* da festa revolucionária (e não apenas o *sentido deliberado* desta, já estudado por seus antecessores) que Mona Ozouf promoveu à análise histórica.

Um número recente da revista *Ethnologie française* (1977/1) mostra tudo o que se pode tirar da análise sistemática das procissões e das entradas régias ou principescas nas cidades. Constatamos que a interpretação estrutural e a análise histórica (explicação pelas origens) se completam mais do que se opõem, por exemplo no estudo de Tina Jolas, *Parcours cérémoniel d'un terroir villageois*, no caso o de Minot na Côte-d'Or.

Os cardápios e os livros de cozinha (cf. Jean-Paul Aron, "A cozinha, um cardápio no século XIX", *Faire de l'Histoire*, III, p. 192 e s.) também despertaram a gula dos historiadores. Até não muito tempo atrás, esse tipo de fonte permitia aos cronistas e folhetinistas extasiarem-se diante do formidável apetite de nossos ancestrais; agora, buscam-se aí, com maior ou menor sucesso, indicações sobre as estruturas sociais e mentais. O autor leva em conta "três figuras do documento culinário". Primeiro, a lista e o custo dos alimentos consumidos em 1846 e 1847 nos hospitais gerais da Assistência Pública em Paris, o que comporta ensinamentos no âmbito da medicina, da economia e da administração. Os cardápios não parecem sofrer maior influência da crise das subsistências de 1846-1847 e constituiriam "uma imagem dos desejos populares recauchutada pela ideologia burguesa". O autor avalia também a ração energética de que cada assistido dispõe, a qual se situa entre 2.200 e 2.600 calorias por dia, ou seja, o necessário para subsistir.

Em seguida, Jean-Paul Aron examina os cardápios dos restaurantes parisienses nos anos 1880, "para ter uma ideia da sensibilidade alimentar". Daí uma análise dos prestígios desiguais dos diversos alimentos e a constatação de uma "redução do leque alimentar" no fim do século XIX (um efeito da democracia niveladora?) em relação à profusão que caracterizara o fim do século XVIII e o início do XIX, em que a mesa burguesa parecia dar continuidade à mesa principesca... Finalmente, a análise do serviço de mesa no restaurante parisiense de Antonin Carême nos anos 1820-1840 revela o *caráter sincrônico* da gastronomia no século XIX, "em que tudo se consumiria simultaneamente" (sopas, entradas, peixes, carnes, doces, tudo é trazido ao mesmo tempo) e permite reconstituir o código glutão usual nos tempos dos burgueses conquistadores.

Outra fonte adormecida, o folclore não é mais relegado à intemporalidade nem abandonado unicamente à curiosidade dos etnógrafos e viajantes. Em *La vision des vaincus*, Nathan Wachtel nos mostra como o folclore atual dos índios do Peru, do México e da Guatemala guarda vestígios do trauma provocado pela conquista espanhola do século XVI. Por um lado, ele conserva a lembrança das reações do século XVI (resistência ou submissão aos conquistadores dependendo dos casos). Por outro, deforma os acontecimentos de acordo com certa lógica, para compensar o trauma inicial e fornecer uma solução imaginária para sociedades que a conquista desintegrou: ele pode assim apresentar a imagem de uma conjunção, e não de um confronto, entre índios e espanhóis, apontando para a superioridade índia (reverso onírico da subordinação aos novos senhores...). E os casos de reinvenção documental não param por aí. Os livros de milagres da Idade Média, por exemplo, revelaram-se úteis indicadores sobre a nosologia da época, enquanto as vidas de santos e as coletâneas de exemplos utilizadas pelos predicadores nos transmitem alguns fragmentos da tradição oral e alguns vestígios da religião subterrânea recalcada pelo cristianismo triunfante.

A partir dos exemplos que acabamos de citar, podemos ver que a história nova prega a *releitura* (muitas vezes inspirada pela linguística, pela semiótica ou pela psicanálise) das fontes conhecidas, de preferência à leitura de novos documentos. Esse interesse prioritário em propor novas interpretações, depois de décadas de transcrição passiva das fontes, é inteiramente legítimo, mas pode acabar levando os historiadores a se fecharem no legado textual do século XIX. Diante desse perigo, há aqueles que se preocupam em exumar e editar novas fontes: a pesquisa lançada por Jacques Le Goff e Jean-Claude Schmitt sobre os *exempla* medievais atesta isso.

A contrautilização dos documentos, já sugerida por Bloch e Febvre (interrogar-se sobre o sentido de um erro, de uma falsificação...), também se revela uma via promissora. Marc Ferro demonstra isso muito bem em "O filme: uma contra-análise da sociedade",[150] argumentando que o filme não deve ser considerado como o simples reflexo de uma sociedade, mas como um meio de ter acesso ao avesso desta ou de derrubar certo número de máscaras. Segundo Ferro, por exemplo, a análise dos cinejornais que relatavam as manifestações de Petrogrado entre fevereiro e outubro de 1917 indica que a maior parte dos manifestantes era composta de soldados e não de operários. O que colocaria em questão a opinião corrente de que nas "manifestações de massa" o papel de vanguarda cabe necessariamente aos operários, proletários conscientes e organizados, e não aos soldados, geralmente "camponeses de uniforme". Uma tradição histórica falsificadora seria assim desmontada.

Alguns pioneiros da história nova acreditam inclusive poder ir além da contrautilização das fontes e especular na e sobre a ausência de qualquer documento. Em *Les trois ordres ou l'imaginaire du féodalisme*, Georges Duby se detém longamente sobre o eclipse do esquema tripartite (segundo o qual a sociedade se divide entre aqueles que rezam, aqueles que combatem e aqueles que trabalham) entre 1030 e 1180 nas regiões setentrionais da França. Vê para isso diversas razões: os monges dessa época recusam o modelo ternário porque gostam das construções binárias (os perfeitos se opõem aos perfectíveis) ou quadripartidas (monges – clérigos seculares – cavaleiros – trabalhadores); a diversificação social é tamanha que os teólogos não têm como defender o velho esquema e se veem obrigados a levar em conta a

---

[150] *In* Le Goff e Nora (1974, p. 236-256).

diversidade dos estatutos reais... E eis que a ausência ganha sentido, os silêncios falam e as zonas de sombra se dissipam. Mas é necessária toda a virtuosidade do autor para extrair tantos ensinamentos de um vazio documental. Essa arte de produzir texto (uma centena de páginas!) na ausência de qualquer texto logo encontra seus limites e poderia se tornar perigosa se virasse moda.

E há outro limite contra o qual se choca a história nova: "os métodos de crítica desses documentos novos se calcaram de modo geral nos métodos estabelecidos pela erudição dos séculos XVII, XVIII e XIX [...]. Uma nova concepção do documento e da crítica a se fazer dele mal e mal foi esboçada" (Jacques Le Goff). Por mais que as novas fontes se multipliquem, os métodos de tratamento continuam, em sua maioria, tradicionais, exceto os procedimentos dos cliometristas e dos "peregrinos da estrutura" (ver capítulo XI). Muitos textos (re)descobertos são utilizados unicamente sob a forma de montagens apressadas: a coleção "Archives" fornece vários exemplos disso. Continua vivo o bom e velho método "recortar e colar"! Outros textos são analisados superficialmente na mais completa ignorância das categorias linguísticas de base. O tratamento da iconografia é ainda mais tosco: as obras costumam ser decompostas em elementos, atomizadas, em vez de serem analisadas em suas coerências profundas. Há mais frequências comparadas de Maria, José, Pedro ou de Paulo nos retábulos da alta Tarentaise ou do baixo Contentin (para ficarmos com exemplos imaginários) do que estudos estruturais de retábulos precisos, ressituados em seu ambiente simbólico e ritual.

Dotados de instrumentos metodológicos de qualidade desigual, os novos historiadores souberam reutilizar de diversas formas o estoque documental renovado de que dispunham a fim de satisfazer os novos objetos de sua insaciável curiosidade. Seria inútil nos extasiarmos uma vez mais aqui diante dos "vestidos novos de Clio" e retomar um refrão bem conhecido sobre as novas histórias (do clima, dos mitos, do inconsciente, do comer, do beber, do nascer e do morrer, do ler e do escrever, do sentir e do tocar, etc.) que floresceram nos anos 1970 e 1980. Essa litania exige algumas observações. Ela não deixa de fazer concessões à moda e à demanda do grande público, ávido por estudos sobre as atitudes corporais e, mais especificamente, sobre a vida sexual (ver Jean-Paul Aron, *Le pénis et la démoralisation de l'Occident*). A *periferia* é sempre valorizada em detrimento do *centro*: marginais, anormais e feiticeiras gozam atualmente do *status* de heróis. O avesso do vivido concreto (o imaginário, os sonhos, as construções ideológicas) retém mais a atenção do que as condições reais da existência. Todos querem se debruçar sobre as bocas de sombra: fantasmas e obsessões (ver os medos evocados por Jean Delumeau, medo da noite, do lobo, do mar, da mulher, do Diabo), pulsões recalcadas, sabás e outras coisas do Diabo (ver a introdução de Armand Danet ao *Martelo das bruxas* de James Sprenger e Heinrich Institoris). Depois de um século estabelecendo cronologias e vinte e cinco anos consagrados às séries de cifras, a história se banha numa atmosfera neorromântica: fantasmas correm pelos charcos, Satã multiplica seus malefícios, a bruxa é senhora no vilarejo, a chegada do Anticristo é iminente... A história se tornou um *show* permanente, em que as produções de forte carga fantasmática se sucedem em cadência acelerada e as vedetes de estilo mais deslumbrante correm o risco de ficar gastas em poucos anos. Longe vão os tempos das tranquilas sequências cronológicas interrompidas apenas por alguns repousantes quadros, e aquele dos patriarcas que, como Lavisse, podiam reinar por décadas sobre a ciência histórica! A história está agora subordinada à lei do mercado e corre o risco de ser vítima de uma obsolescência precoce dos homens e dos conceitos. Os herdeiros de Dom Mabillon dão às vezes a impressão de terem optado pelo *show business*, não sem perigos.

11

O marxismo e a história[151]

Karl Marx nasce em Tréveris, em 1818, numa família da burguesia judaica convertida ao protestantismo e adepta do espírito das Luzes. Estuda no liceu de sua cidade natal de 1830 a 1835 e depois nas universidades de Bonn e Berlim de 1835 a 1840; defende uma tese sobre o pensamento grego (o estoicismo, o epicurismo, etc.) em Jena em 1841; colabora em revistas – *Gazeta renana, Anais franco-alemães* – e, depois de um longo noivado, casa-se com Jenny von Westphalen em 1843. O "jovem Marx" assimila criticamente a filosofia de Hegel, dialoga com os "jovens hegelianos" – Ruge, Bauer, Feuerbach – e concebe seus primeiros manuscritos – *Economia política e filosofia* (1844), *A ideologia alemã* (1845-1846). De 1844 a 1850, faz estadias em Paris, Bruxelas e Londres; estabelece com Friedrich Engels uma amizade a toda prova e uma colaboração intelectual frutífera; encontra socialistas franceses, como demonstra sua polêmica com Proudhon – *Miséria da filosofia* (1847); participa da Liga dos Comunistas e se entusiasma pelas revoluções na Europa – *Manifesto do partido comunista* (1848); acompanha com especial atenção os acontecimentos na França – *A luta das classes na França* (1850); *O 18 Brumário de Luís Bonaparte* (1852). A partir de 1851, Marx e sua família se instalam definitivamente em Londres, recebem às vezes a ajuda financeira de Engels e vivem principalmente dos artigos que Marx escreve para grandes jornais – *New York Tribune, Neue Oder Zeitung*, etc. Em 1864, Marx participa da fundação da Associação Internacional dos Trabalhadores (AIT) e redige seus estatutos gerais; nos anos seguintes, no seio da organização,

---

[151] Regra geral, as citações de Marx e Engels foram extraídas das *Œuvres*, publicadas pelas Éditions Sociales.

os amigos de Marx enfrentam os partidários de Proudhon e, em seguida, de Bakunin; depois da experiência da Comuna – *A guerra civil na França* (1871) –, os marxistas deixam a AIT, dominada pelos anarquistas. Contudo, por mais de trinta anos, Marx consagra quase toda sua energia a fazer inúmeras leituras, preencher volumosos cadernos e publicar esboços – *Os princípios da economia* (1857), *A crítica da economia política* (1859) – para chegar à publicação de sua grande obra: o livro I do *Capital* em 1867. Na sequência, prossegue em sua tarefa, mas enfraquecido pela doença; morre em 1883. Engels, com as notas de seu amigo e suas próprias reflexões, conclui *O capital* publicando o livro II em 1885 e o III em 1894.

O materialismo histórico

Em seus anos de formação, Marx é impregnado pela filosofia de Hegel, sistema de pensamento dominante na Alemanha do segundo quarto do século XIX. Em 1842, em seguimento a um caso de apanha de madeiras considerada como roubo pela Assembleia Legislativa da Renânia, o jovem filósofo toma consciência de que o direito protege a propriedade, "que as relações jurídicas [...] não podem ser compreendidas nem por si mesmas nem pela pretensa evolução geral do espírito humano, mas que, pelo contrário, elas deitam raízes nas condições da existência material". Em 1843, Marx redige uma *Crítica da filosofia do direito de Hegel*, em que demonstra que o Estado não determina a sociedade civil já que é ela que elabora o Estado. E a partir de então começa a estudar economistas ingleses (Adam Smith, David Ricardo, John Stuart Mill, etc.) e franceses (Jean-Baptiste Say, Jean de Sismondi, etc.). Em seus *Manuscritos de 1844* ("Economia política e filosofia"), Marx descobre o mecanismo da alienação: "O operário está para com seu trabalho na mesma relação que para com um objeto estranho"; e sublinha o papel da história "que é engendramento do homem pelo homem através do trabalho do enfrentamento com o mundo". É nesse momento que Engels descreve concretamente *A situação da classe trabalhadora na Inglaterra* (uma pesquisa social publicada em 1845). Então os dois amigos se dedicam juntos a uma revisão da filosofia idealista em *A sagrada família*, as "Teses sobre Feuerbach" e outros cadernos da *Ideologia alemã* escritos em 1845-1846. Já então o pensamento marxista estabeleceu seus princípios fundamentais. Mas serão necessárias ainda a experiência das revoluções de 1848 e uma longa reflexão – mais de dez anos – sobre a economia política para que Marx apresente um esboço do *Capital:* a *Contribuição à crítica da economia política,* em 1859. A obra é precedida por um curto prefácio em que são apresentadas as ideias-chave do materialismo histórico.

"Na produção social de sua existência, os homens entram em [...] relações de produção que correspondem a um grau de desenvolvimento determinado de suas forças produtivas materiais" ("Prefácio", 1. 3-6). O primeiro conceito – "as forças produtivas" – parece fácil de definir. À primeira vista, as forças produtivas compreendem as fontes de energia (madeira, carvão, petróleo, etc.), as matérias-primas (algodão, borracha, minério de ferro, etc.), as máquinas (moinho a vento, máquina a vapor, linha de montagem, ferramentas de todo tipo); examinadas mais de perto, elas comportam também conhecimentos científicos e técnicos (por exemplo, as invenções de Lavoisier que levam às fabricações da indústria química) e os trabalhadores (segundo seu peso demográfico, sua repartição no espaço, sua qualificação profissional). As forças produtivas não são apenas materiais, elas também são humanas. Além disso, para Marx, o que importa é menos seu estado, sua quantidade, que o seu nível. O segundo conceito – "as relações de produção" – remete às relações sociais que os homens tecem entre si a fim de produzir e dividir os bens e os serviços. Nas sociedades rurais do Ocidente medieval são relações de produção: o quadro do domínio senhorial, com a repartição das terras entre a reserva e os feudos, o sistema das corveias, as taxas e as banalidades; mas também os diversos estatutos dos camponeses – servos, forros, colonos, donos de alódios – e a organização da comunidade aldeã, com a rotação das culturas, as pastagens, as charnecas e os bosques comuns. Nas sociedades industriais do Ocidente contemporâneo, são relações de produção: a propriedade dos capitais, que autoriza a tomada das decisões, a escolha dos investimentos, a divisão dos benefícios; assim como o funcionamento das empresas, com a hierarquia dos funcionários, a disciplina do ateliê, as normas e os horários; e a situação dos operários, variando segundo a grade dos salários, os procedimentos de contratação e exoneração, a importância dos sindicatos. As forças produtivas e as relações de produção constituem a infraestrutura econômica de uma sociedade.

"Sobre a base concreta (da infraestrutura econômica) se eleva uma superestrutura jurídica e política, à qual correspondem formas de consciência social" ("Prefácio", 1. 7-9). A noção de "superestrutura jurídica e política" é fácil de compreender: ela recobre as relações jurídicas, as instituições políticas, as formas do Estado. Eis dois exemplos. No tempo da República romana, do século IV ao I a.C., as instituições políticas preveem a repartição dos poderes entre os magistrados, o Senado e a Assembleia do povo; definem a "cidadania" com seus direitos e seus deveres; organizam as legiões em função das classes de idade e das categorias fiscais, regulamentam a administração dos municípios, das colônias e das províncias. Na época da Terceira República na França, no fim do século XIX e início do XX, as instituições políticas dispõem de um executivo fraco – um presidente decorativo e um governo geralmente efêmero –, de um legislativo forte – o Senado e, sobretudo, a Câmara dos Deputados –, de uma administração centralizada que controla os departamentos, de uma vida democrática assegurada por eleições regulares e leis liberais em relação à imprensa, à associação e ao ensino.

Já a noção de "consciência social" parece mais difícil de determinar. Entre suas formas é possível colocar as expressões literárias e filosóficas, desde os tratados de Platão, Aristóteles ou Cícero, passando pelos ensaios de Kant, Voltaire ou Rousseau, até os romances de Balzac, Stendhal ou Flaubert; é lícito ainda situar aí as doutrinas religiosas, quer se trate dos mitos concernentes aos deuses gregos, do dogma da trindade na Igreja cristã ou do sistema simbólico da franco-maçonaria; e é preciso classificar também as criações artísticas, das pirâmides de Gizé e dos templos de Karnak, aos quadros de Michelangelo, Rafael ou Ticiano, até as esculturas de Rodin ou Zadkine. Todas essas manifestações da consciência social são qualificadas de "formas ideológicas" ("Prefácio", 1. 25-26).

O esquema marxista da organização das sociedades pode ser concebido de duas maneiras. Uma primeira interpretação consiste em considerar uma espécie de bipolarização: de um lado, a infraestrutura econômica; do outro, a superestrutura ideológica; entre esses dois polos, ligações desenham a arquitetura da sociedade. Uma segunda interpretação conduz a imaginar uma organização por patamares: na base, encontram-se as forças produtivas, sobre as quais assentam as atividades econômicas, que dão suporte às relações sociais, que sustentam as instituições políticas, que dão forma aos discursos ideológicos; numa semelhante construção, nada impede que se distinga patamares intermediários. De qualquer jeito, o que importa na concepção marxista é a relação entre os patamares, "a articulação entre as instâncias do todo social"; enquanto o pensamento idealista se compraz em tornar os domínios estanques, em separar os níveis da organização social. Assim, a história da filosofia tradicional se apresenta como um encadeamento de ideias engendrando-se umas às outras, de Platão a Heidegger, sem referência às sociedades em que essas teorias foram concebidas, expressas e discutidas. Assim também, a história "positivista" se permite isolar os acontecimentos políticos sem levar em conta nem as relações sociais nem as atividades econômicas. O materialismo histórico traz consigo o grave problema do sentido da determinação entre os níveis da realidade social. Uma tendência antiga do marxismo, qualificada de "economicista" – por exemplo a corrente dirigida por Jules Guesde –, tende a reduzir diretamente todos os fenômenos situados no nível da superestrutura aos mecanismos da infraestrutura. Uma tendência recente do marxismo – notadamente o grupo constituído ao redor de Louis Althusser – propõe uma visão menos mecânica, mostrando que "cada um dos níveis é ele próprio estruturado, portanto relativamente autônomo"; que "a relação é de mão dupla, da infraestrutura para a superestrutura e da superestrutura para a infraestrutura"; mas que "em última instância a economia é determinante". [152]

"O modo de produção da vida material condiciona o processo de vida social, política e intelectual em geral" ("Prefácio", 1. 10-11). Segundo Pierre Villar, que concorda nesse ponto com Althusser, "O conceito central, o todo coerente, o objeto teórico de Marx é o modo de produção como estrutura determinada e determinante".[153] E de acordo com Etienne Balibar, o modo de produção surge como "um sistema de formas", "uma combinação, quase uma combinatória [...] em que os elementos (sempre os mesmos) são apenas virtuais fora de sua concatenação segundo um modo determinado [...].

---

[152] Althusser *et al.* (1965, t. 2, p. 45 e p. 221).

[153] *In* Le Goff e Nora (1974, t. 1, p. 179).

Esses elementos são: 1) o trabalhador que dispõe de sua força de trabalho; 2) os meios de produção [...]; 3) o não trabalhador que se apropria do sobretrabalho".[154] Marx esclarece que "o modo de produção capitalista só ocorre lá onde o detentor dos meios de produção e de subsistência encontra no mercado o trabalhador livre que vai ali vender sua força de trabalho; e essa única condição histórica provoca todo o mundo novo. O que caracteriza a época capitalista é, portanto, que a força de trabalho assume para o próprio trabalhador a forma de uma mercadoria que pertence a ele; e seu trabalho, por conseguinte, a forma de um trabalho assalariado" (*O Capital*, livro I). O historiador marxista Pierre Vilar sublinha a originalidade do conceito de modo de produção: 1) "primeiro objeto teórico capaz de expressar um todo social"; 2) "estrutura de funcionamento e de desenvolvimento"; 3) "implicando o princípio da contradição [...], portanto trazendo a necessidade de sua destruição".[155] O historiador não marxista Fernand Braudel vê na noção de modo de produção o equivalente de um modelo: "O gênio de Marx, o segredo de seu poder prolongado se deve ao fato de que ele foi o primeiro a fabricar verdadeiros modelos sociais, e a partir da longa duração".[156]

Marx distingue, ao longo da história, uma sucessão de modos de produção. "Em linhas gerais, os modos de produção asiático, antigo, feudal e burguês moderno podem ser qualificados de épocas progressivas" ("Prefácio", 1. 41-43). Esse tipo de periodização recorda a classificação estabelecida por Hegel, nas *Lições sobre a filosofia da história* (publicadas por volta de 1838), em que o Espírito humano passa do Oriente à Grécia, a Roma, à Europa cristã, e faz pensar ainda mais na evolução traçada por Auguste Blanqui, na *Histoire de l'économie politique*, em que a organização social conhece três grandes fases correspondentes à Antiguidade, à Idade Média e aos Tempos Modernos. Sem dúvida alguma, a perspectiva de Marx deve muito a seus predecessores. O fato novo é que ele define cada modo de produção pelas relações de produção que o alicerçam. Caracteriza assim claramente: 1) o modo de produção antigo – cuja relação de produção é a escravidão – que

[154] Althusser *et al.* (1965, t. 2, p. 205).
[155] *In* Le Goff e Nora (1974, t. 1, p. 179).
[156] Braudel (1969, p. 80).

parece coincidir com o mundo helênico e romano; 2) o modo de produção feudal – cuja relação de produção é a servidão – que evoca evidentemente o Ocidente medieval (o termo "senhorial" conviria melhor que o termo "feudal", mas se trata de um detalhe historiográfico); 3) o modo de produção capitalista – cuja relação de produção é o assalariamento – que se instaurou na Europa no momento da revolução industrial e que se estende por todo o planeta na época atual. Em *A ideologia alemã* (1846) e no *Manifesto* (1848), são assinalados apenas três modos de produção: antigo, feudal e capitalista. No prefácio à *Crítica da economia política* (1859) Marx menciona um modo de produção asiático – em que a relação de produção é mediada pelo Estado – que recorda a organização do Egito faraônico, da China imperial ou do Peru dos incas.

A periodização da história proposta por Marx não se presta a uma leitura simplista. Em primeiro lugar, o número dos modos de produção não é fixado de maneira precisa. Nos *Princípios de uma crítica da economia política* (1858) – manuscrito que permaneceu inédito por muito tempo –, Marx fala de "comunidade tribal" caracterizando-a como "a condição da utilização comum do solo"; e alude a uma "propriedade germânica" e a uma "propriedade eslava" distintas da "propriedade romana". Haverá três, cinco ou dez modos de produção? Ao que tudo indica, Marx estava disposto a revisar seus modelos, a modificar a caracterização dos modos de produção em função dos progressos dos conhecimentos em história, em economia e em etnologia. Além disso, no espírito de Marx, a evolução da humanidade não segue um curso linear mas procede por mutação de uma estrutura para outra estrutura. Como se opera a transição? Se os modos de produção podem se suceder pela via de revoluções curtas e brutais, podem também conhecer transformações mais lentas que levam séculos para se realizar; eles podem ainda coexistir, um sendo predominante e o outro secundário. No século XVIII, o "trabalho assalariado" emerge na Europa Ocidental, ao passo que a "segunda servidão" se impõe na Europa Oriental e que a escravidão dos negros se estende na América. Além do mais, não se deve confundir o "modo de produção", que é um modelo de funcionamento, e a "formação social" que corresponde a uma sociedade concreta. Assim, no quadro do modo de produção feudal, podem figurar formações sociais tão diferentes quanto o Sacro Império Romano-Germânico no século

XI, a França dos capetianos no século XIII e o Japão dos Tokugawa no século XVIII.

Marx toma emprestado de Hegel o método dialético, mas alterando-o profundamente, "colocando-o de volta sobre os pés". Para Hegel, o movimento do pensamento, que ele personifica sob o nome de Ideia, é o demiurgo da realidade, a qual não passa da forma fenomenal da Ideia. "Para mim (Marx), ao contrário, o movimento do pensamento não passa do reflexo do movimento real, transposto para o cérebro do homem [...]. O movimento contraditório da sociedade capitalista se faz sentir pelo burguês da maneira mais contundente pelas vicissitudes da indústria moderna através do seu ciclo periódico cujo ponto culminante é a crise [...]" (*Œuvres*, I, p. 558-559). Marx retoma a noção de contradição, imerge-a no seio da realidade social e faz dela "o motor da história". "Num certo estágio de seu desenvolvimento, as forças produtivas materiais da sociedade entram em contradição com as relações de produção [...]. Então se abre uma época de revolução social. A mudança na base econômica altera mais ou menos profundamente toda a enorme superestrutura" ("Prefácio", 1. 13-15, 1. 19-21). Os diversos patamares da realidade social já não coincidem uns com os outros; a contradição entre as instâncias culmina na destruição de uma estrutura e no surgimento de outra. Essa reflexão teórica pode ser ilustrada por dois exemplos históricos. O primeiro caso, muito célebre, concerne à Revolução Francesa. No século XVIII, o desenvolvimento econômico, ligado ao progresso das ciências e das técnicas, à renovação dos procedimentos agrícolas e ao crescimento das populações, entra em conflito com a ordem antiga, com a administração monárquica, com os quadros senhoriais e o sistema das corporações. Sobrevém então a tormenta da Revolução, seguida pela estabilização do Império, entre 1789 e 1815. No século XIX, a sociedade capitalista liberal se instaura, dirigida por uma burguesia de empreendedores que explora uma massa de trabalhadores assalariados. O segundo caso, menos conhecido talvez, refere-se aos Estados Unidos no meio do século XIX. A existência da plantação escravagista no sul atrapalha o funcionamento da indústria capitalista no norte. O conflito se resolve através da Guerra da Secessão, de 1861 a 1865. Vencedor, o grupo dirigente do nordeste libera os antigos escravos negros, "importa" imigrantes europeus, multiplica os empreendimentos industriais, conquista novos espaços.

O materialismo histórico parece postular um determinismo social. "Na produção social de sua existência, os homens entram em relações determinadas, necessárias, independentes de sua vontade" ("Prefácio", 1. 4-5). Portanto, as relações sociais não são livres; e nem sempre são conscientes. "Assim como não se deve julgar um indivíduo pela ideia que ele tem de si mesmo, não se pode julgar uma época de alteração profunda pela consciência que tem de si mesma" ("Prefácio", 1. 27-29). A tentação é grande de pensar que, de um ponto de vista marxista, o curso dos acontecimentos é determinado à revelia das decisões dos homens. Contudo, Marx evita cair no determinismo introduzindo o conceito de "práxis", de prática social. Para o autor de *O capital*, a ação e a consciência estão estreitamente ligadas. Um grupo humano só pode compreender uma evolução engajando-se no processo da mudança. Em outras palavras, os homens, embora estejam inseridos em estruturas sociais, não são objetos passivos, mas sujeitos ativos de sua própria história. No entanto, Marx não escapa completamente de seu ambiente intelectual, o evolucionismo do século XIX. Como Hegel e outros pensadores de menor envergadura, Marx sustenta a ideia de um sentido da história, de uma finalidade das ações humanas: "As relações de produção burguesas são a última forma contraditória do processo de produção social [...]. Com essa formação social se conclui, portanto, a pré-história da sociedade humana" ("Prefácio", 1. 43-44, e 1. 50-51). É como se todo o movimento da história (qualificado de pré-história) fosse apenas o ato de procriação do comunismo. Ao termo de uma longa evolução, marcada por dolorosas contradições – crises, epidemias, migrações, guerras, etc. –, a história deve engendrar uma sociedade comunista de paz e de abundância. O futuro radiante dos marxistas não deixa de ter alguma analogia com o paraíso dos cristãos.

A sociologia das classes

Marx esboça uma sociologia das classes através do que se costuma chamar suas "obras históricas". Trata-se de pequenos livros (uma centena de páginas para cada opúsculo) escritos no calor da hora, numa perspectiva de combate. Em novembro de 1847, Marx e Engels são encarregados de redigir o programa da Liga dos Comunistas, uma rede de comitês operários ingleses, franceses e, sobretudo, alemães; eles se desincumbem da tarefa elaborando uma síntese da história humana que se fecha com uma conclamação à "derrubada violenta da ordem estabelecida"; e o *Manifesto do partido comunista* é lançado na primavera de 1848 bem no momento em que revoluções abalam a França, a Alemanha, a Itália e a Áustria. Sempre engajado na atividade da Liga dos Comunistas, consciente do refluxo da onda revolucionária, Marx observa com atenção a situação francesa: passa em revista os acontecimentos que levam da empolgação de fevereiro de 1848 ao recolhimento de junho de 1849 em *A luta de classes na França* (1850); e estuda os conflitos sociais e políticos, da repressão da insurreição operária em junho de 1848 até o golpe de Estado que derruba o regime parlamentar em dezembro de 1851, em *O 18 Brumário de Luís Bonaparte* (1852). Mais tarde, na qualidade de membro do conselho geral da Associação Internacional dos Trabalhadores, Marx retraça, do outono de 1870 à primavera de 1871, a gênese da Comuna de Paris, sua tentativa de instituir uma nova forma de Estado e seu esmagamento pelo exército de Versalhes em *A guerra civil na França* (1871). Ao escrever suas obras, Marx se comporta ao mesmo tempo como um jornalista falando da atualidade, fazendo "história imediata"; como um dirigente político endereçando-se às organizações operárias – a Liga dos Comunistas, a AIT; e como um cientista que se esforça para compreender o funcionamento das sociedades. Esse método leva às vezes "aos cumes da reflexão marxista" (segundo Pierre Vilar), mas também tem seus defeitos: a falta de distância, a insuficiência das informações, a mistura dos gêneros.

Na segunda metade do século XVIII, os filósofos da *Enciclopédia* – Diderot, d'Alembert, etc. – e os fundadores da economia política – Adam Smith e seus discípulos – empregam as palavras "estados" ou "ordens" para designar os grupos sociais fundamentais. O termo "classe" surge, pela primeira vez, em plena Revolução; em 1794, Babeuf exige "que não haja mais divisão dos cidadãos em várias classes". Por volta de 1820, Saint-Simon defende que "a classe industrial deve ocupar a primeira posição [...], as outras classes trabalhando para ela". Nos anos 1830 e 1840, os socialistas franceses – Fourier, Proudhon, Pecqueur, Louis Blanc, Cabet e outros –, que denunciam os malefícios do capitalismo liberal, não cessam de falar de "classes proprietárias", de "classes médias" e de "classes trabalhadoras". Ou seja, Marx não inventa o conceito de classes, recebe essa noção como herança do socialismo francês; mas faz dele um uso próprio, colocando-o no centro de seu sistema de pensamento. O *Manifesto* se abre com essa afirmação peremptória: "A história de toda sociedade até nossos dias é a história da luta de classes. Homem livre e escravo, patrício e plebeu, barão e servo, mestre de ateliê e aprendiz, numa palavra: opressores e oprimidos sempre se acharam em oposição; travaram uma luta incessante, ora disfarçada, ora aberta, que, a cada vez, terminava ou com uma transformação revolucionária da sociedade inteira, ou com a ruína das diversas classes em luta" (*Œuvres*, I, p. 161-162). Na perspectiva do materialismo histórico, cada modo de produção coloca em presença uma classe dominante que possui o instrumento de produção e confisca uma fração do trabalho dos outros, e uma classe dominada, que só dispõe de sua força de trabalho e de uma parte do valor produzido. A extorsão do sobretrabalho assume formas diversas: trabalho forçado do escravo no modo de produção antigo, prestação de serviços do servo no modo de produção feudal; mais-valia tirada ao salário no modo de produção capitalista. É por isso que cada modo de produção traz em si uma contradição de interesses e faz nascer um antagonismo de classes.

O *Manifesto* sustenta a existência das classes nas sociedades pré-capitalistas. "A história de toda sociedade [...] é a história da luta de classes". Mais tarde, por ocasião de uma reedição, Engels acrescenta uma nota: "A história de toda sociedade [...], mais exatamente a história escrita". É que entre a edição de 1848 e a de 1888, Engels tomou conhecimento dos trabalhos do etnólogo Lewis Henry Morgan sobre a "comunidade primitiva", sociedade sem escrita, fundada na família ampliada e que garante a propriedade coletiva. Em 1858, estudando "As formas pré-capitalistas da produção", Marx percebe apenas comunidades tribais entre os celtas, os germanos, os eslavos, os "índios selvagens da América", os povos pastores do Oriente; e ainda não distingue classes nas sociedades "despóticas" do México, do Peru e da Pérsia: "Não há nada de contraditório, como é o caso na maioria das formas asiáticas, em que a unidade centralizadora que se ergue sobre pequenas comunidades figure como proprietária suprema e única" (*Œuvres*, II, p. 314). Portanto, as classes sociais só teriam surgido para além do "comunismo primitivo" e para além do modo de produção "asiático", com os modos de produção "antigo" e "feudal". O *Manifesto* esclarece: "Nas épocas históricas antigas encontramos quase em toda parte uma organização completa da sociedade em classes distintas, uma hierarquia variada de posições sociais. Na Roma antiga, temos patrícios, cavaleiros, plebeus e escravos; na Idade Média, senhores, vassalos, mestres, companheiros e servos; e, em quase todas essas classes, novas divisões hierárquicas" (*Œuvres*, I, p. 162). A nosso ver, se os autores do *Manifesto* tivessem disposto de informações históricas mais completas, mais sérias, teriam dissociado os "estados", "ordens", "castas" e outros grupos das "classes sociais" propriamente ditas nas sociedades pré-capitalistas da Antiguidade e da Idade Média.

De qualquer jeito, a estratificação em classes parece corresponder bem às sociedades capitalistas. Contudo, vão surgindo problemas a partir do momento em que se começa a ler atentamente o *Manifesto*. Numa nota, Engels fornece estas definições: "Por burguesia entendemos a classe dos capitalistas modernos, proprietários de meios de produção e que exploram o trabalho assalariado. Por proletariado, entendemos a classe dos trabalhadores modernos que, não dispondo de nenhum meio de produção, são obrigados a vender seu trabalho para viver" (reedição de 1888). Assim, o modo de produção capitalista opõe duas classes, os empreendedores e os assalariados. Porém, o *Manifesto* assinala a existência de outras classes: a aristocracia proprietária de terras, os camponeses, a pequena burguesia; ou enumera a composição da classe média, que compreende "os pequenos industriais, os pequenos comerciantes, os artesãos, os pequenos agricultores" (*Œuvres*, I, p. 171 e p. 185). Ao mesmo tempo, o *Manifesto* considera que as classes intermediárias estão fadadas ao desaparecimento: "Nossa época [...] se distingue das outras por um traço particular: ela simplificou os antagonismos de classe. Cada vez mais, a sociedade se divide em dois grandes campos inimigos, em duas grandes classes que se confrontam diretamente: a burguesia e o proletariado" (*Œuvres*, I, p. 162). Em sua obra menos elaborada e contudo mais lida – o *Manifesto* – Marx e Engels não separam claramente a análise concreta de uma formação social – por exemplo, a sociedade inglesa na época da rainha Vitória, que compreende diversas camadas sociais: os aristocratas, os industriais, os mercadores, os rendeiros, os artesãos, os operários, os camponeses, etc. – da reflexão teórica sobre o modo de produção capitalista, que tende a instaurar um sistema dicotômico, uma relação conflituosa entre dois blocos, um formado ao redor da burguesia industrial, o outro agrupado ao redor do proletariado operário.

Marx aprofunda sua concepção das classes sociais observando a sociedade francesa sob a Segunda República em *O 18 Brumário de Luís Bonaparte*. A revolução de fevereiro de 1848 é descrita nestes termos: "Todos os elementos que tinham preparado ou feito a revolução, a oposição dinástica, a burguesia republicana, a pequena burguesia republicana democrata, a classe operária socialdemocrata encontraram provisoriamente seu lugar no governo (1. 19-23). A sublevação operária de junho de 1848 dá ensejo a este comentário: "A república burguesa triunfou: tinha a seu favor a aristocracia financeira, a burguesia industrial, as classes médias, a pequena burguesia, o exército, o subproletariado organizado em guarda móvel, os intelectuais, os padres e toda a população rural; do lado do proletariado não havia ninguém além dele próprio" (1. 76-82). O golpe de Estado de 2 de dezembro de 1851 é avaliado da seguinte maneira: "Bonaparte, como poder executivo que se tornou independente da sociedade, sente-se chamado a garantir a ordem burguesa. Mas a força dessa ordem burguesa é a classe média. É por isso que ele se coloca como representante dessa classe [...]. Ao mesmo tempo, Bonaparte se opõe à burguesia como representante dos camponeses e do povo (Éditions sociales, p. 112). A leitura minuciosa desses textos mostra que a visão marxista das classes é extremamente complexa e por vezes até obscura. Por um lado, na sociedade francesa de meados do século XIX, podem ser apontadas ao menos meia dúzia de classes: a aristocracia, a burguesia, a pequena burguesia, o proletariado operário, os camponeses e o subproletariado. Por outro, essas classes são confundidas com outros grupos, às vezes até com instituições: os padres, os intelectuais, os militares, as guardas móveis, etc. Por fim, as classes têm características imprecisas, ora econômicas – a burguesia industrial – ora políticas – a burguesia republicana.

Em *O 18 Brumário*, Marx situa as classes sociais em relação ao poder político. Primeira constatação, as classes se expressam através dos partidos: "Os grandes proprietários tinham reinado sob a Restauração e, por conseguinte, eram legitimistas. A aristocracia financeira e os grandes industriais tinham reinado sob a monarquia de Julho e, por conseguinte, eram orleanistas" (p. 30-31). "Em 1848, o partido proletário surge como um simples anexo do partido pequeno-burguês democrata [...]. O partido democrata, por seu lado, apoia-se nos ombros do partido republicano burguês" (p. 35). Segunda constatação: as classes estabelecem alianças e se enfrentam em lutas: "Durante os dias de junho de 1848, todas as classes e todos os partidos tinham se unido no 'partido da ordem' contra a classe proletária do 'partido da anarquia', do socialismo, do comunismo [...]. Os dirigentes do partido da ordem tinham recuperado e relançado entre suas fileiras as velhas palavras de ordem [...]: 'propriedade, família, religião' e criado a cruzada contrarrevolucionária" (p. 21). Terceira constatação: as posições recíprocas das classes são a base dos regimes políticos: "a República parlamentar era mais que o terreno neutro onde as duas frações da burguesia francesa, legitimista e orleanista, grande propriedade rural e indústria, podiam coexistir uma ao lado da outra com direitos iguais. Ela era a condição indispensável para a dominação comum de ambas, a única forma de Estado em que seu interesse geral de classe podia subordinar ao mesmo tempo as pretensões dessas diferentes frações e todas as outras classes da sociedade" (p. 80). Última constatação: o aparelho do estado pode estar a serviço da classe dominante, mas também pode adquirir certa autonomia: "Sob a Monarquia absoluta, durante a primeira Revolução e sob Napoleão I, a burocracia era apenas o meio de preparar a dominação da burguesia. Sob a Restauração, sob Luís Filipe, sob a República parlamentar, ela era o instrumento da classe dominante [...]. Foi sob o segundo Bonaparte que o Estado parece ter se tornado completamente independente" (p. 104).

Existe uma definição marxista das classes? Num fragmento de um manuscrito redigido para o livro III do *Capital*, Marx determina as classes em função de sua posição no modo de produção capitalista: "Como os trabalhadores assalariados, os capitalistas e os proprietários rurais vêm a constituir as três grandes classes da sociedade? À primeira vista é por causa da similaridade de seus rendimentos e das fontes de seus rendimentos: eis aí três grandes grupos sociais cujos membros individuais vivem respectivamente do salário, do lucro e da renda, ou seja, do valor de sua força de trabalho, de seu capital e de sua terra" (*Œuvres*, II, p. 1485). Marx não leva adiante essa reflexão; Engels não chega a retomar verdadeiramente o problema; é Lenin, finalmente, quem fornece uma definição das classes baseada em critérios econômicos: "Chamamos de classes vastos grupos de homens que se distinguem pelo lugar que ocupam num sistema histórico definido da produção social, por sua relação com os meios de produção, por seu papel na organização social do trabalho e, portanto, pelos meios de obtenção e pelo tamanho da parte das riquezas sociais de que dispõem" (*Œuvres*, II, p. 255). Inicialmente, a classe social se caracteriza pela posse ou não dos instrumentos de produção, pela origem e quantidade dos rendimentos, pela comunidade dos interesses econômicos.

Contudo, segundo Marx, um grupo humano determinado exclusivamente por sua relação econômica é apenas um estrato social, ou ainda, "uma classe em si"; para se tornar uma classe em sentido pleno, uma "classe para si", o grupo deve descobrir uma solidariedade entre seus membros, tomar consciência de seus interesses coletivos. Marx demonstra isso descrevendo o campesinato francês no *18 Brumário*: "Na medida em que milhões de famílias camponesas vivem em condições econômicas que as separam umas das outras e opõem seu gênero de vida, seus interesses e sua cultura aos das outras classes da sociedade, elas constituem uma classe. Mas elas não constituem uma classe na medida em que a similaridade de seus interesses não cria entre elas nenhuma comunidade, nenhuma ligação nacional e nenhuma organização política. É por isso que os camponeses são incapazes de defender seus interesses de classe em seu próprio nome" (p. 104-105). Marx também esclarece em *A ideologia alemã* que "Os indivíduos isolados só formam uma classe na medida em que devem travar uma luta em comum contra uma outra classe" (p. 47). Portanto, um grupo econômico se transforma em classe social através de uma tomada de consciência. Esta se traduz em atos: a luta sob a forma de greves, de manifestações, de levantes; o voto por ocasião das eleições; a organização de partidos, de associações e de sindicatos; a expressão de ideologias – o liberalismo, o radicalismo, o socialismo, etc.

Em definitivo, embora o conceito de classe desempenhe um papel considerável na doutrina marxista, não encontramos em nenhuma parte nos escritos de Marx e Engels uma teoria elaborada das classes sociais. A propósito das "obras históricas", Pierre Vilar observa: "Marx diz 'história' do mesmo jeito que diz 'política', interessado não em estabelecer certezas, mas gamas de probabilidades [...]. Na esperança de reduzir o campo do incerto. Isso ainda não é ciência. E Marx não se ilude quanto a isso [...]. Trata-se apenas de um exercício empírico que vai o tempo todo do exemplo ao raciocínio e do raciocínio ao exemplo, e que sempre foi (geralmente mal) praticado pelos políticos e historiadores".[157] Da sociologia das classes, apenas esboçada nas obras de Marx, podemos reter algumas noções-chave. Primeiramente, a definição de uma classe supõe a dupla referência a um critério econômico: a posição no modo de produção; e a um critério psicológico e político: a tomada de consciência. Em segundo lugar, é menos pertinente considerar uma classe em si mesma, isoladamente, do que a estrutura de classes de uma sociedade, na medida em que as classes existem sobretudo por suas relações recíprocas. Em terceiro, as lutas de classe "determinam" em grande parte os conflitos políticos, mas é preciso cuidar para não reduzir de maneira simplista o âmbito político ao âmbito social, já que cada instância tem certa autonomia de funcionamento. Em quarto, grupos sociais se aparentam a classes – e, na falta de algo melhor, podem ser denominados assim – nas sociedades pré-capitalistas; mas não têm as mesmas características, as mesmas funções, os mesmos comportamentos que as classes nas sociedades capitalistas.

O conceito de ideologia

São denominados "ideólogos" um grupo que desempenhou um papel intelectual, e, muitas vezes, um papel político, de primeiro plano entre 1789 e 1830. Era formado por especialistas como o médico Cabanis, o geógrafo Volney, o escritor Benjamin Constant, o arquivista Daunou ou o filósofo Destutt de Tracy. Este último, num memorial apresentado ao Instituto de França em 1796, inventou o termo "ideologia" para substituir as noções de metafísica e psicologia. A ideologia se quer uma "ciência das ciências", centrada no estudo do homem mas estendendo-se às ciências naturais, biológicas, morais e políticas. Ela postula algumas ideias novas: em primeiro lugar, a vontade de renunciar a qualquer explicação de tipo transcendental para

---

[157] *In* Le Goff e Nora (1974, t. 1, p. 171).

dar conta do conhecimento; em segundo, o desejo de constituir um sistema metodológico tal que as diversas disciplinas possam encontrar seu lugar nele e se deduzirem umas das outras; em terceiro, por fim, a intenção de concretizar esse projeto científico por meio de instituições de ensino e de pesquisa. Um exemplo: segundo Destutt de Tracy, a ciência, a economia e a política têm ligações estreitas e de mão dupla. Em consequência, é possível edificar uma ciência da economia que será a da justa necessidade e da justa propriedade, e uma ciência da política que será a da verdadeira liberdade. Inversamente, se boas instituições são estabelecidas, pode-se esperar o progresso das opiniões e das consciências, além de realizações científicas e educacionais. Durante a Convenção, o Diretório, o Consulado e o Império, os "ideólogos" contribuíram para a construção de instituições culturais propondo a reorganização do Instituto de França, a fundação da École Normale, o estabelecimento de escolas centrais (os futuros liceus); e intervieram nas instituições políticas participando de assembleias, formulando leis, aprovando ou criticando governos. Através dos diferentes regimes, os "ideólogos" permaneceram moderados, liberais. O que explica que tenham denunciado o despotismo imperial e que, em resposta, Napoleão os tenha chamado de doutrinários abstratos.

O pensamento dos "ideólogos" – que é um prolongamento da filosofia das Luzes – passou da França para a Alemanha no momento das conquistas militares e das anexações de Estados durante a Revolução e o Império. Porém, no primeiro terço do século XIX, apesar do entusiasmo suscitado além-Reno pelas ideias francesas, as elites alemãs estão à escuta de seus próprios filósofos: Kant, Fichte, Hegel. Este último constrói um sistema completamente idealista em *A fenomenologia do espírito, A filosofia do direito, As lições sobre a filosofia da história* e outros tratados. Segundo Hegel, a história universal corresponde à marcha dialética do Espírito rumo a uma meta final: a consciência de si mesmo. Nos anos 1830 e 1840, depois de sua morte, seus manuscritos são completados e publicados por seus discípulos – E. Gans, A. Ruge, B. Bauer, L. Feuerbach, etc. Marx, que está então fazendo seus estudos universitários, mergulha nas obras de Hegel e estabelece contatos com os "jovens hegelianos". Contudo, por volta de 1843-1844, depois do seu encontro com Engels e sua colaboração para o *Rheinische Zeitung*, após a leitura de historiadores franceses e economistas ingleses, Marx toma certa distância da filosofia de Hegel. Em 1845-1846, redige com Engels os cadernos de *A ideologia alemã,* "a fim de acertar as contas com (sua) consciência filosófica de outrora". Os dois fazem aí uma crítica virulenta, não de eventuais discípulos alemães dos "ideólogos" franceses, mas simplesmente de Hegel e dos "jovens hegelianos". Não encontrando editor para seu volumoso manuscrito, os autores o abandonam "à crítica roedora dos ratos". O público só tomará conhecimento de *A ideologia alemã* numa versão impressa... em 1933.

Nas "Teses sobre Feuerbach" – a primeira parte de *A ideologia alemã* – Marx e Engels demonstram que o idealismo hegeliano toma suas construções imaginárias por realidades objetivas. "Em toda ideologia, os homens e suas relações aparecem de cabeça para baixo, como numa câmara escura" (p. 17). "Uma vez as ideias dominantes separadas dos indivíduos que dominam e, sobretudo, das relações de produção [...] fica muito fácil abstrair dessas diferentes ideias 'a Ideia' como o elemento que domina a história [...]. O próprio Hegel admite, no final da *Filosofia da história*, que ele examina unicamente a progressão do Conceito" (p. 41). "Na imaginação dos jovens hegelianos, as relações dos homens, todos os seus feitos e gestos, são produtos de sua consciência" (p. 10). Então Marx e Engels operam uma inversão dos termos, ligando a formação das ideias às condições de vida. "De encontro à filosofia especulativa, que desce do céu sobre a terra, é da terra ao céu que subimos aqui [...]. A produção das ideias, das representações e da consciência está direta e intimamente ligada, em primeiro lugar, à atividade material dos homens [...]. Não é a consciência que determina a vida, é a vida que determina a consciência" (p. 17). A partir daí, Marx e Engels integram sua concepção da ideologia no quadro do materialismo histórico. "Os homens são os produtores de suas representações, de suas ideias, mas os homens reais, agentes, tais como são condicionados por um desenvolvimento determinado de sua força produtiva e das relações que correspondem a este" (p. 17). "A nova concepção da história tem por base o desenvolvimento do processo real da produção [...]; ela liga ao modo de produção a forma das relações humanas, ou seja, a sociedade civil [...], e explica a partir desta o conjunto das produções teóricas e das formas de consciência – religião, filosofia, moral, etc." (p. 29).

Engels ilustra a utilização marxista do conceito de ideologia num artigo consagrado a "A guerra dos camponeses" no início do século XVI na Alemanha (publicado na *Nova gazeta renana* em 1850). Para melhor compreender a análise de Engels, convém recordar alguns acontecimentos históricos. Em 1517, enunciando suas "95 teses" em Wittenberg, Lutero rompe com a doutrina oficial apregoada pelo papado em Roma. O reformador dá ênfase ao pecado original, à predestinação, à salvação pela fé e não pelas obras; recomenda a leitura direta da Bíblia, sugere a simplificação dos sacramentos, propõe o casamento dos padres; e questiona toda a hierarquia eclesiástica. Ora, o teólogo de Wittenberg só consegue evitar a fogueira reservada aos hereges graças ao apoio dos príncipes alemães – Alberto de Brandemburgo, João da Saxônia, Filipe I de Hesse e outros. Estes vão então secularizar os bens do clero em seus Estados e erguer a Liga de Esmalcalda contra o imperador Carlos V. No entanto, a predicação de Lutero levanta um vento de revolta na Alemanha. Em 1522-1523, os pequenos nobres empobrecidos, com Hutten e Sickingen à sua frente, agitam-se, organizam-se, mas são esmagados pelas tropas do eleitor de Tréveris. Na mesma época, Thomas Müntzer e o grupo dos "iluminados" de Zwickau querem ir além das reformas de Lutero: insistem na revelação interior do Espírito, exigem a supressão dos clérigos, pregam o batismo dos adultos e a posse em comum dos bens. Esse programa, audacioso tanto no plano religioso quanto social, é bem acolhido pelas camadas rurais mais pobres. Os camponeses da Alemanha do Sul, nas regiões de Schaffhouse, Ulm, Bamberg e Friburgo recusam os dízimos e as corveias, apoderam-se das terras, atacam os castelos, marcham sobre as cidades. Então Lutero condena Müntzer e seus amigos e encoraja os senhores a reprimir a insurreição dos servos. Em 1525, os bandos dos camponeses insurgidos são massacrados pelos exércitos dos príncipes na Turíngia.

Em seu estudo, Engels toma o contrapé dos "ideólogos alemães" que "veem nas lutas da Idade Média apenas violentas querelas teológicas"; "que são crédulos o bastante para aceitar como verdades as ilusões que uma época tem sobre si mesma" (1. 2-3 e 1. 7-9). O grande amigo de Marx fornece sua interpretação do cisma protestante: "Nas assim chamadas guerras de religião (na Alemanha) do século XVI tratava-se acima de tudo [...] de interesses materiais, de interesses de classe; e essas guerras eram lutas de classe, assim como as colisões interiores ocorridas mais tarde na Inglaterra e na França. Se as lutas de classe tinham, nessa época, um caráter religioso, se os interesses, as necessidades, as reivindicações das diferentes classes se dissimulavam sob a máscara da religião, isso, no fundo, não muda nada" (1. 26-34). Por conseguinte, segundo Engels, o movimento de Reforma na Europa Ocidental do século XVI não deve ser considerado por seus discursos religiosos – sobre a salvação pela fé, a primazia do Evangelho, a comunhão sob as duas espécies, etc. – mas pelos conflitos sociais que esses discursos traduzem indiretamente – o confisco dos bens eclesiásticos pelos príncipes, a ascensão dos negociantes enriquecidos nas cidades, a vontade dos camponeses de se liberarem dos direitos senhoriais, etc. Nesse caso preciso da Alemanha entre 1517 e 1525, inicialmente todas as classes sociais se uniram e seguiram Lutero a fim de se livrarem da tutela de Roma; em seguida, os interesses dos grupos divergiram e as classes dominantes calaram, através de uma repressão sangrenta, as reivindicações das classes dominadas. Sob essa luz, Lutero figura como um "reformador burguês" e Müntzer como um "revolucionário plebeu".

Marx e Engels, herdeiros do racionalismo das Luzes, são perfeitamente descrentes. O marxismo e o ateísmo são indissociáveis. Do ponto de vista do materialismo histórico, a religião cristã é uma ideologia que reflete, oculta ou deforma uma estrutura de classes. Para sustentar essa afirmação teórica podemos citar casos concretos. O sistema das três ordens – *oratores, militares, laboratores* –, visão da sociedade elaborada pela Igreja no século XI, justifica, sob a cobertura de uma troca de serviços recíprocos, a exploração da massa dos trabalhadores – os camponeses – pelos dois grupos de não trabalhadores – os clérigos e os cavaleiros. A Cruzada, apresentada como uma marcha purificadora do povo cristão, organizada para a defesa dos Lugares Santos, permite a expansão da nobreza militar do Ocidente, ávida por obter feudos no Oriente – na Grécia, em Chipre, na Palestina – nos séculos XII e XIII. O levante da Vendeia, em nome do Cristo-Rei, corresponde a uma reação dos nobres que leva de arrasto camponeses fanáticos, contra a República jacobina dos burgueses e dos *sans-culottes* em 1793-1794. Poderíamos continuar a série das interpretações que "reduzem" as representações religiosas a reivindicações sociais.

Na verdade, em "A guerra dos camponeses", Engels não se limita a esse gênero de demonstração simplista; leva mais longe sua reflexão, explicando que na Idade Média "os clérigos receberam o monopólio da cultura intelectual, que assumiu um caráter essencialmente teológico [...]. Os dogmas da Igreja eram também axiomas políticos e trechos da Bíblia tinham força de lei diante dos tribunais [...]. Consequentemente, qualquer doutrina revolucionária, social e política, devia ser, ao mesmo tempo e principalmente, uma heresia teológica" (1. 44-45; 49-51; 61-63). De maneira que a religião não é apenas o "ópio do povo", um instrumento de dominação; ela surge também como uma linguagem que expressa interesses econômicos, sociais, políticos; e sua instituição, a Igreja, desempenha o papel de um "aparelho ideológico de Estado".

No final das contas, como se define a ideologia na terminologia marxista? Através de diversos textos, depreende-se um primeiro sentido do conceito: a ideologia se confunde com uma parte ou o conjunto da superestrutura. Nas "Teses sobre Feuerbach", a ideologia é identificada ora, de maneira mais restrita, à filosofia, em particular ao sistema hegeliano, ora, de maneira mais ampla, à produção das ideias: "As fantasmagorias no cérebro humano são sublimações que resultam necessariamente do processo de vida material [...]. Por isso, a moral, a religião, a metafísica e todo o resto da ideologia, assim como as formas de consciência que lhes correspondem, logo perdem qualquer aparência de autonomia" (p. 17). No prefácio à *Crítica da economia política*, o campo da noção de ideologia é ainda mais estendido: "É preciso sempre distinguir entre a derrubada material das condições de produção econômicas e as formas jurídicas, políticas, religiosas, artísticas ou filosóficas; em suma, as formas ideológicas sob as quais os homens tomam consciência desse conflito e o levam até o fim" (1. 22-27). Para Marx, no limite, as "formas ideológicas" englobam todas as representações, discursos e teorias produzidos pelas instituições políticas, jurídicas, religiosas e culturais. Só que nesse estágio o termo "ideologia" se torna vago demais para ser operatório.

Através de outros escritos marxistas, o conceito de ideologia assume um segundo sentido: o de falsa consciência. Em "A guerra dos camponeses", Engels faz a seguinte observação: "Os ideólogos veem na revolução de 1789 apenas um debate um pouco violento sobre as vantagens da monarquia constitucional em relação à monarquia absoluta [...]; e na revolução de 1848 uma tentativa de resolver a questão: república ou monarquia" (1. 10-13; 1. 15-17). Aqui, a ideologia é apresentada como um conhecimento imperfeito: os ideólogos não percebem as lutas de classe que explicam as revoluções políticas porque são intelectualmente cegos. Ainda em "A guerra dos camponeses", Engels anota, a propósito do papel da Igreja na Idade Média: "A soberania da teologia em todo o domínio da atividade intelectual era [...] a consequência necessária da situação da Igreja, a síntese mais geral e a sanção da dominação feudal" (1. 54-59). Aí a ideologia é descrita ao mesmo tempo como uma concepção global, uma visão do mundo, e como um discurso mistificador que busca justificar uma exploração social. Finalmente, nas "Teses sobre Feuerbach", Marx concebe a ideologia como o sistema de valores que um grupo dirigente impõe a toda uma sociedade: "Os pensamentos da classe dominante são também os pensamentos dominantes de cada época [...]. A classe que dispõe dos meios da produção material detém também os meios da produção intelectual" (p. 38-39). De um texto ao outro, as significações variam; assim como o conceito de classes, o conceito de ideologia não chega a ser objeto de uma construção teórica coerente.

A esclerose dogmática

Os partidos socialistas que se reúnem na Segunda Internacional entre 1891 e 1914 adotam, em sua maior parte, o marxismo como doutrina oficial, como fundamento teórico de seus respectivos programas. Contudo, depois da morte de Engels em 1895, os dirigentes socialistas não podem mais seguir um "mentor" que garanta uma interpretação "exata" das obras de Marx; frequentemente, eles não têm a cultura filosófica necessária para assimilar o materialismo histórico; e se deixam influenciar pelas ideologias circundantes, especialmente o positivismo e o darwinismo social. Nessas condições, o marxismo é transformado num sistema fechado, empobrecido e estanque; e é divulgado, sob uma forma simplificada, não apenas em livros, mas também em folhetos, artigos, conferências. A partir dessa época, o materialismo histórico conhece dois desvios: o "cientificismo" e o "economicismo". A primeira deformação – o "cientificismo" –, que já estava em embrião nos trabalhos de Engels, consiste em fazer da pesquisa de Marx uma "ciência positiva" baseada num conjunto de conceitos fixados definitivamente, dispensando daí em diante novas reflexões filosóficas e novas investigações sobre as sociedades. A segunda deformação – o "economicismo" – leva a afirmar, em todas as circunstâncias, a primazia da economia; a reduzir diretamente os fenômenos da superestrutura aos mecanismos da infraestrutura; e a crer na evolução inelutável do capitalismo rumo ao socialismo. Na Alemanha, essas posições são defendidas pelo principal teórico da social-democracia, K. Kautsky, em obras como *A doutrina econômica de Marx* (1887), *A revolução social* (1902) e *O caminho do poder* (1910). Na França, as mesmas orientações se encontram nos discursos e artigos de J. Guesde, no resumo de *O capital* feito por G. Deville, nos livros de P. Lafargue: *Le matérialisme économique* (1884), *La théorie de la plus-value* (1895), etc. Por certo, no seio da Segunda Internacional, diversas correntes – os austro-marxistas, os revisionistas, os esquerdistas – contestam as visões dos kautskystas e dos guesdistas. Mas são essas que prevalecem, no fim do século XIX e início do XX, na versão do marxismo destinada às massas.

Lenin se ergue contra a tendência economicista que costuma ir de par com uma orientação reformista; e reata diretamente com a maneira de proceder de Marx na medida em que utiliza o materialismo histórico como um método de pesquisa que permite compreender situações concretas; o que faz em *A evolução do capitalismo na Rússia* (1898) ou em *O imperialismo, estágio supremo do capitalismo* (1916). Lenin põe no centro de sua reflexão a noção de "práxis"; insiste na unidade dialética entre a atividade teórica e a atividade prática, entre o conhecimento do real e a ação que visa a transformá-lo. É por isso que projeta o modelo de um partido revolucionário capaz de lutar contra a autocracia czarista em *O que fazer?* (1902); e define uma estratégia de tomada do poder implicando uma ditadura do proletariado em *O Estado e a revolução* (1917). Passando aos atos, o partido bolchevique, dirigido por Lenin, consegue "cavalgar" o movimento das massas e se apoderar do aparelho do Estado de fevereiro a outubro de 1917; e, controlando a economia, constituindo a Tcheka e mobilizando o exército vermelho, elimina os partidos rivais, vence o exército branco e repele as agressões estrangeiras de novembro de 1917 a março de 1921. Durante o período da Nova Política Econômica, de 1921 a

1928, as instituições soviéticas são estabelecidas e os danos da guerra civil reparados; mas, depois da morte de Lenin, travam-se lutas entre facções na direção do partido. A partir de 1928 e até 1938, o grupo de Stalin, que desbancou a "oposição de esquerda" (Trótski, Zinoviev, Kamenev) e depois a "oposição de direita" (Bukharin, Rykov, Tomsky), intensifica o terror policial, impõe a coletivização agrária e constrói uma indústria pesada aos custos de imensos sacrifícios humanos.

A partir daí o "marxismo-leninismo" se torna um sistema ideológico cuja função é justificar a ditadura do partido-Estado. Já que encarna a classe trabalhadora, já que fez a revolução, já que determina o curso da história, o partido comunista não pode se enganar. Seu saber legitima seu poder. Há uma obra que reflete à perfeição a regressão teórica da era stalinista: a *História do partido comunista (bolchevique) da URSS*, redigida por uma comissão – de que Stalin fazia parte – e aprovada pelo comitê central do PCUS em 1938. Logo de entrada, o materialismo histórico é promovido à categoria de ciência exata, capaz de estabelecer leis que permitem conhecer o passado e prever o futuro: "Marx e Engels descobriram as leis do desenvolvimento da sociedade capitalista e demonstraram cientificamente que o desenvolvimento da sociedade capitalista e a luta de classes no seio dessa sociedade deviam inevitavelmente acarretar a queda do capitalismo, a vitória do proletariado, a ditadura do proletariado" (p. 14). "A ciência histórica, se quer ser uma ciência verdadeira, não pode mais reduzir a história do desenvolvimento social aos atos dos reis e dos chefes de exércitos, aos atos dos conquistadores e dos subordinadores de Estado. A ciência histórica deve cuidar acima de tudo da história dos produtores de bens materiais, da história das massas trabalhadoras, da história dos povos [...]. O partido do proletariado, se quiser ser um partido de verdade, deve antes de tudo adquirir a ciência das leis do desenvolvimento econômico da sociedade" (p. 144-145). Em suma, o stalinismo acentua o desvio "cientificista" do marxismo.

Na *História do partido comunista da URSS*, os confrontos políticos são todos percebidos como lutas de classe. Esta é, por exemplo, a interpretação dos tumultos de 1905: "A revolução mostrou que a burguesia liberal procurava uma aliança com o czar e não com o povo, que ela era uma força contrarrevolucionária [...]. A revolução mostrou que só a classe trabalhadora pode ser o chefe da revolução democrática burguesa; que só ela é capaz de rechaçar a burguesia KD (do Partido Constitucional Democrata) liberal, subtrair o campesinato de sua influência, aniquilar os proprietários rurais" (p. 112). Portanto, o motor da história é a luta de classes. Contudo, no meio dos conflitos, um ator coletivo tem o papel principal: o partido comunista. É o que se dá quando dos acontecimentos de 1917: "Em oito meses, de fevereiro a outubro, o partido bolchevique se desincumbe de uma das tarefas mais difíceis: conquista a maioria da classe trabalhadora nos sovietes; faz milhões de camponeses passarem para o lado da revolução; arranca essas massas à influência dos partidos pequeno-burgueses (o Partido dos Socialistas-Revolucionários, os mencheviques, os anarquistas) [...]; desenvolve uma atividade política intensa no *front* e na retaguarda, preparando as massas para a revolução de Outubro" (p. 264). A classe trabalhadora parece ceder lugar à sua "vanguarda"; e, por sua vez, o partido bolchevique tende a se apagar atrás de sua direção. Por exemplo, depois do fracasso das jornadas de julho de 1917: "Os bolcheviques eram obrigados a se reunir clandestinamente, e Lenin, chefe do partido proletário, via-se obrigado a se esconder [...]. Nem sequer pôde assistir ao congresso, mas o dirigiu mesmo assim, do fundo de seu refúgio, por intermédio de seus companheiros de armas de Petrogrado: Stalin, Sverdlov, Molotov, Ordjonikidze [...]. As possibilidades de um desenvolvimento pacífico da revolução tinham desaparecido. Só resta uma coisa a fazer, diz o camarada Stalin: tomar o poder pela força, derrubando o governo provisório" (p. 232-233). Paradoxalmente, o stalinismo escorrega de uma concepção marxista da história com ênfase nas contradições sociais para uma concepção mais tradicional que privilegia a intervenção de um grupo de homens – no caso Lenin, Stalin e seus próximos.

A *História do partido comunista da URSS* é escrita na época em que Stalin instaura um poder absoluto e liquida todos os seus adversários. Os acontecimentos históricos que conduzem da criação do partido bolchevique em 1902-1903 aos grandes expurgos de 1936-1938 são revistos, corrigidos, ajustados em função das necessidades políticas da hora. No interior do partido comunista, só Lenin, de um lado, e Stalin e seus amigos do outro têm sempre razão e realizam ações positivas; ao passo que todos os outros dirigentes – Trótski, Kamenev, Rykov,

Bukharin, etc. – estão sempre errados e só levam a cabo ações negativas. É assim que são apresentadas, por exemplo, as negociações de Brest-Litovsk: "No dia 10 de fevereiro de 1918, as conversações foram interrompidas. Embora Lenin e Stalin tivessem insistido em nome do comitê central para que a paz fosse assinada, Trótski, presidente da delegação soviética, violou traiçoeiramente as diretivas expressas do partido bolchevique; declarou que a República dos sovietes se recusava a assinar a paz com as condições propostas pela Alemanha; e informou os alemães de que a República dos sovietes não faria a guerra, que continuaria a desmobilização" (p. 255). A coletivização dos campos é descrita na mesma perspectiva: "Em 1928, a agitação do bloco trotskista-zinovievista contra a política do partido, contra a construção do socialismo, contra a coletivização e, do mesmo modo, a agitação dos bukharinistas dizendo que o empreendimento dos kolkhozes não daria certo, que era melhor não tocar nos kulaks [...], que o enriquecimento da burguesia não constituía uma ameaça para o socialismo, toda essa agitação encontrou repercussão entre os elementos capitalistas do país" (p. 344). A deformação dos fatos atinge seu limite extremo com a interpretação dos "processos de Moscou": "Em 1937 e 1938, os processos revelaram que os monstros trotskistas e bukharinistas, sob as ordens de seus patrões dos serviços de espionagem burgueses, tinham como meta destruir o Partido e o Estado soviético [...]; preparar a derrota do exército vermelho, desmembrar a URSS, entregar aos japoneses a província marítima do Extremo Oriente; aos poloneses a Bielorrússia, aos alemães a Ucrânia" (p. 410).

A historiografia soviética constrói o tempo todo o passado em função do presente. As sucessivas edições da *História do partido comunista da URSS* sofrem retoques – acontecimentos são desfigurados, personagens são escamoteados – ao sabor das flutuações da linha política. Em 1956, depois do XX Congresso, Stalin, condenado por Kruschev, praticamente desaparece do livro; mas nem por isso suas vítimas ressurgem; as atrocidades da coletivização forçada e as deportações maciças permanecem veladas; e, para explicar a evolução da URSS entre 1928 e 1953, narra-se a ação de um partido comunista anônimo, onisciente e onipresente. Às revisões políticas, que concernem à história do PC e da construção do socialismo, acrescentam-se deformações nacionalistas, que se aplicam à história da Rússia e depois da URSS. Já em 1934, uma instrução oficial postula que "um bom ensino da história deve criar a convicção de que o povo soviético marcha à frente das nações [...]; deve insistir nas guerras para manter vivo o patriotismo". É por isso que os manuais escolares não falam do papel dos varegos – dos invasores germânicos ou escandinavos – na fundação do Estado russo por volta do século IX, esquecem a influência da conversão à religião ortodoxa na constituição de uma identidade coletiva do século X ao XII; glorificam as lutas de liberação dos russos contra os cavaleiros teutônicos e as "hordas tártaras" do século XIII ao XVIII; descobrem méritos no "despotismo esclarecido" de Pedro, o Grande e de Catarina II no século XVIII; apresentam como uma libertação do jugo feudal a conquista colonial da Ásia Central no século XIX; aumentam a parte da URSS e diminuem a da Grã-Bretanha e dos Estados Unidos na vitória sobre a Alemanha nazista na Segunda Guerra...

A visão da história, concebida na época de Stalin, permanece quase intacta nos tempos de Khruschev e Brejnev. Recentemente, uma equipe de historiadores soviéticos publicou uma *História da França*. O primeiro volume sobrevoa dezoito séculos, da Batalha de Alésia à Queda da Bastilha. Se a narrativa é tão rápida, a razão é evidente: é que é um bocado difícil interpretar a conquista da Gália, as invasões bárbaras, a Guerra dos Cem Anos ou a construção de Versalhes à luz da luta de classes. No que se refere à Idade Média, a função da Igreja parece um tanto subestimada: nada é dito a respeito das peregrinações; mal se fala das Cruzadas; menciona-se a edificação de catedrais unicamente para se assinalar o progresso das técnicas. Quanto aos Tempos Modernos, o empreendimento da monarquia capetiana de consolidar um Estado nacional é tratado com simpatia; mas insiste-se excessivamente nas revoltas rurais em Poitou, na Bretanha e em Languedoc e outras províncias. O segundo volume cobre um longo século XIX, de 1789 a 1918. Aí os historiadores soviéticos se sentem mais à vontade; basta-lhes se inspirar nos escritos de Marx, Engels e Lenin para colocar em evidência o declínio da aristocracia feudal, a ascensão da burguesia capitalista, a formação do proletariado trabalhador, a importância das classes médias; e mostrar as alianças e os confrontos entre as classes, especialmente em 1789, 1815, 1830, 1848, 1871, 1880 e 1914. O terceiro volume se restringe ao período que vai das eleições de 1919 às de

1978. Trata-se essencialmente de uma história do partido comunista em sua relação com a sociedade francesa. Narram-se, com luxo de detalhes, as ondas de greves dos trabalhadores, as cisões e as reunificações das organizações sindicais, os combates prestigiosos da Resistência. Porém, os episódios comprometedores são calados: a presença de Doriot na direção do partido nos anos 1920 e início dos 1930; o peso de Stalin nas mudanças de linha de 1928, 1934, 1939, 1947; os contatos de certos dirigentes comunistas com os ocupantes nazistas no verão de 1940; e tantos outros.

A renovação marxista

Antes da Primeira Guerra Mundial, no quadro da Segunda Internacional, diferentes escolas de pensamento reagiram contra a orientação cientificista e economicista dada ao materialismo histórico. Na Áustria, Max Adler exige que sejam tomados em conta simultaneamente os diferentes fatores que determinam a evolução histórica: não apenas o desenvolvimento das forças produtivas e das lutas de classe, mas também os juízos morais que nascem das contradições sociais e pesam nos confrontos políticos. Outros representantes do "austro-marxismo" têm o mérito de esclarecer problemas delicados: assim, Otto Bauer trata da *Questão das nacionalidades* (1907); Rudolf Hilferding examina *O capital financeiro* (1910), etc. Na Alemanha, Eduard Bernstein procede a uma "revisão" completa do marxismo em seu livro: *Socialismo teórico e social-democracia* (1900): ele contesta as análises econômicas de *O capital*, rejeitando a teoria da mais-valia e introduzindo a noção de utilidade marginal; desvia-se da dialética, não percebe a mudança pelo jogo das contradições, das mutações brutais, discerne antes progressos lentos e regulares; estima que a sociedade avança rumo ao socialismo não sob o efeito de um determinismo econômico mas sob o impulso de um ideal de ordem moral. Na França, Jean Jaurès tenta fazer a síntese de uma tradição democrática herdada da Revolução Francesa e de um socialismo de origem mais recente, de inspiração marxista. Em sua introdução à *Histoire socialiste*,[158] Jaurès se quer "materialista com Marx e místico

---

[158] Jaurès (1901, p. 8).

com Michelet". Para o dirigente da Seção Francesa da Internacional Operária (SFIO), o motor da história não está na tensão das relações de produção, mas na contradição entre as aspirações altruístas do homem e sua negação na vida econômica. Logo se vê, a obra de Marx se presta a múltiplas exegeses.

Depois da Revolução de 1917, os bolcheviques ganham um imenso prestígio e passam a figurar como *maîtres à penser* dos demais militantes revolucionários. Por quase quarenta anos, da década de 1920 à de 1960, o pensamento marxista é comprimido na forma stalinista. Porém, na Itália, Antonio Gramsci, o teórico dos conselhos de fábricas em 1920, um dos fundadores do PCI entre 1921 e 1926, e vítima do fascismo desde sua prisão em 1927 até sua morte em 1937, traz uma reflexão rica e original em seus artigos para a revista *Ordine nuovo* e em suas *Cartas do cárcere*. Gramsci critica o determinismo econômico exposto no manual soviético de vulgarização de Bukharin e Preobrajensky, o *ABC do comunismo*: "A pretensão (apresentada como postulado essencial do materialismo histórico) de explicar qualquer flutuação da política e da ideologia como uma expressão imediata da estrutura econômica deve ser combatida, teórica e praticamente, como um infantilismo primitivo [...], com o testemunho do próprio Marx, autor de escritos históricos e políticos" (*Œuvres*, p. 104). Em *Il materialismo storico*, Gramsci enuncia três observações importantes: 1) as leis econômicas não funcionam como leis físicas – no máximo permitem avaliar "tendências", nunca "constantes"; 2) os mecanismos da dialética não podem ser simplificados, "divinizados", como se agissem de maneira necessária; 3) os fatos políticos conservam certa autonomia em relação às lutas de classe e às estruturas econômicas. Em outros textos, Gramsci inventa novos conceitos: por exemplo, a noção de *"catharsis"*, equivalente da tomada de consciência, para designar a passagem do econômico ao político, do objetivo ao subjetivo, da necessidade à liberdade; ou a ideia de "bloco histórico", formado numa circunstância precisa pela aliança de várias classes ou frações de classes. De maneira geral, o pensamento de Gramsci rechaça qualquer dogmatismo. É por isso que por muito tempo o PCI, marcado pelo stalinismo, só difunde dele extratos cuidadosamente escolhidos e evita que seja traduzido.

É preciso esperar até o fim dos anos 1950 e início dos 1960 para que as obras de Gramsci, Bauer, Lukács e outros autores, que mantiveram viva a reflexão marxista apesar da esclerose stalinista, sejam conhecidas e discutidas nos círculos militantes. Na França, nessa época, Louis Althusser forma um grupo de jovens intelectuais comunistas – Etienne Balibar, Roger Establet, Pierre Macherey, Jacques Rancière, etc. Sozinho ou com seus discípulos, publica sucessivamente *Pour Marx* (1965), *Lire le Capital* (1966), *Lénine et la Philosophie* (1969), *Réponse à J. Lewis* (1973). Com toda evidência, Althusser permanece fiel ao cientificismo. Ele estabelece uma distinção na obra de Marx entre os escritos de juventude – por exemplo, os *Manuscritos de 1844* – que pertencem ao domínio da ideologia, e os escritos de maturidade – por exemplo, o Livro I do *Capital*, de 1867 – que alcançam o domínio da ciência; entre os dois se situa um momento decisivo: o "corte epistemológico". Além disso, Althusser quer erradicar o "humanismo" que impregnava o marxismo. "O homem é um mito da ideologia burguesa", afirma. Daí decorre sua concepção da história "que é um imenso sistema natural-humano em movimento cujo motor é a luta de classes. A história é um processo sem sujeito. A questão de saber como o homem faz a história desaparece completamente".[159] Na verdade, Althusser se mantém na estrita ortodoxia do marxismo-leninismo. Porém, o filósofo comunista, procedendo a uma releitura da obra de Marx à luz do estruturalismo então dominante, consegue afinar diversos conceitos – modo de produção, forças produtivas, formação social, ideologia, etc. – que se tornam claramente mais operatórios para os historiadores, sociólogos ou economistas que os utilizam.

Enquanto os filósofos apenas tardiamente deram a conhecer melhor o materialismo histórico e solaparam o catecismo stalinista, os historiadores logo souberam extrair das obras de Marx instrumentos de análise para a história econômica e social. Marc Bloch, por exemplo, é implicitamente influenciado por Marx quando redige *Les caractères originaux de l'histoire rurale française* (1931) ou *La société féodale* (1936). Prova disso é sua definição da "classe senhorial": "Se os campos ou, mais excepcionalmente, a loja ou o ateliê alimentavam o nobre era

---

[159] Althusser (1973, p. 31).

sempre graças ao trabalho de outros homens". Ernest Labrousse se inspira ao mesmo tempo em *O capital* de Marx e nos trabalhos sobre o "Salário" de François Simiand a fim de elaborar seu *Esquisse du mouvement des prix et des revenus* (1933) e sua *Crise de l'économie française à la fin de l'Ancien Régime* (1943). E dá uma verdadeira lição de história marxista quando mostra a incidência das flutuações dos preços sobre os rendimentos das diferentes classes sociais – proprietários rurais, pequenos camponeses, trabalhadores agrícolas, artesãos urbanos, etc; da mesma forma, quando constrói o modelo da crise de subprodução agrícola, opõe-no ao modelo da crise de superprodução industrial e conclui: "As economias têm as crises de suas estruturas". Toda história econômica edificada na França entre 1945 e 1965 é marcada simultaneamente pelo "espírito dos *Annales*" e por um "marxismo difuso". O que demonstram por exemplo as teses de Jean Bouvier sobre *La naissance du Crédit Lyonnais* (1961) e de Pierre Vilar sobre *La Catalogne dans l'Espagne moderne* (1962).

Nos anos 1960 e 1970, a marca do marxismo já não se limita à história econômica – ao nível da "infraestrutura"; ela se estende à história das mentalidades – ao nível da "superestrutura". Assim, o medievalista Georges Duby começa sua carreira com uma vasta síntese sobre *L'Économie rurale et la vie des campagnes dans l'Occident médiéval* (1962) e depois se interessa cada vez mais pelos comportamentos, sensibilidades e ideias, como demonstra seu último estudo sobre o casamento: *Le chevalier, la femme et le prêtre* (1981). Num capítulo de *Faire de l'histoire* (1974), Duby tenta definir o conceito de ideologia; e não hesita em tomar emprestada uma citação de Althusser que entende por ideologia "um sistema (que possui sua lógica própria) de representações (imagens, mitos, ideias, depende do caso) dotado de uma existência e de um papel históricos no seio de uma sociedade determinada"; a seguir, propõe sua interpretação particular na qual as ideologias surgem como "representações globalizantes, deformantes, concorrentes, estabilizantes [...] que estabelecem sobre uma memória dos tempos passados, objetiva ou mítica, o projeto do advento de uma sociedade mais perfeita" (t. I, p. 149 e 152). Duby parece prolongar a análise iniciada por Marx e Engels em *A ideologia alemã*; contudo, não reivindica a corrente marxista. Inversamente, outros historiadores, que ostentam seu pertencimento ao partido comunista, arriscam-se em terrenos abertos por não marxistas, mais ou menos próximos dos *Annales*. Michel Vovelle considera que a história das mentalidades não se opõe à história social, mas que é "a ponta fina e a culminância" desta; e busca demonstrar isso aplicando-se a pesquisas concretas sobre longas séries de testamentos a fim de discernir as atitudes dos homens diante da morte; ao final de sua investigação, publica uma obra exemplar: *Piété baroque et déchristianisation en Provence au XVIII siècle* (1973). Regine Robin se esforça para convencer os historiadores de "que a leitura de um texto coloca problemas" e de "que o recurso ao método linguístico pode ser de grande valia"; deseja "chegar a uma teoria do discurso, especialmente do discurso político"; e é por isso que tenta aproximar duas disciplinas até então bastante afastadas em seu livro *História e linguística* (1973).

Pierre Vilar faz um balanço em seu artigo "História marxista, história em construção", publicado em *Faire de l'Histoire* (t. 1, p. 169-209). Para começar, Vilar recorda que Marx nunca foi historiador no sentido próprio do termo. O que não o impediu, para construir sua obra-mestra, *O capital*, de se dedicar a longas leituras históricas – sobre a moeda, o comércio, a tecnologia, a população, o colonialismo, etc. Todavia, em *O capital*, se o procedimento de investigação comporta uma pesquisa histórica, o procedimento de exposição se apresenta sob a forma de uma teoria econômica. Não se deve buscar nos trabalhos de Marx uma ciência da história definitivamente constituída cujos princípios bastaria aplicar para compreender o funcionamento das sociedades. Mais vale inspirar-se na prática de Marx, por exemplo, na maneira como ele conduz as análises de *O 18 Brumário de Luís Bonaparte* ou outros escritos ditos "históricos". Em seguida, Vilar assinala as convergências entre a história dos *Annales* e a história marxista. O materialismo histórico pode perfeitamente incorporar as descobertas dos *Annales*, quer se trate da quantificação dos dados, da percepção dos fatos no espaço, da distinção dos tempos sociais, da vontade de culminar numa "história total". E o grupo dos *Annales* não deve ter objeções ao projeto, atribuído a Marx, de fundar "uma ciência das sociedades humanas que seja ao mesmo tempo coerente, graças a um esquema teórico sólido e comum; total, ou seja, capaz de não deixar fora de sua jurisdição nenhum terreno de análise útil; dinâmica, pois, já que nenhuma estabilidade é eterna, nada mais útil do que descobrir o princípio das mudanças" (p. 171). Finalmente, Vilar estima que a tarefa do historiador marxista é a mesma de todo historiador na medida em que consiste em confrontar conceitos elaborados teoricamente a realidades concretas que surgem ao contato dos documentos; na medida em que implica um vaivém constante da teoria à prática, da prática à teoria, evitando os dois obstáculos do idealismo e do empirismo. De acordo com Vilar, "hoje [...] a história dos historiadores (exceção feita ao Sr. Castelot) se parece mais com a história segundo Marx, ou segundo Ibn Khaldun, do que com a história segundo Raymond Aron, que data de Tucídides" (p. 169).

12

O estruturalismo e a história

O estruturalismo exerceu uma verdadeira fascinação sobre a quase totalidade das ciências humanas na década de 1960, mas só atingiu a história mais tardiamente. Contudo, o historiador dos anos 1980 acabou seguindo o caminho aberto pelo filósofo cujos entusiasmos lévi-straussianos Hélène Védrine descreveu com humor: "desiludido pela razão [...], complexado pela ciência (que ele não conhece), o filósofo se lança no estruturalismo, persuadido de escapar assim à ideologia e se encontrar no terreno seguro de um saber finalmente liberado dos miasmas do idealismo".[160] Daí o florescimento, nas mais diversas revistas, de uma "ciência" que se propõe a desvelar "para o leigo a estrutura do discurso do Café du Commerce, os modelos da dominação feudal, a semiótica de *La philosophie dans le boudoir*,[161] o fechamento do campo epistêmico da troca de gatos entre os Zygons de Tsou-don...". No campo da história, o entusiasmo nunca foi total, pois o estruturalismo encontrou a firme resistência dos defensores da liberdade do sujeito e do caráter imprevisível do acontecimento. Os historiadores, adeptos da crítica documental clássica e apreciadores dos fatos bem estabelecidos, denunciaram o caráter esquemático dos modelos elaborados para dar conta do funcionamento das sociedades passadas ou para interpretar textos específicos. Quando André Burguière escreve, em 1971, na apresentação do número especial dos *Annales ESC* consagrado a *História e Estrutura*, que "a guerra entre a história e o estruturalismo não ocorrerá", temos a impressão de que

---

[160] Védrine (1975).
[161] *La philosophie dans le boudoir* [A filosofia na alcova) ou *Les instituteurs immoraux* é uma obra de Marquês de Sade, publicada em 1795. (N.R.)

dá mostras de um otimismo exagerado, devido decerto a essa "conjuntura de apaziguamento" que ele evoca em seguida. Pois conflito houve desde o fim dos anos 1950, e não se tratava de uma mera "querela retórica". Ele foi marcado por proclamações retumbantes, como a de Lévi-Strauss em *Raça e história* declarando que a história "o horripilava" por dar o primado ao acontecimento e afirmar o "progresso" inelutável do pensamento. Mais tarde, o mesmo autor continua a conceder à história apenas um espaço exíguo no campo das ciências humanas: "aquele que cabe de direito à contingência irredutível".[162] Esse confronto deu lugar a soluções de compromisso, não isentas de mal-entendidos. E assim se definiram pouco a pouco os procedimentos de uma história estrutural que soube fazer seus os métodos da etnologia, da linguística e da semiótica para tentar chegar à inteligibilidade profunda dos fatos passados, por trás da espuma dos acontecimentos e do "pulular dos destinos individuais".

Estruturalismo e história: debates e combates (dos anos 1950 aos anos 1970)

Vamos nos limitar aqui às principais etapas do debate entre a história e a etnologia, que nos parece o mais rico em ensinamentos; porém, as dificuldades não foram menores entre a história e a linguística, já que a conciliação entre diacronia e sincronia se revelou um tanto complicada. Detenhamo-nos inicialmente em *Raça e história*, livreto redigido por Lévi-Strauss em 1952, pouco depois de sua tese sobre as estruturas elementares do parentesco,[163] e publicada pela Unesco numa série dedicada ao problema do racismo. Esse escrito permite situar com bastante clareza o antagonismo existente então entre as concepções do pai do estruturalismo e o historicismo que reinava no pensamento ocidental. Logo de entrada, Lévi-Strauss ataca o etnocentrismo e o evolucionismo implícitos dos europeus, que os levam a considerar os diferentes estados das sociedades humanas como estágios ou etapas de um desenvolvimento único da humanidade. Ora, o progresso,

---

[162] Lévi-Strauss (1966, t. 2, p. 408).

[163] *Les structures élémentaires de la parenté* é o título da tese de doutorado defendida por Lévi-Strauss em 1948. (N.R.)

diz Lévi-Strauss, não é nem necessário nem contínuo; ele procede por saltos, pulos, mutações, por vezes mudando inclusive de direção. Há períodos e sociedades mais *cumulativos* que outros em matéria de aquisições de todo tipo, técnicas ou intelectuais. Longe de opor de maneira rígida uma *história estacionária*, a das *sociedades frias*, e uma *história cumulativa*, a das *sociedades quentes*, Lévi-Strauss aponta o caráter mais ou menos cumulativo das culturas, deixando claro que nenhuma delas é completamente estanque. No fundo, tudo depende do critério aplicado. Se o Ocidente acumulou êxitos no domínio mecânico, por exemplo, ele não fica atrás do Oriente em matéria de conhecimento do corpo? A aparição de uma cultura mais cumulativa seria na verdade algo análogo à "saída" de uma combinação complexa num jogo de azar. Para teorizar esse grande jogo da civilização, o autor busca um modelo interpretativo na roleta, embora reconhecendo a precariedade dessa aproximação. Assim como o cálculo das probabilidades nos ensina que um grupo de apostadores tem mais chances de vencer que um jogador isolado, assim também diversas culturas em relação mútua serão mais criadoras que uma só. Daí ser um completo absurdo "declarar uma cultura superior a outra", pois o progresso resulta das interações entre as diferentes áreas culturais. Às vezes é preciso esperar que a combinação certa "saia": vide o contraste entre uma pré-história estacionária e uma pré-história cumulativa. O progresso da humanidade nada tem de inelutável já que a cada momento há uma pluralidade de possíveis e que a história se contenta em efetivar um deles. A aventura humana não é uma progressão triunfal rumo ao ponto ômega; pelo contrário, é uma "andança incerta e ramificada", cheia de fracassos e arrependimentos, sem que a humanidade jamais pare de especular (o que prenuncia certa tese exposta em *O pensamento selvagem*: a de que os homens sempre pensaram igualmente bem). As sociedades solitárias são as mais estanques, enquanto os grupos de sociedades são aparentemente mais inovadores. A contribuição de uma cultura à "aposta" comum não reside tanto nas invenções que forja quanto nas diferenças que apresenta em relação às culturas vizinhas. Essas distâncias diferenciais são também indispensáveis em seu próprio seio para aí suscitar a inovação. A relação de mão dupla entre as aquisições técnicas e as desigualdades sociais pode aliás ser constatada tanto na Revolução Neolítica quanto na Revolução

Industrial. Dessas afirmações, Maxime Rodinson dizia: "há aí com o que desencorajar Billancourt", expressando com humor a oposição radical entre a visão dialética da história e a concepção estruturalista, que privilegia a correlação funcional na sincronia.

Em *Antropologia estrutural* (1958), começa a se esboçar uma aproximação entre a história e a etnologia, sem que esta deixe de exercer certa forma de imperialismo. Já nas primeiras páginas do livro, Lévi-Strauss toma distância dos etnólogos funcionalistas que, como Malinowski, pretendem fazer a história de um presente sem passado e proceder unicamente a uma análise sincrônica dos sistemas culturais; e afirma que a seus olhos é indispensável conhecer o desenvolvimento histórico que culminou nas formas presentes da vida social: só este permite, de fato, "sopesar e avaliar em suas relações respectivas os elementos do presente". Diversos traços aproximam a história da etnologia: ambas não têm por objetivo estudar a vida social e chegar "a uma melhor compreensão do homem"? O que "varia é apenas a dosagem dos procedimentos de pesquisa" em seus métodos. Permanece, no entanto, uma clara diferença de perspectiva, já que a história organiza "seus dados em relação às expressões conscientes, e a etnologia em relação às condições inconscientes da vida social". Ou seja, a história se situa no plano do dito, do manifesto, na superfície dos testemunhos, ao passo que a etnologia busca o que está por trás desse dito e desse manifesto, inspirando-se no método linguístico. Uma cultura, de fato, organiza silenciosamente os comportamentos cotidianos, assim como o sistema da língua modela o discurso fora da consciência do sujeito falante. Munidos da ferramenta linguística, podemos nos lançar à busca da "estrutura inconsciente, subjacente a cada instituição ou a cada costume, para obter um princípio de interpretação válido para outras instituições e outros costumes". A título de exemplo de estrutura inconsciente que permanece através dos acidentes históricos, Lévi-Strauss cita a organização dualista das sociedades da Guiné, que se manteve apesar das transformações sofridas pelos clãs e aldeias. A etnologia não pode negligenciar as vicissitudes históricas, mas só as retém para proceder, através delas, à "filtragem" dos dados estruturais. Da mesma forma, ela leva em conta as expressões conscientes dos fenômenos sociais (o que os historiadores chamam de testemunhos), mas apenas para buscar nelas a estrutura oculta: "Sua meta é atingir, para além da imagem consciente e sempre diferente que os homens fazem de seu devir, um inventário de possibilidades inconscientes, que não existem em número ilimitado; o repertório e as relações de compatibilidade ou de incompatibilidade que cada uma dessas mantém com todas as outras fornecem uma arquitetura lógica a desenvolvimentos históricos que podem ser imprevisíveis, mas nunca inteiramente arbitrários".[164] Se traduzimos isso em termos de linguística, podemos dizer que se trata de deixar de lado o "conteúdo lexicográfico" para apreender a sintaxe. Os historiadores estão bem pouco acostumados com essa prática, ainda que não ignorem mais totalmente os "elementos inconscientes da vida social", especialmente nas pesquisas de história econômica ou das mentalidades. Talvez fosse melhor dizer que esses trabalhos trazem à luz certas determinações profundas, mas não exatamente inconscientes, dos comportamentos humanos. Lévi-Strauss parece ir longe demais ao proclamar: "Todo bom livro de história [...] está impregnado de etnologia".

Sob diversos aspectos, o célebre artigo de Fernand Braudel intitulado "História e ciências sociais: a longa duração" (*Annales ESC*, n. 4, 1958, p. 725-753, retomado em *Écrits sur l'histoire*, p. 41-83) pode ser visto como uma resposta firme a Lévi-Strauss, cuja vontade de se aproximar da história é saudada de passagem.[165] Apontaremos aqui duas importantes tomadas de posição: a) o estudo das estruturas constitui agora a missão principal da história; b) não se deve estabelecer uma distinção demasiado rígida entre a análise dos processos conscientes e a das formas inconscientes da vida social; pelo contrário, é preciso organizar uma prospecção do social em toda sua espessura, recorrendo a esses instrumentos de conhecimento que são os modelos abstratos. A vocação da história de estudar estruturas está intimamente ligada ao primado concedido por Braudel às análises na longa duração sobre as feitas no tempo curto ou médio. Pois o autor de *O Mediterrâneo* incontestavelmente privilegia a história de "amplidão secular". É nesse nível que se pode apreender a estrutura, de que Braudel fornece uma definição que se tornaria célebre:

---

[164] Lévi-Strauss (2003, p. 30).

[165] Braudel (1969, p. 42).

Por estrutura os observadores do social entendem uma organização, uma coerência, relações bastante fixas entre realidades e massas sociais. Para nós, historiadores, uma estrutura é decerto conjunção, arquitetura, mas sobretudo uma realidade que o tempo demora para gastar e veicula muito longamente. Certas estruturas, de tanto durarem, tornam-se elementos estáveis de uma infinidade de gerações; atulham a história, atrapalham, portanto comandam, seu fluxo. Outras se desfazem mais rapidamente. Mas todas são ao mesmo tempo sustentáculos e obstáculos. Obstáculos, marcam-se como limites (envoltórias, no sentido geométrico) de que os homens e suas experiências não têm como se libertar. Basta pensar na dificuldade de se romper certos quadros geográficos, certas realidades biológicas, certos limites da produtividade, ou mesmo certas coerções espirituais: os quadros mentais também são prisões de longa duração.[166]

Note-se que Braudel tem da estrutura uma concepção que permanece descritiva (*uma organização, uma coerência*), próxima da dos arquitetos, dos sociólogos ou dos especialistas em geografia humana. Todavia, essa estrutura não é inerte: é reconhecido o papel dos processos dialéticos, das interações entre as diversas instâncias do real (*relações bastante fixas entre realidades e massas sociais*). A principal contribuição de Braudel consiste em conferir à estrutura uma dimensão temporal, em submetê-la à imperiosa lei do *panta rei* (tudo flui) heraclitiano. Essa *realidade que o tempo demora para gastar e veicula muito longamente* constitui uma base resistente, mas de modo algum imutável, do devir histórico; um quadro duradouro, mas não eterno, que comanda os comportamentos humanos. Toda formação social engloba diversas estruturas de duração variável (vale evocar mais uma vez a fórmula de Labrousse: "O social está sempre atrasado em relação ao econômico, e o mental em relação ao social"), que desempenham nela funções bivalentes: são *sustentáculos* na medida em que facilitam a reprodução social; e também *obstáculos*, já que freiam a inovação. Em suma, a estrutura braudeliana está viva, embora em câmera lenta; tem uma esperança de vida variável; é plural; compreende todas as instâncias

---

[166] Braudel (1969).

do social, sem se reduzir à sacrossanta infraestrutura material dos marxistas; não jaz atrás do real, como em Lévi-Strauss, mas expressa com nitidez as linhas de força e as regularidades do vivido-percebido. Esse enraizamento no concreto fica claro quando Braudel evoca em grandes traços o ecossistema mediterrâneo: "Vejam a importância da transumância na vida montanhesa [...], vejam a duradoura implantação das cidades, etc.". Trata-se aí, ao que nos parece, de um "concreto pensado", e não de uma arquitetura lógica "imanente ao real", apta a acolher os mais variados conteúdos históricos.

Voltemos à segunda grande afirmação de Braudel, que consiste em recusar uma divisão demasiado rígida entre a história das formas conscientes e a das formas inconscientes da vida social: primeiro porque "a separação entre superfície clara e profundezas obscuras – entre barulho e silêncio – é difícil, aleatória"; a seguir, porque a história dita inconsciente "muitas vezes é mais percebida do que se admite". Daí a tarefa atribuída às ciências sociais, e especialmente à história, que consiste "em abordar de frente essa semiescuridão" para trazer à luz regularidades da vida social das quais aqueles que estavam submetidos a elas não tinham uma consciência clara. Para tanto é preciso forjar modelos interpretativos, que são assim definidos: "hipóteses, sistemas de explicações solidamente ligadas na forma de equações ou funções: isso é igual àquilo, ou determina aquilo. Tal realidade não surge sem que tal outra a acompanhe e, entre ambas, relações estreitas e constantes se revelem".[167] Esses modelos, que são instrumentos de redescrição do real, apreendido desta vez em suas coerências profundas, podem ser estáticos ou dinâmicos, mecânicos (quando se trata de pequenos grupos de homens) ou estatísticos (para conjuntos mais vastos). São também transponíveis "a outros meios sociais de mesma natureza, através do tempo e do espaço". E devem ainda passar pelo teste da duração, que acarreta alterações e modificações da estrutura inicial. Assim, esses modelos são em geral apenas aproximativos e raramente constituem uma verdadeira sistematização científica. E, de fato, esse é o caso dos esboços de modelos propostos por Braudel para dar conta do ciclo de desenvolvimento das cidades italianas do século XVI ao XVIII (no qual se sucedem as fases mercantil, industrial, comercial e,

---

[167] Braudel (1969, p. 64).

finalmente, bancária) ou, mais amplamente, de certas constantes da história europeia entre 1300 e 1750 (fragilidade demográfica, primado da circulação pelo mar, papel essencial do comércio externo, etc.). Esses esquemas interpretativos não devem ser elaborados *in abstracto*: é preciso sempre avaliar sua operacionalidade, confrontando-os reiteradamente com a realidade empírica e retocando-os continuamente. E, evidentemente, devem incorporar o fator duração. Quanto a isso, o exemplo vem de Marx, que foi o primeiro a fabricar "verdadeiros modelos sociais" num quadro temporal preciso. Mais uma vez, Braudel reafirma então a particularidade da história, submetendo os conceitos-chave do estruturalismo à lei do tempo.

No início dos anos 1960, Lévi-Strauss retoma seus ataques contra o estatuto privilegiado da história no pensamento ocidental. No capítulo IX de *O pensamento selvagem* (1962), critica duramente algumas teses defendidas por Sartre na *Crítica da razão dialética*. Recusa, especialmente, a oposição sartriana entre razão analítica e razão dialética, sendo esta última inseparável da consciência histórica. Definindo-se como materialista e "esteta", estudando os homens como se fossem formigas, o etnólogo quer descobrir "invariantes" por trás da diversidade das sociedades (e, entre essas invariantes, o fato de que a humanidade sempre pensou igualmente bem, ou quase, já que o pensamento selvagem também dispõe de instrumentos lógicos adequados para "colocar em ordem" a diversidade do real). E é por isso que não pode aceitar a incompreensão de Sartre diante dos "povos sem história" quando este distingue entre "a verdadeira dialética" e "a dialética repetitiva e a curto termo" das sociedades primitivas. E precisa denunciar a função propriamente mítica da história no pensamento sartriano; e afirmar que a história é uma "pesquisa complementar" da etnologia, sem poder pretender a qualquer suserania. Retoma então uma velha distinção entre a ciência da *diversidade no tempo* e a da *diversidade no espaço*, para se erguer contra o "prestígio especial" atribuído à "dimensão temporal", prestígio de que conhece bem as razões: o efeito de continuidade que a narrativa histórica cria prima sobre a descontinuidade que reina em etnologia; além do mais, nós nos concebemos como o produto de uma história e projetamos essa ilusão pessoal sobre a sociedade inteira, tomando o relato das origens pela explicação das causas. A história faz assim com que nos banhemos numa ilusão propriamente metafísica ("alcançar, fora de nós, o próprio ser da mudança"), já que ignoramos que ela não passa de uma abordagem fragmentada do real. Pois ela procede por abstração e seleção, todo fato histórico sendo por definição inesgotável, dissolvendo-se numa multidão de fenômenos individuais. O historiador escolhe para evitar a dispersão infinita da análise que se detivesse sobre os destinos particulares. Falar de história universal é uma enganação, pois se trata de um empreendimento impossível, que comporta em si mesmo o princípio de seu estilhaçamento infinitesimal e, portanto, de sua própria destruição. Na verdade, a história só pode ser *partielle* (parcial no sentido de só dar conta de uma parte), na medida em que trata de subconjuntos e não do todo, e *partiale* (parcial como oposto de imparcial), porque nela reinam pontos de vista inconciliáveis e igualmente verdadeiros. Reteremos dessas páginas, em que nem tudo é tão novo assim, que Lévi-Strauss reafirma altamente o primado da etnologia, denuncia a ilusão historicista e tende implicitamente a confinar a história a um recitativo cronológico ao afirmar que o código dessa disciplina "consiste em uma cronologia". Quando proclama: "não há história sem datas" (basta ver a experiência corrente dos professores!) e quando recorda que "toda sua [da história] originalidade e especificidade reside na apreensão da relação do antes com o depois", o etnólogo parece utilizar uma linguagem de um outro tempo, desconsiderando as conquistas da jovem história estrutural e essas "camadas de história lenta" a partir das quais Braudel nos convidava a repensar o conjunto da disciplina.

Até onde sabemos, uma das soluções mais claras para esse debate entre a história e o estruturalismo foi formulada por Nathan Wachtel nas primeiras páginas de *A Visão dos vencidos*, que constituem uma espécie de manifesto da etno-história nascente. Adotando o ponto de vista do outro, no caso o dos índios da América vítimas da conquista espanhola no século XVI, o autor deve superar dois desafios: o da distância no tempo, costumeiro em história; e este outro, novo, da distância entre um mundo marginal e a cultura dominante. Semelhante maneira de proceder exige que se ultrapassem as antíteses escolares entre a história e a etnologia, assim como as oposições entre diacronia e sincronia e entre formal e concreto. Na verdade, as duas disciplinas devem se mover nos dois eixos, sincrônico e diacrônico: a história, porque a concepção de um tempo uniforme deu lugar à de temporalidades diferenciadas que é preciso tentar ligar em construções sincrônicas; a etnologia, porque é forçada a estudar a gênese dos sistemas de relações que analisa. Ambas elaboram modelos abstratos, procedendo à triagem dos dados empíricos e traduzindo suas relações "em fórmulas rigorosas" (o próprio Wachtel dá um belo exemplo disso ao comparar o funcionamento do Estado inca ao jogo dos princípios de reciprocidade e redistribuição). Ambas tentam passar da diversidade do vivido às regras que o ordenam (em história isso pode ser o movimento dos preços ou da natalidade). Nos dois casos pode-se falar de um "vaivém entre a análise e o concreto". No entanto, apesar de todas essas convergências, as perspectivas permanecem distintas, a história acabando por retornar ao singular, a etnologia aplicando-se essencialmente ao sistema e às suas regras.

Mas no início dos anos 1970 a busca é por convergências, como demonstra a já citada apresentação de André Burguière do número dos *Annales ESC* consagrado a *História e estrutura*. O autor reconhece o bem-fundado de certos ataques contra a história, especialmente contra o vício historicista que consiste em deslocar a análise dos fenômenos para o estudo de sua gênese. Ao mesmo tempo, e de maneira talvez excessiva, atribui a seus confrades historiadores uma longa cumplicidade com o estruturalismo: "Se a análise estrutural consiste em discernir as permanências, em colocar em evidência, por trás da aparente dispersão dos dados, 'um sistema de transformações que comporta leis enquanto sistema', os historiadores são forçados a reconhecer, sob o risco de parecer reivindicar um novo direito de primogenitura, que essa maneira de proceder lhes é familiar há muito tempo". Amparado nas conquistas recentes de sua disciplina, especialmente no que diz respeito à transposição regular da fronteira entre dados conscientes e condições inconscientes da vida social, Burguière se ergue com firmeza contra o hábito de fazer da história "o bode expiatório das ciências humanas", de reconhecer como seu objeto apenas o contingente e não formalizável e condená-la a "permanecer eternamente o império do acidental". Clio poderia, isso sim, reivindicar a maternidade da abordagem estrutural, fruto de sua longa coabitação com o marxismo, que lhe ensinou a buscar em toda sociedade seu modo de funcionamento e em todo texto a mensagem que se oculta por trás do dito.

Ela tampouco ignora o recurso aos modelos mais sofisticados, como as hipóteses contrafactuais forjadas pelos cliometristas norte-americanos (exemplo: como teria sido o desenvolvimento dos Estados Unidos no século XIX sem as estradas de ferro?) ou os "modelos complexos" da demografia histórica que "integram dados quantitativos e sintomas de comportamentos". Último argumento, com sabor de revanche: um refluxo geral em direção à história está em andamento. Não parece indispensável buscar os antecedentes das estruturas constituídas? Não se atribui hoje uma atenção privilegiada às rupturas epistemológicas que escandem a história das ideias e às mutações que afetam os sistemas sociais? A constatação parece se impor: "Um pouco de estruturalismo afasta da história; muito estruturalismo leva de volta a ela". Mas estarão todos os antagonismos realmente superados?

Ambiguidades e dificuldades persistentes (anos 1970)

Se a história e o estruturalismo acabaram assinando tratados de paz, e por vezes até formando alianças, subsistem diversas ambiguidades devidas a) à coexistência de várias concepções de estrutura; b) a uma consciência desigual, entre os historiadores, das dificuldades próprias à abordagem estrutural; c) consequentemente, à diversidade de aspectos apresentada pela produção histórica que reivindica o estruturalismo: a grande maioria dos historiadores permanece apegada a uma concepção tradicional da estrutura, concebida como *a maneira como as partes de um todo se relacionam entre si*. Trata-se de uma concepção essencialmente descritiva, que consiste em levar em conta as linhas de força de um conjunto, seja ele social, institucional ou ideológico. Daí a proliferação de obras intituladas *Estruturas políticas* ou *Estruturas sociais de,* etc. Há uma grande distância, a nosso ver, entre essas abordagens estruturais de vastos conjuntos e a análise estrutural praticada pelos linguistas e etnólogos, que se funda numa concepção da estrutura como sendo uma *arquitetura lógica imanente ao real*. Para Lévi-Strauss, a estrutura se esconde atrás das aparências. A geomorfologia constitui uma boa iniciação a essa abordagem, ela que se dedica a interpretar as formas de relevo superficiais em função da organização em profundidade das camadas de terra. Uma paisagem pode ser a transposição direta, derivada ou invertida da estrutura oculta. Como não evocar aqui a célebre página de *Tristes trópicos* em que Lévi-Strauss relata seus deslumbramentos de geólogo mirim no sul da França? É a narrativa de sua iniciação ao estruturalismo: "Toda paisagem se apresenta inicialmente como uma imensa desordem que nos deixa livres para escolher o sentido que preferimos lhe dar". Mas o *sentido profundo* reside no substrato geológico, nessa "linha tênue e embaralhada, nessa diferença muitas vezes imperceptível na forma e na consistência dos fragmentos rochosos". Eis o que conduz à inteligibilidade profunda dessa paisagem, por meio de uma passagem do sensível ao racional, posto que "a natureza do verdadeiro já transparece no cuidado que ele tem de se esquivar". A esse respeito, Lévi-Strauss se explicou mais longamente em *Antropologia estrutural* I, nas páginas 303 e seguintes, tratando d' "A noção de estrutura em etnologia". Essa noção, ele nos diz, "não remete à realidade empírica, mas aos modelos construídos a partir desta". Sendo assim, não se deve confundir as estruturas sociais com as relações sociais. Estas constituem apenas a matéria-prima para a elaboração de modelos que tornam manifesta a própria estrutura. Quatro condições devem ser preenchidas para que se possa falar de estrutura: a) ela deve apresentar "um caráter de sistema", qualquer modificação de um dos elementos repercutindo sobre todos os outros; b) todo modelo estrutural deve pertencer "a um grupo de transformações"; c) deve ser possível "prever de que maneira o modelo reagirá em caso de modificação de um de seus elementos"; d) o funcionamento do modelo deverá "dar conta de todos os fatos observados".[168] Situando-se por trás dos fenômenos diretamente observáveis, numa espécie de inconsciente social, a estrutura é imanente às relações sociais, como a gramática à língua falada. É um esquema conceitual, uma forma que impõe tal ou qual configuração a dados diversos. Encontramos uma concepção semelhante no psicólogo Jean Piaget: "Uma estrutura é um sistema de transformações que comporta leis enquanto sistema (por oposição às propriedades dos elementos) e que se conserva ou se enriquece pelo próprio jogo das transformações, sem que essas saiam de suas fronteiras ou apelem a elementos exteriores". A estrutura apresenta, portanto, três marcas essenciais: totalização, ou seja, o fechamento do sistema

---

[168] Lévi-Strauss (1958, p. 306).

sobre si mesmo; transformação; autorregulagem fundada sobre regulações internas. Todas essas características se encontram também na definição proposta por Paul Ricœur, que entende por estrutura "uma entidade autônoma de dependências internas". De um autor ao outro, voltam os mesmos traços pertinentes da estrutura: a interdependência de todos os elementos, o fechamento do conjunto sobre si mesmo, a sincronia, a possível realização de uma multiplicidade de variáveis. Nada garante que os modelos interpretativos dos historiadores possam (e devam) satisfazer plenamente todas essas características, entre outras razões porque eles não podem ignorar nem os processos temporais de erosão lenta das estruturas nem a irrupção acidental de acontecimentos exteriores que vêm alterar profundamente os conjuntos mais estáveis. Exemplo disso é a rápida desestruturação da sociedade inca após a conquista espanhola.

Nada melhor do que entrar agora no "concreto" de uma análise estrutural levada a cabo pelo próprio Lévi-Strauss para melhor compreendermos a sua natureza e percebermos o quanto é difícil sua conciliação com a análise histórica clássica. Tomaremos o exemplo do *triângulo culinário* (revista *L'Arc*, n. 26, p. 19-29). A cozinha, tão universal quanto a linguagem, se baseia num sistema triangular que associa *o cru, o cozido* e *o podre*. Se o cru constitui o polo não marcado desse conjunto, o cozido resulta da transformação cultural do cru e, finalmente, o podre procede da transformação natural do cru. A essas formas vazias, cada cultura confere uma tonalidade particular, determinando, por exemplo, a maneira como cada alimento deve ser cozido. Se consideramos as modalidades do cozimento, constatamos oposições significativas entre o assado e o fervido. O primeiro procede de uma exposição direta, não mediada, ao fogo; é, portanto, uma prática bastante próxima da natureza, uma cozinha pouco elaborada, uma espécie de compromisso entre o cru e o queimado. O fervido, pelo contrário, procede de uma dupla mediação, pela água e pelo recipiente. Esse cozimento elaborado se situa do lado da cultura (a panela é sinal de civilização, seja na Irlanda seja na Nova Caledônia); é uma cozinha no dentro, uma endocozinha, que apresenta certa afinidade com o podre. E a análise prossegue por meio de associações e oposições sucessivas; assim, o assado se situaria do lado da perda, da prodigalidade e da vida na mata dos caçadores, enquanto o fervido estaria do lado da vida sedentária, da conservação e da economia doméstica regida pelas mulheres. Lévi-Strauss considera então uma terceira prática culinária, a defumação, ou seja, um cozimento não mediado, mas lento e profundo, que apresenta oposições significativas com as duas práticas anteriormente analisadas. Elas podem ser expressas por meio do quadro seguinte:

fervido	*assado*	*defumado*
– cozimento lento	– cozimento rápido	– num moquém, objeto cultural, destruído após o uso, portanto precário.
– presença da água	– sem água	
– utensílio durável (panela)	– sem utensílio	
– resultado precário		– resultado durável, já que a carne defumada se conserva por mais tempo.

Em última instância, a infinita variedade das práticas culinárias poderia ser reduzida a um modelo abstrato de tipo triangular:

CRU
assado

(-)   (-)
Ar   Água
(+)   (+)
defumado   Fervido
COZIDO   PODRE

Esse esquema pode, e deve, ser ampliado, introduzindo-se a fritura, o cozimento a vapor, etc. A seguir, pode-se tentar superpô-lo a outros esquemas concernentes às relações homens-mulheres, à organização do trabalho, às relações entre a aldeia e a mata, etc. Descobre-se assim que a cozinha de uma sociedade é uma linguagem em que ela traduz inconscientemente sua estrutura e desvela suas contradições. Semelhante maneira de proceder pode guiar de maneira útil o historiador interessado em estudar as maneiras à mesa numa determinada época, com a condição de dar vida e cor a esse quadro vazio e, sobretudo, de introduzir nele os efeitos da diversidade social: a cozinha em si não existe, mas apenas os hábitos alimentares de meios precisos. Talvez esse exemplo contribua para que se compreenda melhor o quão problemática era a aclimatação dos princípios da etnologia estruturalista em história.

Como tirar partido da imobilidade da estrutura? Que estatuto atribuir à descontinuidade (que só ela permite pensar a passagem de um sistema fechado a outro)? Que papel reconhecer às normas inconscientes da vida social? Perguntas que poderiam suscitar uma multiplicidade de respostas. Daí a extrema variedade da história estrutural, em que nos parece possível, correndo o risco de uma simplificação abusiva, distinguir *quatro correntes principais*: a) uma corrente braudeliana que aspira a conceitualizar vastos conjuntos humanos submetidos a evoluções lentas; b) uma corrente mutacionista, representada sobretudo por Michel Foucault, que analisa também estados estáveis da estrutura social, mas confere uma atenção privilegiada à passagem de um estado a outro e atribui uma posição central ao conceito de descontinuidade; c) uma corrente de estrita obediência estruturalista, que prega o trabalho sobre *corpora* fechados (sistema ritual, texto, documento figurado) e recorre à elaboração de modelos abstratos para "forjar algo pensável" a partir desse material documental; d) finalmente, a antropologia histórica, disciplina jovem, de vastas ambições, que parece capaz de federar as correntes mencionadas e incorporar tanto as conquistas da história quantitativa quanto as da história da cultura material. Começaremos por apresentar brevemente a primeira corrente, para depois nos demorarmos mais nas três últimas.

Um texto teórico recente nos parece de inspiração braudeliana: "A história das estruturas" de Krzysztof Pomian.[169] As grandes referências do autor são reveladoras: *La Méditerranée et le monde mediterranéen à l'époque de Philippe II*, é claro, mas também *Les structures du Latium médiéval* de Pierre Toubert. Um dos principais aportes dessa tese consiste em trazer à luz o caráter propriamente revolucionário do *incastellamento* dos séculos X e XI, ou seja, o agrupamento autoritário

---

[169] *In* Le Goff, Chartier e Revel (1978, p. 528-553).

das populações nas proximidades das fortalezas que se efetuou sob a égide dos senhores no início da era feudal. Em ligação estreita com a constituição de um *habitat* concentrado e empoleirado, reorganizam-se os territórios, que passam a ser dispostos em zonas concêntricas, assim como as relações de exploração, os poderes de mando e o sistema judiciário. A nova estrutura instaurada por volta do ano mil é de fato "um conjunto coerente de elementos em que a transformação de um só acaba provocando a de todos os outros". Durante mais de quinhentos anos, ela vai constituir "uma invariante, um quadro estável no interior do qual se desenvolvem as atividades das populações camponesas". Esse caso exemplar permite a Pomian indicar as principais características da história estrutural, concebida como uma "história das populações totais" que deixa de lado o excepcional para se interessar sobretudo "pelo que é banal, repetitivo, presente na vida cotidiana"; como uma história psicológica, em que o tratamento estatístico de fenômenos como a nupcialidade e a natalidade, por exemplo, permite desvelar as atitudes mais secretas; como uma história dos fenômenos sociais totais que, como a concepção do tempo, situam-se "no ponto de interseção do econômico e do político, do social e do mental"; e, por fim, como uma história biológica, que analisa "as reações dos homens a restrições naturais" (clima, invasões de micróbios, etc.). Sem deixar de atribuir um lugar privilegiado aos quadros estáveis que organizam o cotidiano, a história estrutural revaloriza também o conceito de revolução sob duas formas: de um lado, enquanto ruptura, que acarreta o desmoronamento da antiga estrutura e o advento da nova; de outro, enquanto processo silencioso e lentíssimo, como a revolução agrícola ou a progressiva alfabetização dos franceses (que se estende por cerca de três séculos). Assim concebida, a revolução já não é "a sequência de acontecimentos únicos" que deliciava os mestres da história historizante, mas uma "onda de inovações que se propaga a partir de um ponto inicial através de repetições inumeráveis".

Concepções próximas das de Pomian parecem ter guiado certos trabalhos de Emmanuel Le Roy Ladurie, especialmente "A história imóvel" da França rural tradicional entre 1300 e 1730 (*Annales ESC*, maio/jun. de 1974, p. 673 e s.), e de Pierre Chaunu. Em *Le temps des réformes*, este último, que se refere explicitamente à noção de "estrutura autônoma formada", propõe um modelo interpretativo particularmente esclarecedor para pensar *a vida religiosa dos humildes no fim da Idade Média*. Suas principais articulações são: a transmissão oral da mensagem; o primado do fazer sobre o saber (daí o acento posto sobre as obras e as práticas); a socialização da ascese, conferindo uma importância central aos interditos alimentares e sexuais; a valorização dos ritos de passagem e de integração, como o batismo e a confirmação; finalmente, a busca de uma "socialização compensadora", que busca satisfação tanto no rito da missa dominical quanto no batismo, oportunidade de tecer laços protetores ao redor da criança escolhendo para ela diversos padrinhos e madrinhas. Vemos assim que o autor se refere ao demográfico e ao social para interpretar o religioso. No seio dessa estrutura rígida de representações e comportamentos amadurece uma revolução que dará na grande ruptura do século XVI. De fato, a clivagem entre clérigos e laicos se atenua num duplo plano: sexual em primeiro lugar, já que o aumento progressivo da idade de casar mantém muitos laicos adultos no mesmo estado de continência que os clérigos; cultural a seguir, porque os "leitores-escritores" são cada vez mais numerosos. Daí a aspiração dos laicos a romper o monopólio clerical de explicitação das Santas Escrituras e o monopólio sacerdotal de manipulação do sagrado sob todas as suas formas. Esse estudo, escolhido por seu caráter representativo, traduz a vitalidade de uma história que Pomian chama de estruturalista e que nós propomos qualificar de estrutural, já que ela não nos parece corresponder totalmente à ambição estruturalista de apreender os fenômenos "fora de suas manifestações conscientes" e de chegar "a sistematizar suas relações e transformações de conjunto a partir de um pequeno número de variáveis".

Michel Foucault, pensador da descontinuidade e da relação

Foucault jamais negou certos vínculos, aliás evidentes, com o estruturalismo, mas sempre afirmou sobretudo a intenção de "desdobrar os princípios" da transformação em curso na história. Decerto ele faz alusão às práticas da história estrutural e serial, de que se esforçou por tirar todas as consequências teóricas. É fácil perceber isso se lemos paralelamente a célebre introdução a *A arqueologia do saber* (1969) e a reflexão quase contemporânea de François Furet sobre "A história quantitativa e a construção do fato histórico" (*Annales ESC*, 1971, n. 1, p. 63-75). Aparentemente, nada mais oposto do que a história serial, que se estende na diacronia, e o *mutacionismo* de Foucault, que privilegia as rupturas bruscas e a emergência de novas estruturas. Mas, na verdade, quem não percebe que os estudos seriais se fundam na descontinuidade uma vez que implicam ao mesmo tempo a delimitação de um espaço de análise, a identificação das cesuras cronológicas significativas e a distinção das temporalidades próprias às diversas instâncias do real? Além disso, esses estudos, desdobrando-se na longa duração, trazem à luz permanências e regularidades subjacentes às oscilações de superfície. O que equivale a dizer que esses trabalhos fazem aflorar bases estruturais de natureza variada (rigidez do sistema econômico, rotina mental, etc.). Nas primeiras páginas de *A arqueologia do saber*,[170] Foucault assinala precisamente esse deslocamento do olhar do historiador, que o levou a se voltar para "as grandes bases imóveis e mudas" até então ocultas sob os acontecimentos. O pesquisador passa então a distinguir "camadas sedimentares diversas", a analisar fenômenos de desencaixes em profundidade, a indicar discordâncias de um estrato da realidade a outro. Semelhante problemática recoloca em questão a concepção clássica de documento. Este não é mais considerado como um reflexo do passado e sim como um material que é preciso tratar, recortar, dividir em séries. A história já não pretende ser a memória da humanidade, define-se mais modestamente como o acionamento de uma "materialidade documental". Por seu lado, a história das ideias passa a levar em conta sobretudo as *rupturas epistemológicas*, os *deslocamentos* e as *transformações de conceitos*. Não são mais as continuidades culturais (trocas, influências, etc.) que lhe importam, mas as coerências internas dos diferentes sistemas conceituais e, sobretudo, a passagem de um sistema a outro. É por isso que a descontinuidade ganha um lugar central em todas as formas de história (social, intelectual, etc.). Até então, a descontinuidade era percebida como um obstáculo, como

---

[170] Nossa reflexão se organizará aqui em torno desse livro e de *Vigiar e punir* (1975). Não teríamos como dar conta da totalidade de uma obra considerável, da *História da loucura na idade clássica* à *Vontade de saber*, passando por *As palavras e as coisas*. O que buscamos é esclarecer um problema, não redigir um verbete de dicionário.

um elemento "escandaloso" que era preciso dissimular. Agora ela procede de uma operação deliberada do historiador, que isola níveis específicos de análise. É também um resultado da análise, que visa a identificar as rupturas e marcar as inflexões significativas no seio da realidade observada. Consciente da novidade de sua maneira de proceder, Foucault antecipa os protestos veementes da tribo letrada:

> Gritarão que a história foi assassinada a cada vez que numa análise histórica – sobretudo em se tratando do pensamento, das ideias ou dos conhecimentos – forem utilizadas de maneira manifesta demais as categorias da descontinuidade e da diferença, as noções de limiar, de ruptura e de transformação, a descrição das séries e dos limites. Denunciarão aí um atentado contra os direitos imprescritíveis da história e contra o fundamento de toda historicidade possível. Mas não devemos nos enganar: o que é tão lamentado não é o desaparecimento da história, é o ocaso dessa forma de história que era – secreta, mas inteiramente – referida à atividade sintética do sujeito".[171]

Vejamos agora de mais perto, sempre através da *Arqueologia*, como esse postulado descontinuísta leva o autor a se distanciar da tradicional história das ideias. É preciso, nos diz ele, que nos libertemos dos conceitos comumente aceitos, como os de tradição, de influência (que "fornece um suporte para os fatos de transmissão e de comunicação"), de evolução (que remete toda uma série de acontecimentos "a um único e mesmo princípio organizador", ou ainda de mentalidade de uma época (que postula a existência de um sentido primordial). Todas essas explicações preguiçosas devem ser abandonadas. É preciso também questionar os recortes habituais entre as disciplinas (filosofia, direito, história, etc.) e noções tão simples quanto as de *livro* ou *obra* atribuídos a um sujeito. Pois todo texto remete a outros textos, inscreve-se num campo de discursos associados e se baseia amplamente no já dito. É preciso, portanto, renunciar a atribuir valores desiguais aos enunciados, privilegiando o novo em relação ao antigo, o inédito em detrimento do repetido, etc. A história já não deve se escrever

---

[171] Foucault (1969, p. 23-24).

em termos de mérito; não deve mais espreitar os "acontecimentos de pensamento", mas se dedicar a explicitar as regras que condicionam a produção dos discursos numa determinada época. É preciso considerar esses discursos como performances verbais regidas "por um conjunto de regras anônimas, históricas, sempre determinadas no tempo e no espaço, que definiram numa dada época, e para uma determinada área social, econômica, geográfica ou linguística, as condições de exercício da função enunciativa". Vale notar nessas linhas o anseio de conciliar a abordagem estrutural, que estuda os valores de funcionamento de um sistema, com as exigências de uma abordagem histórica no sentido pleno do termo.

Vigiar e punir, publicado em 1975, coloca efetivamente em prática uma nova maneira de escrever a história que seduz e perturba ao mesmo tempo os profissionais do gênero. A reflexão do autor parte da constatação de uma distância significativa entre duas formas de repressão separadas por menos de um século: a atroz execução de Damiens em 1757 e o minucioso emprego do tempo previsto para uma casa de jovens detentos durante a Monarquia de Julho (1830-1848). Esses dois diferentes estilos penais traduzem "uma redistribuição de toda a economia do castigo na Europa e nos Estados Unidos", que reside no apagamento da "sombria festa punitiva" que era a execução dos condenados e no recurso generalizado à detenção para punir os delinquentes. O encarceramento era uma prática antiga, mas é somente na virada do século XVIII para o XIX que se torna a "peça principal" do sistema penal. Os próprios contemporâneos dessa mudança, que constitui o objeto de reflexão de Foucault, tiveram consciência do quanto ela foi brusca. Ele não considera as práticas judiciais e penais isoladamente, mas como elementos indissociáveis da estrutura social em seu conjunto. Assim, vê na punição uma função social complexa, e, nos métodos punitivos, técnicas que é preciso ressituar no campo geral dos procedimentos de poder. A economia do castigo deriva de uma "economia política do corpo", orquestrada pelos diferentes poderes que investem o indivíduo, "marcam-no, domam-no, supliciam-no, forçam-no a trabalhos". Essa sujeição do corpo está ligada à sua utilização econômica como força produtiva. E implica a convergência de todo um conjunto de práticas disciplinares que funcionam da escola à caserna, passando pela fábrica. Note-se o caráter global da abordagem, que nos mostra a estreita conexão existente entre diversos aparelhos de domesticação dos indivíduos. Assim se esclarece a gênese do sistema da punição generalizada, de onde procede *o carcerário* anônimo dos tempos contemporâneos. Foucault ataca de frente o difícil problema da emergência e da consolidação de uma nova estrutura (punitiva, no caso), que constitui o grande impasse no debate entre estruturalismo e história. Invoca toda uma série de fatores interconectados, entre os quais as transformações da criminalidade (o tempo dos grandes bandos cede lugar ao da delinquência individual, os crimes e as leis se abrandam), o desenvolvimento do aparelho judiciário (que permite "um esquadrinhamento penal mais cerrado do corpo social") e, finalmente, a menor tolerância às diferentes formas de ilegalismo, como o contrabando e a pilhagem, com que o Antigo Regime tinha se acomodado. Uma transformação do sistema penal se impunha, portanto, no final do século XVIII, mas qual? Segundo os reformadores impregnados dos ideais das Luzes, era preciso instaurar a continuidade da punição (no lugar da sombria fulgurância dos suplícios), estabelecer uma relação de comunicação simbólica entre a pena e o crime e garantir a publicidade da retificação imposta ao condenado. Mas esses projetos de constituir "mil pequenos teatros de castigos" para a edificação do corpo social como um todo permaneceram letra morta. A Europa optou por um "funcionamento compacto do poder de punir" ao generalizar o encarceramento. No caso da França, não se pode negar a influência de modelos estrangeiros, holandeses e anglo--saxões, mas esta só pôde se exercer graças a razões internas, porque uma sociedade disciplinar generalizada já tinha sido estabelecida no final do período moderno. Na escola, na caserna, na oficina, técnicas de adestramento cada vez mais desenvolvidas permitiam forjar "corpos dóceis". A disciplina assumia o mesmo rosto por toda parte: enclausuramento dos indivíduos, esquadrinhamento, confinamento em instalações precisas, escansão minuciosa do tempo, submissão do corpo a imperativos temporais e total "visibilidade" dos atores. Essas mil e uma maneiras de coagir confluem na estrutura-prisão, cujo modelo perfeito é constituído pelo *Panóptico* de Bentham, casa de detenção ideal onde o comportamento de cada condenado, enclausurado sozinho numa cela de vidro, é a cada instante visível e julgável por um vigilante instalado numa torre central. O poder de punir funciona agora sub-repticiamente: funda-se numa maquinaria da distribuição dos corpos, das luzes e das superfícies. Por certo, as prisões reais estão longe de se adequar a esse arquétipo, mas constituem os elos de uma só rede carcerária que se encontra instalada por volta de 1840. Uma abstração, *o carcerário*, estendeu seu domínio sobre a sociedade inteira. Estrutura formada por excelência, essa maquinaria anônima – e um tanto kafkiana – acossa qualquer forma de desvio, organiza um *continuum* das faltas disciplinares, indo da pequena delinquência à grande criminalidade, e confere ao poder de punir um caráter "natural" e "legítimo". Essa análise do *carcerário* é significativa de uma abordagem que sempre reconduz a diversidade do concreto (aqui o mundo variegado das prisões) a uma tessitura de conceitos que permite atingir sua inteligibilidade profunda.

Essa interpretação do nascimento da prisão moderna encontrou uma recepção bastante reticente da parte dos historiadores, especialmente de Jacques Léonard num artigo intitulado "O historiador e o filósofo" (escrito em 1976 e retomado em *L'impossible prison*, 1980, p. 9-28). Resumiremos aqui os pontos mais fortes da crítica feita pelo especialista em história contemporânea. Segundo Léonard, Foucault dispõe apenas de uma informação pontual, ignorando soberbamente certos fatos bem conhecidos pelos historiadores, como as reformas penais da Revolução e do Império ("Esse escamoteio da Revolução impede que se compreenda [...] por que o enclausuramento se impôs"). É um "cossaco da história" que adora as grandes cavalgadas ("percorre três séculos a galope como um cavaleiro bárbaro") e cujas irrupções no campo histórico têm algo de devastador, por mais que a fecundidade de algumas de suas hipóteses seja incontestável. Pecando reiteradamente por anacronismo ("Foucault muitas vezes não *sente* do *interior* as realidades do passado"), ele superestima a normalização e a militarização da França de Luís Filipe na qual, em verdade, os hábitos antigos (a "bagunça") ainda resistem com força (a maioria das crianças, por exemplo, ainda escapa ao internato-caserna). Além disso, sua denúncia do racionalismo burguês é um tanto parcial, já que deixa de lado os malefícios do obscurantismo clerical que contribuiu um bocado para o adestramento dos corpos desde o século XVII. E o que é pior, Foucault não atribui nenhum papel aos atores da história. O sistema carcerário não passa para ele de um conjunto de regras anônimas de funcionamento, uma geometria abstrata, uma "maquinaria sem maquinista", o que se traduz estilisticamente por um uso excessivo do pronome pessoal indefinido *on* e de vocábulos imprecisos do tipo *poder, estratégia, tática, técnica*, etc. Dessa vez, a crítica vai longe, já que Léonard contesta na verdade a opção estruturalista de Foucault, de acordo com a qual os agentes históricos são apenas sujeitos-suportes dos mecanismos estruturais. Daí a réplica de Foucault, "La poussière et le nuage" [A poeira e a nuvem], (também em *L'impossible prison*, p. 29-39), em que acusa Léonard de não ter compreendido o sentido profundo de sua maneira de proceder. É muito fácil, diz ele, instalar-se na posição do especialista ("o cavaleiro da exatidão, o doutor dos conhecimentos inesgotáveis") sem se dar ao trabalho de perceber a "diferença entre a análise de um problema e o estudo de um período". O problema, no caso, é saber por que um novo mecanismo punitivo se estabeleceu na primeira metade do século XIX. Para tentar resolvê-lo, é legítimo proceder a uma escolha dos materiais pertinentes, concentrar o foco da análise e descrever o campo relacional em que se inscreve essa nova prática punitiva (o que leva a considerar a escola, a caserna, etc.). Caso se tratasse de estudar um período, aí sim seria preciso dizer tudo, dando satisfação aos diferentes especialistas, como numa boa aula de concurso para professor. Mas é em vão que se tentará conciliar a análise sistemática da *racionalidade de uma prática* com a evocação erudita e equilibrada de uma sociedade. Aliás, em nome do que se deveria privilegiar assim a sociedade como a instância em que o real se dá (mito persistente entre os historiadores o de uma realidade a ser restituída!)? Aquilo de que Foucault trata – "um tipo de racionalidade, uma maneira de pensar, um programa, uma técnica, um conjunto de esforços racionais e coordenados" – não participa também do real tão caro a Léonard, sem ser, evidentemente, o real em si, objeto inacessível?

Eis aí como Foucault se defende desse ataque específico. Mas o debate suscitado por *Vigiar e punir* também lhe dá a oportunidade de sistematizar sua maneira de proceder ("meus livros [são] [...] fragmentos filosóficos em canteiros de obras históricos") durante uma mesa-redonda com vários historiadores (*L'impossible prison*, p. 40-56). O objeto central de sua reflexão consiste, nos diz ele, em "fazer a análise de um *regime de práticas* – as práticas sendo consideradas como o lugar de encadeamento do que se diz e do que se faz, das regras que nos impomos e das razões que nos damos, dos projetos e das evidências". Seria ele por excelência o pensador da descontinuidade? Na verdade, o que ele fez foi perceber uma "mudança brusca" nos mecanismos punitivos e se interrogar sobre as condições de possibilidade dessa mutação. Na contracorrente de uma história que deixa cada vez mais de lado o acontecimento, ele quer "trabalhar no sentido de uma *événementialisation* ('uma *acontecimentalização*')". Ou seja, reencontrar o sentido de certas *singularidades*, frequentemente afogadas embaixo das constantes ou das evidências que o discurso histórico invoca; e, sobretudo, "construir, ao redor do acontecimento singular analisado como processo, um *polígono* ou antes um *poliedro de inteligibilidade* cujo número de faces não está definido de antemão e nunca pode ser considerado como terminado de pleno direito". Assim, toda prática social deve ser ressituada no seio de um conjunto de *redes*, de *jogos de forças* e de *estratégias* que a condicionam. Assistimos dessa maneira a "uma espécie de disseminação causal" de que as conexões estabelecidas entre prisão, escola, caserna, convento e oficina constituem um belo exemplo. Quanto mais a análise da estrutura progride, mais é preciso fazer intervir *relações de inteligibilidade externa*. Esse aspecto do pensamento de Foucault foi claramente sublinhado por Paul Veyne: "Cada prática depende de todas as outras e de suas transformações, tudo é histórico e tudo depende de tudo"; ou ainda: "A filosofia de Foucault não é uma filosofia do *discurso*, mas uma filosofia da relação. Pois *relação* é o nome do que foi designado como *estrutura*. Em vez de um mundo feito de sujeitos, ou de objetos, ou de sua dialética [...] temos um mundo onde a relação tem a primazia: são as estruturas que dão seus rostos objetivos à matéria". Justa recolocação em perspectiva estrutural de uma obra que muitos historiadores criticaram – paradoxo dos paradoxos! – por privilegiar o "processo puramente *événementiel*". Por certo, Foucault nunca quis dissimular as rupturas, mas sua ambição principal é buscar, por trás dos atos, as regras de um fazer, e, sob os enunciados, a gramática que os determina.

As conquistas da história estrutural
(análise dos mitos, dos textos e dos rituais)

Resta evocar o que chamamos mais acima de "estrita obediência" estruturalista. Os anos 1970-1980 foram ricos em obras marcantes, diretamente inspiradas nos trabalhos de Lévi-Strauss ou na semântica estrutural de Algirdas Julius Greimas. *A análise dos mitos* constituiu um primeiro setor de pesquisas na linha dos princípios enunciados por Lévi-Strauss na *Antropologia estrutural*[172] e em "O tempo do mito" (*Annales ESC*, 1971, p. 533-540). Depois de ter sublinhado as carências da análise tradicional dos mitos (que os considerava como jogos gratuitos ou expressões de sentimentos fundamentais ou reflexos das estruturas sociais), o etnólogo constata que tudo pode acontecer num mito, sem que nem a lógica nem a continuidade sejam respeitadas. Não se pode atribuir a tal ou qual tema mítico uma significação precisa. É a combinação dos elementos que confere sentido ao mito, e também a relação que mantém com um conjunto mais vasto, pois ele se insere num conjunto de transformações. Ele é formado por um conjunto de unidades constitutivas, ou *mitemas*, que é preciso identificar levando em conta todas as versões da narrativa. É a operação a que Lévi-Strauss procede com o mito de Édipo, cujos mitemas ordena no plano paradigmático[173] para deduzir sua significação profunda: "ele expressaria a impossibilidade em que se encontra uma sociedade que professa acreditar na autoctonia do homem [...] de passar, dessa teoria, ao reconhecimento do fato de que cada um de nós realmente nasceu da união de um homem e de uma mulher".[174] Portanto, "a meta do mito é fornecer um modelo lógico para resolver uma contradição".[175] É preciso então procurar quais são as operações lógicas que estão na base do pensamento mítico. Este procede da tomada de consciência inicial de oposições entre o céu e a terra, o alto e o baixo, a terra e a água, etc. É essa disparidade do real que aciona a especulação mítica, como se esta fosse uma espécie de aparelhagem "montada de antemão no entendimento". O pensamento selvagem busca ao mesmo tempo superar essas oposições recorrendo a elementos mediadores: o coiote, por exemplo, desempenha a mesma função intermediária, entre os herbívoros e os carnívoros, que o nevoeiro entre o céu e a terra. Deve-se assim considerar o mito como um "modo universal de organizar os dados da experiência sensível", regido por uma lógica "pouco diferente"

---

[172] Lévi-Strauss (1958, t. I, p. 226 e s.).
[173] Lévi-Strauss (1958, t. I, p. 236).
[174] Lévi-Strauss (1958, t. I, p. 239).
[175] Lévi-Strauss (1958, t. I, p. 254).

da que funda o pensamento positivo. É também um instrumento para neutralizar as vicissitudes históricas, pois permite restabelecer, no plano imaginário, um estado de equilíbrio que apaga as perturbações provocadas pelos acontecimentos no sistema social.

Em *Les Jardins d'Adonis*, Marcel Detienne e seu prefaciador Jean-Pierre Vernant se situam numa rigorosa ortodoxia lévi-straussiana. As narrativas míticas, afirma Vernant, revelam para nós "o alfabeto usado pelos gregos para soletrar o mundo". Como lê-los? Não por meio de um comparatismo geral, nem procurando nos personagens metáforas do real. Um deus não tem essência em si, só se define em relação (de complementaridade, de oposição, etc.) com outras divindades, no seio de um panteão singular. É no quadro de um conjunto mítico que é preciso identificar as distâncias, as inversões ou as simetrias entre os diversos elementos. Assim, não basta dizer que Adônis, o deus que morre e ressuscita, simboliza o ciclo vegetal. Deve-se notar que ele nasce da mirra (planta solar e aromática) para morrer na alface (planta fria e crua). O que obriga a levar em conta o código botânico, em que os cereais ocupam um lugar central: o fato de Adônis escapar do mundo destes é o sinal de uma vida fora das normas. Esse código botânico remete por sua vez a um código zoológico e a um código astronômico (pois as plantas aromáticas são "caniculares"). Dessa forma, o mito de Adônis é objeto de uma erudita decodificação. O tema do casamento é essencial aí. Adônis não morre justo no momento em que atinge a idade da união conjugal depois de uma infância dedicada ao amor? Esse não acesso ao casamento entra em correspondência com a ausência dos cereais no registro botânico na medida em que há uma ligação entre o casamento e a agricultura, ambos apadroados por Deméter. Desembocamos assim numa nova interpretação do ritual das adônias, realizado no momento da canícula por cortesãs e concubinas acompanhadas de seus amantes num clima de licença sexual. O rito consiste em colocar sobre as casas pequenos "jardins" contidos em vasos de cerâmica. As plantas germinam rápido e logo secam. Essa antiagricultura contribui para valorizar a verdadeira agricultura, assim como a atmosfera de desregramento sexual se opõe à seriedade das Tesmofórias, as festas de Deméter celebradas por mulheres casadas que devem se submeter a uma ascese severa. A análise estrutural permite assim progredir na interpretação de um sistema mítico e ritual parcialmente opaco até então.

A decifração sistemática dos mais variados *rituais* (festas antigas como acabamos de ver, procissões cristãs, manifestações políticas) constitui um dos exercícios favoritos dos etno-historiadores, quer possam ou não se apoiar em textos. Emmanuel Le Roy Ladurie forneceu recentemente uma evocação inesquecível do *Carnaval de Romans* de 1580, essa festa sangrenta que viu os notáveis da cidade da região do Dauphiné, inspirados pelo juiz Guérin, eliminar os chefes do partido popular, liderados por Paumier, que tinham criado uma situação revolucionária havia alguns meses. Durante o carnaval de 1580, as posições sociais dos atores da festa se expressaram simbolicamente na designação dos diferentes reinos ou *reynages* (termo que designa os agrupamentos, portando nomes de animais, constituídos por ocasião da eleição de um rei e de sua corte). O bestiário dos *reynages* dos habitantes de Romans traduzia com particular clareza a oposição existente entre os ricos e os pobres: aos primeiros correspondiam os animais aéreos, "sexualmente marcados"; aos segundos, os animais terrestres, castrados ou sexualmente indiferentes:

(Alto) Ricos	galo	águia	perdiz		*Animais aéreos*
(Baixo) Artesãos e trabalhadores	urso	carneiro	lebre	capão burro	*Animais terrestres*

Além disso, os programas das duas facções opostas foram representados nos ritos carnavalescos. Do lado plebeu, foi o *slogan* "Ricos, reembolsem!" ou a ameaça representada por danças com rastelos, vassouras e mortalhas. Do lado patrício, foi a inversão das tarifas dos produtos alimentícios, para ridicularizar as reivindicações populares, e também a organização de um grande desfile das diferentes camadas sociais, maneira de consagrar a ordem existente. Tudo reveste aqui uma dimensão ao mesmo tempo política e mítica: quando os partidários de Paumier se entregam a uma dança das espadas, esta incorpora conotações sociais, porque ameaçadora para os ricos, mas também agrárias e sexuais. Por trás dessa linguagem particular para o confronto social que o carnaval de 1580 constitui, encontramos os traços permanentes do Carnaval das sociedades tradicionais, a grande festa de inverno, rica de conexões múltiplas: o ritual de mudança de ano, marcado por gestos propiciatórios destinados a garantir a fertilidade; mas também o prelúdio à quaresma, tempo de comilança e de violência estabelecidas em que se dá livre curso aos atos irracionais e loucos, tempo de expulsão do mal social por meio de zombarias e insultos. A interação entre esse plano das estruturas profundas, constituído pelas características perenes do Carnaval, e o dos acontecimentos explosivos de 1580 é analisada com uma acuidade excepcional. É, até onde sabemos, um dos raros casos em que a análise estrutural soube se acomodar ao tempo curto das lutas sociais e em que a decifração de um ritual complexo se une à crônica política.

A *análise estrutural dos textos*, quer se trate de uma obra em sua totalidade, de uma página ou de um documento escolhido entre os mais ordinários, constitui também uma nova via para o trabalho histórico. Certo número de pesquisadores, entre os quais podemos citar Nathan Wachtel, Jacques Le Goff e Michel de Certeau, inspirou-se nos trabalhos de Propp, Greimas e Brémond para renovar radicalmente a crítica dos textos. Podemos definir sua abordagem da seguinte maneira: trata-se de "substituir a representação fônica ou gráfica do discurso [...] por uma representação artificial, construída para a colocação em evidência das correlações ou das relações que articulam as unidades elementares da significação entre si" (Jean Calloud). Essa prática pode ser rica de ensinamentos para o historiador. Prova disso é o estudo exemplar de Nathan Wachtel, "Pensamento selvagem e aculturação" (*Annales ESC*, 1971, p. 793-841), que restitui as paisagens mentais contrastadas de dois aculturados peruanos do século XVI a partir da análise de suas obras. Um, Garcilaso de la Vega (nascido em 1531), é o perfeito assimilado, que submete a história de seu país ao tempo linear e irreversível dos ocidentais; o outro, Poma de Ayala (nascido por volta de 1535), reinterpreta os aportes ocidentais através da lógica indígena: sua história santa, para citar esse único exemplo, divide-se em cinco eras, em conformidade com a visão da história dos incas. Esse estudo pioneiro continua extremamente atual, ainda que, com a ajuda da semiótica, os historiadores tenham se aplicado a uma formalização cada vez mais rigorosa dos textos no sentido de uma abstração crescente. Pode-se avaliar isso pela leitura da análise da *História de uma viagem feita na terra do Brasil* de Jean de Léry, conduzida de maneira deslumbrante por Michel de Certeau em *L'Écriture de l'histoire*.[176] Essa *História de uma viagem*, publicada em 1578, relata uma estadia num

---

[176] Certeau (1975, cap. V, "Etno-grafia: a oralidade, ou o espaço do outro", p. 215-248).

"refúgio" calvinista da baía do Rio de Janeiro em 1556-1558, depois três meses de errância entre os tupinambás do litoral e, finalmente, o retorno ao Ocidente. O conjunto da narrativa se organiza, segundo Michel de Certeau, ao redor de uma diferença estrutural entre *aqui* e *lá*; ele supõe a todo instante o *corte*, tanto o da travessia quanto o da dessemelhança entre a sociedade tupi e a sociedade ocidental. O texto aparece assim como um trabalho para reduzir o *outro* ao *mesmo*. De início, ele pode ser figurado geometricamente em função de um eixo horizontal separando *para aquém* (o mesmo) e *para além* (o outro):

> O trabalho que realiza pode ser representado como um movimento que faz essa linha girar 90 graus, criando assim, perpendicular ao eixo para aquém/para além, um eixo o outro/o mesmo. Dessa forma, o "para além" já não coincide com a alteridade. Uma parte do mundo que aparecia inteiramente *outra* é reconduzida ao *mesmo* pelo efeito do deslocamento que desencaixa a estranheza para fazer dela uma *exterioridade* por trás da qual é possível reconhecer uma *interioridade*, a única definição do homem.

Teríamos aí, de fato, o modelo de toda escrita etnológica, que consiste em identificar, por trás da irredutível estranheza, a presença de certo número de invariantes que se encontram ligadas a uma única e mesma natureza humana, como a uma lógica universal. Essa narrativa de viagem é *uma hermenêutica do outro,* e essa primeira forma de etnologia um substituto da exegese cristã em que o problema da relação com a alteridade judaica ocupa um lugar central. Vasta conclusão, de inegável importância para os historiadores, extraída da análise de um *corpus* fechado conduzida de acordo com as regras da semântica estrutural.

Arriscando concluir num domínio onde as perspectivas se deslocam tão rapidamente, podemos aventar que as diferentes correntes da história estrutural parecem atualmente em vias de se federar sob a denominação de *antropologia histórica*. As perspectivas desta foram recentemente tratadas com notável nitidez por André Burguière.[177] Ela visa, diz-nos ele, a estudar o homem em seu ambiente bioclimático,

---

[177] "A antropologia histórica", *in* Le Goff, Chartier e Revel (1978, p. 37-61).

técnico, familiar, social, etc. Para esse fim, analisa as múltiplas redes em que ele está inserido (classes de idade, práticas relacionais, modos à mesa, sistemas de representações, etc.) e busca ver como elas regem os comportamentos corporais, as relações domésticas, o "cotidiano" em seu conjunto.[178] Trata-se, em suma, de evocar toda a trama da vida biológica e social, de trazer à luz os "sistemas sepultados", o recalcado, o não consciente. É preciso penetrar o sentido das atitudes silenciosas e dos gestos mais automáticos, exumar as significações perdidas dos sistemas simbólicos, como os rituais da vassalagem ou do casamento na França tradicional.[179] A meta última é construir, a partir de uma descrição etnográfica rigorosa dos comportamentos passados, uma *metalógica dos pensamentos e das atitudes humanas*. Semelhante pesquisa exige ir além das "racionalizações" elaboradas pelos agentes históricos, que devem ser consideradas como máscaras que dissimulam os dados estruturais; requer também que se adote uma nova atitude diante do tempo: sem cair na armadilha da história imóvel, é preciso privilegiar o repetitivo, quando não a reatividade, em detrimento do cambiante, conferindo particular atenção aos fenômenos de petrificação social e às forças que aí atuam.

---

[178] Ver: Ladurie (1975).
[179] Ver: Le Goff (1977) e Ségalen (1980).

13

A dúvida sobre a história

Devemos logo reconhecer que esse título é enganador já que recobre atitudes tão diferentes quanto as de Henri Marrou, Paul Veyne, Michel de Certeau e Jean Chesneaux. Mas não deixa de ser útil para designar uma corrente muito ampla de questionamento das belas certezas sobre as quais se apoiava a ciência histórica desde o século XIX. É preciso procurar a origem dessa corrente no relativismo que, já no entreguerras, começou a arruinar a noção de *fatos estabelecidos*, mostrando que esses não passavam de juízos que, num determinado momento, tinham sido objeto de um consenso da parte dos historiadores. A partir de então, será de bom tom entre estes adotar um "agnosticismo resignado" como faz o organizador da *New Cambridge Modern History*, em 1957: já que se sabe que a história não pode "ser composta de partículas elementares e impessoais que nada viria alterar", a ambição dos autores se limita a "dizer simplesmente o que se sabe hoje", já esperando "que os resultados de seus esforços sejam questionados e superados". Com o passar dos anos, a dúvida sobre a história, ainda contrabalançada por um belo otimismo em Henri Marrou, transformou-se num processo sistemático da disciplina. Conhecemos as testemunhas de acusação: o presente do historiador, que determina o olhar lançado sobre o passado; as falsas "leis" da história, que não passam no melhor dos casos de regularidades aproximativas no desenrolar dos acontecimentos; os conceitos inadequados abusivamente aplicados às sociedades passadas; o peso da instituição histórica, atolada até o pescoço em suas tradições; finalmente, os artifícios do próprio texto histórico, que oferece a ilusão de reconstituir o passado.

Não encontramos todos esses argumentos em cada um dos quatro autores citados, mas certos temas circulam de um ao outro, sofrendo por vezes notáveis inflexões. Se Marrou e Veyne reconhecem como principal mérito de sua disciplina ser um inigualável repertório de histórias verdadeiras, Michel de Certeau também insiste no lugar ocupado pelo elemento narrativo no discurso histórico. Quando Marrou solicita ao historiador que exponha as motivações e as condições de sua pesquisa, não prenuncia a exigência formulada por Michel de Certeau de "acrescentar à reconstituição de um passado o itinerário de uma maneira de proceder"? Quando Paul Veyne denuncia a inconsistência do texto histórico, um método de análise empírica o conduz a intuições próximas de algumas conclusões a que Michel de Certeau chega através da análise semiótica. Quem não perceberia, finalmente, certo parentesco entre as observações afiadas de Michel de Certeau a respeito do meio dos historiadores e a crítica ácida de Jean Chesneaux, que aliás retoma algumas das ideias-chave daquele? Um e outro estimaram, na linha de contestação aberta por 1968, que o debate com seus confrades não era apenas intelectual, mas que era preciso atacar as próprias estruturas da corporação historiadora.

Do "presentismo" otimista de Henri Marrou ao hipercriticismo de Paul Veyne

A.

Duas fórmulas lapidares nos servirão de introdução ao clássico de Henri Marrou, *Do conhecimento histórico:* "a história é inseparável do historiador"; e "a história é o resultado do esforço pelo qual o historiador estabelece essa relação entre o passado que ele evoca e o presente que é o dele". Muitos historiadores adotaram essa filosofia no fim dos anos 1950; contudo, ela não era nova. Escutemos Hegel: "O historiador ordinário e medíocre, que pretende que sua atitude é puramente receptiva, que ele apenas se submete ao dado, não é de modo algum passivo em seu pensamento; ele carrega consigo suas categorias, vendo os fatos de través" (*Lições sobre a filosofia da história*, 1822). Escutemos também os mestres do *presentismo* anglo-saxão dos anos 1930-1940: segundo R. G. Collingwood, "o pensamento histórico é uma atividade da imaginação [...] Na história nenhuma aquisição é definitiva. Um testemunho válido em determinado momento deixa de sê-lo assim que se modificam os métodos, e as competências dos historiadores se transformam" (*The Idea of History*, Oxford, 1946). Para C. Becker, "cada século reinterpreta o passado de maneira que este sirva a seus próprios fins [...]. O passado é uma espécie de tela em que cada geração projeta sua visão do futuro". E Raymond Aron se inscreve na mesma corrente: "a pluralidade das interpretações é evidente assim que se considera o trabalho do historiador. Pois há tantas interpretações quantos sistemas, ou seja, em termos mais vagos, concepções psicológicas e lógicas originais. Mais do que isso, pode-se dizer que a teoria precede a história".[180] Essa montagem de citações dá a ver que, para os relativistas, a atividade do sujeito é essencial no processo do conhecimento histórico. Longe de se contentar em extrair o passado das fontes, o historiador infunde em sua obra conteúdos afetivos, intelectuais e ideológicos. Responde na verdade aos problemas surgidos de seu presente; daí o perpétuo inacabamento da história, que evolui com esses problemas.

Marrou retoma essas afirmações, assim como toma emprestados alguns argumentos de Bloch e Febvre quando se trata de atacar Langlois e Seignobos, seus alvos preferidos. De encontro aos velhos mestres "positivistas", afirma o primado da operação intelectual realizada pelo historiador sobre as fontes de que dispõe. Como entre os fundadores dos *Annales*, a questão é primordial em história, mas desta vez carregada de angústia existencial e impregnada de personalismo: não é apenas um problema a resolver, é uma maneira de proceder que se enraíza nas aspirações mais profundas do sujeito a descobrir o Outro. Por isso, tampouco pode haver um método padronizado: "o historiador não é um simples operário dedicado à transformação de uma matéria-prima, nem o método histórico uma máquina-ferramenta em que se introduziria documento bruto como por um funil e de onde sairia um fino tecido de conhecimento". Em cada caso particular será preciso, para compreender o passado, "enquadrá-lo estreitamente numa rede de questões sem escapatória". Como estas podem variar infinitamente, não há por que temer o esgotamento da documentação, obsessão de Langlois e Seignobos. Com sua engenhosidade, com sua riqueza pessoal, o historiador contribui para criar sua documentação,

---

[180] Aron (1938, p. 111).

não se deixando confinar nas rubricas já dadas dos inventários de arquivos.

Em todas as etapas do trabalho histórico deve haver engajamento ativo do sujeito cognoscente, que estabelece uma relação entre dois planos de humanidade, o dos homens de outrora e o presente em que ele vive, marcado por um esforço de "recuperação desse passado". Esse último nunca é apreendido em si, mas sim como conhecimento, ou seja, após ter sido remodelado pelas categorias mentais do pesquisador e pelas servidões lógicas e técnicas que se impõem a ele. Indo mais longe e insistindo na "comunhão fraternal" que deve se estabelecer entre o historiador e o documento, Marrou dirá que o valor do conhecimento histórico é função direta da riqueza interior e da qualidade de alma do estudioso. Longe de ser um diletante movido pela mera curiosidade, o historiador está enraizado num "meio social, político, nacional, cultural" que o modelou, "e ao qual tudo o que ele faz volta e acrescenta". O historiador assim concebido tem algo de grande sacerdote, depositário das aspirações fundamentais do grupo, engendrador das grandes interrogações coletivas, que jamais se deixa levar pelas exigências da propaganda.

Longe de ser simples reprodução do passado, o conhecimento histórico é reelaboração deste, pois passa inevitavelmente pela conceitualização. Conhecer historicamente é de fato substituir um dado bruto por um sistema de conceitos elaborados pelo espírito. Marrou procede[181] a uma classificação dos conceitos utilizados pelo historiador em cinco grandes categorias que podem parecer hoje um tanto obsoletas: conceitos de ambição universal; imagens singulares de uso analógico ou metafórico (como a noção de barroco); noções relativas a um meio determinado (como *patrício* ou *virtude romana* segundo Plutarco); *Idealtypen* weberianos (a noção de *cidade antiga*); e, finalmente, noções históricas que denotam meios humanos particulares (Bizâncio, a Renascença, as Luzes). Taxonomia obsoleta por não dar nenhum espaço a certos termos-chave da história conceitualizante atual, como as noções de estrutura ou de modo de produção. Mas restam válidas as páginas sobre os *tipos-ideais* inspirados em Max Weber. Trata-se, como o conceito de *cidade antiga* elaborado por Fustel de Coulanges,

---

[181] Marrou (1954, p. 149 e s.).

de esquemas abstratos de valor relativamente geral, que permitem reconduzir à inteligibilidade a diversidade das sociedades históricas concretas. Eles são de natureza ideal na medida em que as características retidas para elaborá-los não são necessariamente as fornecidas pelos casos concretos mais numerosos e sim pelos mais representativos, mais carregados de inteligibilidade. Marrou dá um belo exemplo disso na *Nouvelle Histoire de l'Église* ao desenhar um retrato-tipo dos pais da Igreja. Uma vez elaborado o tipo ideal, o historiador volta ao concreto: se este corresponde ao *Idealtypus*, encontra-se dotado de inteligibilidade; se não, sua singularidade aponta melhor. O grande perigo seria reificar esses conceitos, fazer deles ideias platônicas mais reais que a própria realidade, como dirá Paul Veyne. São apenas construções do espírito, "etiquetas verbais" provisórias colocadas sobre uma realidade diversa e inapreensível. "Ao termo de sua elaboração, o conhecimento histórico revela seu nominalismo radical".[182] Ele soletra imperfeitamente uma realidade infinitamente diversa.

A explicação histórica esbarra também com vários limites. Por certo, ela traz à luz fenômenos de coordenação e de inter-relação entre os fatos; ocorre de os dados históricos se arranjarem em vastos conjuntos, mas muitos deles escapam dos quadros assim forjados pelo espírito. Marrou desconfia do mito da unidade estrutural das civilizações: elas podem muito bem comportar em seu seio sistemas articulados, mesmo assim sempre restarão elementos isolados e outros justapostos de maneira completamente empírica. Ao lado das estruturas inteligíveis, é preciso saber dar lugar às anomalias que procedem da diversidade do singular. Marrou dá mostras de igual prudência no que diz respeito à causalidade. A seus olhos, a tradicional pesquisa das causas, que procede de uma visão mecanicista da história e que só faz sentido no interior de uma concepção estritamente *événementielle* desta, deve parar de reter toda a atenção do pesquisador. É preciso, sobretudo, que nos esforcemos para reconstituir *desenvolvimentos coordenados*. A explicação em história já não se reduz à tradicional concatenação dos fatos, mas consiste na análise dos "mil laços" que unem entre si os diversos aspectos da realidade. É preciso que nos libertemos da tentação, típica dos filósofos, de reduzir tudo à unidade. "Inesgotável, a

---

[182] Marrou (1954, p. 158).

realidade histórica é por isso mesmo equívoca" (Raymond Aron). Em consequência, a história deve apenas visar a uma *descrição racional* das múltiplas coordenações que compõem a textura do real, mas não pode pretender estabelecer leis do comportamento humano. Ela deve banir o espírito de sistema e evitar as filosofias totalizantes como o marxismo, quase tão maltratado por Marrou quanto por Veyne.

Essa crítica da razão histórica não desemboca no ceticismo: a história permanece capaz de elaborar um conhecimento verdadeiro (embora parcial) do homem em sua riqueza e complexidade. Não se deve opô-la sumariamente às ciências exatas, pois não existe conhecimento cem por cento emprestado ao objeto, sem intromissão do sujeito cognoscente. Mas se pode qualificar uma ciência de *objetiva* quando procedimentos definidos lhe permitem atingir alguma coisa que pertence ao objeto. Não é esse o caso em história, na qual os conhecimentos progridem justamente através das controvérsias e polêmicas? Ela é apreensão parcial do objeto ao mesmo tempo que aventura espiritual do sujeito cognoscente. Em toda obra seria possível distinguir o que pertence ao objeto do que é aporte pessoal do historiador. Já que só apreende a verdade parcialmente, este deve ter plena consciência das servidões que pesam sobre ele: limites da documentação, bagagem lógica e técnica herdada, incapacidade de quem não é Deus de sondar os rins e os corações dos homens do passado. O pesquisador deve explicitar todas essas limitações, fornecendo a seus leitores uma exposição detalhada de seu itinerário intelectual e produzindo um texto em dois níveis, ao mesmo tempo narrativo e explicativo. Não basta satisfazer à simples honestidade profissional fornecendo ao leitor os meios de controlar suas asserções, é preciso saber fazer uma introspecção enquanto historiador envolvido num processo de conhecimento. Seria inexato falar de psicanálise, pois Marrou não convoca as motivações inconscientes do trabalho histórico, assim como nada diz a respeito do condicionamento social do conhecimento. Ele retém apenas os postulados e projetos conscientes do pesquisador. E é por isso que essa maneira de proceder não pode ter um êxito completo, por falta de lucidez sobre si mesmo. É preciso que os anos passem para que se estabeleça certo distanciamento entre o autor e sua obra, tornando essa *retrospecção* mais fecunda. Essas páginas iniciam uma verdadeira revolução da escrita histórica, convidando os confrades a não mais se contentarem em enunciar as aquisições de suas pesquisas (*o certo, o estabelecido*) e a praticar uma *enunciação distanciada*, em que uma parte do texto julga a outra. O próprio Marrou deu o exemplo, acompanhando sua tese sobre *Saint Augustin et la Fin de la culture antique* de uma *retractatio*. Embora tenha sempre negado qualquer pertencimento ao relativismo, é nessa ampla corrente que ele se insere, sem que se abale totalmente seu robusto otimismo de cristão engajado, que se considera *delegado à busca da verdade* para partilhá-la com os outros. Tenha se inspirado nele, em Raymond Aron ou em Lucien Febvre, o fato é que o relativismo foi dominante entre os historiadores franceses durante os anos 1950, sofrendo alguns ataques da parte dos últimos positivistas e dos marxistas. Alguns desses últimos acabaram se impregnando dele, passando a apregoar um *relativismo objetivo* como o formula Adam Schaff em *História e verdade* (1971): dados os diferentes condicionamentos, inclusive afetivos, que pesam sobre o historiador, a verdade histórica alcançada é sempre parcial, mas o conhecimento progride "pelo processo infinito da acumulação de verdades relativas".

B.

Paul Veyne inaugurou a renovação epistemológica dos anos 1970, mas usando como base as conquistas dos anos 1950. *Comment on écrit l'histoire* (1971) veio preencher um vazio teórico num tempo em que reinavam em nossa disciplina as cifras, as curvas e as reconstituições globais de vastos conjuntos sociais, frequentemente inspiradas pelo marxismo. Diante desses historiadores conquistadores, Paul Veyne retoma o discurso tradicional do humanismo ocidental, tingindo-o fortemente de ceticismo. Humanista, empodera o sujeito historiador, visto acima de tudo como um narrador, um romancista do verdadeiro. Cético, dá mostras de uma desconfiança total em relação às pretensões da história de se erigir em ciência e a todas as tentativas de conceitualização *new-look*, sejam de tipo estruturalista ou marxista. E parece fazer questão de ostentar um hipercriticismo de boa companhia quando afirma sem pestanejar: "O método da história não fez nenhum progresso desde Heródoto e Tucídides".

Para começar, acompanhemos Veyne na busca pela verdadeira natureza da história. Sua crítica é algumas vezes estimulante, outras corrosiva. Mas uma boa dose de pirronismo não faz mal a ninguém. O que é a história para Veyne? Uma narrativa verídica que relata "acontecimentos que têm o homem por ator", submetendo-se às exigências do gênero narrativo: "como o romance, a história tria, simplifica, organiza, faz um século caber numa página". Essa narração é centrada no individual, ou seja, em seres e acontecimentos situados num momento preciso do tempo. É um conhecimento ideográfico (isto é, que trata do particular) por oposição às ciências *nomográficas* que estabelecem leis, como a física ou a economia. É precisamente porque conta histórias que a história interessa, e talvez até mais do que o romance já que se trata de acontecimentos verdadeiros, aureolados ainda por cima com o signo da diferença cultural: "a história é um saber frustrante, que ensina coisas que seriam tão banais quanto nossa vida se não fossem diferentes". É essa exigência de tipo romanesco que incita o historiador a querer preservar a ilusão de reconstituir integralmente o passado.

Pois, na verdade, a história é um conhecimento mutilado e lacunar, que tenta velar suas fraquezas. Em diversas passagens se manifesta esse sentimento agudo da perda documental que afeta o historiador dos períodos remotos, como o próprio Veyne, especialista na Antiguidade. De resto, uma crítica de bom senso denuncia com toda justiça a ilusão de exaustividade provocada por títulos enganadores e o funcionamento isolado em redoma da investigação histórica: "os documentos, que nos fornecem as respostas, ditam-nos também as perguntas". Pode ser, mas esta não seria antes a miopia própria dos bons mestres do século XIX? Não é um pouco fácil sublinhar as fraquezas da história reduzindo-a a um estado ultrapassado de si mesma? Quem hoje em dia se proíbe formular questões exteriores a sua documentação? O uso de um *questionário preestabelecido*, explicitamente recomendado por Voltaire já em 1744, é uma regra nos *Annales* desde os anos 1930. A leitura *substitutiva* dos documentos assim como a interpretação de seus *não ditos* não se tornaram práticas correntes a partir do início dos anos 1960? Resta que a narrativa histórica é *lacunar* de maneira variável de acordo com os períodos, e que ela tenta dissimular essa fraqueza sob belas construções simétricas. Por trás dessas fachadas surge a heterogeneidade das faltas: por exemplo, a vida política é melhor conhecida do que a vida social sob a República romana, e vice-versa sob o Império. Constatamos também que a história, longe de ser contada num mesmo ritmo, é escrita "com desigualdades de andamento, paralelas à desigual conservação dos vestígios do passado". Ora dez páginas para a narrativa de um dia, ora duas linhas para dez anos: a cada vez, o leitor deve confiar naquele que manipula os fios da narração. (Uma publicação recente ilustra o bem-fundado dessa crítica: certa *História da França* em três volumes, publicada em Moscou, despacha em dezesseis linhas três séculos de nossa Idade Média cristã e confere mais espaço a uma manifestação de donas de casa parisienses durante a Ocupação do que às vitórias dos aliados sobre as tropas de Rommel na África do Norte!).

Por aí também vemos que a história é um conhecimento de campo indeterminado que se submete a uma única regra: que tudo o que se encontrar nela tenha realmente ocorrido. Daí a impressão de descontinuidade e estilhaçamento que ela suscita. Ela se estende potencialmente a tudo o que constituiu a vida cotidiana dos homens. Nesse sentido, é uma ideia-limite, a busca de uma meta inacessível. E a arbitrariedade do historiador encontra campo livre para se exercer num território tão maldefinido. Cada um pratica "seu" recorte da matéria histórica, ora temático, ora cronológico. Cada um traça como bem entende itinerários no campo dos acontecimentos, escolhendo valorizar tal ou qual aspecto das coisas, dando aos detalhes "a importância relativa exigida pelo bom andamento da intriga". Se o historiador resolve descrever em vez de narrar, mesmo assim escolherá um conjunto de *traços pertinentes* para instaurar uma coerência, que será a do texto e não a do real que ele evoca. O trabalho a que se dedica tem algo de radicalmente subjetivo e encontra seu fim em si mesmo: "a história é uma atividade intelectual que, através das formas literárias consagradas, serve para fins de simples curiosidade". Esse aforismo seria válido para o indivíduo historiador (estamos longe do intelectual enraizado em seu meio "por todas as fibras de seu ser", segundo Marrou, ou da história weberiana definida como "relação aos valores") e para os grupos humanos: não é tanto ao despertar da consciência de si que se deveria atribuir o nascimento da história, mas antes à curiosidade sobre as origens que acaba engendrando um gênero literário particular.

Como definir então a tarefa do historiador? Ela consiste em compreender e narrar mais do que em conceitualizar. A explicação em história não consiste em ligar um fato a seu princípio e sim em construir uma narrativa clara e bem-documentada. Ela traz à baila uma multiplicidade de fatores: o acaso, as causas materiais, a liberdade, os fins buscados. Toda interpretação é parcial. Não devemos nos deixar prender por nenhum jugo conceitual e sim aprender a evocar o mundo vivido "com seres concretos que fazem e que querem". Decorre daí que "a história não tem método" a não ser aquele que nos permite compreender o mundo em que vivemos. E Veyne chega a proclamar que os grandes historiadores "não têm ideias". Daí um ataque cerrado contra a história conceitual que aprisiona o passado em abstrações e evoca sempre as mesmas "grandes forças familiares" (como *a Cidade* ou *a Burguesia* em Jaurès). Para dizer a verdade, os historiadores não podem prescindir de conceitos, inclusive os defensores do concreto, pois descrevem "o individual através dos universais". Mas utilizam-nos muitas vezes de maneira inadequada (alguns não falam de *capitalismo* já no século XII e de *revolução industrial* em pleno período feudal?). E o que é pior, esses conceitos são representações compósitas, vagas e instáveis, que dão a ilusão de compreender, mas costumam não passar de incitações ao contrassenso. Além disso, esses conceitos frequentemente são reificados, quando não hipostasiados, no texto histórico, em que adquirem o estatuto de forças atuantes no devir quando se trata apenas, na realidade, de etiquetas provisórias coladas sobre processos complexos. Essa análise pertinente denuncia o recurso às explicações-panaceia, ou *passe-partout* (vide a mania atual de enfiar a *sociabilidade* ou a oposição entre *centro* e *periferia* em tudo quanto é molho) e nos alerta contra a tentação de inventar maquinarias e modelos abstratos considerados mais verdadeiros que os encadeamentos complexos do devir histórico (o *carcerário* de Michel Foucault não escapa a essa crítica). Com esses alertas, Paul Veyne quer evitar que a história se torne uma série de objetos uniformes, uma monótona galeria de universais, quando o que é preciso é povoá-la de seres e acontecimentos únicos. Cuidado, portanto, com os conceitos, "falsos porque vagos" e "vagos porque seu objeto não para de se mexer". A história é como a geografia de um mundo onde as fronteiras mudariam o tempo todo e onde qualquer mapa, apenas estabelecido, já estaria defasado. Ela não consegue superar o "divórcio do um e do múltiplo", nem o do ser e do devir. Ela tem que usar palavras para dizer coisas que, por sua transformação contínua, tornam as palavras inadequadas. Por todas essas razões, o conceito surge como o grande obstáculo ao conhecimento histórico. É preciso, para cada período, forjar conceitos adequados aos fatos a interpretar, senão, o máximo a que se chega é a um coquetel de narração verdadeira e de noções instáveis.

Essa crítica implacável da razão histórica se aplica também à causalidade em história, considerada, o mais das vezes, como irregular e confusa, excluindo o jogo de determinismos rigorosos. Frequentemente, o historiador conhece apenas o *efeito* e se esforça por remontar à *causa* pelo mecanismo da *retrodição*. No sentido etimológico, esta é a arte de dizer remontando ao passado, ou seja, o procedimento que consiste em remontar do efeito conhecido à sua causa hipotética e que permite "tapar os buracos" do texto histórico. Exemplo-tipo: fazer proceder a impopularidade de Luís XIV no fim de seu reinado da sobrecarga dos impostos. Executando essa operação, tão corrente que se torna às vezes quase inconsciente, o historiador chega apenas a uma conclusão mais ou menos verossímil, derivada do raciocínio por analogia. A narrativa histórica costuma usar e abusar dessa lógica do verossímil. Consequentemente, o método do historiador é uma espécie de sabedoria, uma experiência adquirida no contato com os textos, que o torna apto a perceber as regularidades (mas não as leis) de um período. É uma arte, que implica uma longa aprendizagem, mas não uma ciência, embora abundem as ideias gerais. A despeito dos positivistas e dos marxistas, a história não é científica: ela explica acontecimentos concretos por causas particulares e verossímeis, mas é incapaz de reduzi-los a leis. Ela é como uma intriga dramática que só seria explicável cena por cena dada a constante subida ao palco de novos atores. Daí um desenlace inesperado, embora natural.

Recusando qualquer determinismo histórico e desconfiando da abstração, Veyne ostenta sua hostilidade para com o marxismo, que ele trata com a maior insolência. O marxismo "nunca previu nem explicou nada", nos diz ele, pois não há instância decisiva em história capaz de determinar uma "hierarquia constante de causas". Até que o marxismo nos proponha intrigas coerentes, por exemplo sobre a maneira como a difusão do moinho a água engendrou a servidão, é melhor deixar essa doutrina "dentro do armário".[183] Última pirueta de um pensamento que se compraz no paradoxo e adora os julgamentos peremptórios. Paul Veyne parece um discípulo de Marrou que teria levado a crítica mais longe que seu mestre, acrescentando a ela um descompromisso total em relação ao presente, passando a buscar na história tão somente a satisfação de sua insaciável curiosidade intelectual.

[183] Veyne (1971, p. 136).

O ataque conjugado do marxismo, da semiótica e da psicanálise

Os ataques mais duros à história universitária, considerada sob o duplo aspecto de suas estruturas "disciplinares" e de suas produções intelectuais, foram feitos, depois de 1970, por Michel de Certeau e Jean Chesneaux, dois "marginais" em relação à academia. O tempo forte de sua produção epistemológica se situou em 1975-1976.

A.

Eles forjaram as *armas de sua crítica* ao longo de itinerários pessoais riquíssimos. Jean Chesneaux tem um passado de militante político engajado nas lutas anti-imperialistas e de pesquisador especializado na história social e política do Extremo Oriente contemporâneo. Revolucionário, é com certa má consciência que vive sua existência privilegiada de professor universitário (ver as primeiras páginas de *Du passé faisons table rase?*. Para tirar a história do seu torpor e instaurar uma "relação ativa com o passado" só há uma arma a seus olhos: o marxismo, em versão maoísta. Michel de Certeau seguiu um itinerário bem diferente, ao longo do qual adquiriu uma formação pluridisciplinar de filósofo, historiador, psicanalista e semioticista. Enquanto historiador, interroga-se sobre a natureza de sua disciplina: é um gesto de dividir, separar o presente de um passado, prática ignorada pelas sociedades tradicionais, ligada à relação particular que o Ocidente mantém com a morte. Nossa civilização denega a perda, "conferindo ficticiamente ao presente o privilégio de recapitular o passado num saber". Historiador da vida religiosa, analisa o funcionamento de sua subdisciplina, tratada alternadamente sob um ângulo místico, folclórico ou sociológico, para constatar que a cada vez foram as preocupações do presente que determinaram a abordagem do passado *Faire de l'histoire* (1970), retomado em *L'écriture de l'histoire* (1975)). Adepto das técnicas de ponta, especialmente da análise estrutural dos textos, vê na história uma operação complexa e não a ressurreição ilusória de um vivido. Não reserva o uso da semiótica ao estudo dos documentos antigos, utilizando-a também para decifrar o discurso histórico contemporâneo. Psicanalista lacaniano, ataca a velha crença dos historiadores de que podem enunciar o real. Não há "lugares onde o real se dá", por mais objetivo que o discurso seja em aparência. O real sempre veste máscaras e nunca pode ser totalmente distinguido da ilusão (ver seu debate com Régine Robin, *Dialectiques*, n. 14). Semelhante abordagem se aparenta à crítica marxista das ideologias na medida em que se dedica a denunciar os falsos semblantes e a referir todo discurso a seus segundos-planos ocultos, ao que "o organiza em silêncio": as leis do inconsciente, mas também o meio social de que o historiador participa.

B.

Um olhar sem complacência sobre o mundo dos historiadores. Jean Chesneaux esboça com ferocidade uma "Petite sociologie du savoir historique",[184] atacando, sobretudo, as estruturas extremamente hierarquizadas da corporação. A máquina de produzir história "tem seus operários rasos, seus blusas brancas, seus patrõezinhos" e alguns mandarins no topo. Para transpor esses degraus da pirâmide, é preciso satisfazer ritos de passagem: o concurso, a tese de terceiro ciclo, a tese de doutorado, e depois publicar "trabalhos notáveis". O autor lhes nega qualquer valor em si mesmos e só lhes reconhece uma única função: "eles permitem apenas que se exerça a cooptação de cima para baixo".[185] O exercício dessa cooptação cabe a um pequeno número de mestres da corporação, presentes no Comité Consultatif Universitaire (hoje CSCU), nas bancas das teses e nas comissões do CNRS, que velam ao mesmo tempo pelo recrutamento, pelas promoções e pelas concessões de verbas. São os mesmos que encontramos na direção das grandes revistas, prepostos dessa vez à filtragem dos artigos. A concentração dos poderes vai crescendo, a ponto de a EHESS figurar como um *holding* que detém a pesquisa de ponta – e se esforça por rentabilizá-la através da mídia. A máquina histórica é hoje tão poderosa que encontra seu fim em si mesma: necessita uma expansão contínua, à base de investigações, artigos e teses, "à imagem da produção capitalista". Como reflexo desse crescimento, verdadeiros feudos se definem em história, obrigando cada pesquisador a se domiciliar num setor preciso, e se possível rentável, da pesquisa. As relações de poder entre historiadores têm assim uma influência direta sobre a configuração do saber histórico.

[184] Chesneaux (1976, p. 37-38).
[185] Chesneaux (1976, p. 73).

Esse aspecto das coisas foi particularmente frisado por Michel de Certeau em páginas que se tornariam clássicas sobre a *instituição histórica*.[186] Segundo o autor, é legítimo aplicar à própria história sua problemática corrente, segundo a qual toda produção intelectual deve ser referida ao(s) meio(s) em que se constrói. Tomar consciência dos condicionamentos da história é uma exigência de sua cientificidade. A disciplina não pode se abrigar indefinidamente atrás de proclamações de objetividade. Os historiadores não vivem numa esfera separada: desempenham uma função social bem precisa e estão inseridos em redes institucionais coercitivas (vide o papel das Academias e dos círculos científicos no nascimento da história erudita). Seu saber se articula na instituição, seu "discurso ideológico se proporciona a uma ordem social", em geral calando isso. Acontece, no entanto, de o véu sobre esse *não dito* ser erguido, como quando, em 1965, Jean Glénisson denunciou os vícios mais visíveis da historiografia nacional. O mais das vezes, os historiadores aceitam se submeter a regras silenciosas, elas próprias determinadas por relações de poder. Essa dependência deixa rastros linguísticos: o uso do *nós* apaga a individualidade do autor e deixa claro que a verdadeira instância de enunciação é a corporação dos historiadores. Daí o quiproquó relativo ao verdadeiro destinatário do livro de história: aparentemente o público, na verdade os pares, que apreciam a conformidade do produto às "leis do meio", antes de lhe conferir o selo de qualidade da corporação e permitir a seu autor o acesso à categoria de locutor habilitado. Mas esse reconhecimento pelos confrades não é o único critério que define a obra histórica de valor. Ela também é avaliada em função de um "estado da questão" (ela traz algo novo?) e dos pontos quentes da pesquisa (ela desloca as questões?). Em suma, ela deve se inserir no *conjunto operatório* que faz avançar a investigação, contribuindo para aperfeiçoar a máquina de fazer história e lhe dar matéria para funcionar no futuro.

Desse modo, fica claro que os famosos "métodos históricos" não passam de práticas de iniciação a um grupo, de integração a equipes e a uma hierarquia, e de reconhecimento das autoridades do momento. A história é assim "estreitamente configurada pelo sistema em que se elabora", hoje mais do que nunca. Regras implícitas funcionam aí, em nome das quais são permitidas certas produções e proibidas

---

[186] Certeau (1975, p. 63 e s.).

outras. As escolhas ideológicas prosseguem seu curso subterrâneo na instituição, por mais que os tempos já não estejam para as grandes proclamações de fé. O *tom neutro* assumido pelo discurso dominante não deve enganar a esse respeito.

C.

A crítica do discurso histórico constitui o terreno de ataque privilegiado por nossos dois autores. Não vamos nos demorar nas manifestações explícitas da ideologia no texto histórico, embora não falte pertinência ao requisitório de Jean Chesneaux contra uma certa história ligada ao poder de Estado. Nem à denúncia do recorte do passado de acordo com normas ideológicas (a quadripartição da história associa o acabamento desta ao triunfo da burguesia e a teoria stalinista dos cinco estágios desempenha a mesma função em relação ao proletariado), da arte dos governantes de buscar justificações no passado e descobrir nele prefigurações das realidades presentes, e das manipulações da memória coletiva por ocasião dos aniversários – sem esquecer a ocultação dos episódios constrangedores pelos historiadores-capacho. Mas sua crítica é mais nova quando traz à luz a ideologia implícita no funcionamento aparentemente mais *neutro* e mais *objetivo* do discurso histórico universitário. Ele ataca *aquilo que se dá como óbvio no ofício* (ver o capítulo 6: "As falsas evidências do discurso histórico"), como a persistente convicção de poder estabelecer o fato histórico em toda sua pureza, o culto das fontes e da bibliografia (uma obra é avaliada em função do número e da confiabilidade de suas referências), a mania da periodização, o culto da quantificação sem crítica prévia do material cifrado e, enfim, o uso indiscriminado das categorias linguísticas de sincronia e diacronia. É sobre essas enganosas evidências que se edifica o discurso dos historiadores profissionais, que teria por características ser: *tecnicista* e *profissionalista* – e por isso mesmo fechado aos "amadores"; *intelectualista*, fazendo-se passar por uma "atividade autônoma do espírito"; *produtivista*, submetido à lei de ferro do *publish or perish*; e *cumulativo*, à espreita dos "filões" exploráveis, como se o saber se construísse peça a peça. Não temos espaço aqui para fazer uma triagem entre as críticas justificadas (por exemplo, o jogo das conivências e a prática da citação dissimulada, ou ainda o uso de uma fraseologia de empréstimo) e os ataques infundados (quem pode contestar seriamente a imensa contribuição das técnicas quantitativas ou das análises conjunturais?). Contentemo-nos em denunciar dois perigos: o primeiro consiste em reduzir sumariamente as regras que regem a produção da história àquelas que os gerentes impõem à economia capitalista, como se o sujeito-autor não dispusesse da menor margem de autonomia; o segundo reside na confusão total entre ideologia e ciência, que leva a colocar no mesmo plano o discurso falível de um memorialista e o resultado de uma investigação científica.

Michel de Certeau é mestre em desentocar a ideologia oculta no texto histórico sob a forma de pressupostos que determinam as escolhas iniciais feitas pelo pesquisador (período, tema, etc.). Mas se dedica sobretudo a desvelar os mecanismos secretos do discurso histórico, de que revela ao mesmo tempo a inconsistência e o lado mistificador. Na origem de sua maneira de proceder está a crítica de Roland Barthes: o discurso histórico se caracteriza pelo apagamento do sujeito da enunciação que, em geral, deixa falar unicamente o referente. Esse discurso preenche o vazio e racionaliza o caos. Produz um *efeito de real* muito forte, na medida em que joga com o prestígio do "aconteceu". Permanece fundamentalmente narrativo, o que se manifesta no uso do aoristo ou do presente histórico, no papel desempenhado pelas indicações temporais e no fato de que a causa aí mal se distingue do antecedente. Tudo isso admitido, Michel de Certeau insiste também no lado *persuasivo* do discurso histórico: "Ele se apresenta como constatativo ou narrativo, mas para ser injuntivo". Aparentemente, recita a história passada, mas na verdade visa a fazer a história atual, a influenciar as práticas presentes e futuras. Fazendo-se passar pelo inventário do real (ver o papel desempenhado pelos nomes próprios nesse sentido), impõe na verdade que se confie no historiador (que não tem como narrar tudo) em nome de seu conhecimento íntimo dos documentos. Esse discurso funciona muito na base da verossimilhança, das correlações e dos encadeamentos cronológicos, mas muito pouco na de raciocínios rigorosos. Para melhor persuadir, recorre a uma maquinaria imponente (referências, fontes, bibliografia, etc.). E o que é pior, mete no mesmo saco "os elementos articulados por uma teoria e aquilo que não é controlado por ela". Daí um diagnóstico cruel, mas justo (basta ler, para se convencer disso, algumas atas de congressos): "Esse sistema (= *discurso histórico*) liga aquilo que já se pode *pensar* àquilo em que ainda é preciso crer". A história combina uma cientificidade e uma retórica *performativa*.

A escrita histórica oferece uma imagem invertida da prática do pesquisador. De fato, ela apresenta como um começo (o ponto de partida cronológico) aquilo que é um ponto de chegada, pois a pesquisa parte do presente. O texto é determinado por um princípio de *clausura*, enquanto a pesquisa em si é indefinida. Ele se apresenta como um saber (daí seus aspectos didáticos e impessoais), dissimulando as incertezas da investigação. Por mais fechado que seja em aparência, na realidade ele é instável; sua organização estrutural e sua divisão em grandes unidades cronológicas são constantemente postas em causa pelo crescimento da massa de informação. Gênero ambíguo, jogo de máscaras, o discurso histórico é também um *gênero desdobrado*, em que uma metade do texto se apoia sobre a outra: a primeira é contínua, enquanto a segunda é disseminada (o formigamento das notas nos subsolos do enunciado).

Esse *misto* que a história é (entre ciência e narração, entre ciência e retórica) permite satisfazer pulsões profundas. A psicanálise entra em cena desta vez no lugar da semiótica. Não haveria vestígios de canibalismo no fato de o historiador se colocar no lugar da tradição, ocupar o "lugar do morto"? E, sobretudo, trata-se de trazer à luz uma população de mortos. Daí a *estrutura de galeria* do texto histórico, que "representa mortos ao longo de um itinerário narrativo". Escrever história é, no fim das contas, proceder a um *rito de sepultamento* para aplacar os fantasmas que poderiam nos importunar e dar lugar a um agir presente.

D.

Ao longo destas linhas, sempre volta um tema, recorrente, que poderíamos qualificar de "desencaixe" entre o discurso histórico e a realidade do passado. Não é um tema exclusivo de Michel de Certeau, e o encontramos também nos mestres da história serial, especialmente François Furet ("O quantitativo em história", em *Faire de l'histoire,* I, p. 42-62), para quem as práticas da história quantitativa nos levam a formular o problema das fontes em termos novos. Como o que conta agora é "a repetição regular de dados selecionados e construídos em função de seu caráter comparado", não é mais apenas a relação que os documentos mantêm com o *real* que importa, mas o valor relativo desses documentos uns em relação aos outros. Através deles, o historiador já não pretende evocar toda a realidade, mas apenas fornecer uma interpretação do ou dos subsistemas que distinguiu em seu seio. Jean Chesneaux não compartilha essa problemática: como marxista, está convencido de poder encontrar o real sob as aparências que o mascaram e de poder reconstituir o movimento real das sociedades em seu conjunto. Isso o distingue radicalmente de Michel de Certeau. Já em *Faire de l'histoire* (artigo de 1970 retomado em *L'écriture de l'histoire*), este distinguia claramente dois tipos de história: uma dedicada a fazer o passado reviver; outra tendo por tarefa elaborar modelos para constituir e compreender séries de documentos, transformando os vestígios do passado em algo *pensável* e expondo em detalhes as condições de sua própria produção (hipóteses, postulados de partida, etapas da pesquisa, etc.). Nesse trabalho se combinam "as ações do autor e as resistências de seu material". O conhecimento do passado traz a marca dos procedimentos que o elaboram. O exame da operação realizada pelo historiador adquire tanta importância quanto a tentativa de reconstituição do passado: é preciso "juntar à reconstituição de um passado o itinerário de uma abordagem", e assim tomar consciência dos limites da interpretação histórica, dessas *regiões silenciosas* que ela não alcança.

Essas reflexões foram prolongadas em "A operação historiográfica".[187] Esta é analisada como uma série de *manipulações*, como um trabalho "sobre um material para transformá-lo em história". Inventariar fontes já é transformar rastros escritos ou objetos em *documentos*, fazê-los mudar de estatuto. Fazê-los falar costuma equivaler a substituir sua linguagem primeira por um discurso diferente (por exemplo, fazer história demográfica a partir de fontes fiscais). Esse discurso é o resultado do tratamento imposto aos dados reunidos (econometria, linguística quantitativa, etc.). Importa acima de tudo a coerência da maneira de proceder, que deve ser *inicial* – ao passo que outrora ela era *terminal* (a síntese elaborada ao final da coleta). Essa história conceitual se torna um banco de ensaio para modelos interpretativos vindos das ciências vizinhas (economia, sociologia, etnologia). Um livro como *Montaillou, village occitan* fornece uma bela ilustração dessas práticas: uma única fonte, o registro do inquisidor Jacques Fournier, é ali submetido a tratamentos sucessivos, tornados possíveis por importações maciças de problemáticas exteriores. Mas não se deve pensar que o texto de Emmanuel Le Roy Ladurie seja um espelho do real. Ele refrata o real através da grade de

---

[187] *In* Certeau (1975, p. 63-120).

questionamentos presentes, assim como o inquisidor impunha aos depoimentos dos habitantes de Montaillou a marca de suas categorias de pensamento. Voltemos a Michel de Certeau para avaliarmos a distância intransponível entre a história tradicional, solidamente apoiada no real, e a prática que ele apregoa, que visa a forjar algo *pensável* e na qual nos situamos *no limite do pensável*, pois a lei encontra aí a resistência do particular. Pode-se dizer que semelhante história "se apoia num real" ou que "o objeto construído *história* se recorta sobre o real", para retomar a terminologia de Guy Lardreau? Para Michel de Certeau, é a prática histórica, com todas as suas conexões técnicas, sociais e outras, que é uma realidade "e não relação a uma realidade exterior". A maquinaria da história seria mais verdadeira que os produtos que ela elabora.

Devemos, *em conclusão*, examinar as *perspectivas abertas* ou as missões ainda conferidas à disciplina histórica por nossos quatro epistemólogos. Há um ponto em que Henri Marrou e Paul Veyne se encontram: a história ao menos tem o mérito de nos tirar do lugar e fornecer ao imaginário coletivo um insubstituível repertório de narrativas verídicas. Ela é também uma vacinação permanente contra o dogmatismo, dada a pluralidade das explicações possíveis para todo acontecimento, a variedade dos comportamentos e dos sistemas sociais que ela revela e, finalmente, as possibilidades de descobertas que oferece. É uma escola de liberdade, pois podemos aceitar ou recusar a herança dos ancestrais, da qual a história nos revela o preço e o peso.

Já o que liga Henri Marrou e Jean Chesneaux, apesar da desconfiança do primeiro em relação à intrusão do político na pesquisa, é o tema do engajamento ativo do historiador na sociedade onde vive. Marrou lhe confere uma missão social eminente, que só pode ser realizada por um profissional: "normalmente, a pesquisa histórica deve culminar numa obra, num ensinamento oral, curso, conferências, ou, com maior frequência, num escrito, monografia, artigo, livro. Está aí, como dizíamos, uma exigência de caráter prático, social".[188] O historiador não deve se contentar em enriquecer sua *experiência interior*, ele deve partilhar as aquisições de sua pesquisa com seus contemporâneos, numa espécie de eucaristia intelectual. Para chegar a isso, deve se submeter à *servidão*

---

[188] Marrou (1954, p. 277).

dolorosa da escrita. De maneira bem diferente, Jean Chesneaux prega o engajamento do historiador nas lutas sociais e políticas contemporâneas. Aos seus olhos, a doutrina marxista não deve ser uma mera ferramenta intelectual para analisar o passado. Trata-se de uma teoria revolucionária, que visa a transformar a sociedade presente. Em consequência, o olhar lançado sobre o passado deve ser seletivo e se curvar às "injunções do presente". O essencial para ele é procurar nas sociedades passadas aquilo que as conduziu ao capitalismo, examinar o papel unificador que este desempenhou na escala planetária desde o século XVI, e trazer à luz as contradições que lhe são inerentes para melhor vislumbrar as perspectivas de sua queda. Para melhor orientar as lutas anticapitalistas presentes é preciso saber utilizar a experiência dos movimentos populares passados, "e nos constituirmos em herdeiros de tudo o que há de precioso" (Mao Tsé-Tung). Essa história, definida como uma relação ativa com o passado, deverá ser elaborada com a participação das massas, recusando o "profissionalismo" historiador. Exemplos de reconquista do passado que lhe deram um valor operatório no presente são apontados por Chesneaux, em 1975, tanto entre os quebequenses quanto entre os tupamaros, quando não em Idi Amin Dada! O historiador, proclama ele, não pode se contentar em trabalhar *sobre* as massas, deve obrar *com* elas, curvando-se à demanda social e renunciando às vantagens da divisão do trabalho. Assim chegará ao fim a história acadêmica, saber separado e inerte. Assim os historiadores se tornarão "intelectuais orgânicos" inseridos nas lutas das massas. Mas como evitar que essa história degenere em propaganda? Por trás de Chesneaux aponta a silhueta de Jdanov, o grande apóstolo da ciência e da cultura proletárias, únicas verdadeiras diante das produções viciadas da burguesia...

Ao contrário de Chesneaux, Veyne prega o desengajamento do pesquisador, como já vimos. O projeto final apresentado por ele é relativamente vago. A história deveria absorver a sociologia, na qual ele vê apenas, com sua costumeira falta de diplomacia, uma "pseudociência, nascida das convenções acadêmicas que cerceiam a liberdade da história". E passar a ser justamente a história que os historiadores têm negligenciado escrever. Como ambas as disciplinas derivam de uma *descrição compreensiva* dos fatos humanos, elas poderiam ser fundidas numa *história completa*, pelo menos para o estudo do período contemporâneo. Veyne também acredita muito nas virtudes da história comparada, assimilada por ele à geografia geral, e nos estudos que levam em conta a longa duração. Só podemos aplaudi-lo quando se propõe a libertar nossa disciplina das duas convenções que a entravam atualmente: a oposição passado-presente (este sendo deixado ao sociólogo ou ao jornalista) e o respeito pelo sacrossanto *continuum* espaçotemporal. Mas não devemos nos limitar aos projetos formulados por Veyne em 1971. Seu pensamento parece ter evoluído muito desde então. Ele voltou, em 1975, ao problema da conceitualização em história[189] insistindo novamente na necessária adequação dos conceitos aos objetos estudados, mas afirmando sobretudo que "a conceitualização faz o interesse da história". Ele a liga ao "movimento que impele as sociedades modernas à racionalização" e lhe atribui um impacto considerável sobre a vida coletiva como meio de uma tomada de consciência capaz de acelerar algumas mudanças sociais. Os homens têm a possibilidade "de jogar com o que são, uma vez que tomam consciência disso". Semelhante perspectiva é sedutora na medida em que confere à história "de ponta" uma eficácia no presente, sem o risco de sujeitá-la às ideologias políticas.

Michel de Certeau também reconhece que a história, sob todas as suas formas, está a serviço da sociedade presente. Ela permite explicitar a *identidade social*, situando a sociedade presente em relação às outras. Confere à nossa sociedade a espessura de um passado legitimador. E lhe permite também colocar em cena simbolicamente suas contradições, fazendo assim com que coabitem. O discurso histórico "representa para o grupo a compossibilidade de suas diferenças", e nessa medida guarda resquícios dos mitos e das teologias antigas. Permanece a possibilidade de escolher entre dois tipos de historiografia: uma *conformista*, que mantém a ilusão realista; a outra *crítica*, que se aplica a apontar as exclusões praticadas pelos historiadores e investigar seu sentido. Essa crítica só poderá se desenvolver se ela se articular com os movimentos históricos presentes. Por mais brilhante que seja a argumentação de Michel de Certeau, nossa geração poderia se satisfazer em balizar os silêncios dos historiadores que nos precederam e em analisar as regras secretas que se impõem hoje aos servidores de Clio?

---

[189] "L'Histoire conceptualisante", *in* Le Goff e Nora (1974, p. 62-92).

14

A renovação da história política

O leitor verá talvez um paradoxo em que um livro sobre as escolas históricas consagre um capítulo à história política enquanto tal: a rigor, esta não constitui antes um *domínio de pesquisa*, ao mesmo título que, por exemplo, a história econômica ou a história da religião, bem mais do que uma *corrente historiográfica* específica? De maneira bastante empírica, uma abordagem esquemática das redes da geografia intelectual e universitária justificaria no entanto, por si só, semelhante escolha: com toda evidência, os pesquisadores em história política formam uma comunidade particular, reunida em torno de animadores decisivos (especialmente René Rémond) e de lugares privilegiados (Fondation Nationales des Sciences Politiques, Institut d´Études Politiques, Université Paris X-Nanterre), geralmente afastada das outras famílias historiadoras, principalmente da dos *Annales* e da "nova história". De um ponto de vista mais teórico, porém evidentemente complementar ao precedente, fica claro também que os membros dessa comunidade compartilham certa visão dos fenômenos históricos, certo número de recusas e escolhas que fazem com que estejam juntos numa mesma abordagem epistemológica, fundada em primeiro lugar na vontade de afirmar a *autonomia* relativa do político e de voltar a lhe dar lugar como *fator de história*. É, portanto, unicamente nessa perspectiva que a noção de escola pode ser considerada no que lhes diz respeito, em termos de nebulosa mais do que de grupo rígido, de *escola de fronteiras fluidas* e não de capela fechada...

Escola hoje muito dinâmica ou, melhor dizendo, redinamizada pela pressão da crítica. Pois, de fato, a história política sofreu um bocado com a profunda renovação da pesquisa histórica francesa desde os anos 1930, tendo sido alvo de ataques virulentos que lhe negavam qualquer possibilidade de abarcar o real e ter acesso a uma autêntica cientificidade. Dessa forma, os historiadores do político tiveram de travar um longo combate, em parte para desempoeirar a prática de seus predecessores e operar um verdadeiro *aggiornamento* historiográfico, em parte para reconquistar, no seio da disciplina histórica, uma legitimidade que lhes foi fortemente contestada.

Sob esse aspecto, ninguém mais pode duvidar do êxito do empreendimento; mas *reconquista* não é *restauração*: tendo se transformado muito para superar os múltiplos desafios que lhe foram lançados, a história política se tornou por sua vez uma *história nova*, e mesmo, a seu modo, uma *história total*.

Uma história política contestada

Num artigo publicado em 1974, Jacques Julliard resumia em algumas palavras a situação da história política diante da evolução recente da pesquisa histórica na França: "A história política está com o ibope baixo entre os historiadores franceses. Condenada há cerca de quarenta anos pelos melhores deles – um Marc Bloch, um Lucien Febvre –, vítima de sua solidariedade *de facto* com as formas mais tradicionais da historiografia do início do século XX, ela conserva até hoje um sabor Langlois-Seignobos que afasta dela os mais talentosos, os mais inovadores dos jovens historiadores franceses".[190] Apesar de a frase final dever ser nuançada, tendo em vista os trabalhos que já estavam em andamento no momento da redação dessa sombria constatação, o roteiro da exclusão da história política encontra-se aí esboçado em toda sua secura e em toda sua amplidão. Para compreender sua trama, devemos nos remeter ao que era a história política tradicional, e aos vigorosos questionamentos de que foi objeto com a emergência da "escola" dos *Annales*.

Oriunda de sua própria história, que a conduzira das crônicas apologéticas à sacralização do Estado monárquico e em seguida à exaltação militante do republicanismo, a historiografia dominante do início do século XX se revestia predominantemente de uma coloração política, em razão justamente da função política de legitimação do poder que desempenhava. Prisioneira de seu estatuto assim como de

[190] "La politique" *in* Le Goff e Nora (1974, t. 2).

suas fontes (escritas e oficiais), ela focalizava o Estado, as instituições, as lutas pelo poder, etc., num relato cronológico entupido de erudição mas desprovido de carne, de densidade e profundidade explicativa... Porque não passava de uma "crônica melhorada do Estado",[191] essa história devia, portanto, logicamente, atrair a crítica dos fundadores dos *Annales*, para os quais ela serviu de contraexemplo em sua empreitada de definição de uma nova prática historiadora.

De fato, na medida em que lutavam por uma "história ao mesmo tempo ampliada e aprofundada" (Marc Bloch, *Apologie pour l'histoire*), Bloch e Febvre concentraram o fogo de suas críticas sobre a tradição positivista de Lavisse, Seignobos, ou Langlois, fazendo da história política um verdadeiro *contramodelo*, uma espécie de impressão em negativo da história nova. Retomando teses já formuladas por um François Simiand ou por um Henri Berr, o fundador da *Revue de Synthèse*, Bloch e Febvre, e na esteira deles Braudel e os praticantes da nova história, construíram pouco a pouco um retrato totalmente desvalorizador da história política e, devemos admitir, ao menos de início, amplamente fundado.

É quase como se a história dos *Annales* e a história política tradicional se opusessem *termo a termo*. Ali onde é preciso se interessar pelas estruturas profundas e pelo tempo longo, a história política só faz abordar a conjuntura e a contingência. Ali onde é preciso conceber os fenômenos históricos em função das massas, ela raciocina de acordo com a lógica elitista, psicologizante e rasamente biográfica dos "grandes homens". Ali onde é preciso desvelar os mecanismos ocultos, ela mergulha num idealismo ingênuo para o qual as ideias e a vontade dos indivíduos fazem a história. E ali onde é preciso desenvolver uma abordagem serial, ela se limita ao qualitativo. Narrativa, linear, descritiva, limitada ao relato das crises ministeriais, das mudanças de regime ou de chefe do governo, ela se confina nas peripécias superficiais... No total, "*événementielle*, subjetivista, psicologizante, idealista, a história política reunia assim todos os defeitos do gênero de história a cujo reinado uma geração aspirava a pôr fim, a precipitar a queda".[192]

Contudo, se olhamos mais de perto, percebemos que os inspiradores da história dos *Annales* nunca fecharam totalmente a porta à

---

[191] Chaunu (1974).

[192] Rémond (1988, p. 15-16).

possibilidade de uma história política *renovada*. Braudel, por exemplo, considera que "a história política não é necessariamente *événementielle* nem está condenada a ser",[193] mas talvez tenha sido Marc Bloch quem foi mais longe na tentativa de fundação de uma história política diferente com seu estudo sobre *Les rois thaumaturges* (1924). Analisando o ritual de cura da escrófula através do toque, Bloch se esforça para identificar o caráter sagrado de um poder régio capaz de agir sobre a própria natureza: de maneira bastante significativa, afirma ter "querido fornecer aqui [...] essencialmente uma contribuição para a história política da Europa, no sentido amplo, no verdadeiro sentido da palavra".[194] Fica claro assim que a ocultação progressiva da história política nada tinha de inelutável (aliás, o politólogo André Siegfried não fazia parte do comitê de redação dos *Annales* quando estes foram criados?...). Se a renovação trazida pelos *Annales* se definiu pelo rechaço da história política tradicional e esclerosada, o projeto de história total não excluía, de início, a ambição de incorporar uma nova forma de história política, fundada numa ampliação de suas problemáticas e numa reelaboração de seus métodos. Porém, a posição de *combate* que os historiadores dos *Annales* tiveram de adotar acabou recalcando pouco a pouco essa possibilidade (ver A. Garrigou, "A construção do objeto *poder* em Bloch e Febvre", *Politix,* n. 6, 1989). Na verdade, é daí que provém a progressiva radicalização da crítica e do rechaço: nos anos 1930, a revista trazia de maneira significativa uma desdenhosa rubrica intitulada "História política e historizante", consagrada a resenhas particularmente ferozes de trabalhos de história política... Depois, com os *Annales* tendo fecundado a "nova história", desenvolveu-se uma concepção da "história imóvel" (Emmanuel Le Roy Ladurie), e o político se tornou "o horizonte morto do discurso da escola dos *Annales*"[195]: por exemplo, a enciclopédia sobre *La Nouvelle Histoire*, publicada em 1978,[196] não traz nenhuma entrada consagrada ao político.

Pois, mais profundamente ainda, foi se impondo pouco a pouco a ideia segundo a qual não se trata de criticar uma abordagem equivocada da história política, mas de recusar *o próprio fato* de atribuir importância

---

[193] Braudel (1969, p. 46).

[194] Bloch (1961, "Introduction").

[195] Dosse (1987).

[196] Le Goff, Chartier e Revel (1978).

aos fenômenos políticos. Já que o ritmo das mudanças obedece a ciclos que excedem a duração de uma vida (a "longa duração" braudeliana...), os homens são os joguetes de forças que os ultrapassam: sob a dupla influência do marxismo e da tradição sociológica durkheimiana, os historiadores dos *Annales* concebem a vida política como um simples *reflexo* desprovido de autonomia e de realidade próprias. A partir daí, não se pode ver nela um elemento de verdadeira causalidade histórica e nem mesmo um objeto digno de interesse: para Febvre, a história política representa apenas "uma história de superfície. Uma espuma. Altas ondas que vêm animar superficialmente o poderoso movimento respiratório de uma massa oceânica" (resenha da tese de Braudel sobre *O Mediterrâneo no tempo de Filipe II*, *Revue historique*, 1950).

Os homens e os lugares da renovação

Posta sob suspeita, atacada e desconsiderada, nem por isso a história política desapareceu da cena historiográfica francesa. É mesmo evidente que, em geral sob sua forma mais tradicional, ela conservou por muito tempo sua preeminência na concepção dos programas escolares, modelando assim – ao menos até os anos 1970 – uma parte da identidade coletiva. Porém, alguns pioneiros souberam precocemente abrir novos territórios e enriquecer, renovando-o, o patrimônio dos historiadores do político.

Na verdade, antes mesmo do movimento dos *Annales*, as sementes de uma história política diferente já tinham sido plantadas. Os trabalhos de Georges Weill sobre o catolicismo liberal, sobre a história da ideia laica ou – talvez mais ainda – sua *Histoire du parti républicain en France de 1814 à 1870* (1900) lançam as bases de uma história contemporânea enraizada na duração, insistindo especialmente na perenidade e no peso dos fenômenos ideológicos na vida política. As pesquisas do próprio Seignobos, que foi no entanto um dos alvos favoritos dos adversários da história política tradicional, desenvolvem a intuição da existência de temperamentos políticos regionais específicos e duradouros, e nesse sentido fecundam o estudo das consultas eleitorais. Esse estudo emerge principalmente com André Siegfried, cujo *Tableau politique de la France de l'Ouest sous la Troisième République* (1913) inaugura as pesquisas de geografia eleitoral, observando o jogo dos diversos fatores de determinação dos votos (estruturas geográficas e sociais, parâmetros culturais e religiosos, fenômenos de implantação local, etc.). Na sequência, é sobretudo a história das ideias que mantém viva a chama da história política: um Albert Thibaudet no entreguerras aponta as linhas de força do tempo presente;[197] um Jean-Jacques Chevalier, professor no Sciences Po de 1943 a 1965, faz uso de todo seu senso da pedagogia para esboçar um vasto afresco sintético do encadeamento das teorias políticas na história.[198]

Porém, em seguimento a eles, é sobretudo a René Rémond que cabe o papel principal na renovação da história política após a Segunda Guerra Mundial, especialmente com a publicação, em 1954, de *La Droit en France* (reeditado e atualizado em 1982 sob o título *Les Droites en France*). Através desse livro decisivo, a história política rompe definitivamente com a crônica *événementielle*, e "assimila o melhor dos combates dos *Annales*".[199] Tornado um clássico entre os clássicos, o livro de Rémond oferece uma visão de longa duração da história das famílias políticas, desde a Revolução até nossos dias, fundada na distinção, hoje bem conhecida, entre três tradições distintas: direita "orleanista", conservadora e liberal; direita "legitimista", tradicionalista e reacionária; direita "bonapartista", populista e apregoadora de uma democracia plebiscitária e autoritária. Por meio do exame de seus fundamentos ideológicos, de suas bases sociológicas, de sua implantação espacial, de seus modos de expressão e organização, de suas reações aos acontecimentos e de suas evoluções, etc., é uma abordagem *global* dos componentes da direita francesa que é operada, abrindo caminho para uma nova visão da história política.

A partir de então, geralmente em torno de René Rémond, que exerce uma função central de inspirador e animador, forma-se pouco a pouco uma nova família de historiadores do político, cuja geografia se estrutura principalmente segundo dois polos frequentemente associados: de um lado o par Fondation Nationales des Sciences Politiques/Institut d'Études Politiques, de outro a universidade Paris X-Nanterre (um Pierre Nora ou um Jacques Julliard, ambos diretores de estudos na EHESS ilustram a possibilidade de configurações diferentes, mas – quantitativamente – estas permanecem secundárias). Mais recentemente, um novo

---

[197] Thibaudet (1927; 1932).

[198] Chevallier (1949).

[199] Jean-Pierre Rioux *in* Guillaume (1986).

foco irradiador surgiu com a criação pelo CNRS do Institut d'Histoire du Temps Présent (IHTP), inicialmente animado por François Bédarida e Jean-Pierre Rioux, redator-chefe de uma nova revista criada em 1984, *Vingtième siècle. Revue d'histoire*. Afirmando sua vontade de abordar sem distinções todas as facetas da pesquisa histórica, esta não deixa de assinalar logo de entrada sua escolha de conferir "uma atenção particular àquelas, maiores, do político e do ideológico, que ganharam, no momento da irrupção das massas e dos sistemas fechados, sua densidade própria e sua autonomia" ("Déclaration de naissance", n. 1, 1984).

Em 1988, na confluência desses lugares da história política, um livro veio demonstrar o dinamismo coletivo cristalizado ao redor de René Rémond: *Pour une histoire politique*. Organizado pelo próprio Rémond, "esse livro não chega a ser exatamente um manifesto" (introdução coletiva), mas o fruto da "surpresa" de seus autores diante da maneira caricatural como a história política costuma ser apresentada. Reunindo contribuições de diversos especialistas, o livro tenciona propor um balanço prospectivo das numerosas conquistas de uma "história política rejuvenescida [que] encontra todas as suas virtudes num ambiente científico que as duas últimas décadas alteraram profundamente"; e afirmar a riqueza e, sobretudo, a validade da história política. De certa maneira, portanto, podemos ver nesse livro uma espécie de equivalente, para a história política, das sínteses historiográficas dos anos 1970 sobre a nova história (*Faire de l'Histoire*, organizada por Jacques Le Goff e Pierre Nora, ou *La nouvelle histoire*, organizada por Jacques Le Goff, Roger Chartier e Jacques Revel), e nesse sentido ele constitui a marca, não de uma inversão, que ninguém reivindica, mas de um reequilíbrio das perspectivas e de uma (re)legitimação da história política.

As raízes do retorno da história política

A título puramente anedótico, contudo revelador, pode ser interessante observar a evolução das questões do programa de história contemporânea do concurso nacional para professores de história: se, em 1982 e 1983, os candidatos deviam trabalhar sobre "a evolução econômica da França, da Alemanha, da Rússia e dos Estados Unidos de 1850 a 1914", em 1984 e 1985 pediam-lhes em compensação para se debruçarem sobre "a vida política na França, na Alemanha Federal e na

Grã-Bretanha de 1945 a 1969"... Ao menos de maneira simbólica não se pode ver aí o sinal de uma volta da história política? Na verdade, duas séries de parâmetros podem dar conta desse retorno: de um lado, fatores exógenos, próprios à evolução das reações e dos comportamentos em relação à dimensão política da história, de outro, os fatores endógenos, ligados às metamorfoses da produção historiográfica.

No domínio das determinações extra-historiadoras, Jacques Julliard insistia, já em 1974, num fenômeno de progressiva *ampliação* da noção de política em função do peso cada vez maior nas sociedades contemporâneas de uma esfera política dilatada ("política econômica", "política cultural", "política familiar", etc.).[200] Mais recentemente (*Pour une histoire politique*), René Rémond constrói por sua vez um raciocínio similar: o retorno da história política resulta da história próxima, que demonstrou a autonomia e o lugar preponderante do político em numerosos domínios, tanto pela irrupção do acontecimento nos devires coletivos (por exemplo, o impacto das guerras) quanto pelo crescimento do campo de intervenção dos Estados ou pela politização cada vez maior de questões outrora apolíticas (a ecologia, por exemplo). Além disso, ambos mencionam a perda de influência dos modelos de análise marxistas: as teses segundo as quais o político não passaria de um reflexo, ou de uma pífia camuflagem de infraestruturas socioeconômicas determinantes em última instância, caem pouco a pouco em desuso diante de uma (re)descoberta dos fatores especificamente políticos.

Inevitavelmente, semelhante tendência se traduz progressivamente nas ciências sociais. Como observa Marcel Gauchet:

> A organização intelectual do campo das ciências sociais no ponto mais alto de sua irradiação – fim dos anos 1960, início dos 1970 – poderia ser esquematicamente descrita como um sistema com três grandes termos: uma disciplina modelo, a linguística, portadora da esperança de uma semiologia unificadora; duas disciplinas-rainhas no plano das aplicações, a sociologia e a etnologia; e duas teorias de referência, o marxismo e a psicanálise. Um mesmo paradigma hegemônico

---

[200] "La politique" *in* Le Goff e Nora (1974, t. 2, p. 229-250).

garante a articulação do conjunto: o paradigma *crítico*. Ele tem sua expressão filosófica na *escola da suspeita*.[201]

Nesse sistema intelectual e científico, uma história serial consagrada ao tempo longo e às grandes massas econômicas e sociais encontrava muito naturalmente seu lugar, ao contrário de uma história política que ainda carregava a pecha de um interesse suspeito pelo *événementiel* e, pior, de ser falaciosa em sua vontade de atribuir peso ao político... Mas uma "mudança de paradigma" ocorre aos poucos, marcada pelo "retorno da consciência [...] e pela reabilitação da parte explícita e refletida da ação".[202] Isso ocorre por duas razões: de um lado, a crise dos anos 1970-1980, que, tornando o presente frustrante e o futuro imprevisível, leva a um aumento de interesse pela história; de outro, o desmoronamento das escatologias revolucionárias de fundamentos teóricos mais ou menos mecanicistas, que faz ressurgir o interesse pelo indivíduo e pela contingência. Assim, "essa figura geral de um devir feito de necessidades longas e reorientações contingentes logo encontra um objeto privilegiado: a história política ocidental".

Na confluência dessas mutações culturais, intelectuais e científicas foi a própria definição da esfera política que acabou mudando. Sob esse aspecto, o deslizamento semântico "da política" para "o político" é revelador: *à política*, atividade específica e – aparentemente – bem-delimitada, acrescenta-se *o político*, campo englobante e polimorfo, aberto a todos os aspectos da gestão do real e das relações de poder aí implicadas. Dando seguimento aos clássicos manuais de história das ideias políticas,[203] uma *Nouvelle histoire des idées politiques*, publicada em 1987 sob a direção de P. Ory, integra em seu seio, por exemplo, capítulos sobre a psicanálise e a política e sobre o sexo e a política.

Dessa maneira, a história política, ampliando seu objeto, remanejou profundamente suas práticas desde os impulsos dos anos 1950 e 1960; os fatores endógenos da renovação tendo precedido nesse caso seus fatores exógenos, que vieram apenas "consagrar" e reforçar aqueles. Estabelecendo o balanço da renovação interna de sua disciplina,

---

[201] "Mudança de paradigma em ciências sociais?", *Le Débat*, n. 50, 1988.
[202] Ver, por exemplo, Renaut (1989).
[203] Por exemplo: Chevalier (1949); Touchard (1959).

René Rémond estima assim que a "contestação de que a história política foi alvo acabou por lhe ser altamente salutar: o desafio instigou a imaginação e estimulou a iniciativa".[204] Na perspectiva ampliada de uma esfera política dilatada à quase totalidade dos campos da realidade coletiva, a história política se tornou uma "ciência-encruzilhada", amplamente pluridisciplinar, atenta a novas fontes de informação,[205] voltada para a politologia, a sociologia, o direito público, a linguística ou a psicologia social, e usando por sua vez o tratamento estatístico dos dados, a análise quantitativa, a cartografia ou a história oral, etc.

A "nova" história política operou assim, na sombra, uma completa mutação. Integrando todos os atores, através, por exemplo, do estudo da opinião pública, ela já não se interessa exclusivamente pelos "grandes homens". Trabalhando sobre um vasto *corpus* de dados numéricos (análises eleitorais, sociologia dos partidos, lexicologia...), aprendeu a ser quantitativa quando preciso. Atenta ao acontecimento, mas também aos movimentos de grande amplitude (por exemplo, as ideologias) e às estruturas duradouras, especialmente através da noção de cultura política, ela não se limita mais ao desenvolvimento descritivo de uma mera crônica *événementielle*. No fim das contas,

> A nova história do político satisfaz hoje às principais aspirações que tinham suscitado a justificada revolta contra a história política tradicional. [...] Atacando sem medo os grandes números, trabalhando na duração, apreendendo os fenômenos mais globais, buscando nas profundezas da memória coletiva ou do inconsciente as raízes das convicções e as origens dos comportamentos, ela passou por uma revolução completa.[206]

Abrindo espaço para todas as facetas da realidade coletiva, ela não se tornou uma espécie de *história total*?

A nova história política: uma história total?

Aprofundada, renovada e ampliada em suas problemáticas, seus objetos e seus métodos, a história política multiplica os campos de

---

[204] Rémond (1988).
[205] Um exemplo: o cinema, com o estudo de Lacourbe (1985); ou o de Garçon (1984).
[206] Rémond (1988, p. 31).

investigação, num constante movimento entre *a política* no sentido clássico do termo (o poder e a vida política), estudada em clássicos manuais de síntese como o de F. Goguel sobre a política dos partidos sob a 3ª República ou o de Jacques Chapsal sobre a vida política sob a 5ª República,[207] e *o político* no sentido globalizante (os diversos aspectos da "cultura política" e das determinações políticas que pesam sobre os indivíduos e os grupos).

Desse ponto de vista, a história política pode se orientar, em primeiro lugar, para a análise dos *fundamentos teóricos* e dos *quadros institucionais* do poder. Muito além dos limites da história contemporânea, livros como *Les trois ordres ou l'imaginaire du féodalisme* (1978) de G. Duby, que examina a emergência, a partir sobretudo do fim do século XIII, de um corpo de "profissionais" da política, ou ainda *Os dois corpos do rei* de Ernst Kantorowicz (1957, tradução francesa, 1989), que estuda a simbólica do poder medieval através da imagem da dualidade do corpo régio, natural e imperfeito por um lado, imortal e infalível por outro, não pertencem a uma certa dimensão da história política? Numa direção completamente diferente, os trabalhos de teoria política comparada também permitem um enriquecimento da história política: por exemplo, em *Le droit sans l'État: sur la démocratie en France et en Amérique* (1985), L. Cohen-Tanugi opõe um modelo francês de "democracia monopolística", regida pelo Estado no quadro de um direito público que prevalece sobre o direito comum, a um modelo norte-americano de democracia fragmentada, fundada na autorregulação judiciária e jurisprudencial. Do mesmo modo, sob a direção de O. Duhamel e J.-L Parodi, juristas, politólogos e historiadores se debruçam sobre *La constitution de la Cinquième République* (1988) para identificar suas motivações, mecanismos e incidências, esclarecendo especialmente a trajetória do progressivo consenso estabelecido ao redor dela...

Porém, de maneira mais central, a história *da política* faz evidentemente seu mel do estudo do *fenômeno eleitoral*, considerado como um de seus materiais de base. Ilustrada por A. Siegfried, depois por F. Goguel – cujas *Crônicas eleitorais* se tornaram uma referência –, J. Chapsal, A. Lancelot e a escola dos politólogos da Fondation Nationale des Sciences Politiques, a análise eleitoral se mostra tanto mais frutífera na medida em

---

[207] Respectivamente: Goguel (1946); Chapsal (1987).

que incide sobre a duração (na França, o sufrágio universal já é antigo) e permite assim fecundas comparações. Através da utilização de procedimentos cada vez mais refinados, os pesquisadores do Centre d'Étude de la Vie Politique Française Contemporaine (CEVIPOF) podem assim, especialmente estudando a abstenção, as transferências de votos no segundo turno, etc., interpretar de maneira rápida e idônea as diversas eleições: por exemplo, em *Les élections de l'alternance*[208], eles sublinham a mobilidade, e mesmo a volatilidade, de um eleitorado que cada vez mais vota "contra" em vez de "a favor", e mostram a que ponto a vitória da esquerda nas eleições legislativas de 1981 resulta mais das contingências da conjuntura do que de uma verdadeira hegemonia. Mas, para além do conjuntural, o estudo eleitoral permite também compreender as lentas mutações estruturais: em suas *Chroniques électorales*, F. Goguel compara assim as eleições de 1902 e as de 1981; e daí extrai o ensinamento de que as especificidades regionais, muito marcadas no início do século, esvaneceram hoje, o que tenderia a indicar que o acontecimento pesa hoje muito mais do que a cultura política local.

Ao lado das eleições, os *partidos* ocupam um lugar privilegiado no campo da história política. Influenciado pelos politólogos franceses (Maurice Duverger) e norte-americanos, o estudo dos partidos abandona as monografias *événementielles* e/ou militantes a que se limitava tradicionalmente, para privilegiar diversos ângulos de ataque complementares, eventualmente separados, mas por vezes reunidos numa pesquisa de grande envergadura, como a tese de Serge Berstein sobre a *Histoire du Parti Radical* (1980). Em primeiro lugar, um partido se apresenta como um *foco de mediação política*, por meio da tradução de certo número de aspirações difusas no corpo social: por exemplo, o Partido Radical como partido das classes médias. Por isso mesmo, o partido constitui um rico *espelho* da sociedade numa dada época, na medida em que só pode emergir e durar se estiver sintonizado com certo número de problemas fundamentais do país. Porém, também podem intervir progressivos fenômenos de "inércia do político" (Berstein), quando o partido engendra ou cristaliza uma cultura política que, pelo peso do passado, permite que ele continue a desempenhar um papel importante mesmo sem ter sabido se adaptar às novas questões trazidas por novos tempos (é o que

[208] Lancelot (1986).

acontece com o Partido Radical no entreguerras). Em segundo lugar, o estudo dos partidos pode se orientar para a via *sociológica*, combinando a análise dos militantes e responsáveis, a do eleitorado e a da imagem que o partido tem ou quer dar de si mesmo.[209] Semelhante abordagem vem acompanhada às vezes por uma reflexão em termos de *gerações*[210]: em *Les communistes français* (1968), Annie Kriegel insiste assim na sucessão no seio do PCF de várias gerações definidas por sua data de adesão (geração sectária da fase de bolchevização, gerações abertas da Frente Popular e depois da Resistência, ambas – contrariamente à precedente – integradas ao consenso nacional e republicano, geração de combate da guerra fria...), cada uma dessas gerações mostrando-se portadora de valores e reflexos muito distintos. Em terceiro lugar, a história dos partidos se interessa também pela sua organização e *funcionamento*, na linhagem dos trabalhos fundadores de Robert Michels,[211] que observavam a natureza oligárquica do partido socialdemocrata alemão. Serge Berstein destrincha assim o jogo por vezes complexo das estruturas e do aparelho do Partido Radical, enquanto Annie Kriegel procede a um "ensaio de etnografia política" definindo o PCF como uma verdadeira "contrassociedade", com suas regras, suas normas, sua hierarquia, sua linguagem codificada, seu ritual, etc. Finalmente, aproximando-se da história das ideias, o estudo dos partidos se debruça, evidentemente, sobre os fenômenos *ideológicos*, esforçando-se sobretudo por revelar a *cultura política* do partido concernido (lembranças, referências obrigatórias, textos sagrados, símbolos, ritos, vocabulário, etc. Exemplo: "A cultura política na França desde de Gaulle", *Vingtième siècle. Revue d'histoire*, n. 44, 1994). No fim das contas, os partidos são vistos como elementos de "estruturação social"[212]: por isso, seu estudo, tanto por seus métodos quanto por aquilo que colocam em jogo, também é uma forma de *história total*.

---

[209] Ver, por exemplo, Pudal (1989).

[210] Ver, a esse respeito, Sirinelli (1989).

[211] Robert Michels, *Les partis politiques: essai sur les tendances oligarchiques des démocraties* [Os partidos políticos : ensaio sobre as tendências oligárquicas das democracias] (1914). A primeira edição francesa dessa obra, publicada em alemão, em 1911, sob o título de *Zur Soziologie des Parteiwesens in der modernen Demokratie* [Para uma sociologia do sistema partidário na democracia moderna], data portanto de pouco antes da Primeira Guerra Mundial. (N.R.)

[212] Serge Berstein, "Les partis politiques", *in* Rémond (1988).

Nessa perspectiva, a história política se orienta aliás cada vez mais, conjuntamente com o estudo dos partidos enquanto tais, ao das *associações* e de sua intervenção na esfera do político, para revelar a "malha associativa que atravessa uma sociedade, uma cultura e uma forma do político".[213] Através de uma etnologia política que bebe em fontes amplamente pluridisciplinares (por exemplo, Geneviève Poujol se inspira nos trabalhos do sociólogo Pierre Bourdieu para comparar, em *L'éducation populaire* (1981), a ação da Association Catolique de la Jeunesse Française, a da protestante Union Chrétienne des Jeunes Gens e a da laica Ligue Française de L'enseignement), o estudo das associações permite compreender melhor os processos da socialização política, entre a área da sociedade civil e a do poder. Lugares de articulação entre a sociabilidade cotidiana e a dimensão do político,[214] lugares de formação,[215] lugares de reflexão,[216] lugares de combate protestatário,[217] lugares do sindicalismo e de sua relação com o político;[218] lugares, finalmente, de agrupamento comemorativo e de pressão sobre o poder,[219] as associações constituem um observatório privilegiado para se diagnosticar o estado da vida política. Assim, torna-se cada vez mais provável que possa ser estabelecida uma correlação entre os períodos de maré alta das associações e os de "crise" política e de ruptura dos consensos...

Outro ângulo de abordagem recentemente desenvolvido pela história política é o estudo dos *políticos*, frequentemente formados no quadro dos movimentos associativos e depois adentrados na vida dos partidos. Paradoxalmente mal conhecido, esse campo é agora objeto de pesquisas sociopolíticas que permitem compreender melhor o funcionamento do Estado e os determinantes de sua ação. Assim, estudando os cumes do Estado,[220] o politólogo Pierre Birnbaum propõe um "ensaio sobre a elite do poder na França" em que sublinha a oposição entre, de

---

[213] Jean-Pierre Rioux, "L'association en politique", *in* Rémond (1988).
[214] Agulhon (1970).
[215] Cholvy (1985).
[216] Reclus (1987).
[217] Weber (1962); Rioux (1977).
[218] Bergounioux (1982); Monchablon (1983).
[219] Prost (1977).
[220] Birnbaum (1977).

um lado, a III e a IV Repúblicas, marcadas por uma profissionalização do corpo político, afastado por isso da alta função pública e do poder econômico, e, de outro, a V República, em que se opera uma fusão parcial entre poder executivo, alta administração e, em menor medida, meios econômicos. Da mesma forma, só que de um modo que deriva mais da sociologia histórica do que da história política, a tese de Ch. Charle,[221] estudando as trajetórias e as estratégias sociais e profissionais das elites intelectuais, econômicas e administrativas, oferece um novo olhar sobre as carreiras políticas durante a III República. Compreende-se então o interesse de um vasto trabalho prosopográfico: já esboçado por Jean Estèbe[222], ele assume a forma de uma vasta investigação sobre os parlamentares da III República, lançada em 1984 no âmbito do CNRS por J.-M. Mayeur e Maurice Agulhon, que deveria culminar numa visão global das elites políticas (ambiente de origem, formação, patrimônio, inserção social e cultural, carreira política, etc.). Num mesmo filão prosopográfico, a imensa empreitada coletiva, coordenada por Jean Maîtron, de um *Dicionário biográfico do movimento operário francês*[223] traz uma insubstituível ferramenta para o conhecimento das formações sindicais e dos partidos de esquerda, tanto no que diz respeito aos responsáveis quanto aos humildes militantes.

A essas abordagens em termos meio individuais, meio coletivos, a história política acrescenta uma prática renovada da *biografia política*, cujo retorno constitui um traço notável na paisagem historiográfica dos anos 1980, pela reabilitação do papel do indivíduo na história e pelo anseio de voltar a dar lugar à singularidade nas ciências sociais. Contudo, diferindo nisso das biografias tradicionais, que continuam a ter grande sucesso de vendas, as biografias "nova maneira" não pretendem tanto apresentar exaustivamente um perfil individual quanto compreender melhor a história coletiva a partir da luz lançada pela história singular. Assim, vemos se multiplicarem as biografias políticas: monumentos sobre os "grandes homens" (o *De Gaulle* de J. Lacouture, o *Clemenceau* de J.-B Duroselle); exumações de "papéis secundários" rapidamente desvalorizados (em 1984, por exemplo, dois colóquios foram consagrados a Henri

---

[221] Charle (1987).
[222] Estèbe (1982).
[223] Maîtron (1964).

Queuille); descobertas do poder discreto dos "homens da sombra";[224] exames através da biografia de tal ou qual problema mais amplo (em *François de Wendel na República*, 1976, J.-N. Jeanneney estuda, assim, as relações entre os meios de negócios e a vida política na III República;[225] já em *Un prêtre démocrate, l'abbé Lemire*, 1968, J.-M. Mayeur observa as reações da opinião católica diante dessa mesma III República), etc. De maneira geral, essa prolífica seara biográfica vai sistematicamente além da estrita dimensão narrativa e aborda novos problemas: por exemplo, Sylvie Guillaume desenvolve, a partir do caso Pinay, uma análise dos fenômenos de imagem de marca, de memória e de mitologização em política,[226] e Serge Berstein se interroga sobre os mecanismos da representatividade política fazendo de seu personagem uma espécie de símbolo da França republicana – do ponto de vista das origens sociais (o filho das classes médias), da trajetória individual (a ascensão pela escola e pelo mérito) e da cultura (o humanismo literário, histórico e racionalista)...[227]

Por aí mesmo vemos o quanto a história política deve à história das *ideias políticas*. Marcada pelas personalidades de J.-J Chevalier e de J. Touchard, ambos professores no Sciences Po, esta permaneceu muito tempo, no dizer de M. Winock, sucessor deles no mesmo instituto, uma "história galeria", uma "história pelos cumes".[228] Ainda hoje ela privilegia frequentemente o sempre necessário estudo monográfico de um homem;[229] de uma obra (P. Rosanvallon, *Le moment Guizot*, 1981), de uma corrente[230] ou de um tema.[231] Porém, pouco a pouco, a essas indispensáveis monografias se acrescentam, além da exumação de homens ou correntes mal conhecidos,[232] os frutos de uma *ampliação do corpus*, cada vez mais aberto aos fenômenos de instauração, de difusão e de recepção das ideias a fim de "perceber seus rastros em todos os setores da sociedade

---

[224] Assouline (1986).

[225] Jeanneney (1976).

[226] Guillaume (1984).

[227] Berstein (1985).

[228] Cf. M. Winock, *Por uma história política*.

[229] Leroy (1981); Rebérioux (1981).

[230] Girard (1985); Duranton-Crabol (1988); Taguieff (1988).

[231] Freund (1984).

[232] Exemplos: Julliard (1971); Sternhell (1978); Sand (1985).

[...] descendo do Olimpo das 'grandes obras'" (M. Winock). Duas teses abriram precocemente o caminho para essa abordagem ampliada: em primeiro lugar, em 1959, a de René Rémond sobre *Les États-Unis devant l'opinion française, 1815-1852*, depois, em 1968, a de J. Touchard sobre *La gloire de Béranger*. Em ambos os casos, através da imagem de um modelo estrangeiro e do extraordinário impacto de um autor de canções populares no século XIX, uma verdadeira captura da cultura política coletiva é operada. Na brecha assim aberta, a história das ideias não parou de se diversificar, escrutinando os fenômenos de aculturação política pela escola, as revistas, os processos de atração ideológica,[233] os "despertadores" de consciência,[234] as representações coletivas, as relações entre arte e ideologia,[235] ou ainda os fatores de coesão capazes de congregar diversas famílias políticas contra um adversário real ou suposto.[236] No final das contas, e tocamos aqui numa noção central, comum ao conjunto das abordagens da história política, é a *cultura política* que se tornou objeto da história das ideias políticas, como deixam claro os trabalhos de Cl. Nicolet sobre a ideia republicana na França,[237] os de M. Winock analisando a vida política francesa em termos de recorrentes "guerras tipicamente francesas" organizadas segundo estruturas duradouras,[238] ou ainda os de Raoul Girardet, que, em *Mitos e mitologias políticas*,[239] se aventura por territórios inexplorados para definir um "imaginário político" através do estudo de quatro grandes mitos políticos, os do Complô, do Salvador, da Idade de Ouro e da Unidade...

Para fazer isso, e está aí talvez um dos aportes mais marcantes do *aggiornamento* da história política, recorre-se cada vez mais, às vezes sistematicamente, mas em geral de maneira parcial, aos *instrumentos lexicológicos* oriundos da linguística. Já em 1962, a tese de J. Dubois sobre *O*

---

[233] Respectivamente: Ozouf (1963); Winock (1975); Burrin (1986).

[234] Em sua tese, intitulada *Geração intelectual: Khâgneux e normalistas no entreguerras* (1988), Jean-François Sirinelli assim sublinha o papel de Alain na formação política de seus alunos.

[235] Exemplos: Lacorne, Rupnik e Toinet (1986); Milza (1988).

[236] Exemplos: Rémond (1976); Becker e Bernstein (1987, t. 1).

[237] Nicolet (1982).

[238] Winock (1986).

[239] Girardet (1986).

vocabulário político e social na França de 1869 a 1872 ilustrava a fecundidade desse tipo de investigação, levado a cabo desde então especialmente pelo Laboratório de Lexicologia Política da Escola Normal Superior de Saint-Cloud, e consolidado pela criação em 1980 da revista *Mots*. Por um lado, a passagem pela lexicologia – difícil e rebarbativa em razão de sua tecnicidade e do caráter aleatório de seus resultados – permite, através de uma abordagem quantitativa, demonstrar com mais rigor aquilo que citações, mesmo numerosas, não podem *provar*: assim, D. Peschanski mostra que entre janeiro de 1934 e agosto de 1936, a revista *L'Humanité* passa, sobretudo a partir de julho de 1935, de um vocabulário de classe a um vocabulário centrado no ecumenismo do "povo", em conformidade com a dinâmica de formação da Frente Popular.[240]

Por outro lado, à função demonstrativa pode se acrescentar uma função heurística, já que o estudo das estruturas lexicais permite, por exemplo, desvelar as figuras mentais que regem o discurso.[241]

Seguramente, semelhante história política trabalha tanto com o serial quanto com a duração. Isso significa que o *acontecimento* passou a ser ignorado? Longe disso: muito pelo contrário, numa epistemologia que deliberadamente atribui grande importância às contingências do tempo curto (René Rémond, "O século da contingência?", *Vingtième siècle. Revue d'histoire*, n. 1, 1984), "o acontecimento, especialmente sob sua forma política, não deve ser considerado como um simples *produto*; ele não é o grão de areia que se transformou em pérola no corpo da ostra-estrutura; ao contrário, na medida em que materializa um ponto de arrepio da história, ele é por sua vez *produtor* de estrutura".[242] Por exemplo, o *fait divers*, por mais anedótico que pareça, pode assim revelar entraves nas engrenagens consensuais, como demonstram M. Winock, em *Drumont e Cia*, quando estuda o incêndio do Bazar da Caridade para lançar luz sobre as estruturas mentais do antissemitismo político no fim do século XIX, ou J.-P. A. Bernard, quando tenta definir o clima da França dos anos de Guerra Fria por meio de uma evocação de seus *faits divers* mais marcantes ("*Faits divers* dos anos frios", *Silex*, n. 20, 1981). Do mesmo modo, os "grandes dias" não são mais abordados apenas

---

[240] Peschanski (1988).

[241] Ver: Prost (1974); Labé (1977).

[242] Jacques Julliard *in* Le Goff e Nora (1974).

em si mesmos, mas, integrados num *trend* que os engloba, a montante e a jusante, já que eles cristalizam mal-estares anteriores e lembranças ulteriores – tornando-se também, por sua vez, fatores de história.[243]

Sendo assim, o estrutural e o conjuntural, o longo – ou médio – termo e o *événementiel* não são mais concebidos como termos antinômicos e sim como os dois polos de uma dialética complexa pela qual, através dos fenômenos de *memória*, estrutura e conjuntura atuam reciprocamente uma sobre a outra. Um bom exemplo dessa imbricação é fornecido pela tese de Paul Bois sobre os camponeses do departamento da Sarthe,[244] que mostra como, determinada pelo contexto da produção agrícola no século XVIII, a Chouannerie instaura estruturas políticas quase inalteradas até o limiar dos anos 1960... Mais recentemente, surgiu um grande interesse por um campo particularmente fecundo para a história política, o da relação entre *memória, imaginário e política*, ilustrando a fórmula de Raymond Aron segundo a qual o objeto da história se constitui de "vivência cristalizada".[245] Maurice Agulhon, pioneiro na matéria,[246] debruça-se assim sobre a entrada da política nos costumes do século XIX, sobre a maneira como ela se torna um elemento da realidade social seja através das estruturas de sociabilidade seja dos monumentos e da estatuária... Em *Batalhas pela memória,* G. Namer estuda por sua vez a maneira como, desde 1945, o poder político organizou e se apropriou da memória da Segunda Guerra, percebida por todos como uma questão política de fundamental importância (o que Henry Rousso demonstra também, sob um ângulo diferente, em *A síndrome de Vichy,* 1987). Já A. Boureau se aventura no campo da semiologia política analisando os símbolos do poder e sua função na memória, assim como Philippe Burrin quando observa os mecanismos da encenação política.[247] Mas é uma empreitada coletiva de grande envergadura que melhor caracteriza essa orientação recente da história política: a empreitada dos *Lugares de memória*, publicados desde 1984 sob a direção de Pierre Nora, que propõem um "jogo do ganso da

---

[243] Berstein (1975); Rudelle (1988).

[244] Bois (1960).

[245] Aron (1961).

[246] Cf. Agulhon (1970; 1979; 1988).

[247] Respectivamente: Boureau (1985); Burrin (1986).

identidade francesa"[248] oferecendo uma história da memória coletiva dos franceses, um "inventário dos lugares onde ela se encarnou eletivamente e que, pela vontade dos homens ou pelo trabalho dos séculos, permaneceram como seus símbolos mais fulgurantes".[249] Centrado numa história das *representações*, o conjunto (três tomos divididos em quatro longos volumes) multiplica assim os olhares sobre símbolos (a *Marselhesa*, Versalhes), monumentos (o Panteão), festas (o 14 de Julho), referências (*A História da França* de Lavisse), lembranças sagradas (Verdun), etc., que cristalizam a consciência nacional *e* política... Nessa perspectiva, cultura política e *espaço* podem aliás ser utilmente postos em relação, seja por meio da observação monográfica de um fenômeno de implantação local duradoura, seja por meio de ensaios de síntese globalizante.[250]

Por esse viés, compreende-se que a história política se afirma também como uma história da *opinião pública*. Por certo, feita de uma complexa "alquimia entre as mentalidades e o contexto",[251] difícil de definir e ainda mais de estudar, a noção de opinião pública apresenta delicados problemas metodológicos.[252] Sua análise permite, não obstante, enriquecer consideravelmente a história política, esclarecendo a maneira como são percebidas as realidades e mostrando como essa percepção se transforma ela própria num fator de história.[253] Posto diante da obrigação de diversificar o máximo possível suas fontes (imprensa, literatura, cinema, iconografia, publicidade, correspondências, diários íntimos, debates políticos, sondagens, arquivos prefeitorais e judiciários, relatórios de polícia, *faits divers*, fontes orais, etc.), o historiador da opinião pública é confrontado a uma visão particularmente ampla do corpo social que estuda, o que lhe permite reconstituir "sequências sintomáticas do imaginário coletivo" (P. Laborie). Assim, escrutinando a opinião na região do Lot durante a Ocupação, Laborie demonstra as progressivas transformações de uma população que, marcada pela derrota, mostra-se de início majoritariamente pró-Vichy, mas vai pouco a pouco deixando

---

[248] Rousso (1987, p. 151-154).

[249] Nora (1984, "Présentation", p. VII).

[250] Ver, respectivamente: Fourcault (1986); Lacoste (1986).

[251] Becker *in* Rémond (1988).

[252] Laborie (1988).

[253] Ver, por exemplo, Schor (1985).

de apoiar o regime colaboracionista do marechal Pétain, sobretudo a partir de 1942.[254] Assim também, cruzando inúmeras fontes e jogando com uma cronologia refinadíssima, J.-J. Becker traz à luz a maneira como os franceses, no momento de entrar na Primeira Guerra, passam da consternação à resignação, e depois à resolução, entre o momento da mobilização e o das primeiras partidas.[255]

A partir daí, abordando os campos da cultura política e os da opinião pública, a história política já não pode prescindir do estudo dos *parâmetros de determinação das escolhas políticas*, como os fatores sociais ou religiosos, nem pode ignorar os *polos de criação e difusão das representações políticas*, por exemplo: os meios intelectuais e as mídias.[256]

Recusando com vigor determinismos sociológicos que consideram redutores e ocultadores da especificidade e da relativa autonomia do campo político, os historiadores do político nem por isso deixam de desenvolver análises em termos socioculturais, mas insistindo no fato de que os pertencimentos sociológicos nem sempre são decisivos. Uma obra coletiva como *L'univers politique des classes moyennes*,[257] reunindo politólogos e historiadores sob a direção de G. Lavau, G. Grunberg e N. Mayer, ilustra perfeitamente essa maneira de proceder, focada nas classes médias e na posição que ocupam no discurso político.

Por outro lado, mais até do que os fatores sociais, os fatores religiosos são muitas vezes considerados como parâmetros primordiais para as escolhas e comportamentos políticos na medida em que possuem, por exemplo no que concerne às eleições, um maior valor preditivo do que os elementos socioprofissionais ou geográficos.[258] Ela própria amplamente renovada (René Rémond, "A história religiosa da França no século XX", *Vingtième siècle. Revue d'histoire*, n. 17, 1988), especialmente sob o impulso da sociologia religiosa oriunda dos trabalhos de G. Le Bras e de F. Boulard, a história da religião traz assim ricas contribuições para a história política, permitindo relacionar *Forças religiosas e atitudes*

---

[254] Laborie (1980).
[255] Cf. Becker (1977).
[256] Cf. Jeanneney, "Les médias", *in* Rémond (1988).
[257] Lavau, Grunberg e Mayer (1983).
[258] Cf. Michelat e Simon (1977).

políticas na França contemporânea.[259] Transbordando – uma vez na vida! – os limites necessariamente demasiado franceses do presente livro, podemos encontrar uma boa ilustração disso no estudo de G. Kepel, *Le Prophète et Pharaon*, que analisa, através dos movimentos islamistas, as relações entre o religioso e o político no Egito contemporâneo.

Assim como o religioso, o cultural também se revela capaz de fecundar a história política (P. Ory, "A história cultural da França contemporânea: questão e questionamento", *Vingtième siècle. Revue d'histoire*, n. 16, 1987). Desse modo, em *Jeux, modes et masses: la société française et le moderne,* P. Yonnet desenvolve uma "sociologia do parecer" que, por meio do estudo de comportamentos culturais difundidos (jogar nos cavalos, *jogging*, moda, *rock*, etc.) coloca os historiadores do político em questão: se o espírito democrático não se concentra mais unicamente na atividade cívica, se a própria existência de um corpo social minimamente homogêneo se dilui na atomização d'*A era do vazio*,[260] a vida política sob sua forma tradicional não deverá, senão desaparecer, ao menos se transformar radicalmente?

Talvez uma nova dimensão da história política, a da história dos intelectuais, possa trazer elementos de resposta. Desenvolvida recentemente, ela permite avaliar os processos de formação e difusão de uma dada cultura política, conjugando a análise de itinerários individuais, das gerações e da sociabilidade dos meios intelectuais.[261] No já citado *Génération intellectuelle: Khâgneux et normaliens dans l'entre-deux-guerres,* Sirinelli esclarece, por exemplo, os fenômenos de impregnação pacifista na França dos anos 1930; já em *Le reveil des somnambules: le Parti Communiste, les intellectuels et la culture*, J. Verdès-Leroux revela os avatares do PCF seguindo o percurso dos intelectuais comunistas nas últimas décadas, como o faz para o conjunto da esquerda, pelo prisma da questão tchecoslovaca, P. Grémion.[262]

Esse último livro, aliás, nos leva a um último aspecto da renovação da história política: o dos trabalhos consagrados a outros países e das pesquisas sobre as *relações internacionais*. Por um lado, os historiadores

---

[259] Rémond (1965).
[260] Lipovetsky (1983).
[261] Cf. Sirinelli (1986).
[262] Cf. Grémion (1985).

franceses do político ampliam sua abordagem à dimensão internacional do objeto que estudam: é o caso, por exemplo, da dinâmica revista *Communisme*, ou ainda o dos autores de *L'Internationale socialiste*.[263] Por outro, numerosos são aqueles que consagram todo seu trabalho ou boa parte dele à história política de tal ou qual país estrangeiro: entre muitos outros, L. Bianco ou M.-C. Bergère para a China, F. Bédarida ou Ch. F. Mougel para a Grã-Bretanha, Cl. Fohlen, A. Kaspi ou P. Mélandri para os Estados Unidos, H. Carrère d'Encausse para a URSS, A. Grosser para a RFA, R. Ilbert para o mundo muçulmano, o politólogo G. Hermet para a Espanha, etc. Finalmente, sob o impulso decisivo de seus dois mestres, Pierre Renouvin e Jean-Baptiste Duroselle, autores de uma *Introduction à l'histoire des relations internationales*,[264] os especialistas em relações internacionais iniciaram trocas cada vez mais ricas e frutuosas com os historiadores do político. Em *La décadence* (1979) e depois em *L'abîme* (1982)[265], estudando a política externa da França antes da Segunda Guerra, o próprio Jean-Baptiste Duroselle concede amplo espaço aos elementos de política interna; da mesma forma, numerosas teses[266] operam uma constante confrontação entre política interior e relações internacionais, a ponto de ambas já não serem separáveis. As próprias guerras[267] não são em parte uma questão de história política enquanto laboratórios privilegiados que desnudam o jogo social e político e como fatores de legitimação política de um homem (de Gaulle) ou de um partido (o PCF)?

História política e história do tempo presente

Logo se vê, a história política se afirma hoje na França como uma história dinâmica, revivificada pela travessia do deserto que seus detratores lhe impuseram e sequiosa de alcançar uma visão global dos fenômenos históricos. Refratária às abordagens demasiado deterministas, ela se mostra atenta à contingência e ao acontecimento,

---

[263] Portelli (1983).
[264] Renouvin e Duroselle (1964).
[265] Duroselle (1988; 1979; 1983).
[266] Cf. Milza (1981); Vaisse (1984).
[267] Cf. J.-P. Azéma, "La guerre", *in* Rémond (1988).

que marcam "a derrota de certa racionalidade, mas não a derrocada da inteligência", mas também aberta aos horizontes da duração, da estrutura, da memória e da cultura política. Considerando o político como "o lugar de gestão da sociedade global" e "o ponto onde conflui a maior parte das atividades", ela visa portanto a "se inscrever numa perspectiva global em que o político é um ponto de condensação".[268]

Ali onde a "nova história" se coloca em questão,[269] a história política pode afirmar sua inteira legitimidade. Resta-lhe, no entanto, uma última batalha a vencer: a que consiste em legitimar sua orientação – por certo não exclusiva, mas forte – para a história próxima, essa "história do tempo presente" que alguns assimilam ainda a uma mera crônica jornalística, recusando-lhe qualquer estatuto científico. Se o interesse, a pertinência e a validade dos trabalhos sobre um passado tão próximo que se confunde com o presente já não precisam ser demonstradas, temos, no entanto, que admitir que nem toda a comunidade historiadora está convencida disso. Contudo, em sua época, um Tucídides ou um Michelet não foram também "historiadores do tempo presente"?

---

[268] Rémond (1988).
[269] Cf. Burguière (1989).

Conclusão

Caso se contentasse em ser um mero afresco relatando a sucessão das escolas históricas[270] passadas e se esforçando para dar uma nota a cada um dos seus representantes, a historiografia seria um saber frustrante, um simples apêndice da grande história. Procuramos nos precaver contra esse risco através da escolha de não tratar de todos os cronistas ou historiadores que contribuíram para forjar a memória coletiva dos franceses desde a Alta Idade Média. Pela mesma razão, não mencionamos todos os historiadores eminentes de hoje em dia. Do que serviria entregar medalhas de ouro a uns, de bronze a outros e dizer para outros ainda continuarem tentando? Se algum tiver sido esquecido aqui, pode manter a esperança: pretendemos dar continuidade a esta obra num livro que tratará sobretudo das trocas da história com as outras ciências humanas (demografia, sociologia, geografia, etnologia, linguística, etc.). Teremos assim a oportunidade de reparar algumas injustiças, se é que este livro traz alguma. Pois o que queríamos era lançar luz sobre os processos de pensamento comuns aos historiadores das diferentes épocas consideradas, o que exigia que retivéssemos casos significativos, mas não necessariamente os mais espetaculares. Assim, um monge tão obscuro quanto Ermentaire poderia figurar aqui no lugar de Eginhard, o biógrafo de Carlos Magno; assim como o modesto cronista bretão Alain Bouchart vale por um Commynes e o Nain de Tillemont ofusca Bossuet.

Por meio desse tipo de estudo, que privilegia a análise das atitudes mentais comuns a meios intelectuais em detrimento das características psicológicas e estilísticas próprias a determinados autores-historiadores, esperamos alcançar uma maior lucidez sobre a

---

[270] O termo *escola* pode ser contestado, já que muitos historiadores são inclassificáveis. Mas tem a vantagem de ser cômodo na medida em que permite operar uma primeira organização da produção histórica.

maneira como a história se escreve no presente. Pois a historiografia, se não apresenta uma utilidade direta, serve ao menos para despertar uma legítima desconfiança. Ela não nos mostra os historiadores que nos precederam às voltas com múltiplas coações ideológicas, políticas e institucionais, proferindo julgamentos *a priori* e cometendo equívocos mais ou menos graves? Como a história presente poderia escapar a esses traveses, apesar de suas proclamações de objetividade e da aparelhagem científica com que se cerca? Nesse sentido, a historiografia é a melhor vacina contra a ingenuidade. Ela nos revela o quanto o discurso histórico é, por natureza, instável, suscetível de todas as metamorfoses, de todas as reviravoltas e de todas as inversões de sinais. Philippe Joutard fornece uma bela demonstração disso em *La légende des camisards* (1977). De trinta anos para cá, os revoltosos da região de Cévennes não foram sucessivamente assimilados aos resistentes de 1942-1945, aos combatentes anti-imperialistas do Terceiro Mundo e, finalmente, aos defensores da causa occitânica? Já que a história se revela tão maleável ao sabor dos desejos e das escolhas tendenciosas de cada um, já que, como a autoridade escriturária aos olhos dos pensadores escolásticos, "ela tem um nariz de cera" (*auctoritas cereum nasum habet*), toda produção que se diz pertencente a ela deve ser submetida a uma investigação cerrada: de que *lugar* social ou institucional seu autor fala? Quais são suas motivações profundas, suas escolhas metodológicas, suas opções políticas ou filosóficas? Procedendo assim, evitam-se não poucos erros de interpretação e perdas de tempo. Formulando essas recomendações de simples bom senso não podemos evitar pensar, não sem certa comoção retrospectiva, nos tempos em que, começando nossos estudos de história, líamos com os mesmos olhos Gustave Glotz e Pierre Lévêque sobre a Grécia de Péricles, Achille Luchaire e Marc Bloch sobre a sociedade feudal, Jacques Chastenet e René Rémond sobre a vida política francesa no século XX! Com o passar dos anos, fomos operando uma colocação em perspectiva desses diferentes autores, e muitos outros, em relação a algumas correntes de pensamento dominantes e a escolas históricas precisas. Alguns rudimentos de metodologia teriam nos permitido fazer isso de maneira mais rápida e segura.

A introspecção do historiador, indispensável na medida em que "não há pesquisa que não seja pesquisa de si mesmo" (Alain Besançon), vê-se intensamente facilitada pela historiografia, concebida num sentido muito amplo como a análise dos mecanismos que determinam a produção da história. Quer se a qualifique de história em segundo grau ou de metadiscurso sobre a disciplina, ela leva necessariamente a formular esta série de perguntas: o que impeliu meus antecessores a escreverem história? O que me determina hoje a fazê-lo também? De que bagagem documental, metodológica e teórica estou munido para me lançar nisso? Quais são os obstáculos que encontrarei e os problemas para os quais não tenho solução? Nesse domínio, é exemplar a maneira de proceder de Alain Croix em *La Bretagne aux XVIe et XVIIe siècles, la vie, la mort, la foi*. A cada etapa de seu trabalho, o autor estabelece um inventário da documentação utilizada e das dificuldades encontradas. Em matéria de história demográfica, os registros paroquiais bretões são de uma riqueza excepcional: ele esquadrinhou 5.000 deles, provenientes de 541 paróquias, que lhe forneceram 3.100.000 atas de estado civil (!), que ele tratou seguindo um método de trabalho semi-industrial (contagem anual das sepulturas, dos batismos e dos casamentos; levantamento dos dados interessantes; redação de uma ficha de síntese por paróquia; tratamento aritmético dos dados e confecção de gráficos; alteração do questionário a partir dos primeiros resultados). Voltamos a encontrar essa probidade e esse rigor no exame dos materiais utilizados no início da terceira parte do livro, consagrada à *cultura macabra*: que partido tirar, pergunta-se o autor, das fontes escritas tradicionais, dos testamentos, das imagens e dos objetos, da tradição oral, etc.? Admirável iniciação à história quantitativa das mentalidades! De uma maneira diferente, Jean Delumeau nos convida a percorrer *Un chemin d'histoire* e vai logo sublinhando as principais etapas de sua reflexão em história da religião:

> De início, eu queria conhecer melhor – e dar a conhecer melhor – a Reforma protestante [...]. De um ponto de vista puramente metodológico – mas método e ecumenismo coincidindo sob esse aspecto –, eu julgava inútil me demorar longamente, depois de tantos outros, nas oposições que tinham lançado uma contra a outra as duas frações religiosas do mundo ocidental [...], eu tinha em vista um segundo objetivo: descobrir as relações entre teologia e aspirações coletivas [...]. Ampliando minha investigação, fui

progressivamente percebendo que tinha falado sobretudo das elites cristãs.

Como é revigorante esse discurso na primeira pessoa, assim como o que esse mesmo autor profere no prefácio de *La peur dans l'Occident*! "À medida que elaborava minha obra, tive a surpresa de constatar que estava recomeçando, com quarenta anos de distância, o itinerário psicológico da minha infância, e que estava percorrendo de novo, sob a cobertura de uma investigação histórica, as etapas do meu medo da morte".

Na esteira de Jean Delumeau, conviria que todo historiador se perguntasse se o fato de se lançar num trabalho histórico não é para ele uma certa maneira de escrever suas *Recordações de infância e de juventude*. Procedendo assim, dando-se o tempo de realizar uma introspecção, o historiador pode alcançar uma "enunciação distanciada" (Régine Robin), por meio da qual ele reconstitui um itinerário ao mesmo tempo que expõe seus resultados provisórios. Essa prática é infinitamente mais estimulante para o leitor do que o discurso fechado sobre si mesmo e autossuficiente da história que se apresenta como terminada e se preocupa mais em dissimular suas fraquezas do que em confessar sinceramente suas lacunas.

H.M.

Bibliografia

Prólogo

CHESNEAUX, Jean. *Du passé faisons table rase?* Paris: Maspero, 1976 [Edição brasileira: *Devemos fazer tábula rasa do passado?* Trad. Marcos Silva. São Paulo: Ática, 1995].

EHRARD, J; PALMADE, G. *L'Histoire* [A história]. Paris: A. Colin, 1976 [1964].

FERRO, Marc. *Comment on raconte l'Histoire aux enfants à travers le monde entier* [Como se conta a história às crianças pelo mundo afora]. Paris: Payot, 1981.

LE GOFF, Jacques; CHARTIER, Roger; REVEL, Jacques (Orgs.). *La nouvelle histoire* [A nova história]. Paris: CEPL; Retz, 1978.

Capítulo 1

Na França, é fácil ter acesso aos historiadores gregos e latinos nas edições Budé e Garnier. E as notas introdutórias costumam trazer informações bastante úteis. Além disso, sugerimos:

EFFENTERRE, Henri van. *L'histoire en Grèce* [A história na Grécia]. Paris: A. Colin, 1967. (Col. U).

HARTOG, François. *Le miroir d'Hérodote*. Paris: Gallimard, 1980 [Edição brasileira: *O espelho de Heródoto: ensaio sobre a representação do outro*. Trad. Jacyntho Lins Brandão. Belo Horizonte: Ed. UFMG, 2014].

ROMILLY, Jacqueline de. *Thucydide et l'impérialisme athénien* [Tucídides e o imperialismo ateniense]. Paris: Les Belles Lettres, 1947.

ROMILLY, Jacqueline de. *Histoire et raison chez Thucydide*. Paris: Les Belles Lettres, 1967 [Edição brasileira: *História e razão em Tucídides*. Trad. Tomas Rosa Bueno. Brasília: Ed. UnB, 1998].

POLYBE (POLÍBIO). *Histoires*. Ed. Budé; introdução de Paul Pédech (t. 1) e de Claude Nicolet (t. IV) [Edição brasileira: *História*. Trad. Mario da Gama Kury. Brasília: Ed. UnB, 1985].

PÉDECH, Paul. *La méthode historique de Polybe* [O método histórico de Políbio]. Paris: Les Belles Lettres, 1964.

MOMIGLIANO, Arnaldo. *Problèmes d'historiographie ancienne et moderne* [Problemas de historiografia antiga e moderna]. Paris: Gallimard, 1983.

SABBAH, Guy. *La méthode d'Ammien Marcellin* [O método de Amiano Marcelino]. Paris: Les Belles Lettres, 1978.

NICOLET, Claude. *L'Inventaire du monde* [O inventário do mundo]. Paris: Les Belles Lettres, 1988.

Outro livro citado:

LORAUX, Nicole. Thucydide n'est pas un collègue [Tucídides não é um colega]. *Quaderni di storia*, n. XII, p. 55-81, 1980.

Capítulo 2

BOGLIONI, Pietro. *Miracle et nature chez Grégoire le Grand* [Milagre e natureza em Gregório, o Grande]. Montréal: Centre d'Études Médiévales, 1974.

DEVISSE, Jean. *Hincmar, archevêque de Reims, 845-882* [Incmaro, arcebispo de Reims, 845-882]. Genebra: Droz, 1976.

GRÉGOIRE DE TOURS (GREGÓRIO DE TOURS). *Histoire des Francs* [História dos francos]. Ed. Robert Latouche. Paris: Les Belles Lettres, 1963.

GUENÉE, Bernard. *Histoire et culture historique dans L'Occident médiéval* [História e cultura histórica no Ocidente medieval]. Paris: Aubier-Montaigne, 1980.

GUENÉE, Bernard. *Le métier d'historien au Moyen Age: études sur l'historiographie médiévale* [O ofício de historiador na Idade Média: estudos sobre a historiografia medieval]. Paris: Sorbonne, 1977.

GUENÉE, Bernard. L'historiographie en Occident du Ve au XVe siècle [A historiografia no Ocidente do século V ao XV]. *Annales de Bretagne et des Pays de l'Ouest*, Rennes, n. 2 (número especial), 1980.

MARROU, Henri-Irénée. *Saint Augustin et l'augustinisme*. Paris: Seuil, 1955. [Edição brasileira: *Santo Agostinho e o agostinismo*. Trad. Ruy Flores Lopes. Rio de Janeiro: Agir, 1957].

MUSSET, Lucien. *Les invasions: les vagues germaniques* [As invasões: as levas germânicas]. Paris: PUF, 1965.

PAUL DIACRE (PAULO, O DIÁCONO). *Histoire des lombards* [História dos lombardos]. Ed. F. Bougard. Turnhout: Brepols, 1994.

PIETRI, Luce. *La Ville de Tours du IVe au VIe siècle: naissance d'une cité chrétienne* [A cidade de Tours do século IV ao VI: nascimento de uma cidadela cristã]. Rome: École Française de Rome, 1983.

POIREL, Dominique. Le temps et l'éternité chez Augustin [O tempo e a eternidade em Agostinho]. In: BAILLAUD, B.; GRAMMONT, J. de; HÜE, D. *L'Histoire, le savoir, le temps* [A história, o saber, o tempo]. Rennes: Presses Universitaires de Rennes 2, 1995. p. 289-300.

RICHÉ, Pierre. *Gerbert d'Aurillac, le pape de l'an mil* [Gerbert D'Aurillac, o papa do ano mil]. Paris: Fayard, 1987.

RICHER DE REIMS. *Histoire de France (888-995)* [História da França (888-995)]. Ed. Robert Latouche. Paris: Les Belles Lettres, 1930. 2 v.

SAINT AUGUSTIN (SANTO AGOSTINHO). *Cité de Dieu*. Ed. Labriolle. Paris: Garnier, 1957 [Edição brasileira: *A cidade de Deus*. Trad. Oscar Paes Leme. Petrópolis: Vozes, 1989].

SOT, Michel. *Un historien et son église, Flodoard de Reims* [Um historiador e sua igreja, Flodoardo de Reims]. Paris: Fayard, 1993.

VERDON, Jean. *Grégoire de Tours, "Le père de l'Histoire de France"* [Gregório de Tours, "o pai da História da França"]. Le Côteau: Horvath, 1989. (Traz uma bibliografia detalhada).

Capítulo 3

ABRAHAM, Pierre; DESNÉ, Roland. *Histoire littéraire de la France* [História literária da França]. *Des origines à 1492* [Das origens a 1492]. Paris: Éditions Sociales, 1974. t. 1.

BEAUNE, Colette. *Naissance de la nation France* [Nascimento da nação França]. Paris: Gallimard, 1985.

BEAUNE, Henri; D'ARBAUMONT, J. *Mémoires d'Olivier de La Marche* [Memórias de Olivier de La Marche]. Paris: Librairie Renouard, 1883. 2 v.

BLANCHARD, Joël. *Commynes l'européen, l'invention du politique* [Commynes, o europeu, a invenção do político]. Genebra: Droz, 1996.

BOYER, Régis. *Les sagas islandaises* [As sagas islandesas]. Paris: Payot, 1978 e 1992.

BOYER, Régis (Ed.). *Les sagas islandaises* [As sagas islandesas]. Paris: Gallimard, 1987. (La Pléiade).

BOYER, Régis (Ed.). *La saga de saint Oláfr de Snorri Sturluson* [A saga de Santo Olavo de Snorri Sturluson]. Paris: Payot, 1992.

DUFOURNET, Jean. *La destruction des mythes dans les "Mémoires" de Philippe de Commynes* [A destruição dos mitos nas "Memórias" de Philippe de Commynes]. Genebra: Droz, 1966.

DUFOURNET, Jean. *Philippe de Commynes, un historien à l'aube des temps modernes* [Philippe de Commynes, um historiador na aurora dos tempos modernos]. Bruxelas: De Boeck Université, 1994.

DUFOURNET, Jean. Retour à Georges Chastelain [Retorno a Georges Chastelain]. *Le Moyen Age*, p. 329-342, 1982.

FROISSART, Jean. *Chronique* [Crônica]. Ed. Kervyn de Lettenhove, 1867-1877. 28 v. (reimp. 1987).

FROISSART, Jean. *La chronique de Saint-Maixent (751-1140)* [A crônica de Saint-Maixent (751-1140)]. Ed. e trad. Jean Verdon. Paris, 1979.

GEOFFROI DE VILLEHARDOUIN (GODOFREDO DE VILLEHARDOUIN). *Conquête de Constantinople* [Conquista de Constantinopla]. Ed. E. Faral. Paris, 1938-1939. 2 v.

GLABER, Raoul. Les histoires [As histórias]. In: POGNON, E. *L'An Mille* [O ano mil]. Paris, 1947.

GUENÉE, Bernard. *Histoire et culture historique dans l'Occident médiéval* [História e cultura histórica no Ocidente medieval]. Paris: Aubier, 1980.

GUENÉE, Bernard. Les genres historiques au Moyen Age [Os gêneros históricos na Idade Média]. *Annales ESC*. Paris, jul./ago. 1973, p. 997-1016.

GUILLAUME DE POITIERS. *Histoire de Guillaume le Conquérant* [História de Guilherme, o Conquistador]. Ed. e trad. R. Foreville. Paris: Les Belles Lettres, 1952.

PALMER, J. J. N. (Org.). *Froissart: historian* [Froissart: historiador]. Londres: Boydelle Press, 1981.

PAULMIER-FOUCART, M. L'Atelier Vincent de Beauvais [O ateliê Vincent de Beauvais]. *Le Moyen Age*, n. 1, p. 87-100, 1979.

PAUPHILET, A.; POGNON, E. *Historiens et chroniqueurs du Moyen Âge* [Historiadores e cronistas da Idade Média]. Paris: Gallimard, 1952. (La Pléiade).

PICOCHE, Jacqueline. *Recherches sur le vocabulaire de Froissart: le vocabulaire psychologique dans les Chroniques* [Pesquisas sobre o vocabulário de Froissart: o vocabulário psicológico nas Crônicas]. Tese. Lille III, 1972.

PROCTER, Evelyn S. *Alphonso X of Castile, Patron of Literature and Learning* [Afonso X de Castela, patrono da literatura e do saber]. Oxford, 1951.

Outros livros citados:

BRÊME, Adão de. *Gesta hammaburgensis ecclesiae pontificum*. Description des Iles de l'Aquilon [Atos dos bispos da igreja de Hamburgo. Descrição das Ilhas do Norte]. M. G. H., 1917. p. 257 *et s.* Latim.

CHENU, Marie-Dominique. *La théologie au XIIe siècle* [A teologia no século XII]. Paris: Vrin, 1975.

Capítulo 4

BROC, Numa. *La géographie de la Renaissance (1420-1620)* [A geografia da Renascença (1420-1620)]. Paris: Bibliothèque Nationale, 1980.

COLLOQUE JEAN BODIN. Angers: Presses de l'Université d'Angers, 1985.

DUBOIS, Claude-Gilbert. *La conception d'histoire en France au XVIe siècle, 1560-1620* [A concepção de história na França no século XVI, 1560-1620]. Paris: A.-G Nizet, 1977.

HAUSER, Henri (Ed.). *La réponse de Jean Bodin à M. de Malestroit* [A resposta de Jean Bodin ao Sr. de Malestroit] (1568). Paris, 1932.

HUPPERT, George. *L'idée de l'histoire parfaite* [A ideia da história perfeita]. Paris: Flammarion, 1972 [Edição original: *The Idea of Perfect History*. Illinois: University of Illinois Press, 1970]

Outros livros citados:

BODIN, Jean. Original em latim: *Methodus ad facilem historiarum cognitionem*. Martinum Juvenem (Parisiis), 1566.

BODIN, Jean. *Les six livres de la République*. Paris: Jacques Du Puys, 1576 [Edição brasileira: *Os seis livros da República*. Trad. José Carlos Orsi Morel. São Paulo: Ícone Editora, 2011].

D'ARGENTRÉ, Bertrand. *Histoire de Bretagne* [História da Bretanha]. Rennes: J. Duclos, 1582.

HAUSER, Henri. *Les sources de l'histoire de France: XVIe siècle* [As fontes da história da França]. Paris: A. Picard, 1912.

HOTMAN, François. *La Gaule françoise* [A Gália francesa]. Primeira edição traduzida do latim para o francês por Simon Goulart. Ed. Hierome Bertulphe. Colônia, 1574.

LA POPELINIÈRE, Lancelot Voisin, seigneur de. *L'Histoire des histoires avec Idée de l'Histoire acccomplie* [A História das histórias seguida de Ideia da História realizada]. Paris: Jean Houzé, 1599.

LESTRINGANT, F. Jean Bodin, cosmographe [Jean Bodin, cosmógrafo]. *Actes du Colloque Interdisciplinaire d'Angers*, 24-27 maio 1984. Angers: Presses de l'Université, 1985. 2 v.

MÜNSTER, Sebastian. *Cosmographia* [Cosmografia]. A primeira edição foi impressa em Basileia por Henricus Petrus em 1544.

PASQUIER, Étienne. *Les Recherches de la France, édition critique établie sous la direction de Marie-Madeleine Fragonard et François Roudaut* [As pesquisas da França. Edição crítica sob a direção de Marie-Madeleine Fragonard e François Roudault]. Paris: Champion, 1996.

THEVET, André. *La cosmographie universelle*. Ed. G. Chaudière. Paris, 1575 [Edição brasileira: *A cosmografia universal de André Thevet, cosmógrafo do rei*. Trad. Raul de Sá Barbosa. Rio de Janeiro: Batel, 2009].

Capítulo 5

Além dos textos originais de Kant, Hegel, Comte, Spengler e Toynbee, sugerimos algumas obras gerais:

ARON, Raymond. *Introduction à la philosophie de l'histoire* [Introdução à filosofia da história]. Paris: Gallimard, 1948.

CHEVALIER, Jacques. *Histoire de la pensée* [História do pensamento]. *La Pensée moderne de Hegel à Bergson* [O pensamento moderno, de Hegel a Bergson]. Paris: Flammarion, 1966. t. 4.

MARROU, Henri-Irénée. *De la connaissance historique*. Paris: Seuil, 1954 [Edição portuguesa: *Do conhecimento histórico*. Trad. Ruy Belo. Lisboa: Aster, [s.d.]].

VÉDRINE, Hélène. *Les philosophies de l'histoire, déclin ou crise?* [As filosofias da história, declínio ou crise?]. Paris: Payot, 1975.

Les Philosophies de l'histoire [As filosofias da história]. Coletânea de estudos de E. Detape, M. Jamet, A. Villani, S. Simha, P. Quillet, etc. Paris: Ellipses, 1980.

Outros textos citados:

BOSSUET, Jacques Bénigne. *Discours sur l'Histoire universelle à Monseigneur le Dauphin: pour expliquer la suite de la Religion et les changemens des Empires* [Discurso sobre a História universal ao Monsenhor Delfim: para explicar a continuidade da Religião e as mudanças dos Impérios]. Paris: Sebastien Marbre-Cramoisy, Imprimeur du Roy, 1681.

COMTE, A. *Cours de philosophie positive. Première leçon*. 1864, t. 1 [Edição brasileira: *Curso de filosofia positiva*. Trad. José Artur Giannotti e Miguel Lemos. São Paulo: Abril Cultural, 1978 (Coleção Os Pensadores)].

LEIBNIZ, Gottfried Wilhelm. *Essais de théodicée sur la bonté de Dieu, la liberté de l'homme et l'origine du mal*. Amsterdam: David Mortier, [1720] 1710 [Edição brasileira: *Ensaios de teodiceia sobre a bondade de Deus, a liberdade do homem e a origem do mal*. Trad. Juliana Cecci Silva e William Siqueira Piauí. São Paulo: Estação Liberdade, 2013].

LUKÁCS, Georg. *Histoire et conscience de classe: essai de dialectique marxiste* (1922). Traduzido do alemão por Kostas Axelos e Jacqueline Bois. Paris: Éditions de Minuit, 1960 [Edição brasileira: *História e consciência de classe - Estudos sobre a dialética marxista*. Trad. Rodnei Nascimento. São Paulo: Martins Fontes, 2003].

ROUSSEAU, J.-J. *Le discours sur l'origine et les fondements de l'inégalité parmi les hommes*. Amsterdam: Marc Michel Rey, 1755 [Edição brasileira: *Discurso sobre a origem e os fundamentos da desigualdade entre os homens*. Trad. Paulo Neves. Porto Alegre: L&PM, 2008].

SAINT-SIMON, Claude-Henri de. *Catéchisme des industriels* [Catecismo dos industriais]. Paris: Impr. de Sétier, 1823-1824.

Capítulo 6

CARBONELL, Charles-Olivier. *Histoire et historiens, une mutation idéologique des historiens français, 1865-1885* [História e historiadores, uma mutação ideológica dos historiadores franceses, 1865-1885]. Toulouse: Privat, 1976.

EHRARD, Jean; PALMADE, Guy. *L'Histoire* [A história]. Paris: A. Colin, 1965.

HAZARD, Paul. *La crise de la conscience européenne* [A crise da consciência europeia]. Paris: Boivin, 1935.

HAZARD, Paul. *La pensée européenne au XVIIIe siècle* [O pensamento europeu no século XVIII]. Paris: Boivin, 1949.

HUPPERT, George. *L'idée de l'histoire parfaite* [A ideia da história perfeita]. Paris: Flammarion, 1972 [Edição original: *The Idea of Perfect History*. Illinois: University of Illinois Press, 1970].

NEVEU, Bruno. *Un historien à l'École de Port Royal, Sébastien Le Nain de Tillemont, 1637-1698* [Um historiador na Escola de Port Royal, Sébastien Le Nain de Tillemont, 1637-1698]. Haia: Martinus Nijhoff, 1966.

POMEAU, René (Ed.). *Voltaire, Œuvres historiques* [Voltaire, obras históricas]. Paris: Gallimard, 1962. (La Pléiade).

POMEAU, René. *Voltaire par lui-même* [Voltaire por ele mesmo]. Paris: Seuil, 1955.

RIHS, Charles. *Voltaire, recherches sur les origines du matérialisme historique* [Voltaire, pesquisas sobre as origens do materialismo histórico]. Genebra: Droz; Paris: Ménard, 1962.

Outros livros citados:

BLOCH, Marc. *Apologie pour l'histoire ou métier d'historien.* Paris: A. Colin, 1964 [1949] [Ediçao brasileira: *Apologia da história ou o ofício de historiador.* Organizaçao de Lilia Moritz Schwarcz. Trad. André Telles. Rio de Janeiro: Zahar, 2001].

CHATEAUBRIAND, F.-R. Études Historiques. In: *Oeuvres de Chateaubriand.* Paris: Dufour, Mulat et Boulanger, 1860. t. 9.

CLÉMENCET, Charles. *L'art de vérifier les dates des faits historiques, des chartes, des Chroniques, et autres anciens monuments, depuis la Naissance de Notre-Seigneur* [A arte de verificar as datas dos fatos históricos, dos documentos, das Crônicas e outros antigos monumentos desde o Nascimento de Nosso Senhor]. Paris: G. Desprez, P. Cavelier, 1750.

COULANGES, Numa Denis Fustel de. *La cité antique.* Paris: Durand, 1864 [Edição brasileira: *A cidade antiga.* Trad. Aurélio Barroso Rebello e Laura Alves. Rio de Janeiro: Ediouro, 2003].

COULANGES, Numa Denis Fustel de. *La monarchie franque* [A monarquia franca]. Paris: Hachette, 1888.

GUIZOT, M. *Cours d'histoire moderne. Première leçon* [Curso de história moderna. Primeira lição]. Bruxelas, Méline, Can et Companie, 1845.

LENGLET du FRESNOY, Nicolas. *Méthode pour étudier l'histoire, avec un catalogue des principaux historiens, et des remarques sur la bonté de leurs ouvrages et sur le choix des meilleures éditions, par M. l'abbé Lenglet du Fresnoy* [Método para estudar a história, com um catálogo dos principais historiadores, e observações sobre a bondade de suas obras e sobre a escolha das melhores edições, pelo abade Lenglet du Fresnoy]. Nova edição, 1729. t. 2.

LOBINEAU, Guy Alexis (Dom Lobineau). *Les vies des saints de Bretagne et des personnes d'une éminente piété qui ont vécu dans la même province, avec une addition à l'Histoire de Bretagne, par Dom Gui-Alexis Lobineau* [As vidas dos santos da Bretanha e das pessoas de uma eminente devoção que viveram na mesma província, com uma adição à História da Bretanha, por Dom Gui-Alexis Lobineau]. Rennes: Compagnie des imprimeurs-libraires, 1725.

MONTFAUCON, Bernard de. *Palaeographia graeca.* L. Guérin, J. Boudot e C. Robustel (Parisiis), 1708.

MONTFAUCON, Bernard de. *Les monuments de la monarchie française* [Monumentos da monarquia francesa]. Paris, 1729-1733. v. 1-5.

MORERI, Louis (1643-1680). *Le Grand dictionnaire historique, ou le Mélange curieux de l'histoire sacrée et profane; qui contient en abrégé l'histoire fabuleuse des dieux & des héros de l'Antiquité payenne: les vies et les actions remarquables... des empereurs; des rois; des princes illustres; & des grands capitaines... le tout enrichi de remarques...*

tirées... du Dictionnaire critique de M. Bayle, par Mre Louis Moreri, Prêtre, Docteur en théologie [O grande dicionário histórico, ou a Mescla curiosa da história sagrada e profana; que contém em resumo a história fabulosa dos deuses e dos heróis da Antiguidade pagã; as vidas e as ações notáveis... dos imperadores; dos reis; dos príncipes ilustres; & dos grandes capitães... tudo isso enriquecido por observações... extraídas... do Dicionário crítico do Sr. Bayle, pelo Sire Louis Moreri, Padre, Doutor em teologia]. Paris: Jacques Vincent, 1732.

MORICE, Dom Pierre-Hyacinthe. *Mémoires pour servir de preuves à l'histoire écclésiastique et civile de Bretagne, tirés des archives de cette province, de celles de France et d'Angleterre, des recueils de plusieurs sçavans antiquaires, et mis en ordre par Dom Hyacinthe Morice, prêtre, religieux, Benédictin de la Congregation de Saint Maur.* [Memórias para servir de provas à história eclesiástica e civil da Bretanha, extraídas dos arquivos desta província, dos da França e da Inglaterra, coletâneas de vários sábios antiquários, e ordenadas por Dom Hyacinthe Morice, padre, religioso, beneditino da Congregação de Saint Maur]. Paris: C. Osmont, 1742-1746.

RENAN, Ernest. *L'Avenir de la Science* [O futuro da ciência], 1848; *Vie de Jesus* [Vida de Jesus], 1864.

SIMON, Richard. *Historie critique du Vieux Testament* [História crítica do Velho Testamento]. Paris: Vve Billaine, 1678. t. 3, cap. XV.

SIMON, Richard. *Histoire critique du texte du Nouveau Testament. Où l'on établit la vérité des Actes sur lesquels la Religion Chretienne est fondée* [História crítica do texto do Novo Testamento. Em que se estabelece a verdade dos Documentos sobre os quais a Religião Cristã está fundada]. Rotterdam: Reinier Leers, 1689.

TAINE, Hippolyte. *Histoire de la Littérature Anglaise* [História da literatura inglesa]. Paris: Hachette, 1863.

TAINE, Hippolyte-Adolphe. *Essais de critique et d'histoire* [Ensaios de crítica e de história]. 2. ed. Paris: Hachette, 1866.

THIERRY, Augustin. Dix ans d'études historiques. In: _____. *Oeuvres de A. Thierry.* Bruxelas: Société Belge de Librairie, 1839.

VOLTAIRE. *Nouvelles Considérations sur l'Histoire* [Novas considerações sobre a história]. Paris: [s.n.], 1744.

VOLTAIRE. *Essai sur les mœurs et l'esprit des nations* [Ensaio sobre os Usos e o Espírito das Nações]. Genebra: Cramer, 1756.

VOLTAIRE. *Histoire de l'Empire de la Russie sous Pierre le Grand* [História do Império da Rússia sob Pedro, o Grande]. Genebra: [s.n.], 1759.

VOLTAIRE. *Histoire de Charles XII, Roi de Suède par Mr. de Voltaire* [História de Carlos XII, Rei da Suécia pelo Sr. de Voltaire]. 2. ed. rev. e corr. pelo autor. Basileia: Christophe Revis, 1732.

VOLTAIRE. Correspondance avec le Roi de Prusse, 1737. In: *Oeuvres de Voltaire avec des remarques et de notes historiques, scientifiques et littéraires*. Paris: P. Pourrat Frères, 1839. t. 1.

VOLTAIRE. *Le siècle de Louis XIV.* Berlim: C.-F. Henning, 1751.

VOLTAIRE. *Le siècle de Louis XIV.* Paris: Delangle Frères, 1826. t. 2.

VOLTAIRE. Notice sur le Siècle de Louis XIV. V. Style du Siècle de Louis XIV. Por A. Garnier. In: *Siècle de Louis XIV.* Paris: Hachette, 1872.

Capítulo 7

BARTHES, Roland. *Michelet par lui-même*. Paris: Seuil, 1975 [1954] [Edição brasileira: *Michelet*. Trad. Paulo Neves. São Paulo: Companhia das Letras, 1991].

MICHELET, Jules. *Le Moyen Age* [A Idade Média]. Paris: Laffont, 1981.

MICHELET, Jules. *Histoire de la Révolution française*. Paris: Laffont, 1979 [Edição brasileira: *História da Revolução Francesa*. Trad. Maria Lucia Machado. São Paulo: Companhia das Letras, 1989].

Revistas *Europe*, nov./dez. 1973 e *L'Arc*, n. 52, números consagrados a Michelet.

Outros textos citados:

MICHELET, Jules. *Le peuple*. Ed. Paulin, 1846 [Edição brasileira: *O povo*. Trad. G. C. C. Souza. São Paulo: Martins Fontes, 1988].

MICHELET, Jules. *Histoire de la Révolution française*. Ed. Chamerot, 1850 [Edição brasileira: *História da Revolução Francesa*. Trad. Maria Lucia Machado. São Paulo: Companhia das Letras, 1989].

MICHELET, J. *La femme*. Paris: Hachette, 1860 [Edição brasileira: *A mulher*. Trad. Maria Ermantina Galvão G. Pereira. São Paulo: Martins Fontes, 1995].

MICHELET, J. *La Sorcière*. 1 ed. Paris: Dentu; Hetzel, 1862 [Edição brasileira: *A feiticeira*. Trad. Ana Moura. São Paulo: Aquariana, 2003].

MICHELET, J. *La Bible de l'humanité*. Paris: F. Chamerot, 1864 [Edição brasileira: *A Bíblia da humanidade*. Trad. Romualdo J. Sister. Rio de Janeiro: Ediouro, 2012].

MICHELET, Jules. *Scènes de la Révolution Française* [Cenas da Revolução Francesa]. Paris: 10/18, 1972. 320p.

Capítulo 8

Uma obra essencial:

CARBONELL, Charles-Olivier. *Histoire et historiens, une mutation idéologique des historiens français, 1865-1885* [História e historiadores, uma mutação ideológica dos historiadores franceses, 1865-1885]. Toulouse: Privat, 1976.

Outras leituras:

1) A propósito da *Revue Historique*, o volume do centenário, n. 518, abr./jun. 1976; a reedição do manifesto de Gabriel Monod, p. 297-324; Charles-Olivier Carbonell, "La naissance de la *RH*" [O nascimento da *RH*], p. 331-351; A. Gérard, "La *RH* face à l'histoire contemporaine" [A *RH* diante da história contemporânea], p. 352-405.

2) A respeito dos manuais escolares:

NORA, Pierre. E. Lavisse, son rôle dans la formation du sentiment national [E. Lavisse, seu papel na formação do sentimento nacional]. *La Revue historique*, p. 73-106, jul. 1962.

RIOUX, Jean-Pierre. Les métamorphoses d'E. Lavisse [As metamorfoses de E. lavisse]. *Politique aujourd'hui*, p. 3-12, nov.-dez. 1975.

OZOUF, Mona. *L'École, l'Église et la République, 1871-1914* [A Escola, a Igreja e a República, 1871-1914]. Paris: A. Colin, 1963.

3) Sobre a crítica ao positivismo:

CITRON, Suzanne. *Enseigner l'histoire aujourd'hui: la mémoire perdue et retrouvée* [Ensinar a história hoje: a memória perdida e reencontrada]. Paris: Éditions Ouvrières, 1984.

FEBVRE, Lucien. *Combats pour l'histoire*. Paris: A. Colin, 1953 [Edição portuguesa: *Combates pela história*. Trad. Leonor Martinho Simões e Gisela Monis. Lisboa: Presença, 1977].

LANGLOIS, Charles-Victor; SEIGNOBOS, Charles. *Introduction aux études historiques*. Paris: Hachette, 1898 [Edição brasileira: *Introdução aos estudos históricos*. Trad. Laerte de Almeida Morais. São Paulo: Renascença, 1946].

LEFEBVRE, Georges. *La naissance de l'historiographie moderne*. Paris: Flammarion, 1971 [Edição portuguesa: *O nascimento da moderna historiografia*. Lisboa: Sá da Costa Editora, 1981].

SCHAFF, Adam. *Histoire et vérité: essai sur l'objectivité de la connaissance historique*. Paris: Anthropos, 1971 [Edição brasileira: *História e verdade*. Trad. Maria Paula Duarte. São Paulo: Martins Fontes, 1978].

Outros textos citados:

BOURDEAU, Louis. *L'histoire et les historiens: essai critique sur l'histoire considérée comme science positive* [A história e os historiadores: ensaio crítico sobre a história considerada como ciência positiva]. Paris: F. Alcan, 1888.

BOUTRUCHE, R. *Seigneurie et féodalité. Le premier âge des liens d'homme à homme* [Senhorio e feudalismo. A primeira era dos laços do homem ao homem]. Paris: Aubier, 1959.

FEBVRE, L. *Le problème de l'incroyance au XVIe siècle: la religion de Rabelais.* Paris: Albin Michel, 1942 [Edição brasileira: *O problema da incredulidade no século XVI: a religião de Rabelais*. Trad. José Eduardo dos Santos Lohner e Maria Lucia Machado. São Paulo: Companhia das Letras, 2003].

HAMON, Léo (Dir.). *Les opportunistes: les débuts de la République aux républicains* [Os oportunistas: os inícios da República dos republicanos]. Paris: Les Éditions de la Maison des Sciences de l'homme, 1991.

ISAAC, Jules. *Expériences de ma vie* [Experiências da minha vida]. Paris: Calmann-Lévy, 1959.

MONOD, G. Introduction. Du progrès des études historiques en France depuis le XVIe siècle [Introdução. Sobre o progresso dos estudos históricos na França desde o século XVI]. *Revue historique*, dirigida por G. Monod e G. Fagniez. Paris: Librairie Germer Baillière, 1876-1901. p. 5-38.

MONOD, G.; FAGNIEZ, G. Avant-propos [Preâmbulo]. *Revue historique*, dirigida por G. Monod e G. Fagniez. Paris: Librairie Germer Baillière, 1876-1901.

LAVISSE, Ernest. *Étude sur l'une des origines de la monarchie prussienne ou La marche de Brandebourg sous la dynastie ascanienne* [Estudo sobre uma das origens da monarquia prussiana, ou A marcha de Brandemburgo sob a dinastia de Ascania]. Paris: Hachette, 1875.

LAVISSE, Ernest. *Histoire de France contemporaine depuis la Révolution jusqu'à la paix de 1919* [História da França contemporânea desde a Revolução até a paz de 1919]. Paris: Hachette, 1920.

LAVISSE, Ernest. *Questions d'enseignement national* [Questões de ensino nacional] Paris: A. Colin, 1885.

LAVISSE, Ernest. *Histoire de France: cours élémentaire* [História da França: curso elementar]. Paris: A. Colin, 1913.

Capítulo 9

Limitamo-nos a assinalar algumas obras de caráter metodológico:

FEBVRE, Lucien. *Combats pour l'histoire*. Paris: A. Colin, 1953 [Edição portuguesa: *Combates pela história*. Trad. Leonor Martinho Simões e Gisela Monis. Lisboa: Presença, 1977].

BLOCH, Marc. *Apologie pour l'histoire ou métier d'historien*. Paris: A. Colin, 1964 [1949] [Edição brasileira: *Apologia da história ou o ofício de historiador*. Organização de Lilia Moritz Schwarcz. Trad. André Telles. Rio de Janeiro: Zahar, 2001].

BRAUDEL, Fernand. *Écrits sur l'histoire*. Paris: Flammarion, 1969 [Edição brasileira: *Escritos sobre a história*. Trad. J. Guinsburg e Tereza Cristina Silveira da Mota. São Paulo: Perspectiva, 2014].

BURGUIÈRE, André. *Dictionnaire des sciences historiques*. Paris: PUF, 1986. [Edição brasileira: *Dicionário das ciências históricas*. Rio de Janeiro: Imago, 1993].

LE GOFF, Jacques; NORA, Pierre (Orgs.). *Faire de l'histoire* [Fazer história]. Paris: Gallimard, 1974. (Reed. 1986). Tomo I, *Nouveaux problèmes* [Novos problemas]; tomo II, *Nouvelles aproches* [Novas abordagens]; tomo III, *Nouveaux objets* [Novos objetos].

LE GOFF, Jacques; CHARTIER, Roger; REVEL, Jacques (Orgs.). *La nouvelle histoire* [A nova história]. Paris: CEPL/Retz, 1978.

Outros livros citados:

AGULHON, Maurice. *Pénitents et francs-maçons de l'ancienne Provence* [Penitentes e franco-maçons da antiga Provença]. Paris: Fayard, 1968. 452p.

ARIÈS, Philippe. *Histoire des populations françaises et de leurs attitudes devant la vie depuis le XVIIIe siècle* [História das populações francesas e de suas atitudes diante da vida desde o século XVIII]. Paris: Self, 1948. 1 v. 571p., 47 il. [Reed. Seuil, Col. Points Histoire, 1971].

ARIÈS, Philippe. *L'enfant et la vie familiale dans la France d'Ancien Régime* [A criança e a vida familiar na França do Antigo Regime]. Paris: Pion, 1960.

ARIÈS, Philippe. *L'homme devant la mort*. Paris: Seuil, 1977. 642p. (Col. Univers Historique) [Edição brasileira: *O homem diante da morte*. Trad. Luiza Ribeiro. São Paulo: Unesp, 2014].

BERR, Henri. *L'Avenir de la philosophie: esquisse d'une synthèse des connaissances fondée sur l'histoire* [O futuro da filosofia: esboço de uma síntese dos conhecimentos fundados na história]. Paris: Hachette, 1899. 542p.; *La synthèse des connaissances et l'histoire: essai sur l'avenir de la philosophie* [A síntese dos conhecimentos e a história: ensaio sobre o futuro da filosofia]. Tese (Doutorado). Paris: Hachette, 1898 [*L'Avenir de la philosophie: esquisse d'une synthèse des connaissances fondée sur l'histoire* é a reedição da tese].

BIRABEN, Jean-Noël. *Les hommes et la peste en France et dans les pays européens et méditerranéens* [Os homens e a peste na França e nos países europeus e mediterrâneos]. Paris; La Haye: Mouton, 1976.

BLOCH, Marc. *Rois et serfs* [Reis e servos]. 224p. Tese (Doutorado em Letras). Paris: Champion, 1920. v. 1.

BLOCH, Marc. *Les rois thaumaturges, étude sur le caractère surnaturel attribué à la puissance royale, particulièrement en France et en Angleterre*. Estrasburgo; Paris: Librairie Istra, 1924. 542p. (Publicações da Faculdade de Letras da Universidade de Estrasburgo, fasc. 19.) [Edição brasileira: *Os reis taumaturgos: estudo sobre o caráter sobrenatural atribuído ao poder real, particularmente em França e Inglaterra*. Trad. Júlia Mainardi. São Paulo: Companhia das Letras, 1999.]

BLOCH, Marc. *Les caractères originaux de l'histoire rurale française* [As características originais da história rural francesa]. Paris: Les Belles-Lettres, 1931.

BLOCH, Marc. *La société féodale*. t. 1, La formation des liens de dépendance. t. 2. Les classes et le gouvernement des hommes [A sociedade feudal. t. 1. A formação dos laços de dependência. t. 2. As classes e o governo dos homens. Paris: Albin Michel, 1939 e 1940].

BLOCH, Marc. *L'étrange défaite*. Paris: Société des Éditions Franc-Tireur, 1946 [Edição brasileira: *A estranha derrota*. Trad. Eliana Aguiar. Rio de Janeiro: Jorge Zahar, 2011].

BLOCH, Marc. *Esquisse d'une histoire monétaire de l'Europe* [Esboço de uma história monetária da Europa] Paris: A. Colin, 1954. 96p., 1 v., 1 fac-símile. (Cahiers des Annales, n. 9).

BOUTRUCHE, R. *Seigneurie et féodalité. le premier âge des liens d'homme à homme* [Senhorio e feudalismo. A primeira era dos laços do homem ao homem]. Paris: Aubier, 1959. 423p.

BOUVIER, Jean. *La naissance du Crédit Lyonnais, de 1863 à 1882: les années de formation d'une banque de dépôts* [O nascimento do Crédit Lyonnais, de 1863 a 1882: os anos de formação de um banco de depósitos]. Paris: Imprimerie Nationale, 1961. 2 v. 936p.

BRAUDEL, Fernand. *La Méditerranée et le monde méditerranéen à l'époque de Philippe II*. 2. ed. Paris: A. Colin, 1966 [Edição brasileira: *O Mediterrâneo e o mundo mediterrâneo na época de Filipe II: volumes 1 e 2*. Trad. Cesar Cardoso de Souza. São Paulo: Edusp, 2016].

BRAUDEL, Fernand. *Civilisation matérielle, économie et capitalisme, XV-XVIIIe siècle* [Civilização material, economia e capitalismo, séculos XV-XVIII] Paris: A. Colin, 1980 [1967]. 3 v. [t. 1, *Les structures du quotidien: le possible et l'impossible*, 544p.; t. 2, *Les jeux de l'*échange, 600p.; t. 3, *Le temps du* *monde*, 607p.] [Edições brasileiras: *Civilização Material, economia e capitalismo nos séculos XV-XVIII*. Vol 1: Estruturas do cotidiano; Vol 2: Os jogos das trocas; Vol 3: O tempo do mundo. Trad. Telma Costa. São Paulo: Martins Fontes, 1997-1998.]

CARCOPINO, Jérôme. *La vie quotidienne à Rome à l'apogée de l'Empire* [A vida cotidiana em Roma no auge do Império]. Paris: Hachette, 1939. v. 1. 348p. (Col. La Vie Quotidienne).

CERTEAU, Michel de. *La possession de Loudun* [A possessão de Loudun] Paris: Julliard, 1970.

CHABERT, Alexandre. *Essai sur les mouvements des prix et des revenus en France de 1798 à 1820* [Ensaio sobre os movimentos dos preços e das rendas na França de 1798 a 1820]. Paris: Librairie de Médicis, 1949.

CHAUNU, Pierre. *La mort à Paris, XVIe, XVII et XVIII siècles* [A morte em Paris, séculos XVI, XVII e XVIII]. Paris: Fayard, 1978.

DUBY, Georges. *L'économie rurale et la vie des campagnes dans l' Occident médiéval (France, Angleterre, Empire, IXe-XVe siècles): essai de synthèse et perspectives de recherches*. [A economia rural e a vida nos campos do Ocidente medieval (França, Inglaterra, Império, séculos IX-XV): tentativa de síntese e perspectivas de pesquisas]. Paris: Aubier, 1962.

FEBVRE, Lucien. *Philippe II et la Franche-Comté. Étude d'histoire politique, religieuse et sociale* [Filipe II e o Franco-Condado. Estudo de história política, religiosa e social]. Paris: Honoré Champion, 1911.

FEBVRE, Lucien. *Histoire du Franche-Comté* [História do Franco-Condado]. Paris: Boivin, 1912. 260p.

FEBVRE, Lucien. *La Terre et l'évolution humaine* [A Terra e a evolução humana]. Paris: La Renaissance du Livre, 1922. 471p.

FEBVRE, Lucien. *Un destin: Martin Luther* [Um destino: Martinho Lutero]. Paris: Reider, 1928.

FEBVRE, Lucien. *Origènes et Des Périers ou l'enigme du Cymbalum Mundi* [Orígenes e Des Périers ou o enigma do Cymbalum mundi]. Paris-Genebra: Droz, 1942. 144p.

FEBVRE, Lucien. *Le problème de l'incroyance au XVIe siècle: la religion de Rabelais*. Paris: Albin Michel, 1942. XXVII-547p. [Edição brasileira: *O problema da incredulidade no século XVI: a religião de Rabelais*. Trad. José Eduardo dos Santos Lohner e Maria Lucia Machado. São Paulo: Companhia das Letras, 2003].

FEBVRE, Lucien. *Autour de l'Heptaméron, amour sacré, amour profane* [Acerca do Heptamerão, amor sagrado, amor profano]. Paris: Gallimard, 1944. 300p.

FEBVRE, Lucien. Une histoire politique de la Russie moderne [Uma história política da França moderna]. *Revue de Synthèse*, Paris, v. 7, n. 1, fev. 1934. Disponível em: <http://gallica.bnf.fr/ark:/12148/bpt6k101633g/f34.image.r=VII>. Acesso em: 20 nov. 2017.

FLEURY, Michel; HENRY, Louis. *Des registres paroissiaux à l'histoire de la population: manuel de dépouillement et d'exploitation de l'état civil ancien* [Dos registros paroquiais à história da população: manual de esquadrinhamento e exploração do antigo estado civil]. Paris: Éditions de l'Institut National d'Études Démographiques, 1956.

FLANDRIN, Jean-Louis. *Les amours paysans du XVIe au XIXe siècle* [Os amores camponeses do século XVI ao XIX]. Paris: Gallimard; Julliard, 1975. 258p. (Col. Archives, 57).

FOHLEN, Claude. *L'industrie textile au temps du Second Empire* [A indústria têxtil no Segundo Império]. Paris: Plon, 1956. 534p.

GELIS, Jaques; LAGET, Mireille; MOREL, Marie-France. *Entrer dans la vie. Naissances et enfances dans la France traditionnelle* [Entrar na vida: nascimentos e infâncias na França tradicional]. Paris: Gallimard; Julliard, 1978. (Col. Archives).

GILLE, Bertrand. *La formation de la grande entreprise capitaliste, de 1815 à 1848* [A formação da grande empresa capitalista, de 1815 a 1848]. Paris: Presses Universitaires de France, 1959, 380p.

GOUBERT, Pierre. *Beauvais et le Beauvaisis de 1600 à 1730: contribution à l'histoire sociale de la France au XVIIe siècle* [Beauvais e o Beauvaisis de 1600 a 1730: contribuição à história social da França no século XVII]. Paris: École Pratique des Hautes Études, VIe section, S. E. V. P. E. N., 1960.

LABROUSSE, Ernst. *Esquisse du mouvement des prix et des revenus en France au XVIIIe siècle* [Esboço do movimento dos preços e das rendas na França do século XVIII]. Paris: Dalloz, 1933.

LABROUSSE, Ernst et al. *Aspects de la crise et de la dépression de l'économie française au milieu du XIXe siècle: 1846-1851* [Aspectos da crise e da depressão da economia francesa em meados do século XIX, 1846-1851]. Paris: Bibliothèque de la Révolution de 1848, 1956. t. XIX.

LABROUSSE, Ernst. *La crise de l'économie française à la fin de l'Ancien Régime et au début de la Révolution* [A crise da economia francesa no fim do Antigo Regime]. Prefácio de J.-C Perrot. Paris, 1990 [1944].

LADURIE, Emmanuel Le Roy. *Les paysans de Languedoc du XVe au XVIIIe siècle* [Os camponeses do Languedoc do século XV ao XVIII]. Paris, S.E.V.P.E.N., 1966. 2 v. (Col. Bibliothèque Générale de l'École Pratique des Hautes Études, VIe section).

LADURIE, Emmanuel Le Roy. *Montaillou, village occitan de 1294 à 1324* [Montaillou, vilarejo occitano, de 1294 a 1324]. Paris: Gallimard, 1975. 642p. (Bibliothèque des Histoires). [Edição portuguesa: *Montaillou: cátaros e católicos numa aldeia occitana 1294 a 1324*. Trad. Nuno Garcia Lopes e Pedro Bernardo. Lisboa: Edições 70, 2008].

LAGET, Mireille. *Naissances: l'accouchement avant l'âge de la clinique* [Nascimentos: o parto antes da era da clínica]. Paris: Seuil, 1982.

LEBRUN, François. *Les hommes et la mort en Anjou aux XVII et XVIIIe siècles* [Os homens e a morte em Anjou nos séculos XVII e XVIII]. Paris: Mouton, 1971. (Col. Civilisations et Sociétés).

LEBRUN, François. *La vie conjugale sous l'Ancien Régime* [A vida conjugal sob o Antigo Regime]. Paris: A. Colin, 1975, 184p. (Col. U prisme, 51).

LÉONARD, Jacques. *Les médecins de l'Ouest au XIXe siècle* [Os médicos do oeste [da França] no século XIX]. Thèse LES de doctorat d'Etat. Paris, Paris IV, 1976.

MANDROU, Robert. *Magistrats et sorciers en France au XVIIe siècle* [Magistrados e feiticeiros na frança do século XVII]. Paris: Plon, 1968. 584p. (Civilisations et Mentalités).

PERROT, Michelle. *Les ouvriers en grève. France 1871-1890* [Os operários em greve. França 1871-1890]. Paris; Haia: Mouton, 1974. (Col. Civilisations et Sociétés).

SALIN, Edouard; FRANGE-LANORD, Albert. *Rhin et Orient. Le Fer à l'époque mérovingienne. Etude technique et archéologique* [Reno e Oriente. o ferro na época merovíngia. Estudo técnico e arqueológico]. Paris: Geuthner, 1943. 292p., 1. v., 53 il.

SIMIAND, François. *Les fluctuations économiques à longue période et la crise mondiale* [As flutuações econômicas e a crise mundial]. Paris: Félix Alcan, 1932. (Col. Les Questions du Temps Présent).

SOLÉ, Jacques. *L'amour en Occident à l'époque moderne* [O amor no Ocidente na época moderna]. Paris: Albin Michel, 1976. 312p.

VOVELLE, Michel. *Mourir autrefois: attitudes collectives devant la mort aux XVIIe et XVIIIe siècles* [Morrer outrora: atitudes coletivas diante da morte nos séculos XVII e XVIII]. Paris: Gallimard, 1974. 252p. (Col. Archives, 53).

VOVELLE, Michel. *Piété baroque et déchristianisation en Provence au XVIIIe siècle. Les atitudes devant la mort d'après les clauses des testaments* [Devoção barroca e descristianização na Provença no século XVIII. As atitudes diante da morte a partir das cláusulas dos testamentos]. Paris: Plon, 1973. 1 v. 696p. (Col. Civilisations et Mentalités).

VOVELLE, Michel. *Les métamorphoses de la fête en Provence de 1750 à 1820* [As metamorfoses da festa na Provença de 1750 a 1820]. Paris: Aubier; Flammarion, 1976. (Bibliothèque Ethnologie Historique).

Capítulo 10

BURGUIERE, André. Histoire d'une histoire: la naissance des Annales [História de uma história: o nascimento dos *Annales*]; *Annales ESC*, n. 6, p. 1347-1359, 1979.

COUTAU-BÉGARIE, H. *Le phénomène "Nouvelle Histoire"* [O fenômeno "Nova história"]. Paris: Economica, 1983.

FURET, François. En marge des Annales, Histoire et sciences sociales [À margem dos *Annales*]. *Le Débat*, n. 17, p. 112-127, dez. 1981.

LADURIE, Emmanuel Le Roy. *L'histoire et ses méthodes* [A história e seus métodos]. Lille: Presses Universitaires de Lille, 1981.

LE GOFF, Jacques; NORA, Pierre (Orgs.). *Faire de l'histoire*. Paris: Gallimard, 1974. Tomo I, *Nouveaux problèmes* [Novos problemas]; tomo II, *Nouvelles aproches* [Novas abordagens]; tomo III, *Nouveaux objets* [Novos objetos].

LE GOFF, Jacques; CHARTIER, Roger; REVEL, Jacques (Orgs.) *La nouvelle histoire* [A nova história]. Paris: CEPL; Retz, 1978.

MORINEAU, Michel. Allergico cantabile. *Annales ESC*, p. 623-649, jul./ago. 1981.

REVEL, Jacques. Histoire et sciences sociales, les paradigmes des Annales [História e ciencias sociais, os paradigmas dos *Annales*]. *Annales ESC*, n. 6, p. 1360-1376, 1979.

Outros livros citados:

ARIÈS, Philippe. *Histoire des populations françaises et de leurs attitudes devant la vie depuis le XVIIIe siècle* [História das populações francesas e de sua atitude diante da vida desde o século XVIII], Paris: Self, 1948.

ARIÈS, Philippe. *L'homme devant la mort*. Paris: Seuil, 1977. [Edição brasileira: *O homem diante da morte*. Trad. Luiza Ribeiro. São Paulo: Unesp, 2014]

ARON, Jean-Paul. *Le pénis et la démoralisation de l'Occident* [O pênis e a desmoralização do Ocidente]. Paris: Grasset, 1978.

BAEHREL, René. *Une croissance, la Basse-Provence rurale (fin du XVIe siècle-1789)* [Um crescimento, a Baixa-Provença rural (fim do século XVI-1789)]. Paris: S.E.V.P.E.N., 1961.

BESANÇON, Alain. *Le Tsarévitch immolé* [O tsarevitch imolado]. Paris: Plon, 1968.

BOUÄRD, Michel de. *Manuel d'archéologie médiévale* [Manual de arqueologia medieval]. Paris: S.E.D.E.S., 1975.

BOUTRUCHE, R. *Seigneurie et féodalité. le premier âge des liens d'homme à homme* [Senhorio e feudalismo. A primeira era dos laços do homem ao homem]. Paris: Aubier, 1959

BOUVIER, Jean. *La naissance du Crédit Lyonnais, de 1863 à 1882: les années de formation d'une banque de dépôts* [O nascimento do Crédit Lyonnais, de 1863 a 1882: os anos de formação de um banco de depósitos]. Paris: Imprimerie Nationale, 1961.

BOUVIER, Jean; FURET, François; GILLET, Marcel. *Le mouvement du profit en France au siècle XIX* [O movimento do lucro na França no século XIX]. Paris; Haia: Mouton, 1965.

BURGUIÈRE, André. *Bretons de Plozévet* [Bretões de Plozévet]. Paris: Flammarion, 1975. (Bibliothèque Ethnologie Historique).

CHAUNU, Huguette; CHAUNU, Pierre. *Séville et l'Atlantique (1504-1650)* [Sevilha e o Atlântico (1504-1650)]. Paris: S.E.V.P.E.N, 1955-1960, 8 v.

CHAUNU, Huguette; CHAUNU, Pierre. *La mort à Paris du XVIe au XVIIIe siècle* [A morte em Paris do século XVI ao XVIII]. Paris: Fayard, 1978, 543p.

CROUZET, François. *L'économie britannique et le blocus continental* [A economia britânica e o bloco continental]. Paris: P.U.F., 1958.

DAUMARD, Adeline. *La bourgeoisie parisienne de 1815 à 1848* [A burguesia parisiense de 1815 a 1848]. Paris: S.E.V.P.E.N., 1963.

DELUMEAU, Jean. *La civilisation de la Renaissance*. Paris: Arthaud, 1967 [Edição portuguesa: *A civilização do Renascimento*. Trad. Pedro Eloi Duarte. Lisboa: Edições 70, 2007].

DUBY, Georges. *L'économie rurale et la vie des campagnes dans l'Occident médiéval*. Paris: Aubier, 1962. [Edição portuguesa: *Economia rural e vida no campo do Ocidente medieval*. Lisboa: Ed. 70, 1987-1988. 2 v.]

DUBY, Georges. *L'an mil* [O ano mil]. Paris: Gallimard, 1973.

DUBY, Georges. *Le temps des cathédrales*. Paris: Gallimard, 1976. [Edição portuguesa: *O tempo das catedrais: arte e a sociedade 980-1420*. Lisboa: Estampa, 1979. 314p. (Imprensa Universitária, 8.)]

DUBY, Georges. *Les trois ordres ou l'imaginaire du féodalisme*. Paris: Gallimard, 1978 (Bibliothèque des Histoires). [Edição portuguesa: *As três ordens ou O imaginário do feudalismo*. Trad. Maria Helena Costa Dias. Lisboa: Estampa, 1982. 383p.]

DUVAL, Paul-Marie. *Paris antique, des origines au IIIe siècle* [Paris antiga, das origens ao século III]. Paris: Hermann, 1961.

ETIEMBLE, René. *Les jésuites en Chine* [Os jesuítas na China]. Paris: Julliard, 1966.

FLANDRIN, Jean-Louis. *Les amours paysans du XVIe au XIXe siècle* [Os amores camponeses do século XVI ao XIX]. Paris: Gallimard/Julliard, 1975.

FEBVRE, Lucien. *Au cœur religieux du XVIe siècle* [No coração religioso do século XVI]. Paris: S.E.V.P.E.N., 1957.

FOLHEN, Claude. *L'Industrie textile au temps du Second Empire* [A indústria têxtil nos tempos do Segundo Império]. Paris: Plon, 1956.

GANIAGE, J. Trois villages de l'Île de France au XVIIIe siècle [Tres vilarejos da Ilha de França no século XVIII], *Cahiers du INED*, n. 40, 1963.

GARDEN, M. *Lion et les lyonnais au XVIIIe siècle* [Lyon e os lionenses no século XVIII]. Paris: Les Belles Lettres, 1970.

GAUTIER, E.; HENRY, L. *La population de Crulai* [A população de Crulai]. Paris: P.U.F., 1958.

GILLE, Bertrand. *Recherches sur la formation de la grande entreprise capitaliste (1815-1848)* [Pesquisas sobre a formação da grande empresa capitalista (1815-1848)]. Paris: S.E.V.P.E.N., 1959.

GOUTHIER, P. Port-en-Bessin 1597-1792. Étude d'histoire démographique. [Port-en-Bessin 1597-1792. Estudo de história demográfica]. *Cahiers des Annales de Normandie*, n. 1, 1962.

HENRY, Louis; FLEURY, Michel. Des registres paroissiaux à l'histoire de la population: manuel de dépouillement et d'exploitation de l'état civil ancien [Dos registros paroquiais à história da população: manual de escrutínio e exploração do estado civil antigo], *Cahiers de l'INED*, n. 26, 1956.

JOLAS, Tina. Parcours cérémoniel d'un terroir villageois [Percurso cerimonial de um território aldeão]. *Ethnologie française*, nouvelle série, T. 7, n. 1, 1977.

KRAMMER, Heinrich; SPRENGER, James. *Marteau des sorcières*. Trad. Amand Danet. Paris: Plon, 1973 [Edição brasileira: *O martelo das feiticeiras: malleus maleficarum*. Trad. Paulo Froes. Rio de Janeiro: Record, 2014].

KRIEGEL, Annie. *Aux origines du communisme français, 1914-1920* [Nas origens do comunismo francês]. Paris: Mouton, 1964.

LA BLACHE, Pierre Vidal de. *Tableau de la géographie de la France* [Quadro da geografia da França]. Paris: Hachette, 1903.

LADURIE, Emmanuel Le Roy. *Les paysans de Languedoc du XVe au XVIIIe siècle* [Os camponeses do Languedoc do século XV ao XVIII]. Paris,

S.E.V.P.E.N., 1966. 2 v. (Col. Bibliothèque Générale de l'École Pratique des Hautes Études, VIe section).

LADURIE, Emmanuel Le Roy. *Montaillou, village occitan de 1294 a 1324*. Paris: Gallimard, 1975 [Edição portuguesa: *Montaillou: cátaros e católicos numa aldeia occitana 1294 a 1324*. Trad. Nuno Garcia Lopes e Pedro Bernardo. Lisboa: Edições 70, 2008].

LADURIE, Emmanuel Le Roy. *Le Carnaval de Romans*. Paris: Gallimard, 1979. [Edição brasileira: *O carnaval de Romans*. Trad. Maria Lucia Machado. São Paulo: Companhia das Letras, 2002.]

LADURIE, Emmanuel Le Roy. *Le territoire de l'historien* [O território do historiador]. Paris: Gallimard, 1973. (Col. Bibliothèque des Histoires).

LE GOFF, Jacques. *La civilisation de l'Occident médiéval*. Paris: Arthaud, 1964. 693p. (Les Grandes Civilisations, 3). [Edição brasileira: *A civilização do Ocidente medieval*. Trad. Monica Stahel. Petrópolis: Vozes, 2016.]

LE BRAS, Gabriel. *Études de sociologie religieuse*. Tome I. *Sociologie de la pratique religieuse dans les campagnes françaises*. Tome II. *De la morphologie à la typologie*. [Estudos de sociologia religiosa. Tomo I. Sociologia da prática religiosa no interior da França. Tomo II. Da morfologia à tipologia]. Paris: P.U.F., 1955-1956.

LEBRUN, F. *Les hommes et la mort en Anjou aux XVIIe et XVIIIe siècles* [Os homens e a morte em Anjou nos séculos XVII e XVIII]. Paris: Mouton, 1971 (Col. Civilisations et Sociétés).

LEBRUN, F. *La vie conjugale sous l'Ancien Régime* [A vida conjugal sob o Antigo Regime]. Paris: Armand Colin, 1975.

MAURO, Frederic. *Le Portugal et l'Atlantique au XVIIe siècle (1570-1670)* [Portugal e o Atlântico no século XVII (1570-1670)]. Paris: S.E.V.P.E.N., 1960.

OZOUF, Mona. *La fête révolutionaire (1789-1799)* [A festa revolucionária (1789-1799)]. Paris Gallimard, 1976 (Bibliothèque des Histoires).

PERROT, Jean-Claude. *Genèse d'une ville moderne. Caen au XVIIIe siècle* [Gênese de uma cidade moderna. Caen no século XVIII]. Paris; Haia: Mouton, 1975.

PROST, Antoine. *Les anciens combatants et la société française, 1914-1939* [Os ex-combatentes e a sociedade francesa, 1914-1939], Paris: Presses de Sciences Po, 1977.

ROUGERIE, Jacques. *Procès des Communards* [Processo dos *Communards*]. Paris: Julliard, 1964.

SEGALEN, Marine. *Mari et femme dans la société paysanne* [Marido e mulher na sociedade camponesa]. Paris: Flammarion, 1980.

SCHMITT, Jean-Claude. *Le saint lévrier: Guinefort, guérisseur d'enfants depuis le XIIIe siècle* [O santo lebreiro: Guinefort, curandeiro de crianças desde o século XIII]. Paris: Flammarion, 1979.

SOLÉ, Jacques. *L'amour en Occident à l'époque moderne* [O amor no Ocidente na época moderna]. Paris: Albin Michel, 1976.

TUDESQ, André-Jean. *Les grands notables en France (1840-1849)* [Os grandes notáveis na França (1840-1849)]. Paris: P.U.F., 1964.

VEYNE, Paul. *Le pain et le cirque: sociologie historique d'un pluralisme politique.* Paris: Seuil, 1976. [Edição brasileira: *Pão e circo: sociologia histórica de um pluralismo político.* Trad. Lineimar Pereira Martins. São Paulo: Martins; Unesp, 2015.]

VILAR, Pierre. *La Catalogne dans l'Espagne moderne* [A Catalunha na Espanha moderna]. Paris: S.E.V.P.E.N., 1962.

WACHTEL, Nathan. *La vision des vaincus. Les Indiens du Pérou devant la Conquête espagnole, 1530-1570* [A visao dos vencidos. Os índios do Peru diante da conquista espanhola, 1530-1570]. Paris: Gallimard, 1971.

Capítulo 11

Para ler as obras de Marx em francês o melhor é recorrer aos três volumes publicados na coleção "La Pléiade", com uma introdução e notas de M. Rubel: Économie I, 1963; Économie II, 1968; *Philosophie III*, 1982.[1*]

Entre a massa das exegeses do marxismo vale assinalar:

ALTHUSSER, Louis *et al. Lire le Capital.* Paris: Maspero, 1965. 2 v. [Edição brasileira: *Ler o capital.* Trad. Nathanael C. Caixeiro. Rio de Janeiro: Zahar, 1979.]

GURVITCH, Georges. *Études sur les classes sociales* [Estudos sobre as classes sociais]. Paris: Gonthier, 1966.

OSSOWSKI, Stanislaw. *La structure de classes dans la conscience sociale* [A estrutura de classes na consciência social]. Paris: Anthropos, 1971.

Sobre a história marxista, recomendamos dois artigos e um livro:

VILAR, Pierre. Histoire marxiste, histoire en construction [História marxista, história em construção]. In: LE GOFF, Jacques; NORA, Pierre (Orgs.). *Faire de l'histoire.* Paris: Gallimard, 1974. p. 169-209. t. 1.

BOIS, Guy. Marxisme et histoire nouvelle [Marxismo e história nova]. In: LE GOFF, Jacques; CHARTIER, Roger; REVEL, Jacques (Orgs.). *La nouvelle histoire.* Paris: CEPL/Retz, 1978. p. 375-393.

---

[1] No Brasil, boa parte da obra de Marx foi publicada pela editora Boitempo. [N.T.]

VILAR, Pierre. *Une histoire en construction: approches marxistes et problématiques conjoncturelles* [Uma história em construção: abordagens marxistas e problemáticas conjunturais]. Paris: Gallimard; Seuil, 1982.

Outros livros citados:

ALTHUSSER, Louis. *Pour Marx*. Paris: Maspero, 1965. [Edição brasileira: *Por Marx*. Trad. Maria Leonor F. R. Loureiro. Campinas: Ed. Unicamp, 2015.

ALTHUSSER, Louis. *Lenine et la philosophie*. Paris: Maspero, 1969. [Edição portuguesa: *Lênin e a filosofia*. Trad. Herberto Helder e A. C. Manso. Lisboa: Estampa, 1974.]

ALTHUSSER, Louis. *Réponse à John Lewis*. Paris: Maspero, 1973. [Edição portuguesa: *Resposta a John Lewis*. Lisboa: Estampa, 1973.]

BLANQUI, M. *Histoire de l'économie politique en Europe, depuis les anciens jusqu' à nos jours, suivie d'une bibliographie raisonée des principaux ouvrages d'économie politique* [História da economia política na Europa, desde os antigos até nossos dias, seguida de uma bibliografia comentada das principais obras de economia política]. Paris: Guillaumin, 1837.

BOUVIER, Jean. *La naissance du Crédit Lyonnais, de 1863 à 1882: les années de formation d'une banque de dépôts* [O nascimento do Crédit Lyonnais, de 1863 a 1882: os anos de formação de um banco de depósitos]. Paris: Imprimerie Nationale, 1961.

BRAUDEL, Fernand. *Écrits sur l'histoire*. Paris: Flammarion, 1969. [Edição brasileira: *Escritos sobre a história*. Trad. J. Guinsburg e Tereza Cristina Silveira da Mota. Sao Paulo: Perspectiva, 2014.]

DUBY, Georges. *L'économie rurale et la vie des campagnes dans l'Occident médiéval*. Paris: Aubier, 1962. [Edição portuguesa: *Economia rural e vida no campo do Ocidente medieval*. Lisboa: Ed. 70, 1987-1988. 2 v.].

DUBY, Georges. *Le chevalier, la femme et le prêtre*. Paris: Hachette, 1981. [Edição portuguesa: *O cavaleiro, a Mulher e o Padre*. Trad. G. Cascais Franco. Lisboa: Dom Quixote, 1988.]

JAURÈS, Jean (Dir.). *Histoire socialiste: 1789-1900* [História socialista: 1789-1900], Paris: J. Rouff, 1901.

JAURÈS, Jean (Dir.). Introduction. In: _____. *Histoire socialiste: 1789-1900. Constituante et législative* [História socialista: 1789-1900. Constituinte e legislativa]. Paris: J. Rouff, 1901.

LABROUSSE, Ernst. *Esquisse du mouvement des prix et des revenus en France au XVIIIe siècle* [Esboço do movimento dos preços e das rendas na França do século XVIII]. Paris: Dalloz, 1933.

LABROUSSE, Ernst. *La crise de l'économie française à la fin de l'Ancien Régime et au début de la Révolution* [A crise da economia francesa no fim do Antigo Regime e no início da Revolução]. Prefácio de J.-C Perrot. Paris, 1990 [1944].

VILAR, Pierre. *La Catalogne dans l'Espagne moderne* [A Catalunha na Espanha moderna]. Paris: S.E.V.P.E.N., 1962.

VOVELLE, Michel. *Piété baroque et déchristianisation en Provence au XVIIIe siècle. Les atitudes devant la mort d'après les clauses des testaments*. Paris: Plon, [1973]. 1 v. 696p. (Col. Civilisations et Mentalités).

Histoire du Parti communiste (bolchévik) de l'URSS. Précis rédigé par une commission du comité central du P.C. (b) de l'U.R.S.S. Approuvé par le comité central du P.C.(b) de l'U.R.S.S. [História do Partido Comunista (bolchevique) da URSS. Resumo redigido por uma comissão do comitê central do P.C (b) da URSS. Aprovado pelo comitê central do P.C. (b) da URSS]. 1938. Edições em línguas estrangeiras, Moscou, 1949. Disponível em: <http://www.d-meeus.be/marxisme/histPCbURSS/histPCbURSSintro.html>. Acesso em: 25 nov. 2017.

Capítulo 12

BRAUDEL, Fernand. *Écrits sur l'histoire*. Paris: Flammarion, 1969 [Edição brasileira: *Escritos sobre a história*. Trad. J. Guinsburg e Tereza Cristina Silveira da Mota. São Paulo: Perspectiva, 2014].

BRAUDEL, Fernand. Histoire et structure [História e estrutura], *Annales ESC*, n. 3 e 4, 1971.

CERTEAU, Michel de. *L'Écriture de l'histoire*. Paris: Gallimard, 1975 [Edição brasileira: *A escrita da história*. Trad. Maria de Lourdes Menezes. Rio de Janeiro: Forense Universitária, 1982].

FOUCAULT, Michel. *L'archéologie du savoir*. Paris: Gallimard, 1969 [Edição brasileira: *A arqueologia do saber*. Trad. Luiz Felipe Baeta. Rio de Janeiro: Forense Universitária, 2014].

FOUCAULT, Michel. *Surveiller et Punir*. Paris: Gallimard, 1975 [Edição brasileira: *Vigiar e punir*. Trad. Raquel Ramallhete. Petrópolis: Vozes, 2013].

LADURIE, Emmanuel Le Roy. *Le Carnaval de Romans*. Paris: Gallimard, 1979 [Edição brasileira: *O carnaval de Romans*. Trad. Maria Lucia Machado. São Paulo: Companhia das Letras, 2002].

LE GOFF, Jacques; CHARTIER, Roger; REVEL, Jacques (Orgs.). *La nouvelle histoire* [A nova história]. Paris: CEPL; Retz, 1978.

LÉVI-STRAUSS, Claude. *Race et histoire*. Paris: Denoël, 1961 [1952]. [Edição portuguesa: *Raça e história*. Trad. Inacia Canelas. Lisboa: Presença, 2006].

LÉVI-STRAUSS, Claude. *Anthropologie structurale*. Paris: Plon, 1958 [Edição brasileira: *Antropologia estrutural*. Trad. Chaim Samuel Katz e Eginardo Pires. São Paulo: Tempo Brasileiro, 2003].

LÉVI-STRAUSS, Claude. *La pensée sauvage*. Paris: Plon, 1962. [Edição brasileira: *O pensamento selvagem*. Trad. Tania Pellegrini. Campinas: Papirus, 2012].

PERROT, Michelle (Org.). *L'impossible Prison* [A impossível prisão]. Paris: Seuil, 1980.

VEYNE, Paul. "Foucault révolutionne l'histoire", sequência de *Comment on écrit l'histoire*. Paris: Seuil, 1978 [Edição brasileira: *Como se escreve a história: Foucault revoluciona a história*. Trad. Alda Baltar e Maria Auxiliadora Keipp. Brasília: Ed. UnB, 2008].

Outros textos citados:

BRAUDEL, Fernand. *La Méditerranée et le monde méditerranéen à l'époque de Philippe II*. 2. ed. Paris: A. Colin, 1966 [Edição brasileira: *O Mediterrâneo e o mundo mediterrâneo na época de Filipe II: volumes 1 e 2*. Trad. Cesar Cardoso de Souza. São Paulo: Edusp, 2016].

CHAUNU, Pierre. *Le temps des reformes: la crise de la Chrétienté. L'éclatement 1250-1550* [O tempo das reformas: a crise da cristandade. O estilhaçamento 1250-1550]. Paris: Fayard, 1975.

DETIENNE, Marcel. *Les Jardins d'Adonis: la mythologie des aromates en Grèce* [Os jardins de Adônis: a mitologia das ervas aromáticas na Grécia]. Prefácio de J.-P. Vernant. Paris: Gallimard, 1972. 248p. (Bibliothèque des Histoires).

LADURIE, Emmanuel Le Roy. *Montaillou, village occitan, de 1294 à 1324*. Paris: Gallimard, 1975. [Edição portuguesa: *Montaillou: cátaros e católicos numa aldeia occitana 1294 a 1324*. Trad. Nuno Garcia Lopes e Pedro Bernardo. Lisboa: Edições 70, 2008].

LÉRY, Jean de. *Histoire d'un voyage faict en la terre du Bresil, autrement dite Amerique* [...]. La Rochelle: Antoine Chuppin, 1578. [Edição brasileira: *História de uma viagem feita à terra do Brasil, também chamada América*. Rio de Janeiro: Batel, 2009].

LE GOFF, Jacques. *Pour une autre Moyen Age*. Paris: Gallimard, 1977. [Edição brasileira: *Para uma outra idade média*. Trad. Noeli Correia de Melo Sobrinho e Thiago de Abreu e Lima Florencio. Petrópolis: Vozes, 2013.]

LÉVI-STRAUSS, Claude. *Mythologiques I–IV: Du miel aux cendres* [Do mel às cinzas]. Paris: Plon, 1966. t. 2.

LÉVI-STRAUSS, Claude. *Les structures élémentaires de la parenté*. Paris: Presses Universitaires de France, 1948. [Edição brasileira: *As estruturas elementares do parentesco*. Trad. Mariano Ferreira. Petrópolis: Vozes, 2012.]

SÉGALEN, Martine. *Mari et Femme dans la Société rurale traditionnelle* [Marido e esposa na sociedade camponesa]. Paris: Flammarion, 1980.

TOUBERT, Pierre. *Les structures du Latium médiéval* [As estruturas do Lácio medieval]. Roma: École Française de Rome, 1973. (Bibliothèque des Écoles Françaises d'Athènes et de Rome, 221). 2 v.

VÉDRINE, Hélène. *Les philosophies de l'histoire, déclin ou crise*. Paris: Payot, 1975 [Edição brasileira: *As filosofias da história: decadência ou crise?* Rio de Janeiro: 1977. 187p.].

WACHTEL, Nathan, *La vision des vaincus. Les Indiens du Pérou devant la Conquête espagnole, 1530-1570* [A visão dos vencidos. Os índios do Peru diante da conquista espanhola, 1530-1570]. Paris: Gallimard, 1971.

Capítulo 13

CERTEAU, Michel de. *L'Écriture de l'histoire*. Paris: Gallimard, 1975 [Edição brasileira: *A escrita da história*. Trad. Maria de Lourdes Menezes. Rio de Janeiro: Forense Universitária, 1982].

FERRO, Marc. *L'histoire sous surveillance*. Pris: Calmann-Lévy, 1985 [Edição brasileira: *A história vigiada*. Trad. Doris Sanches Pinheiro. São Paulo: Martins Fontes, 1989.

GAGNON, N.; HAMELIN, J. *L'homme historien* [O homem historiador] Québec; Paris, 1979.

MARROU, Henri-Irinée. *De la conaissance historique*. Paris: Seuil, 1954 [Edição portuguesa: *Do conhecimento histórico*. Trad. Ruy Belo. Lisboa: Aster, [s.d.].

RICŒUR, Paul. *Temps et récit*. Paris: Seuil, 1983. t. 1 [Edição brasileira: *Tempo e narrativa*. Trad. Claudia Berliner e Marcia Valeria Martinez de Aguiar. São Paulo: Martins Fontes, 2010].

VEYNE, Paul. *Comment on écrit l'histoire*. Paris: Seuil, 1971 [Edição brasileira: *Como se escreve a história: Foucault revoluciona a história*. Trad. Alda Baltar e Maria Auxiliadora Keipp. Brasília: Ed. UnB, 2008].

Revista *Espaces Temps*, n. 29 e 30, 1985, Cet obscur objet de l'histoire. 1. Une force trop tranquille; 2. À la recherche du temps social [Esse obscuro objeto da história. 1. Uma força tranquila demais; 2. Em busca do tempo social].

Revista *Dialectiques*, n. 14, "Débat: l'histoire et le réel" [Debate: a história e o real], Michel de Certeau e Régine Robin, 1976.

Outros textos citados:

ARON, Raymond. *Introduction à la philosophie de l'histoire* [Introdução à filosofia da história]. Paris: Gallimard, 1938.

CHESNEAUX, Jean. *Du passé faisons table rase?* Paris: Maspero, 1976. [Edição brasileira: *Devemos fazer tábula rasa do passado?* Trad. Marcos Silva. Sao Paulo: Ática, 1995.]

LE GOFF, Jacques; NORA, Pierre (Orgs.). *Faire de l'histoire*. Paris: Gallimard, 1974. Tomo I, *Nouveaux problèmes* [Novos problemas]; tomo II, *Nouvelles aproches* [Novas abordagens]; tomo III, *Nouveaux objets* [Novos objetos].

MARROU, Henri-Irinée. *Nouvelle Histoire de l'Église*. [Nova História da Igreja]. Éd. Du Seuil. t. 1.

Capítulo 14

DOSSE, François. *L'Histoire en miettes. Des "Annales" à la "nouvelle histoire"*. Paris: La Découverte, 1987 [Edição brasileira: *A história em migalhas: dos Annales à nova história*. Trad. Dulce Oliveira Amarante dos Santos. Bauru: Edusc, 2003].

JULLIARD, Jacques. La politique [A política]. In: LE GOFF, Jacques; NORA, Pierre (Orgs.). *Faire de l'histoire* [Fazer história]. Paris: Gallimard, 1974. Tomo II, *Nouvelles aproches* [Novas abordagens].

PARODI, J.-L. (Org.). *La politique* [A política]. Paris: Centre d'Étude et de Promotion de la Lecture, 1971.

RÉMOND, René (Org.). *Pour une histoire politique*. Paris: Seuil, 1988 [Edição brasileira: *Por uma história política*. Trad. Dora Rocha. Rio de Janeiro: FGV, 1996].

RÉMOND, René. Les liaisons dangereuses. Histoire, sociologie, science politique [As relações perigosas. História, sociologia, ciência política], *Politix, Travaux de science politique*, n. 6, primavera de 1989.

A rubrica "Enjeux" [Desafios] de *Vingtième siècle. Revue d'histoire* traz reflexões historiográficas e metodológicas muito úteis, muitas delas citadas ao longo do capítulo (assinalemos, por exemplo, a estimulante crítica de Gérard Noiriel, "Une histoire sociale du politique est-elle possible?" [Uma história social do político é possível?], n. 24, 1989).

Outros livros citados:

AGULHON, Maurice. *La République au village: les populations du Var, de la Révolution à la seconde République* [A República no vilarejo: as populações do Var, da Revolução à Segunda República]. Paris: Plon, 1970.

AGULHON, Maurice. *Marianne au combat* [Marianne no combate]. Paris: Flammarion, 1979;

AGULHON, Maurice. *Histoire vagabonde* [História vagabunda]. Paris: Gallimard, 1988, 2 v.

ARON, Raymond. *Dimensions de la conscience historique* [Dimensões da consciência histórica]. Paris: Plon, 1961. 341p. (Recherches en Sciences Humaines, 16).

ASSOULINE, P. *Une eminence grise. Jean Jardin (1904-1976)* [Uma eminência parda. Jean Jardin (1904-1976)]. Paris: Balland, 1986.

BECKER, J.-J. *1914: comment les français sont entrés dans la guerre* [1914: como os franceses entraram na guerra]. Paris: Presses de la FNSP, 1977.

BECKER, J.-J.; BERSTEIN, S. *Histoire de l'anticommunisme en France* [História do anticomunismo na França]. Paris: Olivier Orban (1917-1940), 1987. t. 1.

BERGOUNIOUX, A. *Force ouvrière* [Força operária]. Paris: PUF, 1982.

BERSTEIN, Serge. *Histoire du Parti Radical* [História do Partido Radical]. Paris: Presses de la Fondation Nationale des Sciences Politiques, 1980.

BERSTEIN, Serge. *Édouard Herriot ou la République en personne* [Édouard Herriot ou a República em pessoa]. Paris: Presses de la Fondation Nationale des Sciences Politiques, 1985.

BERSTEIN, Serge. *Le 6 fevrier 1934* [O dia 6 de fevereiro de 1934]. Paris: Gallimard/ Julliard, 1975, 257p. (Col. Archives, 59).

BIRNBAUM, P. *Les sommets de l'État: essai sur l'élite du pouvoir en France* [Os cumes do Estado: ensaio sobre a elite do poder na França]. Paris: Seuil, 1977.

BLOCH, Marc. *Les rois thaumaturges. Étude sur le caractère surnaturel attribué à la puissance royale particulièrement en France et en Angleterre*. Paris: A. Colin, [1923] 1961. [Edição brasileira: *Os reis taumaturgos: estudo sobre o caráter sobrenatural atribuído ao poder real, particularmente em França e Inglaterra*. Trad. Júlia Mainardi. São Paulo: Companhia das Letras, 1999.]

BOIS, Paul. *Paysans de l'Ouest. Des structures économiques et sociales aux opinions poolitiques depuis l'époque révolutionnaire dans la Sarthe* [Camponeses do Oeste. Das estruturas econômicas e sociais às opções políticas desde a época revolucionária na Sarthe]. Haia: Mouton, 1960.

BOUREAU, A. *L'aigle. Chronique politique d'un emblème* [A águia. Crônica política de um emblema]. Paris: Éditions du Cerf, 1985.

BRAUDEL, Fernand. *Écrits sur l'histoire*. Paris: Flammarion, 1969. (Histoire et Sciences Sociales. La Longue Durée). [Edição brasileira: Escritos sobre a história. Trad. J. Guinsburg e Tereza Cristina Silveira da Mota. São Paulo: Perspectiva, 2014]

BURGUIÈRE, André. Marc Bloch, Lucien Febvre et l'aventure des "Annales" (entretien) [March Bloch, Lucien Febvre e a aventura dos "Annales" (entrevista)]. *L'histoire*, n. 119, p. 66-73, 1989.

BURRIN, Philippe. *La dérive fasciste. Doriot, Déat, Bergery* [A deriva fascista. Doriot, Déat, Bergery]. Paris: Seuil, 1986a.

BURRIN, Philippe. Poings levés et bras tendus. La contagion des symboles au temps du Front populaire [Punhos levantados e braços estendidos. O contágio dos símbolos no tempo da Frente Popular]. *Vingtième siècle. Revue d'histoire*, n. 11, 1986b.

CHAPSAL, Jacques. *La vie politique sous la Ve République* [A vida política na V República]. Paris: PUF, 1987.

CHARLE, Ch. *Les élites de la République, 1880-1900* [As elites da República, 1880-1900]. Paris: Fayard, 1987.

CHAUNU, Pierre. *Histoire, Science sociale. La durée, l'espace et l'homme à l'époque moderne*. Paris: Société d'Édition d'Enseignement Supérieur, 1974. [Edição brasileira: *A história como ciência social. A duração, o espaço e o homem na época moderna*. Trad. Fernando Ferro. Rio de Janeiro: Zahar, 1976.]

CHEVALLIER, Jean-Jacques. *Les grandes oeuvres politiques de Machiavel à nos jours*. Paris: A. Colin, 1949. (Col. Sciences Politiques, n. 1). [Edição brasileira: *As grandes obras políticas de Maquiavel a nossos dias*. Trad. Lydia Cristina. Rio de Janeiro: Agir, 1999.]

CHOLVY, G. *Mouvements de jeunesse. Chrétiens et Juifs : sociabilité juvénile dans un cadre européen 1799-1968* [Movimentos de juventude. Cristãos e judeus: sociabilidade juvenil num quadro europeu. 1799-1968]. Paris: Éditions du Cerf, 1985.

COHEN-TANUGI, L. *Le droit sans l'État. Sur la démocratie en France et en Amérique* [O direito sem o Estado. Sobre a democracia na França e na América do Norte]. Paris: PUF, 1985.

DOSSE, François. *L'Histoire en miettes. Des "Annales" à la "nouvelle histoire"*. Paris: La Découverte, 1987 [Ediçao brasileira: *A história em migalhas: dos Annales à nova história*. Trad. Dulce Oliveira Amarante dos Santos. Bauru: Edusc, 2003].

DUBOIS, J *Le vocabulaire politique et social en France de 1869 à 1872* [O vocabulário político e social na França de 1869 a 1872]. Paris: Larousse, 1962.

DUBY, Georges. *Les trois ordres ou l'imaginaire du féodalisme* [As três ordens ou o imaginário do feudalismo]. Paris: Gallimard, 1978.

DUHAMEL, O.; PARODI, J.-L. (Orgs.). *La constitution de la Cinquième République* [A constituição da Quinta República]. Paris: Presses de La Fondation Nationale des Sciences Politiques, 1985.

DURANTAN-CRABOL, M. *Visages de la nouvelle droite* [Rostos da nova direita]. Paris: Presses de La Fondation Nationale des Sciences Politiques, 1988.

DUROSELLE, J.-B. *Clemenceau*, Paris, Fayard, 1988; *La décadence* [A decadência]. Paris: Imprimerie Nationale, 1979.

DUROSELLE, J.-B. *L'abîme* [O abismo]. Paris: Imprimerie Nationale, 1982.

ESTÈBE, J. *Les ministres de la République, 1871-1914* [Os ministros da República]. Paris: FNSP, 1982.

FOURCAULT, Annie. *Bobigny, banlieue rouge.* [Bobigny, periferia vermelha]. Prefácio de Antoine Prost. Paris: Les Éditions Ouvrières; Presses de la Fondation Nationale des Sciences Politiques, 1986.

FREUND, J. *La décadence: histoire sociologique et philosophique d'une catégorie de l'éxpérience humaine* [A decadência: história sociológica e filosófica de uma categoria da experiência humana]. Paris: Sirey, 1984. 408p. (Col. Philosophie Politique).

GARÇON, F. *De Blum à Pétain, cinéma et société française (1936-1944)* [De Blum a Pétain, cinema e sociedade francesa]. Paris: Ed. du Cerf, 1984.

GIRARD, l. *Les libéraux français (1814-1875)* [Os liberais franceses (1814-1875)]. Paris: Aubier, 1985.

GIRARDET, Raoul. *Mythes et mythologies politiques* [Mitos e mitologias políticas]. Paris: Seuil, 1986.

GOGUEL, F. *La politique des partis sous la IIIe République* [A política dos partidos durante a III República]. Paris: Seuil, 1946.

GOGUEL, F. *Chroniques électorales* [Crônicas eleitorais]. Paris: Presses de la Fondation Nationale des Sciences Politiques, 1981 a 1983, 3 v.

GRÉMION, P. *Paris-Prague. La gauche face au renouveau et la régression tchécoslovaques, 1968-1978* [A esquerda diante da renovação e da regressão tchecoslovacas]. Paris: Julliard, 1985.

GUILLAUME, M. *L'état des sciences sociales en France* [O estado das ciências sociais na França]. Paris: La Découverte, 1986.

GUILLAUME, Sylvie. *Antoine Pinay ou la confiance en politique* [Antoine Pinay ou a confiança em política]. Paris: Presses de la Fondation Nationale des Sciences Politiques, 1984.

JEANNENEY, J.-N. *François de Wendel dans la République: l'argent et le pouvoir 1914-1940* [François de Wendel na República: o dinheiro e o poder 1914-1940]. Paris: Seuil, 1976.

JULLIARD, Jacques. *Fernand Pelloutier et les origines du sindicalisme d'action directe* [Fernand Pelloutier e as origens do sindicalismo de ação direta]. Paris: Seuil, 1971.

KANTOROWICZ, Ernst. *The King's Two Bodies: A Study in Mediaeval Political Theology*. Princeton University Press, 1957. [Edição brasileira: *Os dois corpos do rei. Um estudo sobre a teologia política medieval*. Trad. Cid Knipel Moreira. São Paulo: Companhia das Letras, 1998.]

KEPEL, Gilles. *Le Prophète et Pharaon* [O profeta e faraó]. Paris: La Découverte, 1984.

KRIEGEL, Annie. *Les communistes français* [Os comunistas franceses]. Paris: Seuil, 1968.

LABÉ, Dominique. *Le discours communiste* [O discurso comunista]. Paris: Presses de la Fondation Nationale des Sciences Politiques, 1977.

LABORIE, P. De l'opinion publique à l'imaginaire social [Da opinião pública ao imaginário social]. *Vingtième siècle. Revue d'histoire*, n. 18, 1988.

LABORIE, Pierre. *Resistants, vichyssois et autres: l'évolution de l'opinion et des comportements au Lot de 1940 à 1944* [Resistentes, vichysenses e outros. A evolução da opinião e dos comportamentos no Lot de 1940 a 1944]. Paris: Éditions du CNRS, 1980.

LACORNE, D.; RUPNIK, L.; TOINET, M.-F. (Dir.). *L'Amérique dans les têtes. Un siècle de fascinations et d'aversions* [A América nas cabeças. Um século de fascinação e de aversões], colóquio realizado em 11 dez. 1984, organizado pelo Centre d'Études et de Recherches Internationales de la Fondation Nationale des Sciences Politiques. Editado em Paris, pela Hachette, em 1986.

LACOSTE, Yves (Org.). *Géopolitiques des regions françaises* [Geopolíticas das regiões francesas]. Paris: Fayard, 1986.

LACOURBE, R. *La guerre froide dans le cinéma d'espionage* [A guerra fria no cinema de espionagem]. Paris: Henri Veyrier, 1985.

LACOUTURE, J. *De Gaulle,* 1984-1986. 3 v.

LANCELOT, A. (Org.). *Les élections de l'alternance* [As eleições da alternância]. Paris: Presses de la Fondation Nationale des Sciences Politiques, 1986.

LAVAU, G.; GRUNBERG, G.; MAYER, N. (Orgs.). *L'univers politique des classes moyennes* [O universo político das classes médias]. Paris: Presses de la Fondation Nationale des Sciences Politiques, 1983.

LE GOFF, Jacques; CHARTIER, Roger; REVEL, Jacques (Orgs.). *La nouvelle histoire* [A nova história]. Paris: CEPL; Retz, 1978.

LEROY, G. *Péguy entre l'ordre et la révolution* [Péguy entre a ordem e a revolução]. Paris: Presses de la Fondation Nationale des Sciences Politiques, 1981.

LIPOVETSKY, G. *L'ère du vide: essais sur l'individualisme contemporain*. Paris: Gallimard, 1983. [Edição brasileira: *A era do vazio: ensaios sobre o individualismo contemporâneo*. Trad. Therezinha Monteiro Deutsch. Barueri: Manole, 2005.]

MAÎTRON, Jean (Org.). *Dictionnaire biographique du mouvement ouvrier français* [Dicionário biográfico do movimento operário francês]. Paris: Les Éditions Ouvrières, 1964-1997. 44 v.

MAYEUR, J.-M. *Un prêtre démocrate. L'abbé Lemire* [Um padre democrata. O abade Lemire]. Paris: Castermann, 1969.

MICHELAT, F.; SIMON, M. *Classe, religion et comportement politique* [Classe, religião e comportamento político]. Paris: Presses de la Fondation Nationale des Sciences Politiques, 1977.

MICHELS, Robert. *Les partis politiques: essai sur les tendances oligarchiques des démocraties* [Os partidos políticos: ensaio sobre as tendências oligárquicas das democracias]. Paris: Flammarion; Bibliothèque de Philosophie Scientifique, 1914.

MILZA, P. (Org.). *Art et fascisme: totalitarisme et résistance au totalitarisme dans les arts en Italie, Allemagne et France des années 30 à la défaite de l'axe* [Arte e fascismo: totalitarismo e resistência nas artes na Itália, na Alemanha e na França dos anos 1930 à derrota do Eixo], colóquio realizado em Paris, em 06-07 maio 1988, organizado pelo Centre d'Histoire de l'Europe du Vingtième Siècle e pelo Centre de Recherche sur l'Histoire de l'Art. Publicado em Bruxelas, pela editora Complexe, em 1988.

MILZA, P. *Français et italiens à la fin du XIXe siècle* [Franceses e italianos no fim do século XIX]. Roma: École Française de Rome, 1981.

MONCHABLON, A. *Histoire de l'UNEF* [História da UNEF (União Nacional dos Estudantes da França)]. Paris: PUF, 1983.

NAMER, G. *Batailles pour la mémoire: la commémoration en France de 1945 à nos jours* [Batalhas pela memória: a comemoração na França de 1945 aos dias atuais]. Paris: Papyrus, 1983, 214p.

NICOLET, Claude. *L'idée républicaine en France: essai d'histoire critique* [A ideia republicana na França: ensaio de história crítica]. Paris: Gallimard, 1982.

NORA, Pierre (Org.). *Lieux de mémoire*. [Lugares de memória]. Paris: Gallimard, 1984. 3 t. 12 v.

ORY, Pascal (Dir.). *Nouvelle histoire des idées politiques* [Nova história das ideias políticas]. Paris: Hachette, 1987.

OUZOF, J. *Nous les maîtres d'école* [Nós os professores escolares]. Paris: Gallimard, 1963.

PESCHANSKI, D. *Et pourtant ils tournent. Vocabulaire et stratégie du PCF (1934-1935)* [E no entanto eles giram. Vocabulário e estratégia do PCF (1934-1935)]. Paris: Klincksieck, 1988.

PORTELLI, H. (Org.). *L'Internationale socialiste* [A Internacional socialista]. Paris: Les Éditions ouvrières, 1983.

POUJOL, Geneviève. *L'éducation populaire: histoires et pouvoirs* [A educação popular: histórias e poderes]. Paris: Les Éditions ouvrières, 1981.

PROST, Antoine. *Les anciens combatants et la société française, 1914-1939* [Os ex-combatentes e a sociedade francesa, 1914-1939]. Paris: Presses de la Fondation Nationale des Sciences Politiques, 1977.

PROST, Antoine. *Vocabulaire des proclamations électorales de 1881, 1885 et 1889* [Vocabulário das proclamações eleitorais de 1881, 1885 e 1889]. Paris: Presses Universitaires de France, 1974.

PUDAL, B. *Prendre parti. Pour une sociologie historique du PCF* [Tomar partido. Por uma sociologia histórica do PCF]. Paris: Presses de la Fondation Nationale des Sciences Politiques, 1989.

REBÉRIOUX, Madeleine. *Jaurès et la classe ouvrière* [Jaurès e a classe operária]. Paris: Les Éditions ouvrières, 1981.

RECLUS, Philippe. *La République impatiente ou le club des Jacobins (1951-1958)* [A República impaciente ou o clube dos Jacobinos (1951-1958)]. Paris: Publications de la Sorbonne, 1987.

RÉMOND, René. *La droite en France* [A direita na França]. Paris: Aubier, 1954.

RÉMOND, René.*Les États-Unis devant l'opinion française, 1815-1852* [Os Estados Unidos diante da opinião francesa, 1815-1852]. Paris: A. Colin, 1962.

RÉMOND, René.*Histoire de l'anticléricalisme en France* [História do anticlericalismo na França]. Paris: Fayard, 1976;

RÉMOND, René.*Forces religieuses et attitudes politiques dans la France contemporaine* [Forças religiosas e atitudes políticas na França contemporânea], Colóquio de Estrasburgo, 23-25 maio 1963, 1965.

RÉMOND, René. Une histoire présente. In: RÉMOND, René. (Org.). *Pour une histoire politique* [Por uma história política]. Paris: Seuil, 1988. p. 15-16.

RENAUT, A. *L'ère de l'individu* [A era do indivíduo]. Paris: Gallimard, 1989.

RENOUVIN, Pierre; DUROSELLE, Jean-Baptiste. *Introduction à l'histoire des relations internationales* [Introdução à história das relações internacionais]. Paris: A. Colin, 1964. (Sciences Politiques).

RIOUX, J.-P. *Nationalisme et conservatisme. La Ligue de la patrie française.* [Nacionalismo e conservadorismo. A Liga da pátria francesa]. Paris: Beauchesne, 1977.

ROSANVALLON, P. *Le moment Guizot* [O momento Guizot]. Paris: Gallimard, 1985.

ROUSSO, Henri. *La syndrome de Vichy* [A síndrome de Vichy]. Paris: Seuil, 1987a.

ROUSSO, Henri. Un jeu de l'oie de l'identité française (Les lieux de mémoire, tome 2, La nation, Pierre Nora). *Vingtième Siècle. Revue d'histoire*, n. 15, p. 151-154, jul./set. 1987b.

RUDELLE, O. *Mai 58, de Gaulle et la République.* [Maio de 58, de Gaulle e a República]. Paris: Plon, 1988.

SAND, Shlomo. *L'illusion du politique. Georges Sorel et le débat intellectuel 1900* [A ilusão do político. Georges Sorel e o debate intelectual 1900]. Paris: La Découverte, 1985.

SCHOR, R. *L'opinion française et les étrangers, 1919-1939* [A opinião francesa e os estrangeiros]. Paris: Publications de la Sorbonne, 1985.

SIEGFRIED, André. *Tableau politique de la France de l'Ouest sous la Troisième République* [Quadro político da França do Oeste sob a Terceira República], 1913.

SIRINELLI, Jean-François. *Le hasard ou la necéssité? une histoire en chantier: l'histoire des intellectuels* [O acaso ou a necessidade? Uma história em construção: a história dos intelectuais]. *Vingtième siècle. Revue d'histoire*, n. 9, 1986.

SIRINELLI, Jean-François. *Génération intellectuelle. Khâgneux et normaliens dans l'entre-deux-guerres* [Geração intelectual. Khâgneux e normalistas no entreguerras]. Paris: Fayard, 1988.

SIRINELLI, Jean-François. Génération et histoire politique. [Geração e história política]. *Vingtième siècle. Revue d'histoire*, n. 22, 1989

STERNHELL, Z. *La droite révolutionnaire 1885-1914* [A direita revolucionária 1885-1914]. Paris: Seuil, 1978.

TAGUIEFF, P. A. L'identité nationaliste [A identidade nacionalista]. *Lignes*, n. 4, 1988.

THIBAUDET, Albert. *La République des professeurs* [A República dos professores]. Paris: B. Grasset, 1927.

THIBAUDET, Albert. *Les idées politiques de la France* [As ideias políticas da França]. Paris: Sotck, Delamain et Boutelleau, 1932.

TOUCHARD, Jean et al. *Histoire des idées1 politiques.* [História das ideias políticas]. Com a colaboração de Louis Bodin, Georges Lavau, Pierre Jeannin, Jean Sirinelli. Paris: Presses Universitaires, 1959

TOUCHARD, J. *La gloire de Béranger* [A glória de Béranger]. Paris: A. Colin, 1968.

VAISSE, M. *Securité d'abord. La politique française en matière de désarmement* [Segurança em primeiro lugar. A política francesa em matéria de desarmamento]. Pédone; Paris: Publications de la Sorbonne, 1984.

VERDÈS-LEROUX, J. *Le reveil des somnambules. Le Parti Communiste, les intellectuels et la culture 1956-1985* [O despertar dos sonâmbulos. O Partido Comunista, os intelectuais e a cultura]. Paris: Fayard; Éditions de Minuit, 1987.

WEBER, Eugen. *L'Action française*. [A ação francesa]. Trad. Michel Chrestien. Paris: Stock, 1964.

WEILL, Georges. *Histoire du parti républicain en France de 1814 à 1870* [História do partido republicano na França de 1814 a 1870]. Paris: Alcan, 1900. [3. ed., 1924].

WINOCK, M. *Histoire politique de la revue "Esprit", 1930-1950* [História política da revista *Esprit*, 1930-1950]. Paris: Seuil, 1975.

WINOCK, M. *La fièvre hexagonale: les grandes crises politiques* [A febre hexagonal: as grandes crises políticas]. Paris: Calmann-Lévy, 1986.

WINOCK, M. Édouard Drumont et Cie. Antisémitisme et fascisme en France [Édouard Drumont e Cia. Antissemitismo e fascismo na França]. Paris: Seuil, 1982.

YONNET, P. *Jeux, modes et masses. La société française et le moderne* [Jogos, modas e massas. A sociedade francesa e o moderno]. Paris: Gallimard, 1985. (Col. Bibliothéque des Sciences Humaines).

Conclusão

CROIX, Alain. *La Bretagne aux XVIe et XVIIe siècles, la vie, la mort, la foi* [A Bretanha nos séculos XVI e XVII, a vida, a morte, a fé]. Paris: Maloine, 1980.

DELUMEAU, Jean. *La peur dans l'Occident* [O medo no Ocidente], Paris, Fayard, 1978; *Un chemin d'histoire: chrétienté et christianisation* [Um caminho de história: cristandade e cristianização]. Paris: Fayard, 1981.

JOUTARD, Philippe. *La légende des camisards* [A lenda dos *camisards*]. Paris: Gallimard, 1977.

Este livro foi composto com tipografia Bembo e impresso
em papel Off-White 80 g/m² na Paulinelli.